IG Metall Verwaltungsstelle Salzgitter (Hrsg.)

Ein halbes Jahrhundert

Beiträge zur Geschichte der IG Metall in Salzgitter

Ein Lese-Bilder-Buch

Die Schwachen kämpfen nicht.
Die Starken kämpfen
vielleicht eine Stunde lang.
Die noch stärker sind,
kämpfen viele Jahre lang.
Aber: Die Stärksten
kämpfen ihr Leben lang.
Diese sind unentbehrlich.

Bertolt Brecht

Solidarität unsere Stärke

IG Metall Verwaltungsstelle Salzgitter (Hrsg.)

Ein halbes Jahrhundert

Beiträge zur Geschichte der IG Metall in Salzgitter
Ein Lese-Bilder-Buch

VSA-Verlag Hamburg

Herausgeber: IG Metall Verwaltungsstelle Salzgitter, Chemnitzer Str. 33, 38226 Salzgitter

Autorinnen und Autoren:
Dr. Andrea Germer, Walter Gruber, Ernst Neumann, Edmund Nolle, Tanja Wellisch, Elke Zacharias

Textbearbeitung: Heidemarie Malek, Gabriele Meinecke, Lolita Schymkowiak
Abschlussredaktion: Werner Kubitza, Gerd Graw
Lektorat: Gerd Siebecke

Bildauswahl und Layout: Gerd Graw, Heidemarie Malek, Lolita Schymkowiak, Gerd Siebecke
Umschlaggestaltung: Gerd Siebecke

Fotos:
Hartmut Artmann, Gerd Graw, Kamil Gömleksiz, Dietmar Görtz, Dieter Körner, Novum-Foto, IG Metall-Archiv

Druck- und Buchbindearbeiten: Druckerei Runge, Cloppenburg
ISBN 3-89965-053-0

Inhalt

Vorwort

Zeit und Umstände haben es bisher nicht erlaubt, eine über ihre Anfänge hinausgehende Geschichte der IG Metall in Salzgitter zu schreiben. Über die Notwendigkeit eine derartige Arbeit zu erstellen, gab es jedoch zumindest seit den 1980er Jahren nie Zweifel.

Das vorliegende Buch ist der Versuch, in Wort und Bild eine Entwicklung im Hinblick auf besondere Aktivitäten zu skizzieren, deren Erbe wir heute in historischer Verpflichtung zu verwalten und möglichst zu mehren haben. In diesem Sinne berufen sich die Metaller in Salzgitter auf eine junge und dennoch kämpferische Tradition.

»Tradition«, so hat es der belgische Sozialist und Präsident der Sozialistischen Internationale, Jean Jaurès, einmal formuliert: »heißt nicht Asche aufzubewahren, Tradition heißt eine Flamme am Leben zu erhalten.« In diesem Sinne zieht sich eines wie ein roter Faden durch die vielfältige Arbeit der IG Metall Verwaltungsstelle Salzgitter: das Besinnen auf die gewerkschaftlichen Grundlagen und die eigene kampferprobte Geschichte. Herausragend ist hier der Kampf gegen die Demontage des Hüttenwerkes durch die britische Besatzungsmacht nach dem Zweiten Weltkrieg.

Allerdings darf es in der historischen Aufarbeitung nicht darum gehen, dass die gewerkschaftliche Darlegung einer Verklärung bzw. Legendenbildung Vorschub leistet. Eine solche Idealisierung verbietet sich von selbst für jeden, der die Geschichte der IG Metall in Salzgitter kennt.

Die Geschichte der hiesigen IG Metall kann nichts anderes sein, als ein Teil der allgemeinen Geschichte und somit ein Spiegelbild der besonderen Verhältnisse, in denen sich die industriekapitalistische Gesellschaft in Deutschland entwickelt hat.

Mit dem Lese-Bilder-Buch »Ein halbes Jahrhundert – Beiträge zur Geschichte der IG Metall in Salzgitter« unternehmen wir den Versuch, durch einen historischen Streifzug den Lesern ein lebendiges Bild der gewerkschaftlichen Arbeit zu vermitteln.

Wir wünschen uns, dass dieses Buch dazu anregt, sich weiter mit der Geschichte der Arbeiterbewegung in Salzgitter zu beschäftigen. Darüber hinaus hoffen wir, dass mit dieser Publikation Erwartungen erfüllt und so manche Erinnerung bei den vielen Zeitzeugen geweckt werden.

Entscheidend ist jedoch, dass aus den einzelnen Beiträgen Lehren gezogen werden, für eine noch bessere Bewältigung von Gegenwart und Zukunft.

Wolfgang Räschke
1. Bevollmächtigter

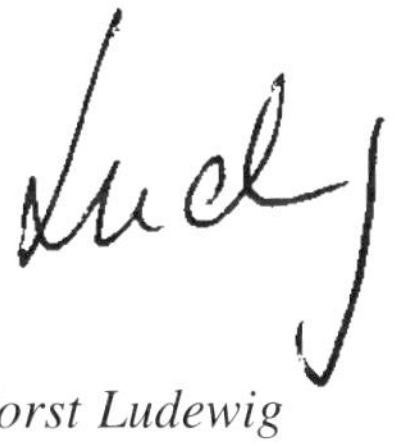

Horst Ludewig
2. Bevollmächtigter

Matthias Wilhelm
Kassierer

Einleitende Gedanken

von Walter Gruber

Die Gewerkschaften sind ein wichtiger Teil der Arbeiterbewegung. Weltweit, wie auch in der Arbeiterstadt Salzgitter.

Demokratien müssen sich daran messen lassen, wie sie mit der spezifischen Vertretung der abhängig Beschäftigten umgehen, welchen Gestaltungsraum sie ihnen geben.

Andererseits sagt die Stärke der Gewerkschaften, ebenso wie ihre zahlenmäßige Verankerung in der arbeitenden Bevölkerung, viel über ihre reale Bedeutung aus.

Wir können gerade heute wieder einmal anhand der Geschichte der Gewerkschaften feststellen, dass diese ihre Strukturen ändern. Dieser Wandel äußert sich in Zusammenschlüssen von Einzelgewerkschaften, aber auch in Veränderungen ihrer Organisationsformen. Durch die Veränderungen in den Betrieben, aber auch in der Gesellschaft, stellen sich ihnen immer neue Herausforderungen.

Gewerkschafterinnen und Gewerkschafter in Salzgitter sind und waren immer der Meinung, dass es gilt, diese Veränderungen ständig zu beachten und mit zu gestalten. Dazu gehört zwingend, aus der Geschichte zu lernen. Aus der eigenen, darüber hinaus aber auch aus der Geschichte der Arbeiterbewegung überhaupt.

Nur wer eine historische Betrachtungsweise entwickelt, kann neue Fehler vermeiden oder aber die Wirkung solcher Fehler mildern. Die Aufgaben von heute und morgen kann nur meistern, wer eben auch die Geschichte seiner Gewerkschaft kennt.

Die Geschichte am Ort, die ältere wie auch gerade die jüngere, bietet hierfür sehr gute Beispiele.

Die Autorinnen und Autoren haben anhand der wesentlichen Aufgabenstellungen der Gewerkschaften deren Geschichte geschrieben: Aufgaben wie der ständige Kampf um Arbeitsplätze als Basis des materiellen Lebens der arbeitenden Menschen oder Fragen des Einkommens, des Lohnes überhaupt.

Wichtig war ihnen unter anderem, zu beschreiben, wie die Gewerkschaften ständig darum bemüht waren, ihre Kampffähigkeit zu erhalten. So war der Kampf gegen die Demontage für die Geschichte der Gewerkschaften in Salzgitter, insbesondere der IG Metall, eine prägende Phase. Und dass der Kampf um den Erhalt von Arbeitsplätzen nie endet, haben wir in Salzgitter während des langen Weges zur Privatisierung der Hütte, aber auch an den Beispielen von Blaupunkt, SMAG und Stoll gesehen.

Über die Arbeit einzelner Gruppen, die lange unsere Organisationsarbeit kennzeichneten wäre viel zu erzählen. Exemplarisch für alle anderen wurde in diesem Buch der Bereich Jugend ausgewählt, da eine umfassende Darstellung wie auch die detaillierte Auseinandersetzung mit den zahlreichen betrieblichen Kämpfen den Rahmen gesprengt hätte.

In Salzgitter war die Politik der IG Metall immer »links« orientiert; sie war antifaschistisch, und Solidarität und Zusammenarbeit mit Menschen, auch anderer Nationalität, mit Flüchtlingen und Asylsuchenden und Menschen mit ähnlichen Problemen, war uns eine ständige Verpflichtung.

Mit diesem Buch machen wir einen weiteren Schritt, möglichst viel von dem aufzuschreiben, was hier war und ist. Begonnen haben wir diese Aufgabe mit der Arbeit von Ralf Bergmann und seinem Buch »Stahl oder Rüben«. Auch das vorliegende Buch wird nicht das letzte sein. Wir danken den Autorinnen und Autoren für ihre Arbeit.

Gewerkschaftliche Arbeit ist immer die Summe des Engagements vieler und nicht nur das Verdienst weniger. Wenn möglichst viele ihre Mitwirkung in diesem Buch wieder- oder gewürdigt finden, wenn möglichst viele in der dort geschilderten Politik ihre Meinung wiederfinden, dann lohnte es sich schon, dieses Buch zu schreiben.

C&A

»In der Einheit liegt die Kraft«

Der Weg zur IG Metall Salzgitter – die Aufbauphase

Wider die Macht der Unternehmer

Das Zeitalter der Industrialisierung führte nicht nur zu Umbrüchen in der Wirtschaft, sondern hatte auch massive politische und gesellschaftliche Veränderungen in Deutschland seit Mitte des 19. Jahrhunderts zur Folge. Die industrielle Produktion hatte eine neue Klasse entstehen lassen: das Proletariat, dessen Angehörige gezwungen waren, ihren einzigen Besitz – ihre Arbeitskraft – an kapitalistische Unternehmer als die Besitzer der Produktionsmittel zu verkaufen. Daraus resultierte der grundlegende Interessengegensatz zwischen Kapital und Arbeit. Aufgrund der weitaus stärkeren Position der Arbeitgeber, die sich nicht scheuten, sie auch auszunutzen, führte dies zu sozialen Zuständen, die zutreffend mit den Worten »Verelendung« und »Ausbeutung« beschrieben worden sind. Die Arbeiterschaft, die im Kalkül der meisten Unternehmer nur als Produktionsfaktor, nicht in ihrem menschlichen Dasein eine Rolle spielte, stand politisch weitgehend ohne Rechte und noch ohne Organisation da.

In diesem gesellschaftlichen Milieu entstand im 19. Jahrhundert die Arbeiterbewegung. Im Zusammenhang mit Arbeitervereinen und -parteien konstituierten sich seit den 1840er und verstärkt seit den 60er Jahren die ersten Gewerkschaften als politisch unterschiedlich ausgerichtete Zusammenschlüsse von Arbeitern. Aus allen Bindungen der Ständegesellschaft entlassen, sahen sie sich gezwungen, selbst für ihre Belange einzutreten, und sie wollten dies gemeinsam tun.[1] Die gescheiterte Revolution von 1848 brachte auch ihnen in vielen Fällen das Verbot. Erst ab 1860 wurde in den deutschen Ländern das Koalitionsverbot schrittweise aufgehoben und den Gewerkschaften eine Plattform für ihren Kampf zugestanden. Nach der Unterbrechung zwischen 1878 und 1890, als das »Gesetz gegen die gemeingefährlichen Bestrebungen der Sozialdemokratie« (Sozialistengesetz) auch gewerkschaftliche Tätigkeiten verbot, und nach der Phase des Ersten Weltkriegs, in der auch die Arbeiterschaft von der Welle nationaler Begeisterung erfaßt worden war, gewannen die Gewerkschaften vor allem durch die Novemberrevolution 1918 in der Frühzeit der Weimarer Republik an Boden. Die Verfassung garantierte die Koalitionsfreiheit, die Strukturen der Vereinigungen festigten sich und die Arbeitgeber waren gezwungen, sie als Gesprächs-, Verhandlungs- und Vertragspartner zu akzeptieren. So konnten eine Reihe von sozialen und politischen Forderungen durchgesetzt werden, was die Attraktivität der Gewerkschaften und das Vertrauen in ihre Leistungsfähigkeit erhöhte. Immer mehr Menschen traten gewerkschaftlichen Organisationen bei.

Die zahlenmäßig größte und politisch einflußreichste Vereinigung war der Deutsche Metallarbeiterverband (DMV). Im Juni 1891 in Frankfurt am Main gegründet, betreute er Ende des Jahres 23.205 Mitglieder in 231 Verwaltungsstellen. 1913 war die Zahl der Mitglieder auf 554.934 angestiegen, die in über 455 Verwaltungsstellen organisiert waren.[2] Ab 1899 schlossen sich die meisten Berufsorganisationen der Metallbranche dem DMV an. Vor allem nach dem Ersten Weltkrieg war es ihm so möglich, ein umfassendes Unterstützungs- und Tarifwesen aufzubauen und der Arbeiterschaft in den wirtschaftlichen und politischen Auseinandersetzungen Stimme und Gewicht zu verleihen. Der DMV hatte begonnen zu verwirklichen, was Karl Marx 1869 so beschrieb: Nur *»die Gewerkschaften ... fesseln die Masse der Arbeiter auf die Dauer, nur sie sind imstande, eine wirkliche Arbeiterpartei zu repräsentieren und der Kapitalmacht ein Bollwerk entgegenzusetzen«.*[3]

Gegenüberliegende Seite: »In der Einheit liegt die Kraft«, früher wie heute – Kundgebung am traditionellen Stadtmonument.

[1] Zur Entstehung und Frühzeit der Gewerkschaften: Schneider, Michael S. 17ff. und Limmer, S. 8ff.

[2] Zahlenangaben nach Opel, S. 26; zur Entstehung und Politik des DMV siehe auch: 100 Jahre Industriegewerkschaft, S. 94ff.

[3] Zitiert nach: 100 Jahre Industriegewerkschaft, S. 52.

Doch was in mühevollem Kampf errungen worden war, fand 1933 ein vorläufiges Ende. Am 2. Mai besetzten SA und SS alle wichtigen Gewerkschaftshäuser des sozialdemokratischen Allgemeinen Deutschen Gewerkschaftsbundes (ADGB) und seiner Einzelgewerkschaften, verhafteten und ermordeten in der Folge viele Vertreter der Arbeiter. Die liberalen und christlichen Gewerkschaftsvereinigungen, welche verschont worden waren, ergaben sich den nationalsozialistischen Machthabern und unterstellten sich am Tag darauf dem »Aktionskomitee zum Schutze der deutschen Arbeit«. An die Stelle der bisherigen Arbeiterorganisationen trat die Deutsche Arbeitsfront (DAF).[4]

Neubeginn – auch in Salzgitter

Die Gewerkschaftsbewegung vor 1933 hatte in Salzgitter allenfalls eine untergeordnete Bedeutung erlangt, denn hier hatten die geringe Bevölkerungsdichte und die landwirtschaftliche Struktur des Gebietes kaum Industrieunternehmen entstehen lassen. Nur wenige Betriebe zur Verarbeitung der bäuerlichen Produkte, eine Ziegelei und Zementfabriken gab es in der Region.[5] So befand sich 1933 die nächste Ortsstelle des DMV in Braunschweig. Das Großprojekt »Hermann Göring Werke« änderte jedoch ab 1937 alles; Salzgitter wurde Industrieregion. Und mit der Industrie kamen die Arbeiter aus dem In- und Ausland, z.T. angeworben, zum größten Teil zur Arbeit gezwungen. Einige von ihnen standen in Opposition zum verbrecherischen System des Nationalsozialismus und waren nicht bereit, ihre politischen Überzeugungen aufzugeben. Sie waren vor 1933 in der Arbeiterbewegung aktiv gewesen, in verschiedenen sozialistischen und sozialdemokratischen Gruppen und Gewerkschaften oder Arbeitnehmervereinigungen anderer politischer Ausrichtung.

Der Aufbau der Reichswerke bot für viele Kommunisten, die in ihren Heimatorten auf Grund ihrer politischen Überzeugung keine Arbeit fanden, eine Möglichkeit unterzukommen.[6] Die führenden Köpfe der deutschen Gewerkschaftsbewegung waren 1933 entweder verhaftet worden oder in die Emigration gegangen und arbeiteten nach Maßgabe ihrer Möglichkeiten weiter. Dasselbe taten zahlreiche illegale politische Gruppen im Reich. In vielen Städten, auch auf Betriebsebene, bereiteten sie sich vor auf die Zeit nach der Befreiung vom Faschismus, auf die Reorganisation von Parteien und Gewerkschaften und leisteten in eng begrenztem Rahmen Widerstand. Insbesondere kommunistische Organisationen taten sich in dieser Hinsicht hervor, und so waren schon während des Krieges in Salzgitter vor allem im Bergbau politische Aktivitäten zu verzeichnen.[7] »Die führenden Funktionäre der 1945 neu entstehenden Gewerkschaftsbewegung in Niedersachsen waren ohne Ausnahme ehemalige Widerstandskämpfer.«[8]

Auch in den »Reichswerken« war es eine solche »illegale« Gruppe, die sofort nach der Befreiung Salzgitters durch amerikanische Truppen zwischen dem 9. und 11. April 1945 begann, öffentlich politisch aktiv zu werden und die Arbeiter zu mobilisieren. Der maßgebliche Mann in diesem Zusammenhang und noch auf Jahre hinaus war Erich Söchtig (damals KPD). Er hatte nach eigenen Angaben[9] in der Nazizeit einen damals illegalen Kreis in den »Reichswerken« aufbauen können, der unmittelbar nach der Befreiung der Stadt wichtige Posten im Betrieb übernahm. Es war, so Söchtig im Tätigkeitsbericht des Betriebsrates Hütte 1949, der Wunsch der Arbeitnehmer, eigene Sprecher zu haben. Damit gab es in Salzgitter zum ersten Mal eine echte, wenn auch noch improvisierte Arbeitnehmervertretung, denn die »Reichswerke« kannten bis dahin ja nur die gleichgeschalteten, nationalsozialistischen Organisationen.

Für Erich Söchtig lag in diesen Aktivitäten der Ursprung der Gewerkschaftsgründung in Salzgitter. Tatsächlich war in Städten, in denen ein Werk eine so überragende Stellung einnahm, wie sie die »Reichswerke« in Salzgitter innehatten, die Betriebsbasis für die neuen Gewerkschaften unverzichtbar.[10] Sie hatten nur einen Aktivitäts-, keinen Organisationsvorsprung,[11] denn es kam auch an diesen Orten, selbst im Ruhrgebiet, in jedem Fall ein weiteres Element hinzu: ein gewerkschaftlicher Gründungsausschuss. Dieser entstand im Fall Salzgitter allerdings

[4] Vgl. dazu das Kapitel 3 in diesem Buch. Zu Gewerkschaften im Nationalsozialismus: Schneider, S. 215ff.
[5] Vgl. Gundula Müller, S. 1; Bergmann, S. 17.
[6] Vgl. Herlemann, S. 132ff.; Bergmann, S. 18.
[7] Ebd.
[8] Hartmann, S. 21; zur illegalen Arbeit während des Nationalsozialismus und zur personellen Kontinuität ebd. S. 21ff.
[9] Vgl. Gundula Müller, S. 10; Schmidt, S. 27.
[10] Hartmann, S. 253, stellt dies im Land Niedersachsen außer für Salzgitter noch für Wilhelmshaven fest; allgemein zur Betriebsbasis der Gewerkschaften: Schmidt, S. 25ff.
[11] Mielke, S. 37.

Erich Söchtig

Erich Söchtig wurde am 27. Oktober 1905 in Schöningen, in der Nähe von Braunschweig geboren. Er besuchte von 1911 bis 1919 die Volksschule und arbeitete anschließend bei den Braunschweiger Kohle Bergwerken; ab 1922 in einer Ziegelei bei Schöningen. 1923 wurde er für mehrere Jahre arbeitslos, war zwischendurch nur für ein Jahr in einer Fahrradfabrik beschäftigt. 1927 ging er nach Bremen, arbeitete auf der Atlas Werft und begann ab 1930 sich beruflich weiterzubilden. Zurück in Schöningen und wieder auf der Ziegelei wurde er dort 1931 Betriebsratsvorsitzender.

Bereits seit 1922 war Erich Söchtig zeitweise, ab 1924 ständig im Fabrikarbeiterverband organisiert. Von 1930 bis 1933 bekleidete er die ehrenamtliche Position des Vorsitzenden der Ortsverwaltung des Verbands in Schöningen. Er war Mitglied im Arbeitersportverein und im Arbeiterschachclub des Ortes. Im Juni 1923 trat er dem Kommunistischen Jugendverband Deutschlands und der KPD bei, wurde 1929/30 jedoch als Anhänger des Brandler-Thalheimer-Kreises aus der Partei ausgeschlossen. Der Kreis konstituierte sich als Kommunistische Partei Deutschlands Opposition (KPO) und Erich Söchtig baute eine Ortsgruppe in Schöningen auf. 1933 wurde er entlassen und verhaftet, konnte jedoch entkommen und lebte eine Zeit lang im Harzgebiet. Während dessen war er illegal in kleinen Gruppen in Salzgitter aktiv, verteilte Flugblätter und hielt bis 1936 Verbindung zur KPO Inlandsleitung. Erich Söchtig arbeitete zeitweise unter Polizeiaufsicht in einer Straßenbaukolonne und ab 1936 als Laborant in einem Zementwerk in Schöningen, in dem er bereits früher kurz tätig gewesen war, u. a. gemeinsam mit Otto Brenner. Ab 1938 war er in der Versuchsanstalt der »Hermann-Göring-Werke« in Salzgitter beschäftigt.

Bereits während des Krieges knüpfte Erich Söchtig Kontakte zu KPD-Anhängern, u.a. zu Alfred Schoch, mit denen er gemeinsam 1945 die KPD vor Ort aufbaute. Den Posten des Kreisleiters, der ihm angeboten wurde, lehnte er jedoch ab. Darüber hinaus war Erich Söchtig 1945 Vorsitzender des Unterausschusses der Antifa Lebenstedt. Von größter Bedeutung aber war sein Einfluss auf die entstehenden Gewerkschaften und Betriebsräte. Er selbst war zunächst Betriebsrat und von 1946 bis 1948 Vorsitzender des Hauptbetriebsrates der »Reichswerke«. Nach der Umorganisation des Konzerns bekleidete er ab 1949 den Vorsitz des Betriebsrates der »Hütte«. 1963 wurde er von Erich Sewald abgelöst, übernahm aber das Amt des Stellvertreters, das er bis zu seiner Pensionierung 1970 innehatte. Kollege Söchtig war Mitglied im Beirat der »Reichswerke« AG für Erzbergbau und Eisenhütten und später im Aufsichtsrat der »Hütte« und der Salzgitter AG, bei letzterer im 1965 gegründeten Aufsichtsratspräsidium.

Auf gewerkschaftlicher Ebene war Erich Söchtig von 1945 bis 1948 Vorsitzender des FDGB, bzw. des DGB-Kreisausschusses Salzgitter und dann noch für einige Jahre zweiter DGB-Kreisvorsitzender. Er war ehrenamtlicher 2. Bevollmächtigter der IG Metall Salzgitter, bis er 1964 auf Vorschlag der SPD-Betriebsgruppe von Helmut Globig abgelöst wurde, der hauptamtlich tätig war. 1947 wählte man Erich Söchtig in den Zonenbeirat der IG Metall, ab 1949 vertrat er Salzgitter im Beirat der IG Metall und war später zudem Mitglied des Bundesangestelltenausschusses dieser Gewerkschaft. Als Ende der 1940er Jahre zwischen KPD und Gewerkschaft nicht mehr beizulegende Differenzen auftraten, verließ Erich Söchtig die Partei Anfang 1948 und gründete in Salzgitter gemeinsam mit anderen die Gruppe Arbeiterpolitik (Arpo/GAP), die insbesondere im Rahmen der Demontageaktionen eine große Rolle spielte. Gleichwohl trug Erich Söchtig 1959 auch zu ihrer Auflösung bei und trat im selben Jahr in die SPD ein, wo er sich jedoch lange Zeit isoliert fand.

Auch nach seiner Pensionierung betätigte sich Erich Söchtig gewerkschaftlich und politisch u.a. in der Erwachsenenbildung. Von 1967 bis 1973 war er Vorsitzender der Bildungsvereinigung »Arbeit und Leben« in Salzgitter. 1975 verlieh ihm die Stadt die Ehrenbürgerschaft. Erich Söchtig starb am 22. Januar 1980.

Quellen: »Unsere Hütte« 6/1965, Gundula Müller, Hartmann, Bergmann.

selbst nicht ursprünglich vor Ort, sondern auf Anordnung aus Braunschweig. Die zweitgrößte und stark industrialisierte Stadt Niedersachsens hatte eine lange, bis weit ins 19. Jahrhundert zurückreichende Tradition der Arbeiterbewegung, deren kämpferisches Potenzial sich 1945 sofort wieder zeigte. Die Gewerkschaftsgründung setzte ein mit illegalen Aktivitäten eines SPD-Kreises von 10 bis 20 Mitgliedern, die Walter Ahrend und Franz Rosenbruch mit den Vorarbeiten zur Gründung einer Gewerkschaft beauftragten.[12] Gemeinsam mit ehemaligen Braunschweiger Gewerkschaftsfunktionären der Weimarer Zeit bildeten sie den »Fünferausschuss«, der erste Gedanken zur Gewerkschaftsgründung entwickelte und sich damit im April 1945 an Oberst Brodie, den zuständigen Offizier der amerikanischen Truppen, wandte. Der Ausschuss wurde anerkannt und mit der Ausarbeitung eines Gewerkschaftsstatus beauftragt. Die Interessenvertretung sollte dabei so schnell wie möglich auf eine breitere Basis gestellt werden. Diese Forderung erhob in einem Gespräch mit den Braunschweigern am 19. Mai 1945 auch der in Hannover zu dieser Zeit für Gewerkschaftsfragen zuständige britische Offizier Mathers. Darüber hinaus gab es auf Seiten der Besatzungsmacht keinerlei Bedenken.

Es war der Fünferausschuss, der im Land Braunschweig »Kreisleiter« einsetzte, die vor Ort den Gewerkschaftsaufbau in die Hand nehmen sollten. Die Kollegen Ahrend und Rosenbruch richteten Geschäftsstellen ein und ernannten Geschäftsführer. Das Kreisamt Watenstedt-Salzgitter übernahm Fritz Hartmann aus Gebhardshagen, der vor 1933 ehrenamtlich in der Gewerkschaftsbewegung tätig gewesen war. Die enge Verbindung Salzgitters zu Braunschweig zeigte sich daran, dass z.B. an der ersten öffentlichen Gewerkschaftsversammlung in der Stadt am 8. Juni 1945 ungefähr 45 Kollegen aus Salzgitter unter Leitung Fritz Hartmanns und Fritz Krafts, damals Betriebsratsvorsitzender der »Reichswerke«, teilnahmen. In der Sitzung wurden Wilhelm Neddermeier zum Präsidenten sowie Walter Ahrend und Franz Rosenbruch zu Vizepräsidenten des FDGB Braunschweig gewählt. Im Gegenzug erschienen die Kollegen Ahrend und Rosenbruch auf Einladung bei der zweiten Betriebsrätesitzung der »Reichswerke« am 17. Juli 1945.[13]

Bei allen seinen Aktivitäten konnte Fritz Hartmann sich von Anfang an auf die von Erich Söchtig geschaffenen Strukturen in den »Reichswerken« stützen, während dieser seinerseits erkannte, dass er den Kollegen Hartmann und seine Kontakte zur Militärregierung brauchte, um eine angemessene Interessenvertretung aufbauen zu können. So ist es müßig zu fragen, ob die Gewerkschaft in Salzgitter 1945 zunächst auf Betriebsebene oder durch einen Gründungsausschuß entstand. Unabhängig vom Urteil der Beteiligten war es offenbar das Zusammenwirken beider Ebenen, das zum Erfolg führte. Solange die Gewerkschaften nicht genehmigt waren und solange sie stark kontrolliert wurden, leisteten die Betriebsräte die organisatorische Arbeit, warben für die neu entstehenden Gewerkschaften und mobilisierten die Arbeiterschaft. Regelmäßige Betriebsrätevollversammlungen auf Ortsebene oder für die einzelnen Wirtschaftsbereiche, stabilisierten die Bewegung. Hier wurden Aktionen und Streiks geplant,[14] was den Betriebsräten in der Anfangszeit eine sehr starke Position gab. Es war nicht mehr daran zu denken, auf sie zu verzichten, wie es die britische Militärregierung und auch einige deutsche Gewerkschafter gern gesehen hätten, die die Arbeitnehmervertretung ausschließlich als Aufgabe der Gewerkschaften sahen. »Bis die Ge-

Fritz Hartmann war neben seiner gewerkschaftlichen Tätigkeit nach 1945 Mitbegründer der SPD in Salzgitter und von Dezember 1945 bis Ende 1948 Oberbürgermeister der Stadt.

[12] Zur Gründung des FDGB Braunschweig: Hartmann, S. 185ff.; Scheibe, S. 214ff.
[13] Vgl. Gundula Müller, S. 12; Hartmann, S. 203.
[14] Vgl. Hartmann, S. 242f. und 341ff.

werkschaften offiziell zugelassen wurden und sich über ihr Verhältnis zu den Betriebsräten klar werden konnten, war die Einrichtung der Betriebsräte nach dem Vorbild der Weimarer Zeit schon wieder so fest verankert..., daß es den Gewerkschaften nur noch möglich war, zusätzlich gewerkschaftliche Vertrauensleute in den Betrieben zu etablieren und die Betriebsräte so weit wie möglich in die Gewerkschaften zu integrieren.«[15] In der unmittelbaren Nachkriegszeit entstanden in allen Städten zahlreiche Gruppen, auch der Arbeiterbewegung, die bereit waren, den Aufbau eines neuen demokratischen Deutschland in Angriff zu nehmen, die aber dennoch nicht selten in Konkurrenz zueinander standen. So ist eher die nicht spannungsfreie, aber erfolgreiche Zusammenarbeit zwischen Betriebsvertretung und Gewerkschaft auf Ortsebene, wie sie in Salzgitter festzustellen ist, hervorzuheben. Dabei dürfte auch eine Rolle gespielt haben, daß in Salzgitter relativ junge Kollegen tätig waren, die vor 1933 zwar gewerkschaftlich aktiv waren, aber keine Führungspositionen innehatten, denn allgemein war der Neuaufbau »der Gewerkschaften in den Westzonen ... gekennzeichnet von einem Gegensatz zwischen den auf Reorganisation des alten Gewerkschaftsapparates drängenden Gewerkschaftsführern der Weimarer Zeit und den an der betrieblichen Basis arbeitenden Betriebsräten«.[16]

Der FDGB Watenstedt-Salzgitter und die ersten Betriebsräte

Nach eigenen Angaben führte Hartmann am 20. April 1945 ein Gespräch mit dem zuständigen amerikanischen Kommandanten wegen Neugründung einer Gewerkschaft in Watenstedt-Salzgitter und erhielt Anfang Mai die Erlaubnis, mit der Organisation zu beginnen.[17] Die Übernahme der Militärregierung durch die Briten am 4. Juni 1945[18] hatte darauf offensichtlich keinerlei Einfluss. Hartmann berichtet,[19] er habe nach der Zusage durch die Militärregierung der Antifaschistischen Aktion in Lebenstedt Bericht erstattet.

»Antifas« hatten sich schon während des Zusammenbruchs des Naziregimes unter verschiedenen Namen in vielen Städten Deutschlands gebildet. Räteähnlich, aber eher provisorisch organisiert und bewusst überparteilich, wenngleich hauptsächlich sozialistisch orientiert, sorgten sie »in den Wochen des Übergangs von Krieg zu Frieden ... zunächst dafür, daß das Chaos nicht noch größer wurde«,[20] indem sie die Lebensmittel- und Energieversorgung aufrecht erhielten. Aus diesem Grund von den Alliierten zunächst geduldet, war ihre Existenz letztlich doch nur von kurzer Dauer. Alle weitergehenden Hoffnungen, die sich mancherorts mit ihnen verbanden – der vielbeschworene »Dritte Weg« eines demokratischen Sozialismus – waren zum Scheitern verurteilt.

Der Unterbezirk Antifa Lebenstedt, stark von Braunschweig beeinflusst und ohne eigenes Programm, spielte unter seinem Vorsitzenden Söchtig nur in den ersten Wochen nach der Befreiung eine Rolle, die Erich Söchtig selbst im Nachhinein für eher gering hielt. Die Antifa besetzte das »Rathaus« in Abschnitt I in Lebenstedt und eines ihrer Mitglieder namens Freitag war zur Zeit der Amerikaner Bürgermeister mit Sitz in der Boelcke-Schule (heute Schölke-Schule).[21] Nach Fritz Hartmann wurde der »Ausschuss für alle Gewerkschaftsfragen« auf Beschluss der Antifa Lebenstedt paritätisch besetzt, mit drei Vertretern der SPD, drei der KPD und drei der christlichen Richtung. Fritz Hartmann selbst wurde zum Vorsitzenden und Geschäftsführer gewählt. Zweiter Geschäftsführer wurde auf Antrag der christlichen Richtung Franz Busch. Das FDGB Kreisamt bezog sein Büro zunächst in einer Baubaracke der Firma Weiß, die als Geschäftsstelle diente, bevor es in die Neue Straße 73 (heute Heckenstraße) übersiedelte. Einrichtung und Materialien gab es *»leihweise und aus Räumen von NS-Organisationen requiriert«.*[22] Jedoch konnten *»die anlaufenden Arbeiten ... nur ungenügend durchgeführt werden, weil*

1. das notwendige Büromaterial einschl. Kontobücher
2. einsatzbereite erfahrene Gewerkschaftskollegen fehlten... Ehrenamtlich, ohne Entgelt stellten sich ab Mai 1945 die Kolleginnen Siebenmorgen, Dettenbach und Wessolleck zur Verfügung. Mit Zustimmung des Gewerkschaftsausschusses wur-

[15] Kolb, S. 16; vgl. S. 123.
[16] Huster u. a., S. 194.
[17] Zur Gründung des FDGB Salzgitter: Müller, S. 10ff.; Hartmann, S. 200ff.; Bergmann S. 18ff.
[18] Dazu: Schulze, S. 312.
[19] Gegen Hartmann wurde 1948 der Verdacht der Unterschlagung von 64.000 RM und eines »großzügigen« Umgang mit Gewerkschaftseigentum erhoben. In seinem Rechtfertigungsbericht an den Vorstand des Bezirkssekretariats Niedersachsen sowie den Vorstand des Kreisausschusses Watenstedt-Salzgitter und dessen Delegierte vom 20. Februar 1948 schildert er die Entstehung des FDGB Salzgitter und seine eigene Tätigkeit. StA Salzgitter, N 23/VI c BR.
[20] Steininger, Band 1, S. 102.
[21] Vgl. Bergmann, S. 18f. Salzgitter besaß bei Kriegsende nur einen »reduzierten Verwaltungsapparat in einem provisorischen Rathaus« (Schneider, S. 195) in der Ackerstraße 12-18; zu den Anfängen der Kommunalpolitik: Leuschner. Wegen weitgehender Zerstörung der Gebäude, wurde die Verwaltungsstelle nach Kriegsende zunächst in die Boelcke-Schule verlegt, später befanden sich die meisten Ämter in der Salderschen Straße. Vgl. Wolff, S. 417.
[22] Kreisausschuss des DGB Watenstedt-Salzgitter an den Bundesvorstand 21. Juli 1949. Anlage zu Rundschreiben Nr. 116/49. Neuaufbau der Gewerkschaften ab Mai 1945. AK Stadtgeschichte, Nachlass Ehrhardt.

In diesem Gebäude in der Neuen Straße (heute Heckenstraße) teilten sich in den frühen Jahren der FDGB, später der DGB und die Einzelgewerkschaften die Büroräume. Auch das SPD-Parteibüro befand sich hier. Das Haus wurde 1970 abgerissen.

Gegenüberliegende Seite: Die ersten Betriebsräte kamen in der Regel nicht durch eine Wahl ins Amt, sondern wurden kommissarisch eingesetzt.

de der Kollege Metell als Fahrer, der Kollege Schulz für die Kassenführung und der Kollege Lauert für die Registrierung der Mitglieder ehrenamtlich, später hauptberuflich beschäftigt.«[23]

Dass an vielen Stellen politische Aktivitäten spontan entstanden, zeigt die Existenz der Ortsverwaltung Salzgitter-Bad, die im Mai/Juni 1945 in der Wohnung von August Krämer von SPD- und KPD-Anhängern unabhängig von Lebenstedt gegründet worden war und ihr Büro am Bohlweg eingerichtet hatte. Im Juli ernannte Fritz Hartmann August Krämer zum Geschäftsführer der Ortsverwaltung Salzgitter-Bad, sofern Braunschweig keine Einwände erhebe. Da der Kollege Krämer die »Mitgliedsbeiträge« einbehielt, um sie nur für Salzgitter-Bad einzusetzen, statt sie an den FDGB in Lebenstedt abzuführen, war die Zusammenarbeit bald beendet.[24]

Zu Fritz Hartmanns ersten Tätigkeiten gehörte, neben der Abhaltung von Mitgliederversammlungen, die mit Betriebsversammlungen identisch waren, die Registrierung von Mitgliedern anhand von Fragebögen und, da die Beitragskassierung noch verboten war, das Einsammeln von freiwilligen »Spenden« für in Not geratene Kollegen. Diese sollen eine Höhe von acht bis zehn Reichsmark erreicht haben, bei einem Stundenlohn von 0,90 Reichsmark. Hartmann beauftragte den Betriebsrat der »Reichswerke« mit der Bildung einer Kommission, die über die Verwendung der Spenden entscheiden sollte. Die Sammlungen wurden jedoch bald von der Militärregierung verboten.[25]

Fritz Hartmanns wichtigste und umstrittenste Aufgabe von Juni bis August 1945 war die kommissarische Einsetzung von Betriebsratsvorsitzenden, die ihrerseits mitwirkten bei der Einsetzung von Betriebsräten.[26] Hinzu kam ab dem 2.6.1945 in den Reichswerken der Hauptbetriebsrat. Von 1945 bis 1948 hatte jede Betriebsabteilung ihren Betriebsrat, und diese wählten den dreiköpfigen Hauptbetriebsrat.

Der erste wurde allerdings ebenfalls von Hartmann kommissarisch besetzt mit den Kollegen Kraft und Melle als ersten und zweiten Vorsitzenden sowie Flecke als Geschäftsführer. Die kommissarische Einsetzung war in vielen Fällen wohl nur die Bestätigung der selbsternannten Betriebsräte,

[23] Hartmanns Rechtfertigungsschreiben.
[24] Vgl. Bergmann, S. 23ff.
[25] Vgl. Gundula Müller, S. 11, 14.
[26] Zu den ersten Betriebsräten: Müller, S. 25ff; Bergmann, S. 20f.

Erzvorbereitung.

Betriebsführer :

Belegschaft :

Erforderlich sind ca.

Betriebsrat:

Branderhorst	August	Vorsitzender.
Ende	Adolf	Vertreter.
Pflaumenbaum		

Kollege Melle.

Der Betriebsrat wurde am 15.6.45 im Einverständnis mit der Belegschaft durch Zuruf eingesetzt.
Der Kollege Pflaumenbaum wurde auf Anweisung des Kollegen Hartmann kommissarisch als Betriebsratsmitglied eingesetzt.

Freier Deutscher Gewerkschaftsbund
Kreisamt Watenstedt-Salzgitter.

Lebenstedt, den 16.6.45.

An
den Betriebsratsvorsitzenden der Reichswerke.

Werter Kollege Kraft !
Für die Abt. Erzvorbereitung bitte ich um Angabe der fehlenden Unterlagen.

Mit kollegialem Gruß !

gz. Hartmann

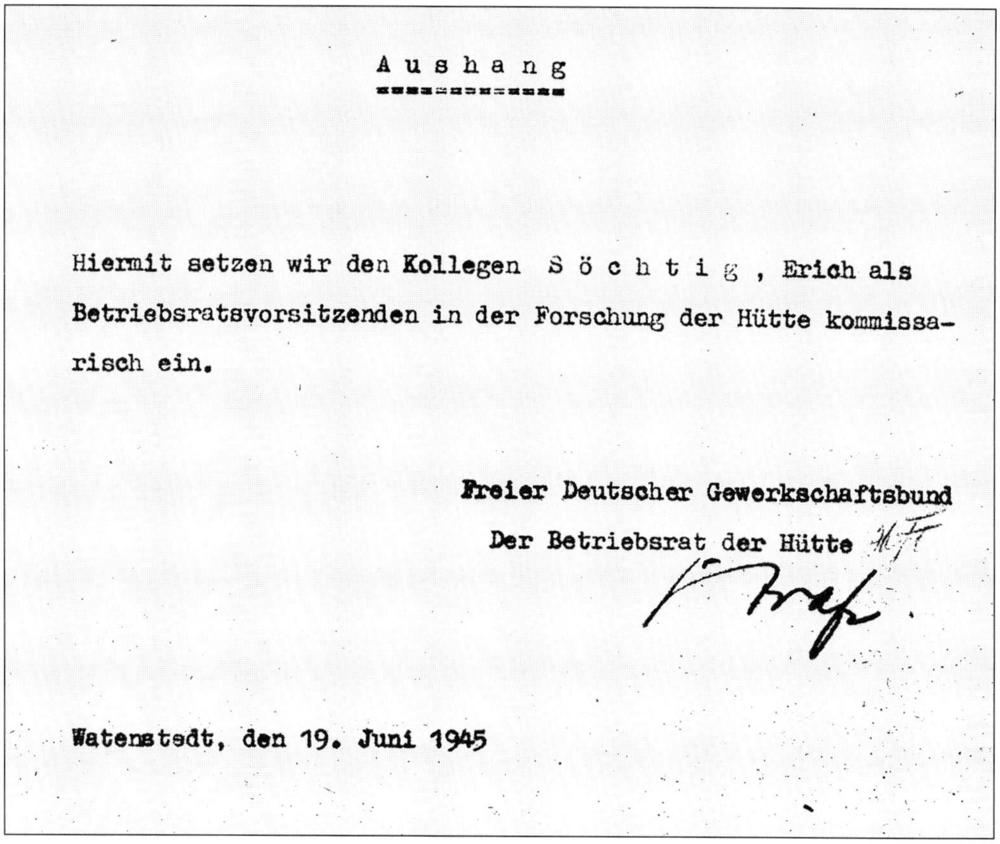

Aushang

Hiermit setzen wir den Kollegen S ö c h t i g , Erich als Betriebsratsvorsitzenden in der Forschung der Hütte kommissarisch ein.

Freier Deutscher Gewerkschaftsbund

Der Betriebsrat der Hütte

Watenstedt, den 19. Juni 1945

Die Betriebsratsarbeit beginnt.

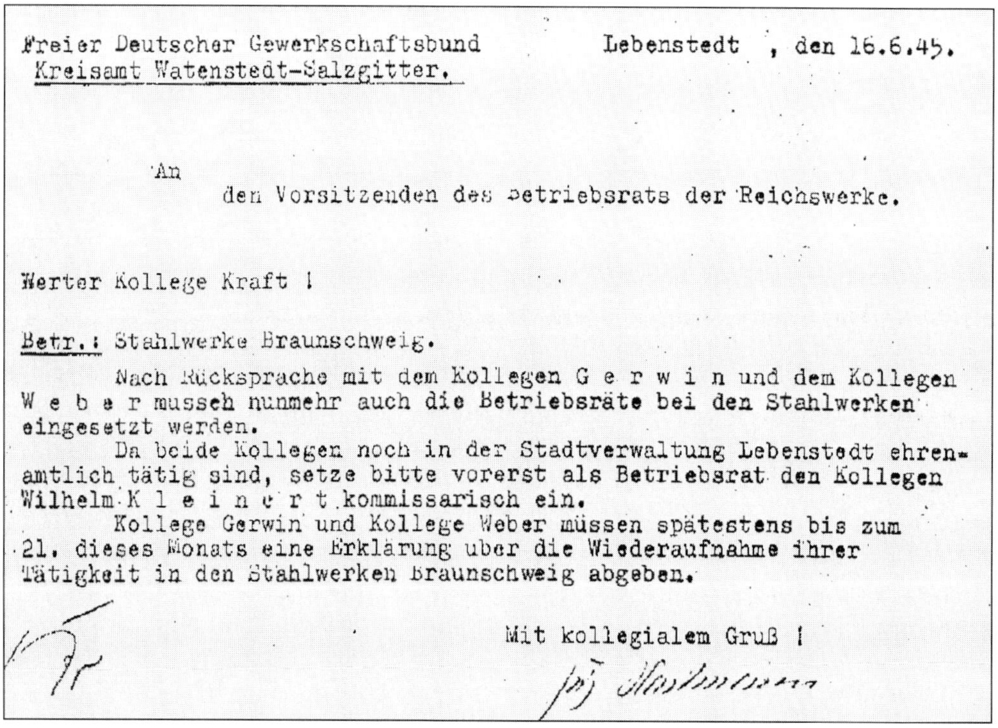

Freier Deutscher Gewerkschaftsbund
Kreisamt Watenstedt-Salzgitter.

Lebenstedt , den 16.6.45.

An
den Vorsitzenden des Betriebsrats der Reichswerke.

Werter Kollege Kraft !

Betr.: Stahlwerke Braunschweig.

Nach Rücksprache mit dem Kollegen G e r w i n und dem Kollegen W e b e r mussen nunmehr auch die Betriebsräte bei den Stahlwerken eingesetzt werden.

Da beide Kollegen noch in der Stadtverwaltung Lebenstedt ehrenamtlich tätig sind, setze bitte vorerst als Betriebsrat den Kollegen Wilhelm K l e i n e r t kommissarisch ein.

Kollege Gerwin und Kollege Weber müssen spätestens bis zum 21. dieses Monats eine Erklärung über die Wiederaufnahme ihrer Tätigkeit in den Stahlwerken Braunschweig abgeben.

Mit kollegialem Gruß !

wenngleich sich dies im einzelnen nicht nachweisen lässt.

Die Bestimmung erfolgte dabei nicht immer in der gleichen Art und Weise. Meist verfasste Fritz Hartmann ein Anordnungsschreiben an den Hauptbetriebsrat, der die Betriebsräte im Auftrag einsetzte und auf einer Betriebsversammlung vorstellte. In anderen Betrieben leitete Fritz Hartmann selbst die Betriebsversammlung und die »Wahl« von Betriebsräten, um dann dem Hauptbetriebsrat die kommissarische Einsetzung mitzuteilen. Während einer Betriebsversammlung der Erzvorbereitung am 15. Juni 1945 gelangten mit Ausnahme dreier Mitglieder, die der Kollege Hartmann bestimmte, die Betriebsräte durch Zuruf ins Amt. Durchweg waren diese Verfahren alles andere als demokratisch. Die ersten Betriebsräte entstanden sowenig von unten, durch spontane Aktionen, wie die ersten Gewerkschaftsfunktionäre von der Basis gewählt wurden.

Otto Brenner hat Ende 1946 den Aufbau von oben nach unten als zeitbedingt dargestellt.[27] Die Köpfe waren da, die Mitgliedschaft musste erst gewonnen werden. Anders war es nach zwölf Jahren Diktatur nicht möglich; schon gar nicht in Salzgitter, wo die Tradition der Arbeiterbewegung keine Basis hatte, wo die zahllosen Aussiedler aus den Ostgebieten eher kleinbürgerliche Ideen mitbrachten und wo die meisten Menschen, wie überall im Deutschland der Nachkriegszeit, von ihren Alltagssorgen aufgefressen wurden. Daher kam trotz aller Widrigkeiten, die den Aufbau von Betriebsräten und Gewerkschaften im Anfang begleiteten, von der Mitgliedschaft nicht nur keinerlei Protest, sondern die Vorgehensweise wurde im Gegenteil von den Kollegen mitgetragen.

Den Betriebsräten selbst war dagegen der Mangel an Legitimation ihres Daseins durchaus bewusst. So forderte Erich Söchtig bereits in der ersten Betriebsrätesitzung der »Reichswerke« am 9. Juli 1945 eine Wahl. Allerdings dürfte bei ihm ein anderes Motiv im Vordergrund gestanden haben: selbst einen Posten übernehmen zu wollen, bzw. die eigenen Anhänger wählen zu lassen. Aus dem selben Grund verzögerte Fritz Hartmann die Wahlen solange wie möglich, selbst dann noch, als die Militärregierung am 18. August 1945 mit dem Aufruf »An alle Arbeiter in diesem Betrieb« Sprecherwahlen angeordnet hatte, und damit die erste rechtliche Basis für Wahlen durch die Belegschaft schuf, die jedoch keineswegs überall in angemessener Weise erfolgten. Kollege Hartmann schob sie hinaus, weil er befürchtete, dass die von ihm eingesetzten Betriebsräte nicht wiedergewählt würden. Hier zeigt sich, dass die Zusammenarbeit nicht so reibungslos war, wie vor allem Fritz Hartmann sie später gern dargestellt hat. Unter anderem spielte die Parteizugehörigkeit der Aktivisten eine nicht unerhebliche Rolle.

Parteilichkeiten

Alle von Braunschweig aus eingesetzten Geschäftsführer waren entsprechend des dortigen Gründungskreises SPD-Mitglieder. Dies stützt zunächst einmal die These, dass die führenden Funktionäre der Nachkriegszeit in den Westzonen fast alle dem sozialdemokratisch orientierten Flügel der alten Gewerkschaftsbewegung angehörten.[28] Gleichwohl muss dies relativiert werden, nicht nur für Salzgitter. Wie an vielen Orten spielten auch hier kommunistische Arbeitnehmervertreter anfangs eine große Rolle. Tatsächlich sah es nach dem Krieg für kurze Zeit so aus, als ließe sich die Spaltung der Arbeiterbewegung, in der viele eine der Ursachen für deren Niederlage 1933 sahen, endlich aufheben und die unterschiedlichen Richtungen in einer einheitlichen Arbeiterpartei zusammenführen. Dementsprechend forderte am 15. Juni 1945 der Berliner Zentralausschuß der SPD um Otto Grotewohl eine einheitliche Kampforganisation der Arbeiterklasse.

Die SPD in Braunschweig orientierte sich an den Berlinern und nicht am Neuaufbau der Partei, wie sie unter Kurt Schumachers Führung in Hannover erfolgte. So trat man auch in Braunschweig für die Aktionsgemeinschaft mit der KPD ein und gründete eine sozialistische Einheitspartei (SEP). Dieser Gedanke fiel auch in Salzgitter auf fruchtbaren Boden. Ein auf den 1. September 1945 datiertes Schreiben eines »Ausschusses zur Gründung der Sozialistischen Einheitspartei Deutschlands« an die Militärregierung in der Stadt beantragte die Gründung der SEP.[29]

Über diesen ersten Schritt ist das Verfahren allerdings nicht hinausgekommen, da vor allem die Widerstände seitens der von der Schumacher-Richtung dominierten SPD zu groß waren. Kurt Schumacher selbst wandte sich gegen jede organisatorische Verschmelzung mit der KPD. Die Zusammenarbeit der SPD- und KPD-Genossen vor Ort schloss das jedoch nicht aus. So fand, allerdings nach längerem Widerstreben, am 22. November 1945 eine gemeinsame Fraktionssitzung bei-

[27] Auf der Konferenz der Wirtschaftsgruppe Metall für Niedersachsen am 28./29. Dezember 1946; vgl. Hartmann, S. 252.
[28] Vgl. Schmidt, S. 48.
[29] Bestand Herbert Jentsch, unverzeichnet. Vgl. dazu Försterling, S. 340f.

Ausschuss zur Gründung der
Sozialistischen Einheitspartei
Deutschlands

Watenstedt-Salzgitter, den 1.9.

An die
Militär - Regierung 1005 Detach.

L e b e n s t e d t
Salderschestr. 28.

Betr.: Gründung der Sozialistischen Einheitspartei Deutschlands.

Unterzeichnete Personen bitten um Zulassung der Sozialistischen Einheitspartei Deutschlands im Kreisgebiet Watenstedt - Salzgitter. Gemäss der Verordnung Nr. 12 der Militär- Regierung vom 15. September 1945 werden folgende Schriftstücke beigefügt.

1. Ein Entwurf der Satzungen und Richlinien. (Anlage 1)
2. Ein Entwurf des Parteiprogramms. (Anlage 2)
3. Eine Liste der Namen und Anschriften der zu Ämtern vorgeschlagenen Personen. (Anlage 3)
4. Eine Erklärung über die Finanzierung der Partei. (Anlage
5. Eine Erklärung über die Höhe des von jedem Mitglied zu zahlenden Beitrags. (Anlage 5)

Hochachtungsvoll!

[illegible] Wolf [illegible] Hoffmann
[illegible] August [illegible]
Hermann Wolff Alfred [illegible]
Adolf Diehl Otto Lohmann
Franz [illegible] Willi [illegible]
Hermann Lehrke Lydia Fischer
Franz Weberling
[illegible] [illegible]

bitte wenden !

der Parteien statt, in der es um die Koordination der beiderseitigen Aktivitäten ging, vor dem Hintergrund der Erkenntnis, dass die Einheitsfront zwar notwendig, ein organisatorischer Zusammenschluss aber noch nicht möglich sei.

Im Aktionsausschuss für den Kreis Watenstedt-Salzgitter, der hier gegründet wurde, saßen für die SPD die Genossen Melle und Burow, für die KPD die Genossen Schröter und Söchtig, wobei letzterer in gleicher Funktion auch auf Bezirksebene tätig war.[30] Eine in der Versammlung einstimmig angenommene Entschließung beinhaltet mehrere Thesen zum Beginn des Miteinanders. Als eine Sofortmaßnahme findet sich unter Punkt 2: »*Engste Zusammenarbeit im Freien Deutschen Gewerkschaftsbund, in den zu bildenden Ortsausschüssen. Die Ortsausschüsse sollen auf paritätischer Grundlage der Parteien aufgebaut werden.*«[31]

Trotz allem gab es auch hier von Beginn an Spannungen zwischen SPD und KPD.[32] Ähnlich wie in Braunschweig und vielen anderen Städten hatte die KPD in Salzgitter in den Betrieben einen relativ starken Rückhalt, selbst wenn sie zahlenmäßig nicht den größten Teil der Betriebsräte stellte. Erich Söchtigs Politik und Persönlichkeit bestimmten den Betriebsrat der »Reichswerke« und dank dieser starken Stellung weitgehend auch die entstehenden Gewerkschaftsorganisationen und ihre Strategie. Fritz Hartmann dagegen bevorzugte vor allem bei der kommissarischen Ernennung von Betriebsräten entsprechend den Bemühungen seiner Partei, Betriebsvertretungen und Gewerkschaften zu kontrollieren, eindeutig SPD-Mitglieder. Da die Briten parteipolitische Aktivitäten weitaus stärker kontrollierten als gewerkschaftliche, »wurden Parteiveranstaltungen oft unter dem Deckmantel der Gewerkschaften durchgeführt«.[33]

Die von Fritz Hartmann eingesetzten ersten Mitglieder des Hauptbetriebsrates, die Kollegen Kraft, Melle und Flecke, waren SPD-Angehörige. So vermerkt ein Protokoll des FDGB, dass die zur Wahl des Präsidenten am 8. Juni 1945 erschienenen Vertreter aus Salzgitter weder gewählt, noch spontan zusammengekommen, sondern dass die Mehrzahl von einem SPD-Mann (offensichtlich Hartmann) eingesetzt worden war. Sowohl kommunistisch als auch christlich orientierte Vertreter beklagten am Rande der Versammlung ihre Benachteiligung und die parteipolitischen Präferenzen Hartmanns. Die Salzgitteraner verließen schließlich vorzeitig die Konferenz, »*da noch einige Unklarheiten von den Kollegen des Watenstedt-Salzgittergebietes klargestellt werden mußten. Die Kollegen trafen sich noch einmal in der Wolfenbütteler Straße. Kollege Kraft von den H.G.W. als Betriebsratsvorsitzender eröffnete die Versammlung und erteilte zuerst Kollege Hartmann das Wort. Kollege Hartmann schilderte uns den Aufbau der Gewerkschaft im Salzgittergebiet sowie die bisher geleistete Arbeit. Einige Kollegen von der christlichen und kommunistischen Richtung fühlten sich im Aufbau zurückgesetzt, auch hier schaffte Kollege Hartmann Klarheit. Nachdem Kollege Hartmann seinen festen Willen zur gemeinsamen Aufbauarbeit gegeben hatte und die vorläufige Betriebsratsvorsitzenden in den Betrieben ohne Rücksicht irgendwelcher politischer Einstellung aus dem Betrieb heraus vorgeschlagen worden sind, wurden die Anschuldigungen gegen Kollege Hartmann zurückgewiesen. ... Zum Schluß sprach Kraft die abschließenden Worte und bat durch Erheben des Armes dem Kollegen Hartmann sein Vertrauen auszudrücken. Die Vertrauensabstimmung war 100 Prozent*«.[34] Die Differenzen waren also keineswegs so schwerwiegend, dass man sie nicht hätte überwinden können.

Beschwerden über die SPD-Politik gab es jedoch auch im folgenden Jahr noch. Franz Busch schrieb am 5. September 1946 im Auftrag des FDGB-Vorstands an den SPD-Kreisvorstand, zu Händen Fritz Hartmann, um sich »*im Bewußtsein der Verantwortung um die so schwer errungene Einheit in der Gewerkschaftsbewegung, die die volle parteipolitische Neutralität voraussetzt*«,[35] über die fraktionelle Parteiarbeit des Parteisekretärs Paul Wehlan innerhalb des Betriebrates zu beklagen. Sie störe die Einheit der Gewerkschaftsarbeit. Auf diese aber kam es letztlich allen an. »*Die parteipolitischen Sachen müssen ausgeschaltet werden, um unsere wirtschaftlichen Interessen in der Gewerkschaftsorganisation zu sichern*«, forder-

Gegenüberliegende Seite: Ähnlich wie in Braunschweig plante man auch in Salzgitter 1945 die Gründung einer Sozialistischen Einheitspartei.

[30] Niederschrift über die Arbeitstagung des Bezirksausschusses für Zusammenarbeit der SPD und KPD. Bestand Herbert Jentsch, unverzeichnet.

[31] Niederschrift über die Fraktionssitzung und Entschließung, Bestand Herbert Jentsch, unverzeichnet. Zur Idee der Einheitspartei in Braunschweig und Salzgitter: Hartmann, S. 185; 100 Jahre SPD, S. 117f.

[32] Zu den parteipolitischen Auseinandersetzungen: Müller, S. 16f.; Hartmann, S. 196, 203, 208, 256f.

[33] Gert Metell/Reinhard Försterling: Die Wiedergründung der SPD Salzgitter, in: 100 Jahre SPD Salzgitter, S. 111.

[34] Aktennotiz: Sitzung des »Freien deutschen Gewerkschaftsbundes« am 8. Mai 1945. Betr.: Wahl des Präsidenten des A.D.G.B, StA Salzgitter N23/Xa.

[35] Archiv IG Metall Salzgitter, unverzeichnet.

KPD und SPD streben wie in ganz Deutschland, so auch in Salzgitter, in der frühen Nachkriegszeit eine enge Zusammenarbeit an.

S.P.D. Watenstedt-Salzgitter   Lebenstedt, den 23.11.1945

An die
Ortsvereine, Unterbezirke und Straßenmänner

Nach der vorstehenden Niederschrift ist unbedingt nur gemeinsame Arbeit mit der K.P.D. auszurichten.
Unsere Parole muß sein:

"Nie wieder Bruderkampf"

Gemeinsam müssen wir mit nur kommunistischen Freunden gegen Faschisten und Reaktion kämpfen.
Unser gemeinsames Ziel ist der Sozialismus.

Mit proletarischem Gruß !
gez. Fritz Hartmann

te Söchtig in einer Betriebsrätevollsitzung am 13. September 1946.[36]

Weil der größte Teil der Beteiligten dieser Forderung folgte, weil der Wille zum gemeinsamen Vorgehen in einem gemeinsamen Anliegen vorhanden war und Vorstände bewusst im Hinblick auf die Parteizugehörigkeit paritätisch besetzt wurden (s.u.), ist Salzgitter letztlich ein Beispiel für eine gute, parteiübergreifende Zusammenarbeit. SPD und KPD überwanden ihre Differenzen sogar über das Jahr 1948 hinaus, als die KPD mit innerparteilichen Problemen zu kämpfen hatte und ihr zahlreiche Mitglieder davonliefen. Auch die Gründung der Arpo[37] durch Erich Söchtig u.a., die Gründung einer KPD-Betriebsgruppe Ende 1949 sowie die Versuche der SPD, eine solche zu etablieren (was jedoch erst 1958 gelang), schufen nicht sofort neue Verhältnisse.

Als die verstärkte »Sozialdemokratisierung« der Gewerkschaften seit Ende der 1940er Jahre an anderen Orten zu Streitigkeiten und einer Herausdrängung der Kommunisten führte, konnte davon in Salzgitter noch keine Rede sein, und im Kampf gegen die Demontage 1950 spielte Parteizugehörigkeit ohnehin keine Rolle. Alle unterstützten Erich Söchtig und die Arpo in ihrem Widerstand.[38] Kritik an der Amtsauffassung des Kollegen Söchtig gab es erst in der folgenden Zeit. Bis dahin ließ sich die Arbeitervertretung nicht auseinanderdividieren, und zumindest die Gruppe um Erich Söchtig ließ sich von Anfang an nicht für parteipolitische Zwecke gebrauchen. Dem Versuch der KPD, die für sie erfolgreiche Wahl zum Hauptbetriebsrat der »Reichswerke« in ihrer Zeitung »Hannoversche Volksstimme« am 1. Oktober 1946 als parteipolitischen Erfolg zu verbuchen, begegnete der Hauptbetriebsrat in einem Antwortschreiben mit der deutlichen Aussage, dass *»dieses Ergebnis nicht erzielt worden war auf Grund der parteipolitischen Einstellung der Kollegen, sondern auf Grund ihrer vorbildlichen gewerkschaftlichen Arbeit und ihrer Einstellung zur überparteilichen Zusammenarbeit im Betrieb«.*[39] In Salzgitter wurde damit im Kleinen realisiert, was allgemein als Forderung erhoben und überall angestrebt wurde: die Einheitsgewerkschaft.

In der Einheit liegt die Kraft

Die Gewerkschaften waren im 19. Jahrhundert nicht als in sich geschlossene Organisation entstanden, sondern bildeten eine uneinheitliche Bewegung, deren einzelne Gruppen sich nach Berufen, Konfessionen oder politischer Richtung zusammenfanden. Obgleich es im Laufe der Jahrzehnte immer wieder Zusammenschlüsse gegeben hatte, gab es auch in der Weimarer Republik noch drei

[36] Zitiert nach Hartmann, S. 209.
[37] Zur Arpo vgl. Kapitel 2 in diesem Buch.
[38] Vgl. Thum, Betriebsräte, S. 358, 364f.
[39] Zitiert nach Hartmann, S. 209; vgl. Thum, Betriebsräte, S. 362f.

große Richtungen gewerkschaftlicher Vereinigungen:

- die nach ihren Gründern benannten Hirsch-Dunckerschen-Gewerkvereine, die sich am wirtschaftspolitischen Liberalismus orientierten, in der Weimarer Zeit allerdings nurmehr eine relativ unbedeutende Rolle spielten;
- die am Katholizismus orientierten Christlichen Gewerkschaften, die seit Beginn des Jahrhunderts zunehmend an Bedeutung gewonnen hatten;
- und schließlich als größte und wichtigste Gruppe die Freien Gewerkschaften, zusammengeschlossen in der Dachorganisation des Allgemeinen Deutschen Gewerkschaftsbundes (ADGB). »Frei« meinte zunächst konfessionslos, ist zugleich aber Kennzeichen für die an der Sozialdemokratie orientierten Gewerkschaften.

Nicht nur wegen der Spaltung in oft untereinander zerstrittene Richtungsgewerkschaften büßte die Arbeitnehmervertretung viel an Kampfkraft ein. Hinzu kam die Organisation nach dem Berufsverbandsprinzip. Da in den Großbetrieben stets viele Berufe anzutreffen waren, stand bei Tarifverhandlungen ein Arbeitgeber mehreren Arbeitnehmervertretern gegenüber. Das Industrieverbandsprinzip – ein Betrieb, eine Gewerkschaft – war nur in Einzelfällen verwirklicht. Die Uneinheitlichkeit der Gewerkschaften und die damit verbundenen offensichtlichen Schwächen führten in der Endphase der Weimarer Republik zu einer breiten Diskussion um eine zu schaffende Einheitsgewerkschaft, ohne dass dies bereits praktische Konsequenzen gehabt hätte.

Die folgenschwere Niederlage von 1933 und die Unfähigkeit zum gemeinsamen Widerstand verstärkten die Überzeugung von der Notwendigkeit einer neuen Organisationsform. Alle Planungen für die Zeit nach der Befreiung von der nationalsozialistischen Diktatur orientierten sich daran; und so standen 1945, von wenigen Ausnahmen abgesehen, für alle Gewerkschafter zwei Dinge außer Frage: das Industrieverbandsprinzip und die Einheitsgewerkschaft. Unter welchem Namen die Organisationen vor Ort auch gegründet wurden – ob als Allgemeine Freie Gewerkschaft, wie in Oldenburg, als Allgemeine Gewerkschaft, wie in Hildesheim, Hannover oder Göttingen, oder eben als Freier Deutscher Gewerkschaftsbund, wie in Braunschweig oder Salzgitter – sie alle folgten dem Prinzip der überparteilichen und überkonfessionellen Einheitsgewerkschaft.

Und dennoch: Es gab beim Aufbau der Gewerkschaften eine vehemente Diskussion um die Organisationsform, die die Kräfte der Kontrahenten so sehr band, dass alle anderen gewerkschaftlichen Forderungen der Frühzeit ins Hintertreffen gerieten. Denn die Frage der Organisation war eine des Durchsetzungsvermögens, eine Machtfrage. Einheitsgewerkschaft ist nicht gleich Einheitsgewerkschaft.

Zum einen gab es die zentralistische Einheitsgewerkschaft mit nach Branchen untergliederten Wirtschafts- oder Industriegruppen. Die Allgemeine Gewerkschaft Hannover war nach dieser Idee konzipiert, und ihr Modell hatte sich bis Herbst 1945 in ganz Niedersachsen durchgesetzt. Die zentralistische Organisation erfasst das einzelne Mitglied direkt, erhält die Finanz- und Personalhoheit und übernimmt die Tarifpolitik, während die Wirtschaftsgruppen nur für Spezialaufgaben zuständig sind.

Die Idee der Pflichtmitgliedschaft findet sich häufig in Verbindung mit der zentralistischen Organisationsform. Ihre Befürworter führten die enorme Schlagkraft durch die Bündelung des personellen und finanziellen Potenzials als Argumente ins Feld sowie die gute Betreuung der Mitglieder in schwach besiedelten Gebieten. Nicht zuletzt schien sie am ehesten geeignet, politischen Niederlagen, wie am Ende der Weimarer Republik, entgegenzuwirken. Und war die Zentralisierung schließlich nicht auch die konsequente Fortführung des eingeschlagenen Weges der Vereinheitlichung gewerkschaftlicher Organisationen?

Die Kritiker dieser Ausprägung der Einzelgewerkschaft fürchteten die Distanz eines, im übrigen nur schwer zu kontrollierenden, Zentrums zu den Mitgliedern sowie die Gefahr der Bürokratisierung, der jede zentralistische Einrichtung ausgesetzt ist. Ihre Alternative lautete: autonome Industriegewerkschaften, zusammengefasst in einem Bund als Dachorganisation. Die freiwillige Mitgliedschaft liegt bei den Einzelgewerkschaften, obwohl auch die Idee einer Mitgliedschaft des einzelnen beim Bund vertreten wurde, und auch die Tarifpolitik ist Sache der Industriegewerkschaften. Die Nähe zur Basis und die Chance, diese jederzeit zu mobilisieren, sprechen ebenso für diese Organisationsform wie die Möglichkeit eines flexiblen Eingehens auf die Situation der jeweiligen Wirtschaftszweige.

In der ersten Zeit war die Idee der zentralistischen Einheitsgewerkschaft absolut vorherrschend und fand in Niedersachsen mit dem Zentrum der Allgemeinen Gewerkschaft Hannover ihre solideste Basis. Auch der wohl einflußreichste Gewerkschafter der Nachkriegszeit, Hans Böckler, gehörte zunächst zu den Befürwortern dieser Organisationsform. Er war jedoch auch einer der ersten, die erkannten, dass sie unter den im Nachkriegsdeutschland gegebenen Bedingungen nicht durchzusetzen sein würde. Die Militärregierungen der Westzonen und die Gewerkschaftsorganisationen ihrer Heimatländer waren ausgesprochene Gegner des Zentralismus. So hatte sich eine Delegation des britischen TUC (Trade Unions Congress) nach einem Deutschlandbesuch im November 1945 ausdrücklich gegen die zentralistische Einheitsgewerkschaft ausgesprochen, da sie die Eigeninitiative hemme und die Autoritätsgläubigkeit fördere.[40]

Nicht allein wegen der Ablehnung durch die Westalliierten wandten sich auch immer mehr deutsche Gewerkschafter der Idee autonomer Industriegewerkschaften zu, um so schnell wie möglich überhaupt eine einheitliche Organisation zu schaffen. Andere, wie der Metallgewerkschafter Otto Brenner oder die aus England bzw. den USA zurückgekehrten Exilgewerkschafter hatten sich von Anfang an für diese Organisationsform eingesetzt, dabei aber durchaus daran gedacht, *»einen stärkeren Bund als bisher zu schaffen«.*[41]

Die Einheitsgewerkschaft war auch in Salzgitter unumstritten. *»Wir müssen alle einheitlich an einem Strick ziehen. Zersplittung und Bruderhaß haben uns zum Faschismus gebracht. Wenn wir uns heute einig sind und gemeinsam arbeiten, werden wir unsere Aufgabe zu lösen wissen«,* forderte Söchtig und konstatierte: *»Es kommt mir in unserer Zusammensetzung nicht darauf an, wo einer politisch steht, sondern nur darauf, daß die Interessen des Arbeiters und der Gewerkschaft gewahrt werden«.*[42] Dabei dachte man auch in Salzgitter zunächst an die zentralistische Einheitsgewerkschaft. Ob überhaupt und wie intensiv hier die Diskussion geführt wurde, in deren Folge statt dessen autonome Industriegewerkschaften gegründet wurden, lässt sich nicht nachvollziehen. Jedenfalls haben schließlich die Salzgitteraner den Zentralismus ohne jeden Widerstand aufgegeben. Dies mag ein Hinweis darauf sein, dass dem Problem an der Basis nicht derselbe Stellenwert zuerkannt wurde wie auf Landes- oder Zonenebene, wobei auch die starke Position der Betriebsräte eine Rolle gespielt haben mag. Gleichwohl wurde auch Salzgitter von den hier getroffenen Entscheidungen beeinflusst, wie die weitere Entwicklung des FDGB und später der Industriegruppe Metall zeigt.

Ein vorläufiges Statut und das Verbot des FDGB

Neben den ersten organisatorischen Arbeiten brauchte die neu zu gründende Gewerkschaft ein Statut. Alle örtlichen Stellen übernahmen in der Regel das erste vorläufige Statut aus Braunschweig.[43] Dementsprechend war in dem in Salzgitter nicht erhaltenen Entwurf eine von Fritz Hartmann durchaus befürwortete Pflichtmitgliedschaft verankert. Dagegen wendete sich der Betriebsrat des Kraftwerks der »Reichswerke«, namentlich die Kollegen Hahn, Fichter und Fiebeck, mit dem Schreiben »Fragen und Unklarheiten, die sich aus dem vorläufigen Statut des Freien Deutschen Gewerkschaftsbundes ergeben« vom 9. Juni 1945. Die Pflichtmitgliedschaft lasse an die DAF denken, die Gewerkschaftsbewegung müsse jedoch von Idealisten und Kämpfern getragen werden; Klassenkampf und Pflichtmitgliedschaft seien unvereinbar.[44] Im ersten erhaltenen Statut findet sich eine solche Pflichtmitgliedschaft nicht mehr. Vielmehr heißt es dort in § 3,1: *»Mitglied des FDGB* kann *jeder gegen Lohn und Gehalt tätige Angestellte, Arbeiter, Be-*

[40] Vgl. Mielke, S. 39f.
[41] So Brenner. Protokoll einer Besprechung der Vorsitzenden der Ortsverwaltungen der Industriegruppen Metall in Niedersachsen sowie des Vorstands und Beirats am 10. Juni 1947 in Hannover. Archiv IG Metall Salzgitter, unverzeichnet.
[42] So Söchtig in der 1. Betriebsausschusssitzung am 15. März 1946. Zitiert nach Gundula Müller, S. 18.
[43] Vgl. Hartmann, S. 206.
[44] Vgl. Gundula Müller, S. 13.

amte und Lehrling werden ...«[45] Vielleicht hatten die Diskussionen zu einer solchen Änderung geführt. Möglich ist aber auch, dass das Eingreifen der Militärregierung diesen Wandel herbeiführte.

Am 1. August 1945 verboten die Briten den FDGB im ganzen Land Braunschweig, was auch die Schließung der Geschäftsstelle in Salzgitter zur Folge hatte.[46] Das Kreisamt wurde zur »Abwicklungsstelle des FDGB, Fritz Hartmann«, doch stellte dieser seine Tätigkeit nur nach außen hin ein. Wie die Kollegen in Braunschweig, arbeitete auch der Kollege Hartmann in Salzgitter mit einigen anderen illegal weiter, um das bisher Erreichte nicht zu gefährden. Er weigerte sich darüber hinaus, die eingenommenen Gelder abzugeben, was Salzgitter später die finanziellen Probleme ersparte, mit denen andere Kreisämter zu kämpfen hatten. *»Da ein Bankkonto nicht eingerichtet werden konnte, wurden die illegal einkassierten Beiträge im Gesamtbetrag von zs. 11.000 RM bei der Kollegin Siebenmorgen in der Wohnung in einer Stahlkassette verwahrt«.*[47]

Fragt man nach den Gründen für das Verbot des FDGB, so muss man diese nicht in Salzgitter suchen; die Pflichtmitgliedschaft hätte als Begründung kaum ausgereicht. Die Ursachen liegen im wesentlichen in Braunschweig. Zum einen gab es in der Stadt eine sehr starke Antifa (Antifaschistische Aktion), in der alle Parteien vertreten waren, die im April und Mai 1945 ebenfalls Betriebsvertretungen einsetzte und somit in Rivalität zum SPD-besetzten Fünferausschuss geriet, der jede Mitarbeit in der Antifa ablehnte.[48] Zum anderen unterschied sich die Arbeiterbewegung in der Stadt 1945 durchaus von der anderer Städte Niedersachsens. Die Sozialdemokraten orientierten sich, wie erwähnt, nicht an Kurt Schumachers Leitlinien, sondern richteten sich nach dem Berliner Zentralausschuss um Otto Grotewohl, traten für die Aktionsgemeinschaft mit der KPD ein und gründeten eine sozialistische Einheitspartei (SEP).[49] Das von Walter Ahrend und Franz Rosenbruch ausgearbeitete Statut des als zentralistische Einheitsgewerkschaft konzipierten FDGB Braunschweig ließ dieselben politischen Tendenzen erkennen. Da es von den Ortsstellen übernommen wurde, müssen diese sich auch im vorläufigen Statut Salzgitters gefunden haben. Die Braunschweiger sahen die Pflichtmitgliedschaft vor, der Gewerkschaftsbeitrag sollte im Betrieb gleich vom Lohn abgezogen werden, alle Mitglieder, auch Beamte, mussten an Streiks teilnehmen und die Anordnungen der Gewerkschaftsleitung sollten in jedem Fall befolgt werden. Darüber hinaus bekannte sich der FDGB ausdrücklich zum Klassenkampf und zur sozialistischen Produktionsweise als anzustrebendes Ziel einer Demokratisierung der Wirtschaft.[50] Dies waren Postulate, die so in Niedersachsen nicht noch einmal zu finden waren.[51] So kann es nicht verwundern, dass das Salzgittergebiet der Militärregierung als »sehr links-außen«[52] galt, denn den Vorstellungen der Westalliierten über einen demokratischen Neuaufbau Deutschlands und auch seiner Gewerkschaften liefen die hier vertretenen Ideen zuwider. Und es waren die Alliierten, die in den frühen Jahren der Nachkriegszeit den Rahmen für jede politische Entwicklung setzten.

Alliierte Gewerkschaftspolitik

Die alliierten Militäradministrationen standen vor dem Hintergrund der Deutschlandpolitik ihrer Regierungen Gewerkschaftsgründungen von Anfang an durchaus positiv gegenüber, sahen viele in den Gewerkschaften doch *»die demokratischste Klasse der deutschen Bevölkerung«.*[53]

Sie hatten am Anfang weitaus mehr Handlungsspielraum als z.B. die Parteien. Bereits am 22. Dezember 1944 gab der Oberkommandierende der alliierten Truppen, General Eisenhower, die Auflösung der DAF und die Erlaubnis zur Einrichtung demokratischer Gewerkschaften bekannt: *»Alle Formen freier wirtschaftlicher Vereinigungen und Zusammenschlüsse der Arbeiter«* sollten erlaubt werden, *»wenn sie nicht politische oder militärische Tendenzen haben oder annehmen«.*[54] Die offizielle Erlaubnis zur lokalen Gewerkschaftsgründung erfolgte zwar erst nach der Potsdamer Konferenz vom Juli/August 1945, doch waren zu diesem Zeitpunkt schon zahlreiche Organisationen entstanden und geduldet bzw. durchaus auch

[45] StA Salzgitter N 23 IXa, Hervorhebung d.V.

[46] Zum Verbot: Gundula Müller, S. 14f; Hartmann, S. 206f; Bergmann, S. 23.

[47] Hartmanns Rechtfertigungsschreiben.

[48] Vgl. Hartmann, S. 188, 196.

[49] Vgl. Hartmann, S. 185.

[50] Der Gewerkschaftsbund »erstrebt die Überleitung der privatkapitalistischen Produktionsweise in die sozialistische« und »der Gewerkschaftsbund steht auf dem Boden des Klassenkampfes« hieß es im Statut. Zitiert nach Scheibe, S. 216, 220.

[51] Hartmann, S. 197; vgl. auch Müller, S. 187f.

[52] Monatlicher Bericht der Militärregierung Braunschweig 11/47, nach Schulze, S. 322; vgl. S. 322f.

[53] So der Direktor der Manpower Division der amerikanischen Militärregierung, General McSherry. Zitiert nach Mielke, S. 34.

[54] Zitiert nach Schneider, S. 236f.; allgemein zur Gewerkschaftspolitik der Alliierten, S. 236ff. sowie Mielke, S. 28ff.; zur Politik der britischen Militärregierung Kolb, S. 11ff.

Flugblatt der Militärregierung zur Gründung von Gewerkschaften.

Trade Unions in Germany

If you are interested in the formation of trade unions in Germany

READ THIS CAREFULLY.

A. Allied Policy.

It is the policy of the Allies:—

(1) To permit the formation of free trade unions throughout Germany.

(2) To ensure that the formation of free trade unions shall be a process of democratic self expression and initiative, proceeding from basic levels, that is, from the workers themselves.

(3) To permit trade unions to develop and to function freely so long as their activities are not directed against the Allied authorities.

B. Who may form trade unions?

Any group or groups of workpeople who have a common interest in matters affecting their employment may set about forming a trade union.

C. The first steps to be taken to form a trade union.

(1) Some person or persons, who can claim to speak on behalf of a body of workpeople, must submit to Military Government proposals in writing indicating:

(i) The class or classes of workpeople whom it is desired to organise into a trade union.

(ii) The geographical area to be covered by the proposed union.

(iii) The names, addresses and personal history of the persons making the application.

(2) If the applicants are not in touch with their local Military Government detachment, the application referred to above may be sent direct to the appropriate Provincial Military Government H.Q. offices as follows:—

H.Q. Military Government North Rhine Region
H.Q. Military Government Westfalen Region
H.Q. Military Government Hannover Region
H.Q. Military Government Schleswig-Holstein Region
H.Q. Military Government Hansestadt Hamburg.

(3) The applicants referred to in (a) above will be given detailed instructions as to their next action. Briefly, they will be told:

(i) to prepare to hold meetings of the workpeople they wish to recruit;

(ii) to ascertain the wishes of the workpeople;

Die Gewerkschaften in Deutschland

Wenn Sie sich für die Schaffung von Gewerkschaften in Deutschland interessieren, so

lesen und beachten Sie folgendes:

A. Alliierte Zielsetzung.

Es ist die Absicht der Alliierten:

(1) Die Bildung freier Gewerkschaften in ganz Deutschland zuzulassen.

(2) Sich zu vergewissern, daß die Schaffung freier Gewerkschaften das Ergebnis freiheitlichen Selbstgefühls und Initiative ist, die sich in den grundlegenden Stadien, das heißt bei den Arbeitern selbst, entwickeln.

(3) Den Gewerkschaften volle Entwicklungs- und Handlungsfreiheit zu gewähren, vorausgesetzt, daß sich ihre Tätigkeit nicht gegen die alliierten Behörden richtet.

B. Wer darf Gewerkschaften bilden?

Irgendwelche Gruppe oder Gruppen von Arbeitern, die ein gemeinsames Interesse hinsichtlich ihrer Beschäftigung verbindet, können zur Bildung einer Gewerkschaft schreiten.

C. Die ersten Schritte zur Schaffung einer Gewerkschaft.

(1) Einzelpersonen oder Gruppen, die den Anspruch erheben können, einen Teil der Arbeiterschaft zu vertreten, müssen der Militärregierung schriftliche Vorschläge vorlegen, die die folgenden Einzelheiten enthalten:

I. Den Kreis oder die Kreise der Arbeiter, die in einer Gewerkschaft zusammengefaßt werden sollen.

II. Das Gebiet, für welches die beantragte Gewerkschaft zuständig sein soll.

III. Namen, Anschriften und Laufbahn der Antragsteller.

(2) Falls die Antragsteller mit der örtlichen Abteilung der Militärregierung nicht in Verbindung stehen, kann der obengenannte Antrag auch direkt an das in Frage kommende Provinzialhauptquartier der Militärregierung gesandt werden und ist folgendermaßen zu adressieren:

H.Q. Military Government North Rhine Region
H.Q. Military Government Westfalen Region
H.Q. Military Government Hannover Region
H.Q. Military Government Schleswig-Holstein Region
H.Q. Military Government Hansestadt Hamburg.

(3) Den unter (1) oben erwähnten Antragstellern werden genaue Anweisungen über die daraufhin zu unternehmenden Schritte zugehen. Kurz umrissen wird ihnen folgendes aufgetragen werden:

I. Versammlungen solcher Arbeiter vorzubereiten, die sie anwerben wollen.

II. Den Willen der Arbeiterschaft festzustellen.

(iii) to elect at the meetings, persons who can act as an organising committee, and

(iv) to prepare, in collaboration with the organising committee, an outline of a constitution which will serve as a basis upon which the new union can be founded.

THIS ACTION SHOULD NOT BE TAKEN UNTIL MILITARY GOVERNMENT HAS GIVEN ITS CONSENT.

(4) Military Government will issue further instructions when reports of the meetings referred to in (3) above have been considered.

D. Points to be borne in mind.

(1) All activities of trade unions must be conducted in a democratic manner, and elections of officials, or controlling bodies must be by means of secret ballot.

(2) Former officials of the D.A.F. or persons who have been more than nominal members of the Nazi Party, or who are known Nazi sympathisers, or are Militarists must be excluded from all official positions in a trade union.

(3) Military Government permission to form a particular trade union confers no exclusive rights upon the organisers of that union. If other people want to form another trade union in the same area, even if it seeks to attract the same class or classes of workpeople as the first, they may make an application in the manner set out above.

E. What trade unions may do.

In addition to acting for the well being of their members in professional economic or social matters, a trade union will be expected:–

(1) To assist Military Government in the work of de-Nazifying Germany, and eliminating Militarism.

(2) To promote the education of the German people in the pursuit of democratic ways of life and thought.

(3) To co-operate with Allied and German authorities in the work of reconstruction, and the development of a peaceful German economy.

(4) To co-operate in the execution of Allied policy to eliminate monopolistic practices and cartels.

III. Bei den Versammlungen solche Teilnehmer zu wählen, die als Organisationsausschuß arbeiten können, und

IV. im Zusammenwirken mit diesem Organisationsausschuß die Grundzüge einer Satzung vorzubereiten, die als Grundlage für den Aufbau der neuen Gewerkschaft dienen kann.

DIESE SCHRITTE DÜRFEN NICHT GETAN WERDEN, EHE DIE MILITÄRREGIERUNG IHRE ZUSTIMMUNG ERTEILT HAT.

(4) Nach gründlicher Erwägung der Berichte über die unter (3) erwähnten Versammlungen wird die Militärregierung weitere Anweisungen erteilen.

D. Beachtenswerte Gesichtspunkte.

(1) Alle Betätigungen der Gewerkschaften müssen mit demokratischen Mitteln durchgeführt werden, und die Wahl von Angestellten oder von Kontrollorganen muß durch geheime Abstimmung erfolgen.

(2) Frühere Beamte der DAF. oder Personen, die bekanntermaßen mehr als rein karteimäßig Mitglieder der NSDAP. waren oder Militaristen sind, sind von allen Ämtern in der Gewerkschaft auszuschließen.

(3) Die Genehmigung der Militärregierung, eine bestimmte Gewerkschaft zu bilden, verleiht deren Organisatoren keine ausschließlichen Rechte. Sollten andere Personen eine weitere Gewerkschaft in derselben Gegend zu gründen suchen, selbst wo eine solche den gleichen Kreis oder die gleichen Kreise der Arbeiterschaft zu gewinnen sucht wie die erste Gewerkschaft, können sie in der oben dargelegten Weise einen Antrag stellen.

E. Was von den Gewerkschaften erwartet wird.

Sie können nicht nur in beruflichen, wirtschaftlichen und sozialen Fragen für das Wohl ihrer Mitglieder wirken, sondern darüber hinaus wird von ihnen erwartet, daß sie

(1) die Militärregierung bei der Entnazifizierung und Ausrottung des Militarismus in Deutschland unterstützen;

(2) die Erziehung des deutschen Volkes und sein Trachten nach freiheitlicher Lebensgestaltung und demokratischem Gedankengut fördern;

(3) Hand in Hand mit deutschen wie alliierten Behörden am Wiederaufbau und der Schaffung einer dem Frieden dienenden deutschen Wirtschaft arbeiten;

(4) an der Verwirklichung des alliierten Planes mitwirken, Monopolwesen und Kartelle zu beseitigen.

Printed by PRINTING & DISTRIBUTION UNIT, Control Commission for Germany (B.E.)

genehmigt worden. Gleichwohl gab es am Anfang keinerlei zentrale Anordnungen über den Umgang mit gewerkschaftlichen Einrichtungen. Das lange Zeit erhoffte Gewerkschaftsgesetz für ganz Deutschland sollte im übrigen nie zustande kommen, denn der für gesamtdeutsche Fragen zuständige Alliierte Kontrollrat in Berlin musste seine Beschlüsse einstimmig fassen. Dies gelang, aufgrund der französischen Blockadepolitik, nur selten. So unterlag auch der Aufbau der Gewerkschaften der allgemeinen politischen Entwicklung.

Postuliertes Ziel der Alliierten war die Entmilitarisierung und der demokratische Neuaufbau Deutschlands. Dies wirkte sich auch beim Gewerkschaftsaufbau aus, wobei vor allem die anglo-amerikanischen Gewerkschaften, der britische TUC (Trade Unions Congress) sowie die amerikanische AFL (American Federation of Labour) und der CIO (Committee of Industrial Organizations) die Politik mitbestimmten. Die Forderungen, die Gewerkschaften von unten nach oben zu strukturieren, sie auf eine breite (Betriebs-) Basis zu stellen, die regelmäßige Wahl von Funktionären und die Sicherung einer demokratischen Entscheidungsfindung wurden im Westen allgemein erhoben.

Tatsächlich war die innergewerkschaftliche Demokratie noch nicht selbstverständlich, vor allem dort, wo Funktionäre aus der Weimarer Zeit, wie z.B. in Hamburg Wilhelm Petersen, wieder aktiv waren, denn *»die Vertreter des früheren Gewerkschaftsapparates (hatten) trotz aller Erfahrungen der letzten Jahre nicht gelernt ..., sich einer Kontrolle durch die Mitgliedschaft zu unterwerfen«.*[55] Daneben verboten die alliierten Interessen Streiks und Aussperrungen, soweit sie die militärische Sicherheit bedrohen könnten. Aus demselben Grund blieb zunächst der Lohnstopp von 1936 erhalten und Löhne und Arbeitszeiten wurden aus den Kollektivverhandlungen ausgeklammert. Zwar hatte die britische Militärregierung in einer Erklärung vom 30. August 1946 ausdrücklich betont, *»daß das deutsche Volk selbst entscheiden soll, welche Form von Gewerkschaften es haben will«,*[56] aber die britische Politik, und noch stärker die amerikanische, drängten in Richtung autonomer Industriegewerkschaften und verstanden es, den Gewerkschaftsaufbau zu verzögern, bis die nach westalliierter Meinung richtige Entscheidung gefallen war.[57] Eine nicht unerhebliche Rolle spielte dabei der Antikommunismus der Amerikaner. Die amerikanische, in geringerem Ausmaß die britische Militärregierung, aber auch weite Teile der westdeutschen Gesellschaft, waren stets bemüht, den kommunistischen Einfluss in der Arbeiterbewegung so weit wie möglich zurückzudrängen. Die Vorgänge in der sowjetischen Besatzungszone, die konsequente Durchorganisation des FDGB Ost sowie schließlich seine Unterordnung unter die Richtlinienkompetenz der SED, trugen dazu bei, das Modell der zentralistischen Einheitsgewerkschaft zu diskreditieren.

Diese Entwicklung war im Frühsommer 1945 noch nicht abzusehen. Solange zentrale Anordnungen fehlten, hing alles von den Offizieren vor Ort ab, und diese gestalteten ihre Politik sehr unterschiedlich, nach eigener politischer Anschauung und nach der Situation vor Ort großzügig oder restriktiv. Jede Verallgemeinerung über die Gründung von Gewerkschaften nach 1945 ist daher kaum möglich. In Braunschweig und Salzgitter wurde die Existenz des FDGB zunächst erlaubt, ja sogar gefördert. Gegen eine Pflichtmitgliedschaft hatte man nichts einzuwenden und sogar die Braunschweiger Industrie- und Handelskammer wurde nach Vorstellungen der Gewerkschaft umgebildet: FDGB Präsident Wilhelm Neddermeier wurde ins Präsidium der bis dahin reinen Unternehmerkammer gewählt.[58] Dann folgte Anfang August das Verbot des FDGB.

Bis zum 14. Juli hatten die Militärregierungen dem Alliierten Oberkommando unterstanden. Jetzt übernahm jede die Verwaltung ihrer Zone in eigener Regie und folgte dabei den Interessen ihrer Regierung. Zuständig für die Gewerkschaften war in der britischen Zone die »Industrial Relations Branch«, eine von vier Abteilungen der »Manpower Division« (Abteilung für Arbeitsbeziehungen).

Gleichzeitig wurde das militärische durch ziviles Personal ersetzt. Wie der seitdem für die Gewerkschaften in der »Hannover-Region«[59] zuständige Major Ashley Bramell kamen viele Mitarbeiter aus dem britischen Arbeitsministerium, nicht – im Unterschied

[55] Kolb, S. 29, vgl. S. 37.
[56] Bekanntmachung der Militärregierung über die Bildung von Gewerkschaften, abgedruckt in: Die Gewerkschaftsbewegung in der britischen Besatzungszone, Geschäftsbericht des Deutschen Gewerkschaftsbundes (britische Besatzungszone) 1947-1949, Köln o. J., S. 14.
[57] Vgl. Schmidt, S. 36ff.
[58] Vgl. Hartmann, S. 191.
[59] Umfasste die Provinz Hannover sowie die Länder Braunschweig und Oldenburg.

zur amerikanischen Zone – aus der Gewerkschaftsbewegung. Für jeden Bezirk war ab August 1945 ein Industrial Relations Officer und nicht mehr der örtliche Kommandant zuständig. Die Zentrale, die alle Anträge genehmigen musste, befand sich in Lemgo. Am 6. August 1945 richtete der britische Militärgouverneur Montgomery die Botschaft an die Bevölkerung, dass die Militärregierung die Bildung freier Gewerkschaften auf lokaler Ebene unterstütze. Noch Anfang des Monats gab dann die Manpower Division zentrale Anweisungen für den Aufbau von Gewerkschaften heraus, so dass die »Neugründung« des FDGB Salzgitter nun unter massiver Einflussnahme erfolgte.

Die »zweite Gründung« des FDGB

Nach dem Verbot arbeitete der »Ausschuss zur Neubildung der Gewerkschaften im Kreis Watenstedt-Salzgitter« organisatorisch weiter. Maßgeblich für alle weiteren Schritte war die Industrial Relations Direktive Nr. 16,[60] die im Entwurf zwar erst ab Herbst 1945, in endgültiger Fassung sogar erst am 12. April 1946 vorlag, sich jedoch auf einen öffentlichen Aushang und zwei Anordnungen der Manpower Division vom 14. und 30. August 1945 stützte. Sie erläuterten wie Gewerkschaften gegründet werden sollten. Demnach konnten zunächst nicht gewählte Gewerkschafter die Gründung bei der Militärregierung beantragen, mussten dann aber sobald wie möglich eine Versammlung aller potenziellen Mitglieder abhalten. Dass der Wille der Mitgliedschaft berücksichtigt wurde, war den Briten besonders wichtig.[61]

Die Direktive Nr. 16 beinhaltete das sogenannte Dreiphasenmodell, das den schrittweisen Aufbau der Gewerkschaften bestimmte, jedoch an der Wirklichkeit ein Stück vorbeiging. In Phase 1, »die einführende, erprobende und vorbereitende Periode«, sollten Programme und Satzungen erarbeitet sowie Versammlungen auf lokaler Ebene abgehalten werden. In Phase 2, »die Periode einer vorläufigen Entwicklung«, durften Räume angemietet und um Mitglieder geworben werden. Phase 3 schließlich, »die Periode des Wachstums, die der Errichtung einer gesunden Verfassungsbasis folgt«, brachte die Wahl von Funktionären und die Aufnahme der Gewerkschaftsarbeit. Vor alledem aber musste, so bestimmte die Direktive, in allen Betrieben eine Abstimmung über die Gewerkschaftsform erfolgen.[62]

Zwischen dem 8. und 29. Oktober 1945 fanden in 37 Betrieben Salzgitters entsprechende Zusammenkünfte der Belegschaften statt. Vorbereitet wurde diese Versammlungs-

[60] Dazu Kolb, S. 13f. Industrial Relations Direktive Nr. 16 abgedruckt in: Die Gewerkschaftsbewegung in der britischen Besatzungszone, S. 15ff.
[61] Vgl. Kolb, S. 12.
[62] Dazu Müller, S. 15; Hartmann, S. 206f.

Freier Deutscher Gewerkschaftsbund
Kreisamt Watenstedt-Salzgitter

Mitgliedsausweis Nr. 3/5/9/15164

Der — Die Hentschel, Fritz
geb. 10.2.23 wohnhaft Steterburg

ist Mitglied des „Freien Deutschen Gewerkschaftsbundes"

Freier Deutscher Gewerkschaftsbund Watenstedt-Salzgitter
Stempel Eigenhändige Unterschrift

FDGB-Mitgliedsausweis von Fritz Hentschel

Lange Zeit erfolgte die Beitragszahlung persönlich. In die Mitgliedskarte wurde der entsprechende Betrag in Marken geklebt.

welle – um auch hier die Parität zu wahren – gemeinsam von den Kollegen Hartmann, Söchtig und Busch, die in den Betrieben über die Gewerkschaft sprachen. Bei den Abstimmungen votierten von 3.990 abgegebenen Stimmen 3.710 für die zentralistische Einheitsgewerkschaft, wie sie der FDGB vertrat. Das waren immerhin 93%, es wurden jedoch in anderen Städten Niedersachsens ähnlich hohe Zahlen (im Schnitt 90%[63]) erreicht. An der Abstimmung in Salzgitter hatte allerdings nur etwa ein Drittel der Kollegen überhaupt teilgenommen.[64]

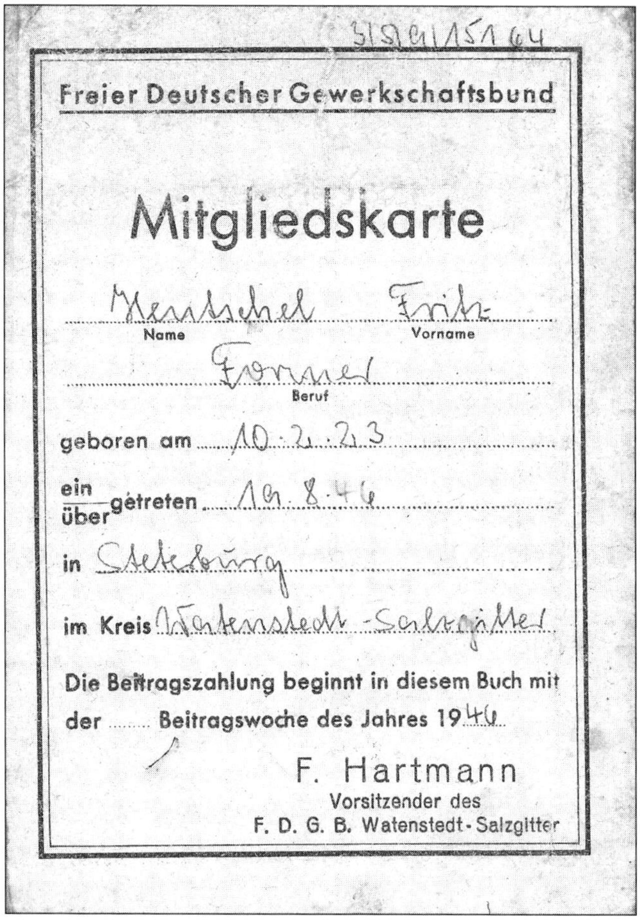

3|5|91|5|1 64

Freier Deutscher Gewerkschaftsbund

Mitgliedskarte

Henschel Fritz
Name Vorname

Former
Beruf

geboren am 10.2.23

ein/über getreten 19.8.46

in Steterburg

im Kreis Watenstedt-Salzgitter

Die Beitragszahlung beginnt in diesem Buch mit der ...... Beitragswoche des Jahres 1946

F. Hartmann
Vorsitzender des
F. D. G. B. Watenstedt-Salzgitter

Die Versammlungen waren gleichzeitig für die Wahlen zu einer Statutenberatungs- und Delegiertenkonferenz genutzt worden, die am 1. und 2. Dezember 1945 unter Teilnahme von Vertretern der Militärregierung im Casino Finkenkuhle des Erzbergbaus stattfand.[65] Von den ungefähr 100 Teilnehmern gehörten nach Erinnerungen eines Delegierten etwas mehr als die Hälfte der KPD an, der SPD ein gutes Viertel und der CDU eine knappes Viertel.[66] Diese erste Delegiertentagung des FDGB Salzgitter gilt als dessen Gründungskonferenz. Das neue Statut, in Anlehnung an das nach Maßgabe der Militärregierung überarbeitete Braunschweiger erstellt, wurde angenommen.

Es sah 15 Industriegruppen vor, davon je eine für Angestellte und Beamte, und verankerte die Einzelmitgliedschaft beim FDGB. Wie offen und flexibel die Bestimmungen des Statuts noch waren, zeigt die Tatsache, dass sowohl dem FDGB (in § 2) als auch den Industriegruppen (im Kapitel »Gliederungen und Aufbau«) Tarifangelegenheiten zugeordnet wurden.[67]

Der »Ausschuss zur Neubildung der Gewerkschaften im Kreis Watenstedt-Salzgitter« wurde abgelöst durch einen gewählten vorläufigen Gewerkschaftsvorstand, dessen Zusammensetzung nicht ganz eindeutig ist, mit Sicherheit aber paritätisch war. Hartmann nannte später[68] für die SPD: Heinz Flecke, Fritz Kraft und Walter Melle, die auch den von ihm eingesetzten kommissarischen Hauptbetriebsrat der Reichswerke bildeten; für die KPD Hans Hoffmann, Wilhelm Jahre und Erich Söchtig sowie für die christliche Richtung Fritz Heidenbluth und die Kollegen Krebs und C. Schönfeld. Geschäftsführer wurden wieder Fritz Hartmann und Franz Busch. Diese Zusammensetzung des vorläufigen Vorstands ist jedoch eher unwahrscheinlich, da das Protokoll der FDGB-Vorstandssitzung vom 17. Dezember 1945 andere Mitglieder erwähnt, die im November 1946 erneut genannt werden: für die SPD die Kollegen Hartmann, Huppertz und Borgschulze, für die KPD Erich Söchtig, Alfred Schoch und Wilhelm Jahre (später abgelöst durch Otto Bergmann) und für die christliche Richtung Franz Busch, Fritz Heidenbluth und C. Schönfeld. Franz Busch zufolge[69] wurden Hartmann und er selbst erster und zweiter Vorsitzender, Söchtig Schriftführer. Damit hatte man auch in der Geschäftsführung die Parität gewahrt.[70] Auffällig an die-

[63] Hartmann, S. 195, 226. In Hildesheim sprachen sich 99% für die zentralistische Einheitsgewerkschaft aus.

[64] Die Gewerkschaft hatte zu Beginn des Jahres 1946 ungefähr12.000 Mitglieder. Bergmann, S. 24.

[65] Dazu: Hartmann, S. 204, 207; Gundula Müller, S. 15f.; Bergmann, S. 24.

[66] Bergmann S. 24 entsprechend einem Interview mit Wilhelm Wegener, Geschäftsleiter der IG Bergbau Salzgitter und KPD-Mitglied.

[67] StA Salzgitter N 23/Xa.

[68] In seiner Rechtfertigungsschrift.

[69] Gespräch mit G. Müller am 16. Juli 1973, vgl. Gundula Müller, S. 16.

[70] Das Bemühen um Parität ist ein Kennzeichen dieser Zeit. Erich Söchtig berichtet am 5. Dezember 1945 der KPD Bezirksleitung, dass auf der Delegiertentagung des FDGB am 2. Dezember 1945 auch in den vorbereitenden Kreisausschuss je drei Vertreter der KPD, der SPD und der christlich-sozialen Partei gewählt wurden, und zwar für die KPD Alfred Schoch, Walter Freitag und er selbst. Bestand Herbert Jentsch, unverzeichnet.

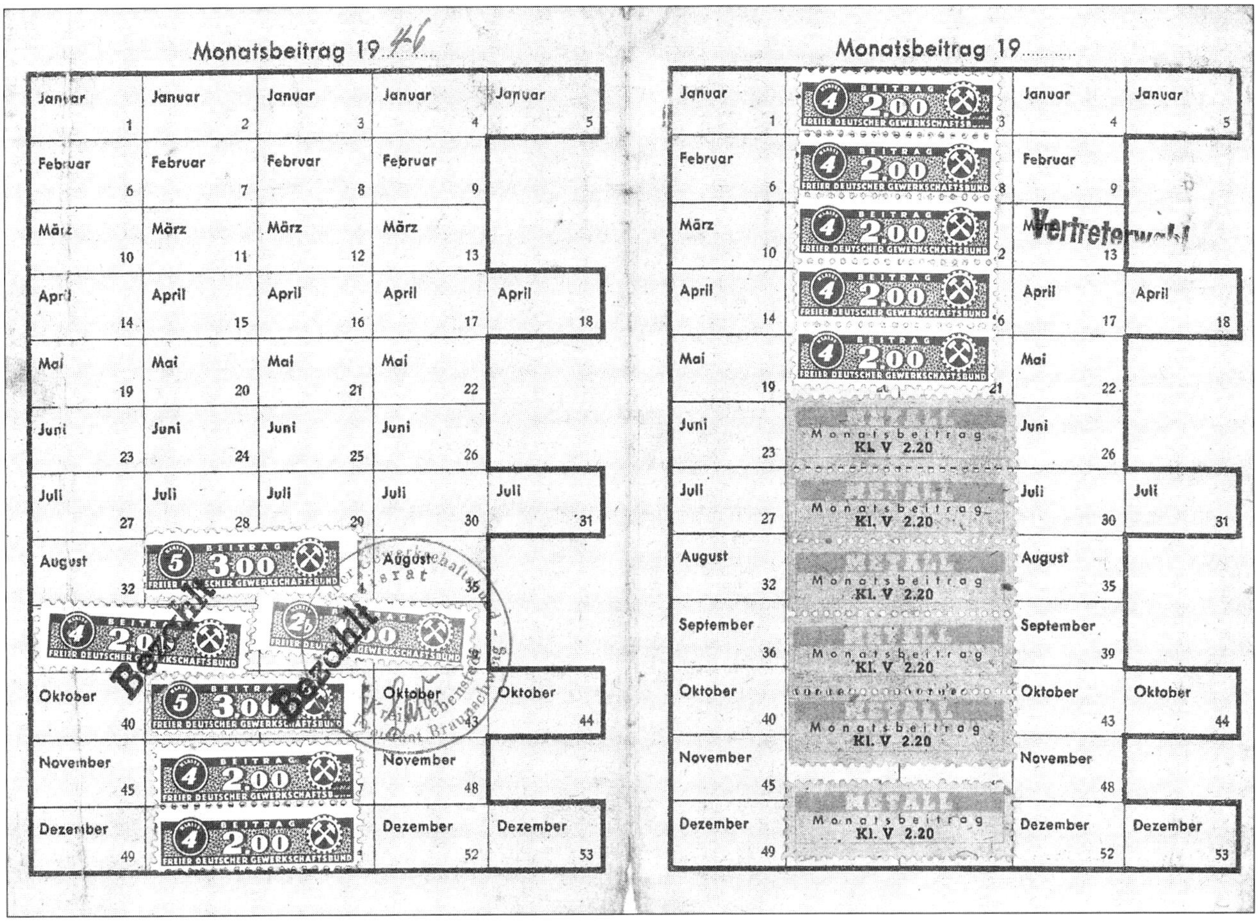

ser Zusammensetzung des Vorstandes ist jedoch, dass für die SPD weder Fritz Kraft, Walter Melle noch Heinz Flecke, also Fritz Hartmanns Leute, gewählt worden waren, was sich als Antwort auf dessen umstrittene Personalpolitik interpretieren lässt.[71] Die Zusammensetzung des vorläufigen Vorstands wie Fritz Hartmann sie angab, könnte dagegen dem ersten, auf Beschluß der Antifa paritätisch besetzten Vorstand entsprechen, da Hartmann, durchaus widersprüchlich zur ersten Aussage schreibt, der so zusammengesetzte Vorstand habe *»seine Aufgaben bis zur Neuwahl des Vorstands in der Delegiertenversammlung bis November 1945 wahrgenommen«.*[72]

Am 4. Februar 1946 wurde der FDGB Ortsausschuss Watenstedt-Salzgitter von der Militärregierung anerkannt,[73] und trat damit offiziell in die 2. Phase ein. Der erste ordentliche FDGB-Vorstand wurde jedoch erst auf der Delegiertentagung am 30. November 1946 gewählt. Drei Tage zuvor hatte es in der Vorstandssitzung Auseinandersetzungen über den Stellenwert der Geschäftsführung gegeben.[74] Nach der Satzung bildeten den Vorstand der Vorsitzende, sein Stellvertreter, der Kassierer, der Schriftführer sowie fünf Beisitzer, wobei die vier Erstgenannten als Geschäftsführer fungierten. Söchtig forderte nun, auf Wunsch der Kollegen, eine Trennung von Vorstand und Geschäftsführung, *»dahingehend, daß die Geschäftsführung dem Vorstand verantwortlich ist und die Beschlüsse desselben durchzuführen hat«.*

Die Geschäftsführer sollten mit Sitz und Stimme im Vorstand hauptamtlich tätig sein. Hintergrund der Aktion war, dass Söchtig selbst plante, den Vorsitz zu übernehmen, dies aber nur tun konnte, wenn das Amt des Vorsitzenden ein ehrenamtliches war, weil er es sonst mit seiner Tätigkeit als Betriebsratsvorsitzender der Hütte nicht hätte vereinbaren können. *»Hartmann, Schönfeld und Busch vertraten den Standpunkt, dass damit die hauptamtlichen Funktionäre als Mitglieder 2. Grades behandelt würden und überdies ist der Standpunkt des Kollegen Söchtig mit den Statuten nicht in Einklang zu bringen. Hartmann führte überdies aus, dass es für ihn,*

[71] Vgl. Bergmann, S. 24.
[72] Rechtfertigungsschrift.
[73] FDGB Rundschreiben vom 8. Februar 1946, StA Salzgitter N23/Xa.
[74] Vgl. Müller, S. 19ff.; Bergmann, S. 28.

da er im Brennpunkte des öffentlichen politischen Lebens steht, eine Prestigefrage sei.«[75] Auf der Sitzung wurde keine Einigung erzielt, so dass die Entscheidung auf die Delegiertentagung verschoben wurde. Sie entschied im Sinne Söchtigs. Es wurde ein neunköpfiger Vorstand gewählt, Erich Söchtig und Peter Müting (SPD) fungierten als 1. und 2.Vorsitzender des FDGB-Kreisausschusses Watenstedt-Salzgitter.

Weitere Vorstandsmitglieder waren Gustav Löffelmeier, Ernst von Alven (Schriftführer), Alfred Schoch, Paul Evertz, Ernst Hörmann, Richard Wacinski und Wilhem Jahre.[76] Fritz Hartmann und Franz Busch wurden zum 1. und 2. Geschäftsführer gewählt, nun an die Weisungen des Vorstands gebunden. Die »*Generalversammlung oder Delegiertentagung wählt den Vorstand (Aufsichtsrat), der sich weitere geschäftsführende Angestellte einstellt, die er mit der Ausführung seiner Direktiven beauftragt*«, heißt es in einem Schreiben aus dieser Zeit.[77] Erst bei den Wahlen zum Vorstand des Kreisausschusses des DGB im Jahre 1949 wurde das Amt des Vorsitzenden wieder ein hauptamtliches, so dass Söchtig nicht mehr kandidieren konnte.

Als der erste ordentliche FDGB-Vorstand am 30. November 1946 gewählt wurde, bestanden bereits eine Reihe von Industriegruppen. So die Industriegruppe Bergbau, die Industriegruppen für die Bahn, die Post und das grafische Gewerbe, die Wirtschaftsgruppe für Haus-, Land- und Forstwirtschaft, die Fachgruppe Öffentliche Betriebe sowie die Industriegruppe Metall.[78]

Von der Industriegruppe zur Industriegewerkschaft Metall

Das Statut des als zentralistische Einheitsgewerkschaft konzipierten FDGB Watenstedt-Salzgitter sah die Bildung von 15 Industriegruppen vor. Als erste wurde bereits am 17. Januar 1946 die Industriegruppe Bergbau gegründet. Die Konstituierung der Industriegruppe Metall erfolgte im Rahmen einer Delegiertentagung, zu welcher der FDGB eingeladen hatte, am 16. November 1946 im Gasthaus Strube in Salder.[79] Franz Busch hielt einen Vortrag zum Thema »Aufbau und Gestaltung der Organisation«, Erich Söchtig beschäftigte sich mit »Stellungnahmen zu unseren wirtschaftlichen Aufgaben«. Nach der Beratung verschiedener Anträge erfolgte die Wahl des Vorstands und des Beirats der neuen Industriegruppe.

In den Vorstand kamen: Paul Robert, erster Vorsitzender (SPD, Abteilung Stromwirtschaft der »Reichswerke«) Erich Söchtig, zweiter Vorsitzender (KPD, »Reichswerke« Forschung, gleichzeitig erster Vorsitzender des FDGB Watenstedt-Salzgitter) August Hampe, Schriftführer (Parteizugehörigkeit unbekannt, »Reichswerke« Hochofen) Beisitzer wurden: Johann Weiß (AGBH), Wilhelm Alker (»Reichswerke« Ausbildungswesen), Ernst Hörmann (Stahlwerke Braunschweig), Wilhelm Heitbrink (Stahlwerke Braunschweig), Willi Putzki (»Reichswerke« Kokerei), Peter Müting (»Reichswerke« Gießerei, gleichzeitig zweiter Vorsitzender FDGB Watenstedt-Salzgitter), Otto Bergmann (»Reichswerke« Stahlwerk), Franz Fischer (»Reichswerke« Walzwerk).

Im Beirat der Industriegruppe saßen: Hermann Leidecker (»Reichswerke« Stromwirtschaft), Hans Fiehler (»Reichswerke« Stromwirtschaft), Richard Neumann (»Reichswerke« Schiffahrt), Ernst Hänsch (»Reichswerke« Gießerei), Erwin Müller, Richard Hofmeister (beide »Reichswerke« Werkschutz), Otto Röscheisen (»Reichswerke« Stahlwerk), Richard Guhr (»Reichswerke« Wohnlagerverwalter), Fritz Vogedes (»Reichswerke« Ausbildungswesen), Karl Enger (»Reichswerke« Hochofen), Otto Ehlers (»Reichswerke« Bauabteilung Werkserhaltung), Otto Weißbach (»Reichswerke« Verpflegung), Adolf Ende, August Flamme (beide »Reichswerke« Erzvorbereitung), Bruno Bania, Fritz Moosler (oder Mossler), Gustav Buhles, Johann Kuhn (alle »Reichswerke« Verkehrswesen), Erich Feuerpfeil (»Reichswerke« Hauptwerkstatt), Erich Schnettler (»Reichswerke« Hauptverwaltung), Alfred Fritsch, Hermann Barres, Fritz Richers (alle Stahlwerke Braunschweig), Julius Burkhard (Jansen und Mikolajcyk), Ernst Hammerschmidt (Überlandzentrale), Gustav Löffelmeier, Karl Böttcher, Walter Bochmann, Fritz Lehrke (alle AGBH), Alfred Gabert (»Reichswerke« Wasserversorgung).[80]

[75] Niederschrift über die Vorstandssitzung des Gewerkschaftsbundes am 27. November 1946. Archiv IG Metall Salzgitter, unverzeichnet.

[76] Vorstandsmitglieder des Freien Deutschen Gewerkschaftsbundes, gewählt am 30. November 1946. Archiv IG Metall Salzgitter, unverzeichnet.

[77] Betitelt »Vorstand und geschäftsführende Angestellte«, undatiert, wohl Januar 1947. Zitiert nach Gundula Müller, S. 20f.

[78] Bergmann, S. 29. Die Bezeichnung Industriegruppe oder Wirtschaftsgruppe wird in den zeitgenössischen Dokumenten nicht konsequent angewandt. Gelegentlich ist auch schon von Industriegewerkschaft die Rede, was die Unsicherheit der organisatorischen Situation deutlich macht.

[79] Vgl. auch zum folgenden Bergmann, S. 27f.

[80] Vorstandsmitglieder des Freien Deutschen Gewerkschaftsbundes gewählt am 30. November 1946, und Vorstand und Beirat der Industriegruppe Metall, undatiert, Archiv IG Metall Salzgitter, unverzeichnet. In einem anderen Dokument, Vorstand und Beirat der Industriegruppe Metall, Archiv IG Metall Salzgitter, unverzeichnet, werden noch Paul Evertz (DBHG) und Herbert Thomas (Stahlwerke Braunschweig) genannt. Vgl. auch Gundula Müller, S. 22f. Eine Liste im Anhang zum Protokoll der Vertreterversammlung vom 16. Oktober 1947 erwähnt August Hampe nicht mehr. Als handschriftliche Ergänzung finden sich statt dessen Otto Röscheisen, Erich Schnettler und ein Kollege Lange. Archiv IG Metall Salzgitter, unverzeichnet.

Im Rahmen der Gründungsversammlung des FDGB am 30. November 1946 übernahm Franz Busch die Betreuung der Industriegruppe Metall; damit waren auch hier alle politischen Richtungen an der Spitze wieder vertreten. Wie alle Einzelgruppen mussten sich auch die Metaller die Büroräume mit dem FDGB teilen.[81]

Die Industriegruppe Metall war die mitgliederstärkste in Salzgitter; am 15. Oktober 1946 waren von 14.873 FDGB-Mitgliedern 8.824 in der IG Metall.[82] Der Organisationsgrad in den »Reichswerken« lag Ende 1946 im Schnitt bei 90%, in kleineren Abteilungen zum Teil bei 100%.[83] Erfasst waren dabei Arbeiter und Angestellte, denn die Industriegruppe Metall hatte von Anfang an Angestellte mitorganisiert.

Zum Zeitpunkt des offiziellen Gründungsdatums existierte die Industriegruppe Metall in Salzgitter wie in ganz Niedersachsen inoffiziell schon seit längerer Zeit, und es gab längst Bestrebungen die Einzelinstitutionen zu landes- bzw. zonenweiten Organisationen zusammenzuschließen. Dies lief parallel zum Zusammenschluss der lokalen Institutionen der Allgemeinen Gewerkschaft.

Am 4. Oktober 1946 hatte R.W. Luce, der Chef der Manpower Division, in einer Ansprache vor dem Zonenvorstand und -ausschuss die Direktive Nr. 16 praktisch aufgehoben und damit den sofortigen überregionalen Zusammenschluss der Einzelorganisationen gestattet, der von den Gewerkschaften beschleunigt in Angriff genommen wurde. In beiden Fällen spielte die Organisationsfrage eine maßgebliche Rolle und die Initiativen zum Zusammenschluss gingen von Hannover aus.

Die Allgemeine Gewerkschaft um Albin Karl bestimmte seit Ende 1945, Anfang 1946 zunehmend die Entwicklung in Niedersachsen, mit Rückendeckung der Militärregierung, welche die landesweiten Aktionen, Briefwechsel sowie die Versendung von Konzepten, Redeentwürfen und Satzungsmodellen befürwortete.[84]

Eine erste inoffizielle Besprechung gewählter niedersächsischer Gewerkschaftsvertreter fand bereits am 11. Januar 1946 in Hannover statt, gefolgt von weiteren Kontakten und der ersten offiziellen Niedersachsenkonferenz am 28. Februar 1946. Hier wurde ein Niedersachsensekretariat mit Sitz in Hannover gewählt und als Beratungs- und Kontrollorgan der Niedersachsenausschuss. Beide waren bis Mitte 1947 die höchsten Gewerkschaftseinrichtungen des Landes. *»Hartmann stellte den Antrag, dass der Kreis Watenstedt-Salzgitter aufgrund seiner dominierenden wirtschaftlichen Stellung und seiner Mitgliederzahl (1 200) Anspruch auf Vertretung in dieser Kommission* (dem Niedersachsenausschuss, d. Verf.) *erhebt. Es wurde dahingehend geklärt, dass Braunschweig drei Vertreter erhält und einer ... von Watenstedt-Salzgitter gestellt wird.«*[85]

Der Ausschuss wiederum setzte eine Statutenberatungskommission ein, die eine für ganz Niedersachsen einheitliche Satzung nach dem Vorbild der Allgemeinen Gewerkschaft Hannover ausarbeiten sollte, als unabdingbare Voraussetzung für den landesweiten Zusammenschluss. Ihre Entwürfe wurden am 4. Juli 1946 gemeinsam vom Niedersachsensekretariat und Vertretern von 30 niedersächsischen Gewerkschaften angenommen. Vorgesehen war eine zentralistische Einheitsgewerkschaft mit 15 Wirtschaftsgruppen; die allgemeine Entwicklung in der britischen Zone ging jedoch in eine andere Richtung.

Die erste offiziell genehmigte Zonenkonferenz hatte vom 12. bis 14. März 1946 in Hannover stattgefunden. Man hatte hier ein Zonensekretariat mit Sitz in Bielefeld, wegen der Nähe zu Lemgo, eingesetzt, sich aber noch nicht endgültig über die Organisationsform einigen können. Eine Entschließung, datiert auf den 13. März, erklärt jedoch, die Mehrheit der Delegierten vertrete die Auffassung mit der Einheits- bzw. Allgemeinen Gewerkschaft ließen sich die entstehenden Probleme am ehesten lösen.[86]

Maßgeblich für diese Position waren die Nordrheinprovinz und Hamburg, die als erste auf das Konzept autonomer Industriegruppen umstiegen; Westfalen folgte. Hamburgs großer Einfluss in den Einzelgewerkschaften und Westfalens Mitgliederstärke sowie seine Bedeutung als Wirtschaftsraum gaben letztlich den Ausschlag.

Zunächst entschlossen sich Zonenverband und -ausschuss während einer Sitzung am 30.

[81] Kreisausschuss des DGB Watenstedt-Salzgitter an den Bundesvorstand 21. Juli 1949. Anlage zu Rundschreiben Nr. 116/49. Neuaufbau der Gewerkschaften ab Mai 1945. AK Stadtgeschichte. Nachlass Ehrhardt.

[82] Hartmann, S. 800.

[83] Gundula Müller, S. 53.

[84] Vgl. auch zum folgenden Hartmann, S. 258ff.

[85] Bericht von Franz Busch über die Gewerkschaftstagung Niedersachsen am 28. Februar 1946 in Hannover. Archiv IG Metall Salzgitter, unverzeichnet.

[86] StA Salzgitter, DEM-BG, N23/VIId.

Mai/1. Juni 1946 in der Senne bei Bielefeld wegen der Haltung der Militärregierung für das Prinzip der Industriegewerkschaften. Nach heftigen Diskussionen, folgten die Delegierten der zweiten Zonenkonferenz die vom 21. bis 23. August 1946 in Bielefeld tagte, dem Antrag Hans Böcklers und sprachen sich mit 267 zu 78 Stimmen, gegen das niedersächsische Votum, für das Modell der autonomen Industriegewerkschaften aus, die auch die Einzelmitgliedschaft übernehmen sollten.

Die Niedersachsen mussten folgen, obgleich der Streit nicht beendet war. Die Delegierten der Niedersachsenkonferenz am 11. und 12. September 1946 in Hannover Kirchrode schlossen sich zwar formal den Bielefelder Beschlüssen an, sprachen sich allerdings für die Mitgliedschaft beim Bund aus und hingen mehrheitlich nach wie vor der Allgemeinen Gewerkschaft an. Auf der Konferenz der Vorsitzenden und Geschäftsführer der Wirtschaftsgruppen Metall sprach Franz Busch von einem Rückschritt, sollte die zentralistische Einheitsgewerkschaft aufgegeben werden.[87] So galten die Niedersachsen auf Grund ihres Festhaltens am Zentralismus als »Störenfriede« und »Nörgler«[88] und hatten zudem keinen Erfolg. Mit dem Gründungsverbandstag des Deutschen Gewerkschaftsbundes für die britische Zone vom 22. bis 24. April 1947 war die Entscheidung für Industriegewerkschaften unumkehrbar. Ab 1. Mai 1947 galt die Bundessatzung des DGB auch in Niedersachsen. Die Bezirksstellen der Allgemeinen Gewerkschaft wurden zu Kreisausschüssen des DGB, das Niedersachsensekretariat zum DGB Bezirkssekretariat.

Diese Entwicklung wiederholte sich in den Einzelgewerkschaften, so in der Industriegruppe Metall. Die Initiative zum Zusammenschluss der Einzelorganisationen ging auch hier von Hannover aus, vor allem von Otto Brenner, seit April 1946 Vorsitzender der dortigen Wirtschaftsgruppe. Er hielt bereits lange Zeit illegal Kontakt zu den Kollegen im Land als es zu einem ersten Treffen der Wirtschaftsgruppen Metall am 8. April 1946 in Hannover kam.

Das erste inoffizielle Zusammentreffen der Metallvertreter fand am 11. und 12. September 1946 während der zweiten Niedersachsenkonferenz der Allgemeinen Gewerkschaft in Hannover Kirchrode statt. Hier beschloss man, dass zwecks Zusammenschluss auf Landesebene die Vorsitzenden bzw. Geschäftsführer der Wirtschaftsgruppen Metall eine Konferenz zusammenrufen sollten, die von Brenner vorbereitet wurde. Sie fand am 15. Oktober in Bremen statt und bildete eine Statutenberatungskommission sowie eine Vorbereitungsgruppe für einen zonalen Verbandstag im kommenden Februar. Der Zusammenschluss der niedersächsischen Metallgruppen wurde für Dezember 1946 geplant.

Das Niedersachsensekretariat und die Bezirksvorstände der Wirtschaftsgruppen beriefen für Dezember 1946 und Januar 1947 Konferenzen aller Branchen ein. Die erste Landeskonferenz der Wirtschaftsgruppen Metall der Allgemeinen Gewerkschaft fand am 28. und 29. Dezember 1946 in Wolfsburg statt. Hier erfolgte der Zusammenschluss auf Landesebene, die Annahme des Gebietsstatuts der Allgemeinen Gewerkschaft sowie die einstimmige Wahl Otto Brenners zum Landesvorsitzenden (Gebietsleiter). Die neunköpfige Gebietsleitung für Niedersachsen setzte sich aus sechs SPD und drei KPD-Mitgliedern zusammen; für Watenstedt-Salzgitter war Erich Söchtig dabei. Am 17. Januar 1947 wählte man in Salzgitter in den Gebietsbeirat die Kollegen Paul Robert und Franz Busch.[89]

Otto Brenner war die maßgebliche Person dieser Konferenz und bestimmte auch den Streit um die wiederum im Mittelpunkt stehende Organisationsfrage. Auf seinen Vorschlag hin wurde der einstimmige Beschluss gefasst, dass die Organisation auf Zonenebene den Namen »Industriegewerkschaft Metall« erhalten solle und eine entsprechender Antrag an den geplanten Zonenverbandstag formuliert. Die Loslösung von der Allgemeinen Gewerkschaft war abzusehen, als sich auch bei der ersten Gebietsvorstandssitzung am 16. Januar 1947 in Hannover der Name Industriegewerkschaft sowie der Gedanke der Einzelmitgliedschaft beim Industrieverband durchsetzte.

Parallel zur Landesebene war die zonale Vereinigung vorangetrieben worden. So er-

[87] Vgl. Hartmann, S. 286.
[88] Hartmann, S. 478.
[89] Delegiertenkonferenz der Metallarbeiter am 17. Januar 1947 sowie Schreiben an die Allgemeine Gewerkschaft Wirtschaftsgruppe Metall vom 17. Januar 1947. Archiv IG Metall Salzgitter, unverzeichnet.

Industrie-Gewerkschaft Metall

für die britische Zone · Ortsverwaltung Watenstedt-Salzgitter

Wir laden ein zu den

Gewerkschafts-versammlungen

Salzgitter

Mittwoch, den 3. November 1948 · Beginn 20 Uhr, im großen Saale des Ratskeller

Watenstedt

Donnerstag, den 4. November 1948 · Beginn 20 Uhr, im Saale des Gasthauses Lochte

Lebenstedt

Freitag, den 5. November 1948 · Beginn 20 Uhr, im Saale des Gasthauses Heinemann, Alt-Lebenstedt

Thiede-Steterburg

Sonntag, den 7. November 1948 · Beginn vorm. 10 Uhr im Saale des Gasthauses „Zur deutschen Eiche"

Wir berichten über: **Die neuen Lohntarife**

in Industrie und Handwerk

Löhne und Preise

und über den **Verbandstag** unserer Industrie-Gewerkschaft

Es sprechen: Die Bevollmächtigten Koll. Busch und Söchtig

Kolleginnen und Kollegen, beweist durch die Teilnahme an den Versammlungen Eure Entschlossenheit in Eurer Gewerkschaftsorganisation für Eure und die Gesamtinteressen zu kämpfen.

Die Ortsverwaltung

Fischer, Wolfenbüttel. CGD 175. 1060/100. 10. 48. Kl. C.

Name: Wiese
Vorname: Reinhold
geb. am: 21.8.1915
Wohnort: Leiferde 45
Straße:
Funktion: Betriebsrats-
vorsitzender
Industriegewerkschaft Metall
für die britische Zone und Bremen
(Stempel)
Eigenhänd. Unterschrift
Verwaltungsstelle Watenstedt-Salzgitter

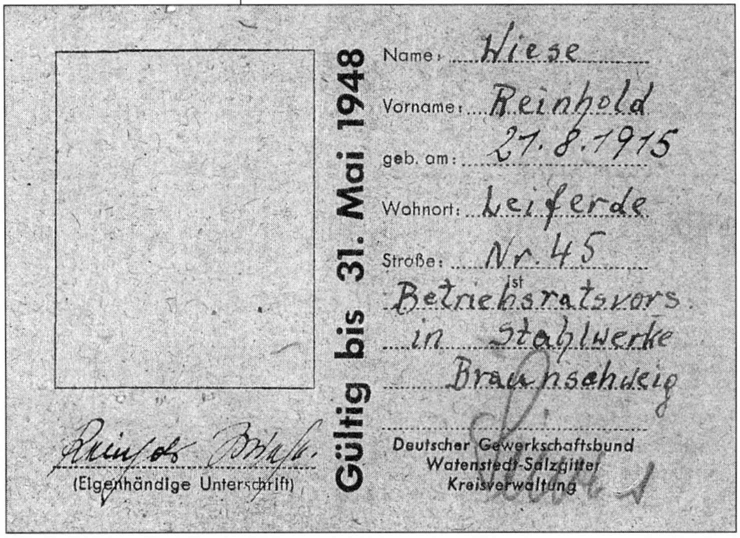
Gültig bis 31. Mai 1948
Name: Wiese
Vorname: Reinhold
geb. am: 21.8.1915
Wohnort: Leiferde
Straße: Nr. 45
Betriebsratsvors.
ist in Stahlwerke
Braunschweig
Deutscher Gewerkschaftsbund
Watenstedt-Salzgitter
Kreisverwaltung
(Eigenhändige Unterschrift)

Mitgliedsausweis und Ausweis Reinhold Wieses zur ersten regulären Vertreterversammlung 1948.

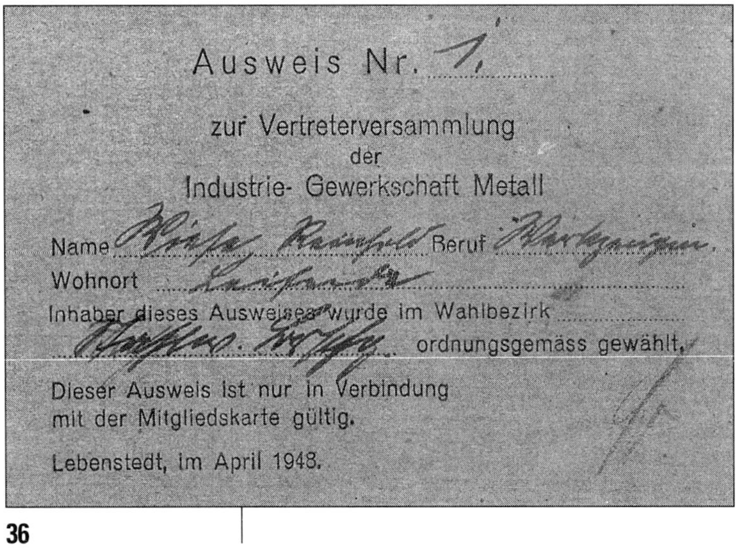
Ausweis Nr. 1
zur Vertreterversammlung
der
Industrie- Gewerkschaft Metall
Name ... Beruf ...
Wohnort ...
Inhaber dieses Ausweises wurde im Wahlbezirk ...
... ordnungsgemäss gewählt.
Dieser Ausweis ist nur in Verbindung
mit der Mitgliedskarte gültig.
Lebenstedt, im April 1948.

folgte der Zusammenschluss auf Zonenebene bereits am 20. und 21. Februar 1947 in Peine. An dem Verbandstag nahmen für Watenstedt-Salzgitter die Kollegen Erich Söchtig, Franz Busch, Paul Robert und Ernst Hörmann teil.[90] Gleichberechtigte Vorsitzende der »Industriegruppe Metall für die britische Zone und Bremen« wurden hier Walter Freitag und Wilhelm Petersen. In den Zonenbeirat wählte man für den Bezirk Hannover u.a. Erich Söchtig.

Erneut wurde z.T. die längst entschiedene Organisationsfragen heftig diskutiert und beeinträchtigte die Atmosphäre der Konferenz.[91] Zum Zeitpunkt dieses Gründungsverbandstages bestand die IG Metall jedoch noch aus einer Reihe unterschiedlicher strukturell verschiedener Organisationen, die einander angeglichen werden mussten. Man beschloss, die Unterschiede nicht durch einfache Anordnung von oben aufzuheben, sondern den Gruppen genügend Zeit zur Angleichung zu geben. Brenners Vorschlag, die Auflösung der Allgemeinen Gewerkschaft solle erst nach der Gründung des neuen Bundes erfolgen, wurde angenommen.

Albin Karl hatte bereits auf einer Sitzung des Niedersachsenausschusses am 1. Februar 1947 betont, dass das Statut der Allgemeinen Gewerkschaft gelte, bis es durch das des neuen Gewerkschaftsbundes abgelöst werde, und dass das Ausscheiden der Industriegewerkschaften geordnet geschehen solle.

Erst nach Gründung des DGB für die britische Zone im April 1947 und der Zuweisung der Einzelgewerkschaften an die Industrieverbände wurde die Allgemeine Gewerkschaft umstrukturiert. Ab 1. Mai 1947 galt die Satzung des DGB und die Einzelorganisationen lösten sich endgültig von der Allgemeinen Gewerkschaft. Am 21. des Monats wurde der Umbau in der Abschlusssitzung des Niedersachsenausschusses thematisiert. Am Tag darauf wurden in gemeinsamer Sitzung mit den Bezirksleitern die vom Niedersachsensekretariat erarbeiten Richtlinien für den Umbau angenommen. 15 Wirtschaftsgruppen mussten in 13 Industriegewerkschaften überführt werden, die zum großen Teil jedoch identisch waren. Nur gelegentlich gab es Abgrenzungsschwierigkeiten. Dennoch sprach Brenner noch im Juni 1947 vom *»jetzt*

Franz Busch

Geboren am 14. Februar 1902 in Wels/Österreich war Franz Busch als Mechaniker im Metallgewerbe tätig. 1918 trat er dem Christlichen Eisen- und Metallarbeiterverband (CMV) bei, wurde 1922 hauptamtlicher Fachsekretär der Christlichen Gewerkschaften Österreichs und war ab 1935 in gleicher Funktion beim Österreichischen Gewerkschaftsbund tätig, bis zu dessen Auflösung im gleichen Jahr. Beim Einmarsch deutscher Truppen in Österreich 1938 wurde Franz Busch von der Gestapo verhaftet. Nach seiner Entlassung Ende des Jahres tauchte er unter und gelangte über einen Freund nach Deutschland, wo er bis 1945 als Schlosser in Braunschweig arbeitete und sich in der »Katholischen Aktion« betätigte.

Auf das Betreiben von Freunden ging Franz Busch 1945 nach Salzgitter, wo er der einzige führende Gewerkschafter war, der schon vor 1933 hauptamtlicher Funktionär gewesen war. Er war Mitglied der Antifa, Geschäftsführer des FDGB und übernahm am 1. Juli 1947 das Amt des 1. Bevollmächtigten der IG Metall Salzgitter, das er bis zu seiner Pensionierung am 28. Februar 1967 innehatte. Sein politischer Einfluss war jedoch eher gering, da SPD und KPD/Arpo die Richtung bestimmten.

Franz Busch war einer der wenigen christlichen Gewerkschafter, die nach 1945 in den Einzelgewerkschaften eine Rolle spielten. Von der IG Metall war er allein Mitglied der CDU-Sozialausschüsse. Busch war strenggläubiger Katholik, der gute Kontakte zum Klerus pflegte. Katholische Sozialwissenschafter wie Nell-Breuning und Wallraff, aber auch die Pastoren des Klosters Steterburg berieten ihn. Er war lange Jahre Ehrenvorsitzender der Christlich Demokratischen Arbeitnehmer in Salzgitter. Gleichwohl haben seine christlich-katholische Einstellung und die Mitgliedschaft in der CDU die gewerkschaftliche Arbeit nie beeinträchtigt. Franz Busch war ein Anhänger der Einheitsgewerkschaft. In der Gründung der Christlichen Gewerkschaftsbewegung Deutschlands (CGD) 1955 sah er ein Unglück, das er als sinnlos kritisierte, da es die Gewerkschaftsbewegung spalte. Sein persönliches Arbeitsgebiet waren Organisationsfragen sowie das Arbeits- und Sozialrecht, wo er sich große Verdienste erwarb. Franz Busch starb am 24. Juni 1980 in Salzgitter.

Quellen: Gundula Müller, Hartmann, Bergmann

herrschende(n) organisatorische(n) Durcheinander«[92] und die Aufgliederung zog sich bis Ende Juni 1947 hin; erst zum 1. Juli löste sich die Allgemeine Gewerkschaft endgültig auf.

In Salzgitter brachten die Umstrukturierung des FDGB und die Überführung der Industriegruppe Metall in eine Industriegewerkschaft kaum Veränderungen. *»Die Allgemeine Gewerkschaft (hatte) hauptsächlich aus der Wirtschaftsgruppe Metall bestanden. Als nun die gemeinsame Verwaltung der Allgemeinen Gewerkschaft aufgelöst wurde, übernahm die Metallgewerkschaft den bisherigen Gewerkschaftsapparat und führte ihn weiter als Verwaltungsstelle der IG Metall. Der Gewerkschaftsbund und die übrigen Industriegewerkschaften mußten sich eigene (kleinere) Organisationen aufbauen, wobei ihnen die IG Metall anfangs half und so Funktionen der Allgemeinen Gewerkschaft übernahm«.*[93]

1. Bevollmächtigter der »IG Metall für die britische Zone und Bremen, Verwaltungsstelle Watenstedt-Salzgitter«, wurde nach dem Umbau Franz Busch. Jetzt konnten zwischen

[90] Ebd.

[91] Vgl. Kolb, S. 41ff.

[92] Protokoll einer Besprechung der Vorsitzenden der Ortsverwaltung der Industriegruppen Metall in Niedersachsen sowie des Vorstands und Beirats am 10. Juni 1947 in Hannover. Archiv IG Metall Salzgitter, unverzeichnet.

[93] Kolb, S. 48. Der Autor beruft sich auf Gespräch mit Franz Busch und Walter Kienhorn am 14. September 1966.

Gegenüberliegende Seite: Gemeinsame Einladung des FDGB und des Hauptbetriebsrates. Der Text zeigt: Die Organisatoren wussten, wie sie ein »volles Haus« bekommen.

dem 24. April und 4. Mai 1948[94] die ersten ordentlichen Vertreterwahlen stattfinden und schließlich, vermutlich im Mai, die erste reguläre Vertreterversammlung.[95]

Die erste ordentliche Bezirkskonferenz der IG Metall für den Bezirk Hannover fand am 31. Oktober 1947 statt. Hier wurde Otto Brenner einstimmig zum Bezirksleiter vorgeschlagen; die öffentliche Nominierung übernahm Erich Söchtig: *»Ich möchte heute der Konferenz vorschlagen, dass wir als Delegierte nur einen Vorschlag vorzubringen haben, und das ist unser Kollege Otto Brenner – Hannover. Ich glaube, dass der Kollege Brenner gezeigt hat, was er kann und unermüdlich tätig war im Interesse unserer Organisation und unserer Kollegen. Ich möchte behaupten, dass er uns in keiner Weise enttäuscht hat, und ich möchte hoffen, dass von dieser Konferenz nur ein einziger Vorschlag gemacht wird, nämlich der des Kollegen Otto Brenner.«*[96]

Im Mai wurde die britische Zone in sechs Gewerkschaftsbezirke aufgeteilt. Ständig begleitet von Streitigkeiten über organisatorische Belange fand vom 12. bis 14. Oktober 1948 der Zusammenschluss der Metallgewerkschaften der britischen und amerikanischen Zone in Lüdenscheid statt. Gemeinsam mit den Organisationen der französischen Zone gründeten sie am 1. und 2. September 1949 die »Industriegewerkschaft Metall für das Gebiet der Bundesrepublik Deutschland«.

Der Betriebsrat der »Reichswerke«

Zum Zeitpunkt der offiziellen Gründung der IG Metall Salzgitter hatte die Arbeitnehmervertretung der Metallbetriebe in der Stadt bereits eine erfolgreiche Arbeit geleistet, was hauptsächlich der engen Verbindung zwischen Gewerkschaftsvertretern und den Betriebsräten zu verdanken ist. Es waren die Betriebsräte, die die praktische Arbeit leisteten, während sich die Gewerkschafter notgedrungen noch mit Organisationsfragen beschäftigen mussten. Dabei dürfte die personelle Identität zwischen Betriebsräten und Gewerkschaftern eine nicht unerhebliche Rolle gespielt haben. Im Januar 1946 kam es zu einer Umstrukturierung des Hauptbetriebsrates.[97] In der Betriebsrätesitzung vom 10. Januar 1946 stellte der Kollege Huppertz (SPD) einen Misstrauensantrag gegen Fritz Kraft, der gemeinsam mit Walter Melle und Heinz Flecke von Fritz Hartmann eingesetzt worden war. Die Begründung für den Antrag lautete: Der Kollege Kraft zeige keine konsequente Haltung gegenüber ehemaligen Nazis. Da auch Erich Söchtig und Fritz Hartmann beklagten, der Hauptbetriebsrat arbeite oft nicht mit den Gewerkschaften zusammen, kam es in der Sitzung durch Wahl zu einer Umbesetzung und Umstrukturierung. Die 43 anwesenden Betriebsratsmitglieder setzten Fritz Kraft wegen Eigenmächtigkeiten und einem zu engen Verhältnis zum Direktor der »Reichswerke« ab. Vorsitzender wurde als Nachfolger Fritz Krafts Erich Söchtig, Heinz Flecke blieb Geschäftsführer, Walter Melle blieb als Vertreter der Angestellten, und Otto Bergmann (KPD) kam als Vertreter der Arbeiter hinzu. Kollege Huppertz Vorschlag, zwei Arbeitervertreter in den Hauptbetriebsrat zu wählen, konnte sich gegen Söchtigs Votum nicht durchsetzen.

Kollege Söchtig wurde zur unangefochtenen Persönlichkeit in Gewerkschaft und Betriebsrat, deren Einfluss kaum zu überschätzen ist. In Personalunion vereinte er den Betriebsrats- und den FDGB-, später DGB-Vorsitz sowie den stellvertretenden Vorsitz der IG Metall in Salzgitter. Er bestimmte für Jahre die Politik, die keine traditionelle oder vom Vorstand vorgegebene Gewerkschaftslinie verfolgte, sondern sich pragmatisch an den Gegebenheiten vor Ort orientierte. Im Hauptbetriebsrat war es ihm gelungen, die SPD aus der Spitzenposition zu verdrängen, zunächst jedoch ohne die durch Wahlen ausgedrückte Unterstützung der Basis.

Die erste reguläre Betriebsratswahl fand nach Erlass des Betriebsrätegesetzes der Militärregierung am 10. April 1946, in den »Reichswerken« erst im September 1946 statt.[98] In der darauffolgenden ersten Betriebsrätevollsitzung mit ungefähr 280 Teilnehmern am 13. September 1946 wurde der Hauptbetriebsrat zum größten Teil bestätigt. Erich Söchtig wurde wieder Vorsitzender, Paul Robert (SPD) statt Heinz Flecke Geschäftsführer. Walter

[94] Entsprechend den Wahlprotokollen, Stimmzetteln oder Ergebnismitteilungen der einzelnen Wahlbezirke. StA Salzgitter, N 29 17b.
[95] Das genaue Datum der ersten Vertreterversammlung ist nicht mehr zu ermitteln. Der erhaltene Ausweis Reinhold Wieses nennt den April als Ausstellungsdatum. Er wurde aber vermutlich sofort nach der Wahl und nicht erst zur Vertreterversammlung ausgefertigt. (Hinweis von Werner Kubitza).
[96] Protokoll der 1. Konferenz des Bezirks Hannover der Industriegewerkschaft Metall am 31. Oktober 1947 in Hannover. Ricklingen, IG Metall/ZA Bst. 1 – 2, 0500 Bez. Hannover, S. 45.
[97] Vgl. Gundula Müller, S. 27f; Hartmann, S. 205.
[98] Hartmann, S. 205; Bergmann, S. 21 und Gundula Müller, S. 28 geben demgegenüber als Termin Ende März/Anfang April an. Ein Rundschreiben des FDGB vom 29. Juni 1946 nennt als Termin für die Betriebsrätewahlen im Kreisgebiet den 22. bis 26. Juli 1946. Archiv IG Metall Salzgitter, unverzeichnet. In Anbetracht der ersten Betriebsrätevollsitzung am 13. September erscheint der Septembertermin jedoch am wahrscheinlichsten.

Freier Deutscher Gewerkschaftsbund
Watenstedt - Salzgitter

Hauptbetriebsrat der
Reichswerke

DRINGEND

SEHR WICHTIG

An alle
Industriegruppenvorstände, Gewerkschaftsdelegierten, Betriebsräte und Funktionäre.

Am Montag den 10.Februar 1947, Beginn 8.45 Uhr vormittags findet in der Feierabendhalle des Lagers 9 in Watenstedt eine

Arbeitstagung

mit folgender Tagesordnung statt.

1.) Gewerkschaft und Wirtschaft. Es spricht:

Albin Karl, Vorsitzender der Gewerkschaft für Niedersachsen.

2.) Die Betriebsvereinbarungen. Es spricht:

Otto Brenner, VOrsitzender der Wirtschaftsgruppe Metall für Niedersachsen.

Die Bedeutung dieser Tagung ist aus der Tagesordnung und aus der Teilnahme der führenden Gewerkschafter von Niedersachsen klar zu ersehen. Es ist Pflicht, das alle Betriebsräte und Gewerkschaftsfunktionäre daran teilnehmen. Betriebsräte und Gewerkschaftsfunktionäre haben dafür Sorge zu tragen, dass sie nicht nur selbst teilnehmen, sondern mindestens 2 Kollegen mitbringen. Es muss diese Kundgebung eine machtvolle Manifestation unseres Wollens werden. Die interessierten Krese sind ebenfalls eingeladen. Für die Hinfahr stehen die normalen Verkehrsmittel (Werkszüge) zur Verfügung. Für die Rückfahrt wird ab Stahlwerke Braunschweig ein Zug eingesetzt, der den Anschluss nach Salzgitter und Lebenstedt ab Hallendorf ermöglicht. Die Kundgebung wird um 12 Uhr beendet sein. Es ist nun Aufgabe aller Funktionäre für eine zahlreiche Teilnahme zu sorgen.

Mit kollegialem Gruß !

f.d.

Freier Deutscher Gewerkschaftsbund
Watenstedt-Salzgitter

Franz Busch   Fritz Hartmann

Hauptbetriebsrat der
Reichswerke

Erich Söchtig.

Melle und Otto Bergmann blieben, hinzu kam Alfred Schoch (KPD). Söchtigs Arbeit war damit von der Basis bestätigt worden. Die Zusammensetzung des Hauptbetriebsrates änderte sich auch 1947 kaum, nur wurde Walter Melle als zweiter Vorsitzender durch Heinrich Wegener ersetzt und als weiteres Mitglied kam der Kollege Ritsert (SPD) von der IG Metall Verwaltungsstelle hinzu. Auch nach der Umstrukturierung des Betriebsrates 1949 und der Etablierung eines geschäftsführenden Ausschusses, blieb Erich Söchtigs Position als erster Vorsitzender weitgehend unangefochten. Gleichwohl gab es Kritik am häufig eigenmächtigen Vorgehen der beiden Vorsitzenden Söchtig und Wegener, die schon einmal »vergaßen« die Mitglieder des Geschäftsführenden Ausschusses über ihre Aktivitäten zu informieren. An Söchtigs »Richtlinienkompetenz« änderte diese Kritik nichts.

Dass Erich Söchtig in den FDGB-Vorsitz drängte, zeigt, dass ihm die Bedeutung der Zusammenarbeit zwischen Betriebsrat und Gewerkschaft nur allzu bewusst war. Dies gilt jedoch nicht nur für ihn, sondern generell. *»Da ein Teil unserer Betriebsräte entscheidend eingeschaltet ist in unsere gewerkschaftliche Arbeit, kann man an sich eine scharfe Trennung nicht durchführen«,*[99] war die allgemeine Überzeugung. In den Betriebsratssitzungen, an denen häufig Gewerkschaftsvertreter teilnahmen, wurde über den Aufbau und die Organisation des FDGB gesprochen und über die Anwerbung von Mitgliedern. Die Betriebsräte legten im Hinblick auf die Mitgliedschaft in der Gewerkschaft auch dann noch eine recht eindeutige Haltung an den Tag, als die Pflichtmitgliedschaft längst ad acta gelegt worden war. *»Wenn Du es nicht für zweckmäßig betrachtest, als Mitglied der Gewerkschaft beizutreten, mußt Du es schon hinnehmen, daß wir den Unorganisierten als Gegner betrachten«,* heißt es im Protokoll einer Betriebsratssitzung.[100] Es war kein Geheimnis, dass Gewerkschaftsmitglieder bevorzugt wurden, z.B. bei betrieblichen Umbesetzungen, im Hinblick auf die Verschonung von Entlassungen sowie bei der Auswahl für Kurverschickungen in das Erholungsheim des Betriebsrates in Bad Sachsa.[101] Der hohe gewerkschaftliche Organisationsgrad dürfte in jenen Tagen zu einem nicht unerhebliche Teil dieser Betriebsrätepolitik zu verdanken gewesen sein. Dabei ging es jedoch nicht um Machtausübung, sondern es stand das Bewusstsein dahinter, dass die in Gang gesetzte Bewegung die Unterstützung jedes einzelnen brauchte.

Es ging darum zu verwirklichen, was Söchtig bei einer Betriebsratswahl am 17. Januar 1946 forderte: *»Nach 12 ½ Jahren ist nun wieder die Zeit gekommen, wo wir über unser Schicksal selbst bestimmen können. Es ist nicht mehr, dass das Werk ein Kasernenhof ist, wo der Arbeiter der Soldat und der Betriebsführer der Hauptmann ist und mit den Rekruten herumspringen kann. Wir haben endlich wieder das moralische Recht, was man uns 1933 genommen hat. Wir wollen heute mit entscheiden über unsere Zukunft ... Wir müssen den Beweis erbringen, dass wir auch fähig sind, unsere Aufgaben zu erfüllen... Ruhig und sachlich ohne persönlichen Haß und Neid... Wir müssen uns unser neues Leben selber gestalten...«*[102]

Gegenüberliegende Seite: Die Hütte in der Nachkriegszeit

[99] So im Protokoll einer Sitzung sämtlicher Betriebsratsvorsitzender des Hüttenwerks am 5. August 1948. Zitiert nach Müller, S. 34.

[100] Vom 10. August 1949, Aussage des Kollegen Eibel. Zitiert nach Müller, S. 47.

[101] Vgl. ebd., S. 47f.

[102] Aktennotiz: Betriebsratswahl im Lokschuppen am 17. Januar 1946. StA Salzgitter, Demontage Salzgitter, Döhling, Demo II, N23/IIb.

Wir wollen leben!
STOPPT DIE DEMONTAGE!

»Demontage der Hütte – Demontage der Demokratie«

Der Kampf um den Erhalt der Reichswerke

Symbol des Widerstandes

Vor 50 Jahren kämpften die Beschäftigten der Reichswerke gemeinsam mit Betriebsrat und Gewerkschaften gegen die Demontagepläne der Alliierten. Diese hatten sich auf der Grundlage des Potsdamer Abkommens darauf verständigt, das über den Friedensbedarf hinausgehende Wirtschaftspotenzial entweder für Reparationszwecke zu verwenden oder zu vernichten. In vielen Aktionen wehrte sich die Belegschaft der Reichswerke, unterstützt von weiten Teilen der Bevölkerung, gegen die Vernichtung ihrer Arbeitsplätze und protestierte: »Demontage der Industrie bedeutet Demontage der Demokratie«.

Heute gilt der Widerstand gegen die Demontage in Salzgitter als Symbol für die Arbeiterbewegung. Er steht für Solidarität – für Einigkeit, die stark macht. Er ist Symbol des Widerstandes, aber auch identitätstiftendes Symbol, das den Menschen dieses »Schmelztiegels« Salzgitter durch ihren gemeinsamen Einsatz und ihr Engagement das Zusammenwachsen zu einer Stadt erleichtert hat.

Zweifellos gäbe es die Stadt Salzgitter in ihrer heutigen Form nicht, wären die Reichswerke als ihr größter Industriebetrieb komplett demontiert worden.

Doch am Erfolg des Kampfes gegen die Demontage entfachen sich auch heute noch Diskussionen. Verfolgt man die Diskussionen, möchte man fast meinen, es sei von zwei verschiedenen Städten die Rede: 90% der Anlagen und Gebäude des Hüttenwerkes seien wie geplant demontiert, Demontagen und Entmilitarisierungsarbeiten, d.h. die Sprengung der Fundamente, auch nach den sogenannten Märzunruhen von 1950, weitergeführt worden. Die Aktionen der Arbeiter hätten die Sprengungen also nur kurzfristig verschoben. Und zudem, so ziehen die Vertreter dieser Sichtweise mit ihrem schärfsten Argument ins Feld, habe die Belegschaft des Hüttenwerkes ganz im Gegenteil jahrelang widerstandslos mit demontiert – so belegt in den Veröffentlichungen zur Demontage in Salzgitter, die sich in differenzierter Betrachtung und auf der Basis vielfältiger Quellen mit diesem Thema auseinandersetzen.[1]

In den Erfahrungsberichten der »Zeitzeugen« dominieren die Schilderungen der »entscheidenden zwei Wochen« im März 1950, als sich die Arbeiter und Angestellten zu aktivem Widerstand entschlossen und trotz des Aufgebotes britischer Soldaten auf dem Werksgelände die Sprengung weiterer Fundamente gewaltsam verhinderten. Sie berichten aus einem anderen Blickwinkel über das Geschehen jener Zeit.

Dennoch bieten gerade diese subjektiven Erfahrungen – in Kombination mit schriftlichen Quellen – die Möglichkeit, einen bestimmten Zeitabschnitt auf mehreren Ebenen zu begreifen: Neben der offiziellen Geschichtsschreibung eröffnet ihre Berücksichtigung die Möglichkeit, den Zugang zur Alltagswelt der Menschen mit ihren individuellen und kollektiven Denk- und Erklärungsmustern zu finden.

Also kann eine Aussage wie *»Wir haben die Demontage erfolgreich verhindert«* auch anders verstanden werden. Nicht als Behauptung, die Alliierten hätten tatsächlich auf den Widerstand der Belegschaft mit der Beendigung der Demontage- und Entmilitarisierungsarbeiten reagiert, sondern als Ergebnis einer Retrospektive des Einzelnen, der in der Gemeinschaft und für die Gemeinschaft gekämpft hat und stolz auf die nunmehr über 60-jährige Geschichte »seines« Hüttenwerkes zurückblicken kann.

Gegenüberliegende Seite: Weithin sichtbar war die Forderung der Arbeiter: »Wir wollen leben! Stoppt die Demontage!«, 1949.

[1] Grundlegende Werke sind die Arbeiten von Matthias Riedel, Vorgeschichte (1966), Gundula Müller (1974), dem Archiv der Stadt Salzgitter (Hrsg.) (1990) und Ralf Bergmann (1991).

Ohne den unbedingten Willen der Beschäftigten, das Hüttenwerk zu schützen und damit sich und ihren Familien eine Existenzgrundlage zu erhalten, ohne ihre Kraft, sich über die Interessen verschiedenster Parteien hinweg solidarisch zusammenzuschließen und ohne ihre Ausdauer, trotz vieler Misserfolge den eingeschlagenen Weg nicht zu verlassen und weiter für den Auf- und Ausbau des Hüttenwerkes zu kämpfen, würden wir heute vielleicht wieder auf ein landwirtschaftlich geprägtes Gebiet blicken, auf dem lediglich einige Industriedenkmäler an den Rüstungswahnsinn der Nazis erinnern.

Diese Ereignisse haben Arbeitnehmer und Arbeiterbewegung geprägt und deren politische Durchsetzungskraft und Selbstvertrauen gefördert. Doch mit dem Abschied dieser Generation aus dem Arbeitsleben *»ging eine ganze Menge Erfahrung und Kraft weg«.*[2] Für die Beschäftigung mit der Vergangenheit ließ das Tagesgeschäft kaum Zeit, der Dialog zwischen Alt und Jung wurde durch die »üblichen« Konflikte gestört. Und trotz alledem: Wenn wir aus der Geschichte lernen, zeigt uns der Kampf gegen die Demontage, »daß wir handelnd in den Gang der Geschichte eingreifen können und müssen«.[3] Wenn wir aus der Geschichte gelernt haben, wissen wir, dass die Sicherung und der Erhalt der Arbeitsplätze solidarischen Kampf erfordert. »Solidarität war in der Tradition der alten Arbeiterbewegung nie bloß ein hehres moralisches Prinzip, sondern immer auch konkret an das Eigeninteresse gebundene Handlungsmaxime, so, wenn die Starken auch für die Schwachen kämpften, indem sie kämpferisch ihre eigenen Interessen durchsetzten. Solidarität war damit eine Form von Verbundenheit, die auf die Verminderung von Ungleichheit der Lebenschancen gerichtet war.«[4]

Ein Industrieplan für Deutschland

Seit der bedingungslosen Kapitulation des Deutschen Reiches am 8. Mai 1945 lag die oberste Regierungsgewalt in Deutschland bei den alliierten Besatzungsmächten. Großbritannien, die Sowjetunion und die USA hatten sich nach einer Reihe von Kriegskonferenzen[5] in Potsdam auf die wesentlichen Grundsätze für die künftige Behandlung Deutschlands geeinigt: Die sogenannten vier großen D's – Demilitarisierung, Denazifizierung, Dezentralisierung und Demokratisierung – bildeten die Schlüsselbegriffe der dort getroffenen Entscheidungen.[6]

Die Frage der Reparationen war bei den Beratungen der Siegermächte mehr und mehr in den Mittelpunkt gerückt und wurde zu einem ihrer hartnäckigsten Streitpunkte. Hier zeigten sich die gegensätzlichen Interessen und Ziele der westlichen Alliierten, zu denen später auch Frankreich trat, und der Sowjetunion in besonderer Schärfe. Nachdem die Amerikaner und Briten Stalins wiederholte Forderung – Reparationen in Höhe von zehn Milliarden US-Dollar – als unannehmbar abgelehnt hatten, einigten sie sich darauf, dass jede der Siegermächte ihre Reparationsansprüche aus der eigenen Zone zu decken habe. Die UdSSR, von der Zerstörung des Krieges am härtesten getroffen, sollte darüber hinaus 25% der für die deutsche Friedenswirtschaft unnötigen Industrieanlagen aus den Westzonen Deutschlands erhalten, 15% davon im Austausch gegen Sachlieferungen, in erster Linie Lebensmittel. Die Gesamthöhe der Reparationen blieb hingegen offen. Wesentlicher Richtwert für die Amerikaner und Briten blieb das Ziel, dem deutschen Volk genügend Mittel zu belassen, um ohne Hilfe von außen existieren zu können.

Mit dieser Regelung wurde Deutschland jedoch faktisch in ein östliches und ein westliches Reparationsgebiet geteilt und somit die Behandlung Deutschlands als »wirtschaftliche Einheit« außerordentlich problematisch, ja im Grunde genommen kaum realisierbar. Zwar sollte der in Berlin installierte Alliierte Kontrollrat als oberstes Regierungsgremium eine einheitliche Politik für Gesamtdeutschland gestalten, doch hatte er in der Praxis nicht mehr als eine koordinierende Funktion. Die politische Ausrichtung und Umsetzung blieb in den Händen der Zonenbefehlshaber, die sich an der Politik und den Vorstellungen ihres Landes orientierten.[7]

Im Laufe der Auseinandersetzungen um das zukünftige Industrieniveau Deutschlands, das erheblichen Einfluss auf das Ausmaß der

[2] Gespräch mit Hans George Schuray am 30. November 1998. Ähnlich äußerte sich Herbert Jentsch am 9. November 1998.
[3] Redemanuskript Hans Preiss, Salzgitter-Forum am 27. und 28. November 1998, S. 5. Archiv IG Metall Salzgitter, unverzeichnet.
[4] Grebing, Die deutsche Arbeiterbewegung, S. 101.
[5] Wichtige Konferenzen: Außenministerkonferenz in Moskau im Oktober 1943; Gipfeltreffen der »Großen Drei« – Roosevelt, Churchill und Stalin in Teheran vom 28. November, am 1. Dezember 1943; Konferenz in Jalta vom 4.-11. Februar 1945.
[6] Kistler, S. 19.
[7] Vgl. dazu Steininger, S. 61ff.

Auszug aus dem Potsdamer Abkommen vom 2. August 1945

A. Politische Grundsätze

I. Völlige Abrüstung und Entmilitarisierung Deutschlands und die Ausschaltung der gesamten deutschen Industrie, welche für eine Kriegsproduktion benutzt werden kann oder deren Überwachung.

II. Das deutsche Volk muß überzeugt werden, daß es eine totale militärische Niederlage erlitten hat und daß es sich nicht der Verantwortung entziehen kann für das, was es selbst dadurch auf sich geladen hat, daß seine eigene mitleidlose Kriegführung und der fanatische Widerstand der Nazis die deutsche Wirtschaft zerstört und Chaos und Elend unvermeidlich gemacht haben.

B. Wirtschaftliche Grundsätze

11. Mit dem Ziele der Vernichtung des deutschen Kriegspotentials ist die Produktion von Waffen, Kriegsausrüstung und Kriegsmitteln, ebenso Herstellung aller Typen von Flugzeugen und Seeschiffen zu verbieten und zu unterbinden. ... Die Produktionskapazität, entbehrlich für die Industrie, welche erlaubt sein wird, ist entsprechend dem Reparationsplan, empfohlen durch die interalliierte Reparationskommission und bestätigt durch die beteiligten Regierungen, entweder zu entfernen oder, falls sie nicht entfernt werden kann, zu vernichten.

12. In praktisch kürzester Frist ist das deutsche Wirtschaftsleben zu dezentralisieren mit dem Ziel der Vernichtung der bestehenden übermäßigen Konzentration der Wirtschaftskraft, dargestellt insbesondere durch Kartelle, Syndikate, Trusts und andere Monopolvereinigungen.

13. Bei der Organisation des deutschen Wirtschaftslebens ist das Hauptgewicht auf die Entwicklung der Landwirtschaft und der Friedensindustrie für den inneren Bedarf (Verbrauch) zu legen

19. Die Bezahlung der Reparationen soll dem deutschen Volke genügend Mittel belassen, um ohne Hilfe von außen zu existieren.[8]

Demontage haben würde, zeigten sich erneut die unterschiedlichen Interessen der alliierten Verhandlungspartner. Die Briten hatten schon während des Krieges Pläne ausgearbeitet, die einen möglichst schnellen Wiederaufbau der deutschen Wirtschaft ermöglichen sollten.

Durch den Zweiten Weltkrieg hoch verschuldet, befanden sie sich in einer finanziellen Notlage und waren kaum in der Lage, die Versorgung ihrer Zone zu übernehmen. So war der britischen Regierung daran gelegen, die deutsche Produktion soweit in Gang zu setzen, dass sich die Deutschen selbst versorgen konnten. Daher sprachen sie sich z.B. für den Stahlbereich für die Wiederherstellung der deutschen Vorkriegsleistung von zehn bis zwölf Millionen Jahrestonnen Rohstahl aus. Der UdSSR war neben ihren vorrangigen Interessen an Reparationen, ebenso wie Frankreich und den USA, vor allem an militärischer Sicherheit gelegen, die ihrer Meinung nach nur gesichert war, wenn ein Aufleben der deutschen Wirtschaft verhindert würde. Der sowjetische Vorschlag für eine Stahlquote lag dann auch weit unter dem britischen.

Am 26. März 1946 entstand schließlich nach etlichen Verhandlungsrunden der erste Industrieplan mit einem Kompromiss über eine Erzeugungshöchstmenge von 5,8 Millionen Jahrestonnen, jedoch eine Produktionskapazität von insgesamt 7,5 Millionen Tonnen Stahl. Somit standen die über 7,5 Millionen Tonnen hinausgehenden Kapazitäten zur Demontage frei, so dass besonders

[8] Aus: ebd., S. 75ff.

die Ruhrindustrie als schwerindustrielles Zentrum und »Waffenschmiede des Reiches« nun den Abbau ihrer Produktionsanlagen befürchten musste. Überhaupt entwickelte sich die Ruhrfrage zum »Eckstein britischer Deutschlandpolitik«.

Hier lagen die wichtigsten Ressourcen der deutschen Wirtschaft. Grund genug also, das Interesse aller Besatzungsmächte an der Kontrolle dieses Gebietes zu erklären.

Nach den Vorstellungen der provisorischen französischen Regierung, sollten das Rheinland und Westfalen von Deutschland abgetrennt und eine unabhängige, international kontrollierte Republik werden – ein Vorschlag, den sowohl Großbritannien als auch die Sowjetunion ablehnten. Letztere verlangte eine Kontrolle durch alle Siegermächte, um die Erfüllung der Reparationsauflagen und eine dauerhafte Abrüstung sicherzustellen.

Doch auch dies war nicht im Interesse der britischen Regierung. Statt dessen hatte diese ein Alternativmodell entwickelt, das sie im Sommer 1946 in die Tat umsetzte: Die Briten gründeten das Land Nordrhein-Westfalen mit einer selbständigen Landesregierung und unterstellten die dortigen Schlüsselindustrien öffentlicher Kontrolle. So konnten sie, und das war zum Hauptanliegen sowohl der britischen als auch der amerikanischen Politik geworden, die Einflussnahme der UdSSR auf die Ruhrindustrie verhindern. In dieser schwierigen Situation, die vom Auseinanderbrechen der ehemaligen Bündnispartner gekennzeichnet war und den Ost-West-Konflikt zuspitzte, entstand der Plan einer zonenübergreifenden Wirtschaftskooperation der USA und Großbritannien. Schon am 2. Dezember 1946 erfolgte die Unterzeichnung des Abkommens zur Errichtung der Bizone, das am 1. Januar 1947 in Kraft trat.[9]

Mit dem Scheitern der Moskauer Konferenz im Frühjahr 1947, die sich mit den wichtigsten Fragen des Deutschlandproblems auseinandersetzte, war schließlich der Wendepunkt der Ost-West-Beziehungen erreicht. Zu diesem Zeitpunkt, als die Teilung Deutschlands immer wahrscheinlicher wurde, brach der Kalte Krieg offen aus und setzte einen Wandel in der Deutschlandpolitik der Amerikaner in Gang.

Der neue Außenminister der USA, George Marshall, stellte am 5. Juni 1947 ein Europäisches Aufbauprogramm vor, das zur *»Wiederherstellung gesunder wirtschaftlicher Verhältnisse in der Welt«* und *»zur Wiederbelebung einer funktionierenden Weltwirtschaft«* führen sollte. Dieser sogenannte Marshall-Plan wurde auch auf die drei westlichen Besatzungszonen ausgedehnt.[10] Die Amerikaner versuchten auf diese Weise ein starkes Westeuropa aufzubauen und damit zur Eindämmung des sowjetischen Einflusses beizutragen.[11] Sie hätten aus diesem Grunde im Gegensatz zu den Briten, die weiterhin auf einem, wenn auch revidierten Demontageplan bestanden, die Demontage gern sofort beendet.

Diese unterschiedlichen Standpunkte schlugen sich auch im neuen Industrieplan vom 29. August 1947 nieder. Der zweite Industrieplan sah beträchtliche Lockerungen für die deutsche Wirtschaft vor, wie eine Erhöhung der Stahlquote, so dass in der deutschen Bevölkerung auch die Hoffnung auf Demontageerleichterungen stieg.

Die Bekanntgabe der revidierten Demontagelisten am 16. Oktober 1947 wirkte auf die deutsche Bevölkerung wie ein Schock: Obwohl die Zahl der zur Demontage vorgesehenen Betriebe um fast die Hälfte reduziert wurde, blieben die wichtigsten Produktionsstätten weiterhin zur Demontage bestimmt. Der Widerspruch zwischen Hilfsleistungen zum Wiederaufbau der deutschen Wirtschaft und Demontagemaßnahmen war kaum mehr nachzuvollziehen und wurde auch in den USA heftig kritisiert. Dort fand die Arbeiterbewegung der westlichen Zonen in den Gewerkschaften große Unterstützung.[12]

Bis April 1949 überprüfte und reduzierte der infolge des Marshall-Plans eingesetzte »Humphrey-Ausschuß« die Demontageliste nochmals. Von den ursprünglich 628 zur Demontage vorgesehenen Betrieben blieben »nur« 159 weiterhin auf der Liste.[13] Auch die Reichswerke AG für Erzbergbau und Eisenhütten »Hermann Göring« gehörten mit Teilanlagen, bestehend aus zehn Hochöfen, Stahlwerken, Walzwerken und Gießereien zu diesen Betrieben.[14] Im Laufe des Jahres 1949 steigerten die Briten das Tempo der Demontagen beträchtlich und weder die Bemühun-

[9] Gloria Müller, Strukturwandel, S. 50ff.
[10] Vgl. dazu Steininger, S. 233ff.; Abdruck der Rede Marshalls, ebd., S. 241ff.
[11] Schmidt, S. 108.
[12] Gloria Müller, Strukturwandel, S. 56. Zur Haltung der amerikanischen Gewerkschaften vgl. Fiereder, S. 37.
[13] Schmidt, S. 146.
[14] Gundula Müller, S. 36.

Die Hochofengruppen I und II vor der Demontage, 1945.

gen der deutschen Gewerkschaften, noch die der SPD konnten sie von ihrem Demontagekurs abbringen.

Der endgültige Stopp aller Demontagen in Deutschland erfolgte 1952 mit dem Abschluss des Deutschlandvertrages.[15] Für die Belegschaft der Reichswerke und die Bevölkerung Watenstedt-Salzgitters galt es bis dahin allerdings noch einen langen Weg zurückzulegen.

Gewerkschaftspolitik

Die Gewerkschaften bezogen keine einheitliche Position in der Frage der alliierten Demontagepolitik. Nach der Veröffentlichung der Demontageliste im Oktober 1947 begründete der Bundesvorstand des DGB seine Haltung gegen Anti-Demontage-Streiks. Die Führungsgremien appellierten an die Kolleginnen und Kollegen *»in Eintracht mit der Gewerkschaftsleitung in jedem Einzelfalle gut zu überlegen, welches Verhalten zweckmäßig ist«* und versicherten: *»Als Beauftragte der Gewerkschaften haben wir mit der Militärregierung wiederholt die sich aus dem Demontageplan ergebene Lage besprochen. Wir erhielten dabei die Zusicherung einer Überprüfung der Demontageliste für solche Fälle, in denen durch die Demontage eines Betriebes oder einer Betriebsabteilung sich eine Beeinträchtigung der lebenswichtigen Versorgung unseres Volkes ergeben und von uns nachgewiesen würde. Außerdem aber wurde uns zugesagt, daß die Demontage nicht schlagartig, sondern so durchgeführt würde, daß soziale Spannungen möglichst vermieden werden.«*[16]

Die IG Metall Südostwestfalens hatte hingegen schon auf einer Bezirkskonferenz am 6. Mai 1947 in Lüdenscheid eindeutig Stellung gegen die Demontagen bezogen. Sie forderte jeden Deutschen auf, *»zu prüfen, ob er es vor Gott und den Menschen verantworten kann, durch die Demontagearbeiten sich selbst und große Teile der schaffenden Bevölkerung die Arbeitsstätte zu zerstören und hunderttausenden von Familien die Lebensmöglichkeit zu nehmen. Wir verpflichten alle unsere Mitglieder, jegliche auf Demontage von Betriebsanlagen gerichtete Arbeit abzulehnen und sichern ihnen die volle Unterstützung zu, wenn durch die Verweigerung derartiger Arbeit Nachteile irgendwelcher Art entstehen«.*[17]

Der Vorstand der IG Metall für die britische Zone unterstützte diese Entschließung und beschloss, Mitglieder, die sich weigerten Demontagearbeiten auszuführen, mit einer Zahlung zu unterstützen. In einer Stellungnahme zur Demontageliste äußerte er

[15] Vgl. dazu Fiereder, S. 37f.
[16] Aus dem Aufruf des DGB an die Mitglieder. Zitiert nach IG Metall (Hrsg.), Fünfundsiebzig Jahre, S. 365f.
[17] IG Metall für die britische Zone und das Land Bremen (Hrsg.), S. 14.

Das Kraftwerk Hallendorf am Stichkanal, 1947.

Gegenüberliegende Seite: Arbeitsverpflichtungen des Arbeitsamtes Watenstedt-Salzgitter gewährleisteten die Demontagearbeiten.

sich nochmals in gleicher Weise und verurteilte die Demontagepläne der Alliierten aufs Schärfste.

Die britische Militärregierung reagierte auf Widerstandsaktionen von Arbeitern und Angestellten, die sich geweigert hatten, an den Demontagen mitzuwirken, mit dem Befehl an den Vorstand der IG Metall, alle notwendigen Schritte zu unternehmen, um zu gewährleisten, dass die Arbeit in allen Betrieben, die Demontageanordnungen haben, weitergehe. Die Androhung weiterer Schritte veranlasste den Vorstand zu der Erklärung, dass er sich außerstande sehe, nach dem Erlass des Befehls in der Angelegenheit noch tätig zu sein. Er betonte zwar, als demokratisch aufgebaute Organisation seinen Mitgliedern ihr Verhalten nicht kommandieren zu können, empfahl diesen jedoch, dem Befehl des Gouverneurs die nötige Beachtung zu schenken.[18] Der Unterstützung der Arbeiter von Seiten der Gewerkschaftsführung waren damit sehr enge Grenzen gesetzt worden. Sie beschränkte sich in der Folge auf Appelle an die Weltöffentlichkeit sowie auf die Mitarbeit in einer deutsch-englischen Kommission, in der Hoffnung, so noch Einfluss bei der Durchführung der Demontagemaßnahmen zu haben.[19]

Die Situation bei den Reichswerken

Die »Reichswerke Hermann Göring« wurden nach dem Einmarsch der alliierten Truppen zunächst stillgelegt. Lediglich das Kraftwerk und die Wasserwerke – für die Versorgung der Bevölkerung wie auch der Besatzungstruppen lebensnotwendig – wurden weiter betrieben.[20] Lange Zeit blieb unklar, wie mit diesem Rüstungsbetrieb verfahren werden würde.

Das Werk war dem Alliierten Oberkommando unterstellt, die alten Vorstände verhaftet und dem Land Braunschweig die Treuhandschaft übertragen worden. Als Treuhänder hatte die britische Militärregierung den Juristen Georg Strickrodt eingesetzt, der seit 1937 bei den Reichswerken tätig gewesen war und dieses Amt auch nach seiner Berufung zum niedersächsischen Finanzminister im Dezember 1946 behielt. Im September 1945 waren nur noch knapp 7.000 Menschen bei den Reichswerken beschäftigt. Als wenige Monate später der Betrieb im Erzbergbau, in der Erzaufbereitung und bei der AG für Bergbau und Hüttenbedarf (später SMAG) wieder anlief, stiegen die Beschäftigungszahlen bis Oktober 1946 auf knapp 20.000. In den Stahlwerken Braunschweig (später LHB) wurden schon seit November 1945 defekte Lokomotiven und Eisenbahnwaggons der

[18] IG Metall (Hrsg.), Fünfundsiebzig Jahre, S. 366ff.
[19] Schmidt, S. 148.
[20] Schulze, S. 317.

Arbeitsverpflichtung

gemäß Militärregierungs-Verordnung Nr. 54

An Herrn Berthold Dürrast

(Vor- und Zuname)

in Salzgitter, Rheinstr. 24

Geburtsdatum: 9.11.27

Berufsgruppe: 5t 1a

Arbeitspaß-Nr. 450 Sa/ 07285

zuletzt beschäftigt bei: Sägewerk Ludewig

in: Groß-Mahner

Sie werden hiermit verpflichtet, als Elektriker

bei A.G.f. Bergbau u. Hüttenbedarf, Abt. Demontage,

(Name des Arbeitgebers)

in Salzgitter für die Zeit vom 1.6.48

(Ort)

auf Abruf der alten Firma

bis .... die Arbeit aufzunehmen.

Sie müssen sich zur Aufnahme der Arbeit bei dem oben genannten Arbeitgeber am 1.6.48 um 6.24 Uhr melden.

Die Hinweise auf der Rückseite sind zu beachten. Die Arbeitsbedingungen sind Ihnen bekanntgegeben worden.

Salzgitter, den 31.5.48

(Datum)

Im Auftrage

(Unterschrift)

Arbeitsamt Watenstedt-Salzgitter

(Amtssiegel)

Nr. 4

Reichsbahn in Stand gesetzt, und auch die Güterverwaltung der Reichswerke, ein landwirtschaftlicher Großbetrieb, beschäftigte mehr als 1.000 Menschen.

Trotz des enorm verringerten Personalstands bei den Reichswerken war die Zahl der Arbeitslosen in den ersten Nachkriegsjahren vergleichsweise gering. Nachdem in den ersten Nachkriegsmonaten Tausende der ehemaligen Zwangsarbeiter, Kriegsgefangenen und KZ-Häftlinge, ebenso wie die während des Krieges dienstverpflichteten deutschen Arbeiter das Salzgittergebiet verlassen hatten, wurden Hüttenarbeiter, Eisenfacharbeiter, Hilfskräfte und auch Bergarbeiter für die Arbeit in den Reichswerken gesucht.

Anfang 1946 führten die Hütte, die Stahlwerke Braunschweig und der Erzbergbau zahlreiche Werbeaktionen durch. Der FDGB Watenstedt-Salzgitter wandte sich in einem Rundschreiben vom 8. Februar 1946 an die Kolleginnen und Kollegen:

»In den nächsten Wochen werden aus Wilhelmshaven 10.000 Arbeiter in den Reichswerken eintreffen und dort ihre Tätigkeit für den Wiederaufbau beginnen. Es ist für uns eine selbstverständliche Pflicht der Solidarität, daß für die Unterbringung dieser Kollegen alles getan wird. Wir können diesen Kollegen nicht zumuten, dauernd in Baracken zu wohnen.«[21]

Die Inventarisierung der Reichswerke hatte im Spätsommer 1946 begonnen. Sie war als Vorbereitung für die Aufstellung der Demontageliste vorgesehen. Einzelne Anlagen und Maschinen, die während des Krieges in besetzten Gebieten beschlagnahmt und nach Deutschland gebracht worden waren, wie z.B. das Feinblechwalzwerk aus Holland, hatte man bereits demontiert. Für diese so genannten Restitutionen (Rückführungen) und für die Demontagearbeiten war die »Deutsche Bergwerks- und Hüttenbau-GmbH« (DBHG) zuständig, eine Tochtergesellschaft der Reichswerke.

Sie hatte den Auftrag von der Reparationsabteilung der Militärregierung, der RD & R (Reparations, Deliveries and Restitutions) im Dezember 1947 erhalten und musste im Februar 1948 mit der Demontage des Hochofenwerkes, des Stahl- und Walzwerkes und der Kokerei beginnen. Die Demontagearbeiten in der Erzvorbereitung liefen zu diesem Zeitpunkt bereits.

Die Werkleitung hatte der RD & R zugesichert, Hilfsarbeiten bei der Demontage in allen Werkstätten durchzuführen und empfahl in einem Rundschreiben allen Beschäftigten, nichts zu tun, um die Demontage zu stören.[22] Betriebsrat und Werkleitung waren sich einig, dass die Demontage von den Reichswerken selbst durchgeführt werden sollte. Sie hofften, die verpackten Demontagegüter im Falle von Demontageerleichterungen wieder auspacken zu können, so dass ihnen daran gelegen war, vorsichtig mit den Anlagenteilen umzugehen. Überdies hielt man auf diese Weise Arbeit und Lohn im eigenen Betrieb.

Die DBHG beschäftigte bereits im Mai 1948 fast 2.400 Menschen. Dazu kamen noch einige hundert Arbeitskräfte von Subunternehmen. Um die geforderten Demontagemaßnahmen leisten zu können, mussten zum einen Dienstverpflichtungen durch das Arbeitsamt vorgenommen werden und zum anderen hatten die Reichswerke eine Abgabe für 80% der Belegschaftsmitglieder zu leisten. »Damit war die Demontage in Watenstedt-Salzgitter zu einem eigenständigen Wirtschaftsfaktor geworden, die Zerstörung der ökonomischen Basis der Stadt nahm großindustrielle Züge an.«[23]

Britische Interessen

In London liefen seit dem Ende des Jahres 1946 Verhandlungen zwischen britischer Regierung und britischer Eisen- und Stahlindustrie, die sich mit der Zukunft der Reichswerke beschäftigten. Es wurde mehrheitlich die Meinung vertreten, dass eine Übernahme der Reichswerke durch das Hüttenwerk in Corby für die britische Industrie von großem Nutzen sei. Neben dem Modernisierungsgewinn – das Hüttenwerk in Salzgitter galt als das modernste in ganz Europa – versprach man sich auch einen Importrückgang aus den USA und damit die Einsparung wertvoller Devisen.

Der im Deutschlandministerium beschäftigte Labour-Politiker Jack Jones versuchte, Außenminister Ernest Bevin davon zu über-

[21] Rundschreiben vom 8. Februar 1946. Zitiert nach Erhardt, S. 61. Wieviele dieser Kollegen tatsächlich eingetroffen sind, ist nicht festzustellen. Es sind jedoch zwischen Januar und Mai 1946 rund 4 500 Personen in Salzgitter zugezogen und untergebracht worden, die nicht zu der Gruppe der Flüchtlinge gehörten.

[22] Vgl. dazu Gundula Müller, S. 69.

[23] Leuschner; Fiereder, S. 79. Über die Zahl der Beschäftigten bei der DBHG werden unterschiedliche Angaben gemacht. So sprechen Bergmann und Riedel im Gegensatz zu Fiereder nur von über 1 000 Arbeitern.

zeugen, dass es sinnvoller sei, die deutsche Wirtschaft wieder in Stand zu setzen und darüber hinaus den sozialen Frieden im Salzgittergebiet zu wahren. Innerhalb seines Ministeriums wies man jedoch entschieden darauf hin, dass die Bestimmungen des Potsdamer Abkommens und des Industrieplanes ebenso wie die britischen Eigeninteressen weder in wirtschaftlicher noch in sicherheitspolitischer Hinsicht den Verbleib der Anlagen der Reichswerke erlaubten. Zudem habe Watenstedt-Salzgitter einen »zentralen Bestandteil der nationalsozialistischen Kriegswirtschaft gebildet«. Das Versorgungsministerium und Vertreter der Stahlindustrie unterstützen diese Position und setzten sich schließlich durch.[24] In der britischen Zone selbst, also »vor Ort«, setzten sich die niedersächsischen Militärregierungsstellen und der Regional/Land-Commissioner John Lingham dafür ein, Demontageerleichterungen in den Reichswerken durchzusetzen. Doch auch diese Versuche blieben trotz steigender Arbeitslosenzahlen und zu befürchtender Unruhen ohne Erfolg.

Betriebsratssorgen

In den ersten Nachkriegsjahren konzentrierten sich die Bemühungen der Betriebsräte vor allem auf die Versorgung der Beschäftigten und die Entnazifizierung der Konzernleitung. Doch die wichtigste Aufgabe des Betriebsrates war es, den Erhalt der Betriebsanlagen sicherzustellen bzw. die noch stillgelegten Teile der Reichswerke wieder in Gang zu setzen.[25]

»Wir müssen die Fragen und die Zukunft unseres Werkes, überhaupt unsere Arbeit so sehen, daß wir (der Betriebsrat, d. Verf.) *hier ein wichtiges Hilfsmittel überhaupt sind in der gesamten wirtschaftlichen Lage. Wir sind bei der Militärregierung vorstellig geworden, betreffs der Lage der Reichswerke. Es bestand von vornherein die Gefahr, daß die Reichswerke eines Tages von der Bildfläche verschwinden mußten.*

In unserer Denkschrift haben wir zum Ausdruck gebracht, daß 13.000, heute 15.000 Belegschaftsmitglieder hier tätig sind, die unbedingt ihren Arbeitsplatz sichern müssen. Ohne das wichtige Erz ist an ein Anlaufen nicht zu denken. Es ist nichts unversucht gelassen. Wir können jetzt feststellen, daß wir aus der tiefsten Not herausgekommen sind, aber immer noch ungeheure Schwierigkeiten stehen uns bevor, und wir können sie nur überwinden, wenn jeder Einzelne von uns einer Arbeiterschaft hier in den Reichswerken angehört.« [26]

(*Erich Söchtig*, Betriebsratsvollsitzung am 13. September 1946)

Diese Zuversicht des Betriebsrates, die schwerste Krise der Reichswerke überstanden zu haben, war bezeichnend für die Stimmung in der Stadt im Jahr 1946. Der Erzbergbau, die Erzvorbereitung und einige andere Bereiche innerhalb der Reichswerke hatten den Betrieb wieder aufgenommen und die Forderung, zwei Hochöfen anzublasen, stand im Raum.[27] Es sollte sich jedoch schon bald zeigen, dass die Politik der Alliierten andere Ziele verfolgte, so dass zu befürchten war, dass das Werk mitsamt der Stadt zwischen politischen und wirtschaftlichen Interessen aufgerieben würde. Arbeiterschaft, Betriebsrat und örtliche Gewerkschaft waren also gezwungen zu kämpfen, wollten sie sich nicht mit der Zerstörung ihrer Lebensgrundlage abfinden.

Bei der Organisierung des Widerstandes gegen die Demontage in Salzgitter war die Gruppe Arbeiterpolitik und mit ihr Erich Söchtig von großer Bedeutung. Er hatte als führendes KPD-Mitglied in der örtlichen Arbeiterbewegung ein hohes Ansehen, und nicht zuletzt dank seines Einflusses hatte die KPD in Salzgitter in den ersten beiden Nachkriegsjahren eine starke gewerkschaftliche Position erreicht. Die KPD war in den wichtigsten betrieblichen und gewerkschaftlichen Gremien vertreten und besaß mit Erich Söchtig »einen herausragenden Strategen an der Spitze dieser Gremien«.

Doch bereits im September 1946 distanzierten sich Erich Söchtig und andere Kollegen von der KPD, da diese die Arbeit des Hauptbetriebsrates im Sinne ihrer parteipolitischen Interessen bewertet hatte. Weitere Differenzen hinsichtlich autoritärer Strukturen sowie der Politik der UdSSR in der sowjetischen Besatzungszone führten schließlich auf Initiative Erich Söchtigs Ende 1946 zur

[24] Die Demontageliste vom 16. Oktober 1947 enthielt fast alle Anlagen der Reichswerke, die das britische »Iron and Steel Board« reklamiert hatte. Schulze, S. 325f.
[25] Gundula Müller, S. 82f.
[26] Erich Söchtig, Betriebsratsvollsitzung am 13. September 1946, S. 2. (Unterstreichung im Original) Archiv Arbeitskreis Stadtgeschichte e. V.
[27] Ebd. S. 2.

Die Gruppe Arbeiterpolitik

Die Gruppe Arbeiterpolitik (Arpo) wurde 1945 in Deutschland gegründet. Sie setzte sich aus ehemaligen Mitgliedern der »Sozialistischen Arbeiterpartei« und der KPD-Opposition (KPO) zusammen.[29] Die Überlebenden kamen aus der Illegalität, den Konzentrationslagern und Gefängnissen sowie der politischen Emigration. Zu ihnen gehörten auch August Thalheimer und Heinrich Brandler, führende Vertreter im Spartakusbund und später in der KPO. Beide unterstützten nach dem Krieg die Neuorganisation in der Arpo mit Schriften aus dem Exil: die in Kuba entstandenen Schriften August Thalheimers »Grundlinien und Grundbegriffe der Weltpolitik nach dem Zweiten Weltkrieg« und »Die Potsdamer Beschlüsse. Eine marxistische Untersuchung der Deutschlandpolitik der Großmächte nach dem Zweiten Weltkrieg« dienten den in Deutschland überlebenden Kadern der KPO als »Leitlinien zur Bestimmung ihres politischen Weges«.

Örtliche Zusammenschlüsse der Gruppe bildeten sich in Berlin, Bremen, Frankfurt, Offenbach, Hamburg, Köln, Mannheim, Nürnberg, Salzgitter, Solingen und Stuttgart. Mit der Herausgabe der Zeitschrift »Arbeiterpolitik«, die seit November 1948 monatlich, seit 1950 vierzehntägig erschien, hatte sich die Arpo ihr eigenes Presseorgan geschaffen. Die »Arbeiterpolitik« setzte sich in ihren ersten beiden Ausgaben mit der Politik der Besatzungsmächte auseinander und formulierte ihren Standpunkt und ihre Ziele. Thalheimer analysierte die Lage in Deutschland folgendermaßen: Der Krieg der Westmächte gegen Hitler sei auch »vorbeugend gegen die proletarische Revolution in Deutschland«[30] geführt worden. Nun werde die Teilung Deutschlands in vier »Kolonialgebiete« von der herrschenden Klasse toleriert, die *»gemeinsame Sache mit dem westlichen Sieger«* mache, da dieser ihre Position stärke. So müssten sich die deutschen Kommunisten gegen die Besatzung wenden, da sich die alliierte Politik »gerade gegen die Arbeiterklasse und alle anderen Werktätigen« richte. Das Potsdamer Abkommen, als ein Ausdruck dieser Politik, sei ein Hindernis für den Weg der proletarischen Revolution in Deutschland. Die sowjetische Besatzungsmacht, kritisierte Thalheimer, habe zwar die kapitalistischen Herrschaftsverhältnisse abgeschafft, ihr Umgang mit den Reparationsleistungen, der *»Abtrennung und Ausplünderung von bedeutenden Teilen Deutschlands ... und der Beschlagnahme eines erheblichen Teiles der laufenden Produktion für die SU«* sei jedoch nicht zu rechtfertigen. Die KPD habe sich zum »Arm der Sowjetunion« machen lassen, während die SPD zum »Agenten der Besatzungsmächte« geworden sei.[31] Die Entwicklung eines eigenständigen deutschen Sozialismus sei daher notwendig.

Für die Arbeiterklasse in den Westzonen bedeutete dies:

1. *»Kampf gegen den mit der Währungsreform verschärft einsetzenden Kapitalangriff, für die Lebenshaltung der Arbeiter.*
2. *In der gegenwärtigen Entwicklungsstufe der kapitalistischen Gesellschaft wird der reine Lohnkampf zu einer Waffe mit stumpfer Scheide. Mit ihm muß auch die politische Demonstration und der Kampf zur Organisierung der Arbeiterkontrolle der Produktion seitens der Betriebsräte verbunden sein. Dies ist die schärfste Waffe gegen die Demontage und Ausplünderung Deutschlands.*
3. *Kampf gegen die Politik der besatzungshörigen Gewerkschaftsbonzen.*
4. *Gegen die Eingliederung in das amerikanische Westeuropa.*
5. *Das Anprangern der bestehenden Parteien als machtlose Agenten und Werkzeug der Besatzungsmächte, als Verräter und Diener der Fremdherrschaft. Insbesondere muß von den Arbeiterparteien gefordert werden, die demonstrative Demission ihrer Vertreter aus allen öffentlichen Ämtern zu veranlassen. Diesem System keinen Mann und keinen Groschen!«*[32]

Thalheimer hielt weder Parteien noch Gewerkschaften für autonome, im Sinne der Arbeiterklasse handelnde Organisationen. Sie würden vielmehr nur zugelassen, soweit sie den Interessen der Besatzungsmächte dienten. Die Gewerkschaft sei, argumentierte Thalheimer, nötig, um die Arbeitsdisziplin wieder aufzurichten. Nur wenn die Arbeiterklasse eine neue Gewerkschaftsführung *»von unten herauf«* schaffe, glaubte die Arpo, werde sie *»in ihren kommenden Kämpfen ... Erfolge erzielen«*.[33] Die Betriebsräte waren für die Arpo von besonderer Bedeutung. Sie sollten »in Zusammenarbeit mit den lokalen Partei- und Gewerkschaftsorganisationen die Gewerkschaftsführung kontrollieren, die Arbeiterklasse organisieren und mobilisieren«.[34]

Einige der Aktivisten unter den Reichswerke-Betriebsräten (von rechts nach links): Robert Schoch, Heinrich Wegener, Wilhelm Putzki, Paul Robert, Hilde Döhling, Otto Bergmann und Max Müller, um 1950.

Bildung einer Diskussionsrunde, aus der sich später die Gruppe Arbeiterpolitik entwickelte.[28]

Die Arpo in Salzgitter

In Watenstedt-Salzgitter bildete sich die Arpo formell 1948 mit dem Austritt Erich Söchtigs und 40 weiterer Mitglieder aus der KPD. Zentrale Bedeutung für die Abspaltung von der KPD hatte die Haltung der Partei in Bezug auf die Demontage.

Die Gruppe um Söchtig »ging davon aus, daß ein Widerstand gegen die Demontage in Salzgitter nicht möglich war, wenn die Gruppe, die in diesem Widerstand die Führung übernehmen mußte ... sich dabei auf das Potsdamer Abkommen stützte, das die Demontagen geradezu forderte ...«.[35] Insgesamt traten bis 1952 etwa 120 Mitglieder aus der KPD aus bzw. wurden von der Partei ausgeschlossen. Ein Umstand, der die KPD erheblich schwächte. Die meisten derjenigen, die mit Erich Söchtig die KPD verließen, kamen aus dem Organisationsbereich der IG Metall.

Im 1947 gewählten Hauptbetriebsrat der Reichswerke gehörten drei der fünf Mitglieder – Erich Söchtig, Heinrich Wegener[36] und Otto Bergmann – der Arpo zugehörig. Als nach der Änderung der Unternehmensstruktur der Reichswerke im April 1949 der Betriebsrat Hütte gewählt wurde, dominierte wiederum die Gruppe Arbeiterpolitik den geschäftsführenden Ausschuss. Neben Erich Söchtig und Heinrich Wegener als Vorsitzende gehörten weiterhin Max Müller und Wilhelm Putzki der Arpo an. Lediglich Paul Robert als fünftes Mitglied des Ausschusses bildete hier eine Ausnahme.

Auch in der Ortsverwaltung der IG Metall Salzgitter fanden sich außer Söchtig als 2. Vorsitzenden noch drei weitere Mitglieder der Arpo als Beisitzer. Die Gruppe Arbeiterpolitik hatte sowohl im Betriebsrat Hütte, als auch in der örtlichen IG Metall Positionen erreicht und entsprechend an Einfluss gewonnen, so dass es ihr möglich wurde, ihre Politik umzusetzen.

Besonders im Betriebsrat unterstützten die Mitglieder der SPD und KPD, angesichts der drohenden Demontage die »praktische Politik« der Arpo, wenngleich die SPD die Gruppe grundsätzlich als kommunistisch ablehnte. Die Arpo »verstand es, über den ursprünglichen Kreis von ehemaligen KPD-Mitgliedern hinaus Einfluss zu gewinnen, vor allem die Funktionäre der IG Metall in der Hütte politisch zu beeinflussen und organisatorisch zu einem wirksamen Instrument zu machen,

[28] Bergmann, S. 45; vgl. dazu auch Wittemann, S. 119ff.
[29] Nachdem die KPD-Führung 1928 zum ultralinken Kurs zurückgekehrt war, schaltete sie die Parteirechte aus. Vertreter der ehemaligen »Rechten« in der Partei gründeten daraufhin die Kommunistische Partei Deutschland-Opposition. Longerich, S. 196.
[30] Wittemann, S. 39 und 77; Bergmann, S. 45
[31] Arbeiterpolitik 1/1948, 1. Jg., S. 2. Vgl. dazu auch Wittemann, S. 67ff. und 78 sowie Bergmann, S. 46.
[32] Arbeiterpolitik 2/1948, 1. Jg., S. 8;
[33] Arbeiterpolitik 7/1949, 2. Jg., S. 9; Wittemann, S. 63.
[34] Gundula Müller, S. 64f.
[35] Wittemann, S. 224f.
[36] Heinrich Wegener war offiziell SPD-Mitglied, arbeitete aber bis 1959 politisch in der Arpo. Bergmann, S. 134.

mit dem die Belegschaft der Hütte schnell zu informieren und zu aktivieren war«.[37] Neben Erich Söchtig war es Waldemar Bolze, der die Führung der Gruppe in Salzgitter und zugleich die Rolle des Theoretikers übernommen hatte.[38]

Die Hauptwerkstatt in den Reichswerken bildete ein Zentrum der Gruppe Arbeiterpolitik. Hier arbeiteten auch Erich Sewald, Wilhelm Weber und Herbert Jentsch, die zur Arpo zählten. Die Gießerei, in der u.a. Waldemar Bolze, Peter Müting und Gerhard Werner arbeiteten, war ein zweiter Schwerpunkt der Arpo in der Hütte. Durch den Aufbau dieser Strukturen konnten in »Salzgitter die organisatorischen Formen für die Anleitung und Entwicklung des zu erwartenden Widerstandes der Arbeiter gegen die Demontage geschaffen«[39] werden. Besaß die Gruppe in ihrer allgemeinen politischen Arbeit eher eine lockere Struktur, war sie zur Bewältigung ihrer gewerkschaftlichen Arbeit sehr straff und funktional organisiert.

Diese, im wesentlichen der unermüdlichen Arbeit Erich Söchtigs zu verdankende Fähigkeit, ihre Politik den örtlichen Bedingungen entsprechend zu entwickeln und zu vertreten, machte den Einfluss der Gruppe Arbeiterpolitik in der Hütte und in der IG Metall aus. Weder KPD noch SPD konnten ihr in diesem Bereich etwas entgegensetzen. So kam es erst 1958 zur Gründung einer SPD-Betriebsgruppe, die sich entschieden gegen die Politik der Arpo stellte, obwohl sie in der allgemeinen Tagespolitik durchaus gut mit dieser zusammenarbeitete. 1959 löste sich die Gruppe Arbeiterpolitik in Salzgitter auf. Politische Isolation und Bedeutungslosigkeit der Arpo, die »zu einer bloßen Gewerkschaftsgruppe« geworden war, bewegten fast alle Mitglieder der Gruppe in Salzgitter zu diesem Schritt. Gegen den heftigen Widerstand der SPD Betriebsgruppe wurden Erich Söchtig und weitere Mitglieder in die SPD aufgenommen, hatten als Gruppe dort jedoch keinen Einfluss.[40]

Eigeninitiative

In Watenstedt-Salzgitter war die politische Richtung eines Teiles des Betriebsrates mit Sicherheit ein wichtiger Faktor für die Auseinandersetzungen mit der Gewerkschaftsführung. Die Organisation des Widerstandes gegen die Demontage wurde den Betriebsräten um die Gruppe Arbeiterpolitik zugeordnet, die als Kommunisten galten und daher mit besonderem Misstrauen beobachtet wurden.[41] Beispielhaft dafür ist die Reise einer Delegation von Betriebsräten der Reichswerke zur Deutschen Wirtschaftskommission. Am 23. Mai 1949 war diese Delegation auf Vorschlag und durch Vermittlung der KPD Salzgitter zur Deutschen Wirtschaftskommission nach Ostberlin gefahren.[42] Nachdem durch die gesteigerten Demontageaktivitäten die Zahl der Arbeitslosen in Salzgitter in die Höhe geschnellt war und fast 12.000 Menschen zum Zeitpunkt der Reise arbeitslos waren, wollten die Betriebsräte nichts unversucht lassen, um Arbeitsplätze zu schaffen und zu sichern.

Ihr Unternehmen war zwar letztendlich erfolgreich – es wurde im Oktober der erste von drei Handelsverträgen mit einem Volumen von insgesamt ca. sieben Millionen DM abgeschlossen – zog jedoch ein Verfahren wegen gewerkschaftsschädigenden Verhaltens gegen vier der acht Betriebsratsvorsitzenden nach sich. Das Verfahren endete mit einer Rüge wegen disziplinwidrigen Verhaltens, da weder der gesamte Betriebsrat noch gewerkschaftliche Gremien vor der Reise informiert worden waren. Die Belegschaft war erst am Tag der Abreise durch ein Flugblatt in Kenntnis gesetzt worden. Die Begründung des Beschlusses weist auf das Bestreben des Vorstandes hin, eine eigenständige Betriebsrätepolitik zu unterbinden: *»Die Kommission hat die Feststellung getroffen, daß es nicht Angelegenheit der Betriebsräte sein kann, selbständige Wirtschaftspolitik zu betreiben. Maßgebend für alle Fragen der Wirtschaftspolitik sind die Beschlüsse des Vorstandes. Wir machen ausdrücklich darauf aufmerksam, daß Du Dich in Zukunft nicht mehr mit der besonderen Lage der Reichswerke entschuldigen kannst, sondern den Beschlüssen und Weisungen der Gewerk-*

37 Wittemann, S. 226ff.

38 Er bildete aufgrund seiner Erfahrungen in der Arbeiterbewegung und seines theoretischen Wissens »eine Art Gegengewicht zu Erich Söchtig«, der mehr in die tägliche Kleinarbeit eingebunden war. Vgl. ausführlich dazu Wittemann, S. 229f.

39 Ebd., S. 231.

40 Ebd., S. 338ff. Zur Auflösung einzelner Ortsgruppen bzw. der weiteren Entwicklung der Gruppe Arbeiterpolitik vgl. ausführlich ebd., S. 318ff.

41 Ebd., S. 175.

42 Mitglieder der Delegation waren Erich Söchtig und Heinrich Wegener für den Betriebsrat Reichswerke, Reinhold Wiese und August Schöbel für den Betriebsrat Stahlwerke Braunschweig, Alfred Schoch und Johannes Klaus für den Betriebsrat Erzbergbau, Gustav Himstedt und Hans Hoffmann für den Betriebsrat AG für Bergbau und Hüttenbedarf, als KPD-Funktionäre Hans Hoffmann und Ernst Jäger sowie die Sekretärin des Betriebsrates Reichswerke Hilde Döhling und Ernst von Alven. Bergmann, S. 60ff.

Protestkundgebung der Beschäftigten der Reichswerke vor dem Hauptgebäude am 18. August 1949.

schaftsorgane nachzukommen hast.«[43] Innerhalb des Betriebsrates rechtfertigte sich Erich Söchtig gegen die Vorwürfe, parteipolitische Interessen zu verfolgen: *»Der Schritt, der getan wurde, wäre unbedingt notwendig gewesen. Wir würden hier um jeden Arbeitsplatz unserer Arbeitskollegen ringen. Wenn uns nun die KPD die Hand hinhielt und sagte, daß sie Möglichkeiten sähe, daß die Reichswerke mit der Ostzone in einen Güteraustausch eintreten können und wir uns geographisch sehr gut ergänzen könnten, so sei er* (Söchtig) *der Meinung, solle man dies tun.«*[44]

Proteste

Als im April 1949 bekannt wurde, dass die Reichswerke nicht zu den Unternehmen zählten, denen Demontageerleichterungen gewährt wurden, galt es nun auch angesichts des gesteigerten Tempos der Demontagearbeiten zu handeln. Eine Fülle von Eingaben, Resolutionen und Denkschriften erreichten Behörden, Gewerkschaften, Politiker und die Hohen Kommissare. Sowohl die Werkleitung, als auch der Rat der Stadt, Parteien und die niedersächsische Landesregierung als Treuhänder der Reichswerke versuchten in diesem Rahmen die drohende Zerstörung des Hüttenwerkes aufzuhalten und abzuwenden.[45]

Die Arbeitslosigkeit war seit Anfang des Jahres 1949 um fast 10% gestiegen, d.h., fast 13.000 Menschen waren ohne Lohn und Brot. Die Belegschaft war es leid zu warten, bzw. immer wieder darauf hingewiesen zu werden, dass die Gewerkschaftsführung sich für sie einsetzen werde. Als mit dem Beschluss der Interalliierten Reparationsagentur vom 12. August 1949 die Hoffnung schwand, die in Kisten gelagerten Demontagegüter wieder auspacken und in den Reichswerken aufbauen zu dürfen, verbreiteten sich radikalere Forderungen zur Durchsetzung eines Demontagestopps. So nahm die KPD-Betriebsgruppe der Reichswerke im November 1948 die Streikaufforderung der KPD-Landesleitung auf und versuchte, eine Streikurabstimmung

[43] Zitiert nach Gundula Müller, S. 81f.
[44] Protokoll der 5. Betriebsrätesitzung, 31. Mai 1949. BR-Archiv SZ AG, BRA 2.
[45] Voß u. a., S. 175.

An die gesamte Einwohnerschaft von Watenstedt - Salzgitter!

Die Interalliierte Reparationskommission hat über die Verteilung der Werksanlagen der Reichswerke Beschluß gefaßt.

Das bedeutet die Vernichtung von tausenden weiteren Existenzen in unserem Gebiet.

Es trifft den Arbeiter, Angestellten und Gewerbetreibenden gleich hart.

Wir wollen nicht tatenlos zusehen,
wenn man ein modernes Hüttenwerk vernichtet,
die Zahl der Erwerbslosen ins Uferlose erhöht
und aus unserem Gebiet ein Elendsgebiet macht.

Wir erheben Protest und verlangen

die volle Ingangsetzung und Ausnutzung der vorhandenen Produktionsmittel, um das drohende Elend abzuwehren.

Wir nehmen öffentlich hierzu Stellung

am Mittwoch, dem 17. August 1949, um 20 Uhr
in den Versammlungen in

Lebenstedt, Werksgasthaus - Salzgitter, Schützenhaus

Steterburg, Turnhalle Steterburg

Gebhardshagen, Turnhalle - Watenstedt, Lager 9

Es geht alle an!

Die Versammlungen sollen den Ausdruck unseres Willens bekunden.

Deutscher Gewerkschaftsbund
- Kreisausschuß -
Watenstedt-Salzgitter

Industrie-Gewerkschaft Metall
für die britische Zone und Bremen
Ortsverwaltung Watenstedt-Salzgitter

Industrieverband Bergbau
Geschäftsstelle Salzgitter

durchzusetzen, blieb dabei allerdings erfolglos, da die Betriebsräte und die örtlichen Gewerkschafter mehrheitlich der Meinung waren, »daß Streikmaßnahmen zwar erforderlich, aber nur dann erfolgreich seien, wenn die Gewerkschaftsführung mit ihrer ›Massenorganisation‹ dahinterstehe«.[46] Der Antrag der KPD auf Streikurabstimmung wurde in einer vom DGB/IG Metall Ortsvorstand einberufenen Funktionärsversammlung am 21. November 1949 mit großer Mehrheit abgelehnt.

Betriebsrat und IG Metall begründeten in einer Erklärung nochmals ihre Haltung zu den Anti-Demontagestreiks: *»Die Durchführung der von der KPD vorgeschlagenen Maßnahmen würde keineswegs die Beendigung der Demontage herbeiführen, vielmehr durch Lohnausfall, eventuell militärisches Eingreifen der Besatzungsmacht die Not der Arbeitnehmer noch mehr vergrössern und durch die sichere Niederlage die Deprimierung der Arbeiter und Angestellten so vertiefen, daß auch sinnvolle Maßnahmen gegen die Demontage schwer darunter zu leiden hätten.«*[47]

»Wir kämpfen für uns, wir kämpfen für alle«

Nach der Bekanntgabe der Empfängerländer für die in den Reichswerken demontierten Anlagenteile hatten sich am 17. August 1949 rund 3.000 Menschen zu einer Kundgebung vor den Hochöfen versammelt.[48] Dies sollte der Auftakt zu einer ganzen Reihe von Protestkundgebungen sein. Für den Abend des 17. August rief der DGB-Kreisausschuss zusammen mit der IG Bergbau und der IG Metall zu fünf Kundgebungen in verschiedenen Stadtteilen auf. Am darauf folgenden Tag fand eine weitere, vom Betriebsrat organisierte, Kundgebung am Hochofen statt. Dort wurde eine Resolution zum Demontagebeschluss verabschiedet, die der Gesamtbetriebsrat und die gewerkschaftlichen Vertrauensleute am 16. August verfasst hatten. Sie stellten u.a. fest, dass es sinnvoller sei, wenn alle fünf Empfängerländer einen Anteil am Produktionsertrag erhielten und dafür auf die Lieferung von demontierten Anlagen und Werksteilen verzichten würden, zumal diese in vielen Fällen mehr Schrott- als wirklichen Produktionswert besäßen. Ihr Protest mündete in der Forderung, den Beschluss aufzuheben und durch die Belassung von zwei weiteren Hochöfen, drei Konvertern, einem Mischer und mindestens drei Walzenstraßen die Rentabilität des Werkes zu gewährleisten. Daran schloss sich ein Appell an alle deutschen Gewerkschaften, Arbeiterorganisationen, Parteien und die Gewerkschaften aller Länder an, insbesondere die fünf Empfängerländer für die Demontagegüter, die Reichswerke-Belegschaft zu unterstützen.[49]

Der zuständige Bezirksleiter Otto Brenner, Erich Söchtig, die niedersächsischen Minister Alfred Kubel und Georg Strickrodt sowie der Bundestagsabgeordnete der SPD für Salzgitter, Karl Bielig, sprachen vor mehr als 10 000 Menschen.

Die zahlreichen Transparente unterstrichen ihre Forderungen und vermittelten die Stimmung der Menschen, die zwischen Angst, Hoffnung und Entschlossenheit schwankte.

- *»Schluß mit den Entlassungen, 13.000 Arbeitslose fordern Arbeit und Brot.«*
- *»Soll eine weitere Verelendung unseren Kreisgebietes eintreten? Nein! Darum Schluß mit den Abbauarbeiten. Schluß mit den Entlassungen.«*
- *»Wir demonstrieren für den Erhalt unserer Arbeitsplätze.«*
- *»Wir fordern Demontagestop und Wiederinbetriebnahme der Hütte.«*
- *»Gebt uns Kohle, Berlin braucht Gas.«*[50]

Am Hochofengebäude wurde mit der Warnung *»Demontage der Industrie bedeutet Demontage der Demokratie«* auf das Ergebnis der Bundestagswahl hingewiesen. Die rechtsradikale DRP hatte in Watenstedt-Salzgitter 23,6% der Stimmen erhalten und war nach der SPD die zweitstärkste Partei.

Dieses Wahlergebnis ist zweifellos auf die britische Demontagepolitik und die unmittelbar vor der Wahl in der Braunschweiger Zeitung veröffentlichten Empfängerländer der Reparationsgüter zurückzuführen. Besonders die Reichswerkesiedlungen in Lebenstedt und Steterburg, aber auch die Barackenstadtteile Watenstedt, Bruchmachtersen und Heerte zeigten sich als Wahlhochburgen der DRP.[51]

Gegenüberliegende Seite: Aufruf der Gewerkschaften von Watenstedt-Salzgitter zu Protestversammlungen am 17. August 1949.

[46] Gundula Müller, S. 96.

[47] Erklärung des Betriebsrates der Reichswerke AG für Erzbergbau und Eisenhütten, Watenstedt-Salzgitter und der IG Metall zu dem Flugblatt der Betriebsgruppe der KPD der Reichswerke vom 22. November 1949. Zitiert nach Gundula Müller, S. 98.

[48] Protokoll der Kundgebung am 17. August 1949, S. 3. BR-Archiv SZ AG, BRA 2.

[49] Resolution des Gesamtbetriebsrates und der gewerkschaftlichen Vertrauensleute der Reichswerke Watenstedt-Salzgitter zum Demontagebeschluss der Interalliierten Reparationskommission in Brüssel vom 16. August 1949. Zitiert nach Kieser, W.; Schmitz, K.T. (bearb.), S. 132.

[50] Voß u. a., S. 180.

[51] Sicherlich konnte die DRP in den Wohnlagern, »in ganz erheblichem Umfang enttäuschte Flüchtlingswähler mobilisieren«. Ehrhardt, S. 129. Da sie in anderen örtlichen Stadtteilen mit ebenfalls überdurchschnittlich hohem Flüchtlingsanteil allerdings chancenlos blieb, lässt sich die Behauptung, dass die Flüchtlingswähler generell für rechtsradikale Parolen anfällig gewesen wären, nicht halten. In der Tat waren sie in höherem Maße arbeitslos und reagierten möglicherweise durch ihre Erfahrungen mit dem Kommunismus auf die zunehmende wirtschaftliche Not mit rechtsradikalem Votum. Vgl. dazu Tribian, S. 60; Hugo, S. 182 sowie Ehrhardt, S. 126ff., der Geschichte und Aktivitäten der DRP auf Kommunal- und Landesebene skizziert.

Erich Söchtig forderte das Ende der Demontagen.

Am gleichen Tag fand eine außerordentliche Sitzung des Rates der Stadt Watenstedt-Salzgitter in der Feierabendhalle in Gebhardshagen statt. Die niedersächsischen Minister Kubel, Fricke und Strickrodt, Bundestagsabgeordnete, Oberbürgermeister benachbarter Städte, die Bischöfe von Hildesheim und Wolfenbüttel sowie Abgeordnete aus den Betrieben nahmen an der Sitzung teil. Der Hildesheimer Bischof Joseph Godehard Machens brachte seine Kritik, unbelastet von Rücksichtnahmen auf die britische Besatzungsmacht, zum Ausdruck:

»... Wenn es hier, wie wir gerade eben hörten 12.000 Arbeitslose gibt ..., dann ist jede Steigerung der Arbeitslosigkeit doch etwas, was sich gegen Menschlichkeit und Menschenrechte richtet. ... Wenn Adolf gegen die Menschlichkeit gesündigt hat, hat noch lang kein anderer das Recht, ihm auf diesem Weg zu folgen. ...Wir stehen ja hier an der Zonengrenze, und sollte es wirklich im Interesse einer gesunden europäischen Politik liegen, hier eine Stelle des Radikalismus zu schaffen? ... Ist es recht, hier eine andersartige Atombombe zu schaffen, eine Atombombe aus lebendigen, zum letzten entschlossenen, radikalen Menschen?«[52]

Die Protestkundgebungen hatten durch die Berichte in Presse und Rundfunk große Resonanz hervorgerufen. Weitere Maßnahmen zum Demontagestopp, die das öffentliche Interesse weiterhin wach halten sollten, stellte Erich Söchtig in einer Betriebsratssitzung am 25. Oktober vor.

Neben der Mobilisierung von führenden Persönlichkeiten aus Politik und Wirtschaft, weiteren Appellen an die Hohen Kommissare und Presseerklärungen, sollten Transparente mit Äußerungen der Alliierten an den wichtigsten Verkehrspunkten aufgestellt werden, *»damit jeder Arbeiter den Widerspruch zwischen Äußerungen und Tatsachen feststellen könne«*. Schwarze Fahnen auf den wichtigsten zu demontierenden Gebäuden und Anlagen würden weithin sichtbar machen, dass diese zum Tode verurteilt seien und die Auflistung der Demontagefirmen auf Transparenten, mit der Feststellung *»diese Firmen nehmen uns das Brot«*, den Zeitungen ausreichenden Stoff für eine erneute Berichterstattung geben.[53]

[52] Zitiert nach Bergmann, S. 65.
[53] Betriebsratsprotokoll über die 25. Arbeitssitzung der Betriebsräte der Hütte am 25.Oktober 1949, S. 2. BR-Archiv SZ AG, BRA 2.

Für »Arbeit und Brot« kämpften die Menschen im Notstandsgebiet.

Innerhalb des Betriebsrates gab es Diskussionen über die weitere Vorgehensweise. Der radikale Flügel, zu dem nicht nur die KPD zählte, mochte auf die Gewerkschaftskollegen an der Spitze die *»wohlbehaglich in ihren kleinbürgerlichen Sesseln (säßen), um ja nicht in Ungnade zu fallen bei höheren Stellen...«*[54] keine Rücksicht mehr nehmen und forderte eine eindeutige Stellungnahme und entsprechendes Handeln auch ohne Zustimmung der Gewerkschaftsführung.

Vor den Verhandlungen zwischen der neugewählten Bundesregierung und den westlichen Alliierten Hohen Kommissaren auf dem Petersberg machte der Betriebsrat die Öffentlichkeit besonders wirkungsvoll auf das Demontageproblem in Salzgitter aufmerksam. Nachdem er in Telegrammen an die Hohen Kommissare McCloy und Robertson, Bundeswirtschaftsminister Erhard und den SPD Bundestagsabgeordneten Bielig nochmals eindringlich auf die Situation bei den Reichswerken hingewiesen hatte, gab der Betriebsrat auf einer Pressekonferenz am 1. November 1949 eine Erklärung zur Demontage ab. Die Unruhe und Verbitterung unter den Arbeitern werde immer größer, die Verhinderung von Ausschreitungen in Zukunft nicht mehr möglich, mahnte der Betriebsrat. Alle *»deutschen Stellen, beginnend vom Bundesparlament oder der Bundesregierung bis herab zum letzten Arbeiter im Betriebe«* müssten *»nunmehr endlich in letzter Minute mit aller Schärfe und Entschiedenheit gegen die Raub- und Plünderungspolitik der Besatzungsmächte Front machen«*. So sei es *»an der Zeit, endlich mit den Beschönigungen, der Leisetreterei und der Verwirrung der Öffentlichkeit, wie sie auch durch die Presse seit Jahren betrieben wird, ein Ende zu machen, um durch mächtige Orientierung und Aufklärung der Bevölkerung die Basis für ein einheitliches Zusammenstehen 5 Minuten vor 12 zu schaffen«*.[55]

Auf die intensive Berichterstattung in der Presse folgte eine Einladung nach Bonn zu einer Besprechung mit Wirtschaftsminister Erhard. Den Mitgliedern des geschäftsführenden Ausschusses des Betriebsrates Söchtig, Wegener und Putzki wurde versichert, dass sich die Bundesregierung für den Er-

[54] Ebd. S. 4.

[55] Erklärung des Betriebsrates der Reichswerke AG für Erzbergbau und Eisenhütten, Watenstedt-Salzgitter zur Demontage vom 1. November 1949. Abgedruckt in Kieser, W.; Schmitz, K.T. (bearb.), S. 162-164.

halt der Reichswerke einsetzen werde und dass diese in der Liste der ersten fünf vordringlich für den Demontagestopp vorgesehenen Werke aufgeführt seien. Eine Besprechung, zu der Landeskommissar Lingham, in Vertretung für den Hohen Kommissar Robertson, am 11. November Delegierte des Betriebsrates eingeladen hatte und an der auch Otto Brenner teilnahm, brachte die vorläufige Rückstellung des Hochofens V von der Demontage.[56]

Die Veröffentlichung der Regierungserklärung der Bundesregierung am 15. November zu Beginn der Petersberger Verhandlungen, strafte die Versicherungen der Bundesregierung Lügen, da die Reichswerke nicht in den Verhandlungskatalog der Bundesregierung aufgenommen worden waren. Der Betriebsrat reagierte sofort und richtete am 16. November Telegramme an Kurt Schumacher und die Vorstände der Gewerkschaften, und schon einen Tag später demonstrierten ca. 3.000 Arbeiter vor dem Hochofengebäude gegen dieses Vorgehen.[57] Die Protestaktionen hatten einen befristeten Demontagestopp bei den Reichswerken zur Folge. Die Militärregierung schloss eine Eskalation der bisher friedlich verlaufenen Demonstrationen offenbar nicht mehr aus. Der Militärgouverneur Brian Robertson teilte diese Einschätzung. Ihm waren jedoch die Hände gebunden, da die Weisungskompetenzen nicht bei ihm, sondern in London lagen.

Am 20. November 1949, zwei Tage vor Abschluss des Petersberger Abkommens, teilte er dem niedersächsischen Land-Commissioner Lingham mit, *»daß die Aussichten, die Reichswerke von der Demontageliste zu bekommen, gegenwärtig gleich Null sind. Ich bin nicht der Ansicht, daß es viel erfolgversprechender ist, andere Beschäftigungsmöglichkeiten für die Einwohner von Salzgitter zu schaffen, und ich habe Adenauer versprochen, alles in meiner Macht stehende zu tun, um dabei zu helfen. Wenn es eine Hilfe wäre, bestimmte Ausrüstungsgegenstände von den Demontagen auszunehmen, würde ich alles versuchen, hierfür die Genehmigung zu bekommen, vorausgesetzt, daß es sich um keine Anlagen handelt, die etwas mit der Stahlerzeugung zu tun haben«.*[58]

Für den 22. November mobilisierte der Betriebsrat weite Teile der Bevölkerung. Auf seine Initiative hin hatte der DGB-Kreisausschuss sechs Salzgitteraner Industriegewerkschaften und die Bevölkerung Watenstedt-Salzgitters zu Protestkundgebungen aufgerufen, zu denen sich Zehntausende von Menschen in fünf Ortsteilen Salzgitters versammelten. Im ganzen Gebiet herrschte Arbeitsruhe. Obwohl Otto Brenner den Vorstand der IG Metall eindringlich darauf hingewiesen hatte, wie wichtig es sei, an Ort und Stelle mit den Kollegen im Watenstedt-Salzgitter-Gebiet über die zu ergreifenden Maßnahmen Besprechungen zu führen, waren Vertreter vom IG Metall Vorstand und dem DGB Bundesvorstand den Kundgebungen trotz Einladung ferngeblieben.

Otto Brenner hatte in der Vergangenheit mehrmals vergeblich versucht, den Vorstand zu einem »Zeichen der Solidarität« gegenüber der Belegschaft der Reichswerke zu bewegen. Er war den Beschäftigten und IG Metall Mitgliedern als zuständiger Bezirksleiter in hohem Maße verbunden und setzte sich daher auch gegen den Vorstand für deren Interessen ein.

Mit dem Petersberger Abkommen, das am 22. November 1949 zwischen der Bundesregierung und den drei Westmächten abgeschlossen wurde, reduzierte sich die Demontageliste nochmals um 19 hauptsächlich im Ruhrgebiet liegende Werke. Die Reichswerke in Watenstedt-Salzgitter wurden in diesem Abkommen wiederum nicht berücksichtigt.[59] Robertson erklärte am 25. November in der Presse, die Reichswerke *»seien aus zwei Gründen nicht in die Demontagestopliste aufgenommen worden: einmal habe sie Hermann Göring ausdrücklich im Hinblick auf die Steigerung seines Rüstungspotentials errichtet, zum anderen habe selbst der Humphrey-Ausschuß feststellen müssen, daß ihre Rentabilität unter friedenswirtschaftlichen Bedingungen nicht gesichert sei«.*[60] Der Beschluss des Betriebsrates, mit weiteren Protestkundgebungen zu reagieren, wurde von der Bezirksleitung und dem Bundesvorstand der IG Metall abgelehnt. Erst nach erneuten Gesprächen des geschäftsführenden Ausschusses des Betriebsrates mit der IG Metall Ortsverwaltung und dem DGB Kreis-

[56] Aus dem Tätigkeitsbericht des Betriebsrates Hütte für das abgelaufene Tätigkeitsjahr vom 20. April 1949 bis März/April 1950, S. 6. Archiv IG Metall Salzgitter, unverzeichnet.
[57] Bergmann, S. 69f. Zu den Auseinandersetzungen mit der KPD, die auf dieser Versammlung zur Streikabstimmung aufrief, vgl. Gundula Müller, S. 93ff.
[58] Zitiert nach Schulze, S. 327.
[59] Bergmann, S. 69f.
[60] Zitiert nach ebd., S. 71f.

Maßnahmen des Betriebsrates zur Mobilisierung der Öffentlichkeit, November 1949.

Trostlos, aber nicht mutlos.

Aufruf der Gewerkschaften von Watenstedt-Salzgitter zu „gewaltigen Kundgebungen“ am 22. November 1949

[61] Protokoll der außerordentlichen Betriebsräte-Sitzung, 25. November 1949, S. 1f. BR-Archiv SZ AG, BRA 2.
[62] Zitiert nach Bergmann, S. 71.
[63] Leuschner; Fiereder, S. 101.
[64] Aus der Rede Böcklers vom 25. November 1949, übertragen vom NWDR am 26. November 1949. Zitiert nach Gundula Müller, S. 95.
[65] Protokoll über die außerordentliche Betriebsratssitzung am 27. Dezember 1949, S. 2, BR-Archiv SZ AG, BRA 2.
[66] Ebd. S. 3.
[67] Ebd., S. 5.

AUFRUF an die Einwohner von Watenstedt-Salzgitter!

Regierungserklärung:

Demontagestop für mehrere Betriebe - Reichswerke werden nicht genannt.

Die Weiterführung der Demontage der Reichswerke wird das Schicksal der Stadt Watenstedt-Salzgitter und seiner Bevölkerung endgültig besiegeln. Es geht jetzt im buchstäblichen Sinne um Sein oder Nichtsein. Unvorstellbare Not von Zehntausenden unmittelbar betroffenen Arbeitern und Angestellten wird den übrigen Teil der Wirtschaft und Bevölkerung mit in einen Strudel reißen, aus dem es kein Entrinnen gibt.

Die Jugend ohne Lehrstellen und Arbeitsplätze, der Großteil der Werktätigen ohne Arbeit und Einkommen, Handel, Handwerk und Gewerbe ohne Aufträge und Umsätze und dadurch ebenfalls verelendet, wachsende Kriminalität, politische Radikalisierung, Menschen ohne Hoffnung, bereit, jedem neuen „Führer“ blind zu folgen, das ist das Bild der unvermeidlichen künftigen Entwicklung, wenn es nicht gelingt, die Demontage der Reichswerke zu verhindern. Das Herz des ganzen Gebietes, ohne das der übrige Körper nicht leben kann, muß intakt bleiben.

Wir begrüßen die von den Arbeitern der Reichswerke durch ihren Betriebsrat entwickelte Initiative und erklären uns damit voll solidarisch.

In dieser Stunde allerhöchster **Gefahr für Wohlfahrt und Leben** einer ganzen Stadt appellieren wir an alle Einwohner unseres Industriegebietes, einmütig zusammenzustehen und ihre Stimme gegen dieses Unrecht zu erheben, um alle Welt auf die hier herrschende katastrophale Lage nachdrücklichst aufmerksam zu machen. Wir sind sicher, daß dieser Notschrei verstanden und von den gutwilligen Kräften des In- und Auslandes, die ihrerseits den Kampf gegen die unsinnige, Menschen und Wirtschaftskräfte vernichtende Demontage führen, verstanden und weitergetragen wird.

Um unseren geschlossenen Protest in wirksamer Weise kundzutun, rufen wir die gesamte Bevölkerung auf, sich am **Dienstag, dem 22. 11. 1949, um 15 Uhr, auf den öffentlichen Plätzen des Kreisgebietes zu gewaltigen Kundgebungen zusammenzufinden.** Dieser Tag soll als

„Tag des Willens zum Leben und zum friedlichen Aufbau“

überall in Watenstedt-Salzgitter begangen werden.

Betriebe, Werkstätten und Geschäfte, Behörden, Verwaltungen und Schulen schliesst an diesem Tage spätestens um 14 Uhr, damit alle Einwohner Gelegenheit zur Teilnahme an folgenden Kundgebungen haben.

Lebenstedt	**Abschnitt II Kaufhaus**
Salzgitter	**Schützenplatz**
Gebhardshagen	**Festplatz**
Watenstedt	**Lager 9**
Thiede-Steterbg.	**Schulhof**

Einwohner von Watenstedt-Salzgitter, es geht um unser aller Schicksal, gebt durch vollzählige Beteiligung Eurem Willen Ausdruck!

D. G. B. Kreis-Ausschuß Watenstedt-Salzgitter
gez. Söchtig gez. Eibel

I. G. Metall gez. Busch
I. G. Bergbau gez. Wegener
I. G. Öffentliche Dienste, Transport und Verkehr gez. Dörge

I. G. Nahrung, Genuß und Gaststätten gez. Wehlan
I. G. Bau gez. Lindemann

I. G. für Gartenbau, Land- und Forstwirtschaft gez. Volkmann

Für die Betriebsräte der Reichswerke:
gez. Söchtig, Wiese, Schoch, Himstedt

F. Appelhans & Co. Salzgitter - R. CAE 1C8 - 11. 49 25000 C

ausschuss konnte zumindest eine Anerkennung und Durchführung der schon angesetzten Protestkundgebungen durchgesetzt werden.[61] Nach der Beendigung der Demontagestoppverhandlungen erklärte Konrad Adenauer in der Bundestagsdebatte am 24. November: *»Sehr bedauerlich, meine Damen und Herren ist, daß es nicht gelungen ist, Watenstedt-Salzgitter von der Demontage zu befreien.«*[62]

Doch aus verschiedenen Richtungen wurde der Vorwurf laut, die Bundesregierung habe sich, zugunsten der privaten Ruhrindustrie, nicht genügend für die Reichswerke eingesetzt. Zweifellos war für die neue Bundesregierung das Problem der Demontagen wichtig, doch ihr Wille zur Westintegration bestimmte letztendlich die Politik. So trat Adenauer dafür ein, »den Forderungen der Alliierten vorerst, soweit wie jeweils notwendig, nachzugeben, um durch eine enge Zusammenarbeit schrittweise für die Bundesrepublik Deutschland Verbesserungen zu erreichen, auch im Bereich der Demontagen«.[63] Als im Zuge politischer und wirtschaftlicher Veränderungen immer deutlicher wurde, dass die Bundesrepublik zu einem wichtigen westlichen Partner gemacht werden würde, setzte die Politik Adenauers auf Zeit und damit den Fortbestand der Reichswerke aufs Spiel.

Die Stellungnahme des DGB-Vorsitzenden Hans Böckler zum Petersberger Abkommen mag angesichts der bisherigen Zurückhaltung und Konfliktvermeidungsstrategie nicht weiter verwundern. In einer Rede vom 25. November 1949 bezeichnete er das Abkommen als *»vom ernstlichen Bemühen der Alliierten gekennzeichnet, den deutschen Bedürfnissen gerecht zu werden«*.[64]

Als die Reichswerke im Dezember 1949 – der Betriebsrat hatte bereits gemeinsam mit der Werkleitung ein Konzept zur Fortführung der Produktion erarbeitet – über die Wiederaufnahme der Demontage Anfang Januar 1950 informiert wurden, kam der Betriebsrat am 27. Dezember 1949 zu einer außerordentlichen Sitzung zusammen, an der auch Otto Brenner teilnahm. Erich Söchtig brachte sein Missfallen klar zum Ausdruck: *»Unser Bundesvorstand hat meiner Meinung nach nicht alle Register gezogen, die er hätte ziehen können. Jetzt müssen vom Bundesvorstand und Vorstand der IG Metall alle Hebel in Bewegung gesetzt werden, um uns die stärkste Unterstützung zuteil werden zu lassen. Mit Briefen und Erklärungen ist uns nicht gedient. Die Kollegen müssen das Gefühl haben, daß alles getan worden ist, was getan werden konnte. Aber der Bund und die IG Metall müßten sich unserer Sache annehmen.«*[65] Der Kollege Brenner versprach *»alle Mittel auszuschöpfen«*, bemerkte jedoch gleich einschränkend: *»Ich will darüber auch keinen Zweifel lassen, daß die Möglichkeiten des gewerkschaftlichen Einsatzes nur begrenzt sind. Wenn auf dem Verhandlungswege nichts erreicht wird, dann durch Gewalt schon gar nicht. Wir sind letzten Endes ein besetztes Land und stehen unter den Befehlen der Militärregierung.«*[66] Erich Söchtig schilderte nochmals eindringlich die Situation in der Belegschaft, die *»einen neuen Retter«* suche und warnte: *»Wenn wir jetzt bei Belegschaftsversammlungen wieder nur reden und nicht Positives bringen können, dann ebnen wir der Reaktion den Boden und um den Bestand der Organisation ist es geschehen.«*[67]

Mit dem Beschluss, Delegationen in den nächsten Tagen nach Frankfurt und Düsseldorf zu schicken, endete die Sitzung. Die Reise zum IG Metall- und DGB Vorstand blieb aus der Sicht des Betriebsrates jedoch erfolglos. Beide waren zwar bereit, sich für eine Überprüfung der Demontagelisten einzusetzen, zu einer gemeinsamen Pressekonferenz konnten sie sich allerdings nicht durchringen.[68]

Wir wollen leben!

Im Dezember 1949 erklärte der Niedersächsische Landtag die Stadt Watenstedt-Salzgitter zum Notstandsgebiet. Die Arbeitslosenquote hatte knapp 30% erreicht. *»Die hiesigen Arbeitslosen mit ihren Familien sind eine Atombombe der Verzweiflung«*, berichtete »Der Spiegel« im August 1949 über *»Europas größte Geisterstadt«*.[69] Die Bevölkerung Watenstedt-Salzgitters befand sich in einer katastrophalen und ausweglos scheinenden Situation. Land-Commissioner Lingham setz-

[68] Gundula Müller, S. 102. Für die Gründe der Gewerkschaftsführung, den Kampf gegen die Demontage nicht aktiv zu unterstützen, werden in der Literatur verschiedene Erklärungsansätze angeboten: Die Gewerkschaftsvorstände glaubten lange Zeit, dass sich die Labour-Regierung in Großbritannien für die arbeitende Bevölkerung einsetzen werde. Sie wollten zudem das gute Verhältnis zur Besatzungsmacht nicht in Gefahr bringen und verfolgten daher eine *»Politik des Wohlverhaltens«*. Und schließlich hatte der sich verschärfende Ost-West-Konflikt auch die Spannungen zwischen Kommunisten und Sozialdemokraten innerhalb der Gewerkschaft wieder aufbrechen lassen. Die sozialdemokratisch orientierte Gewerkschaft befürchtete, dass Streiks außer Kontrolle geraten könnten und dadurch den Kommunisten in die Hände gespielt werden würde. Auf diese Weise hätten Eingriffe der Militärregierung provoziert und gewerkschaftliche und betriebliche Einflussebenen gefährdet werden können. Ein Risiko, das um jeden Preis vermieden werden sollte, obwohl diese Sorge am Ende der 1940er Jahre in Anbetracht der politischen Entwicklung unbegründet erscheint. Vgl. dazu Gundula Müller, S. 122 und Schmidt, S. 36

[69] Der Spiegel, 3. Jahrgang 1949, Nr. 35 (25. August 1949). Zitiert nach Ehrhardt, S. 65.

Auch die im Vordergrund zu sehenden Fundamente eines abgetragenen Hochofens waren zur Sprenung vorgesehen, 1950.

te sich nach der Enttäuschung über das Ergebnis des Petersberger Abkommens weiterhin für Demontageerleichterungen in Watenstedt-Salzgitter ein. Doch ohne die ausdrückliche Zustimmung der französischen Seite wollte das Londoner Außenministerium keine Demontagefreistellung beschließen, um die Franzosen, die in Bezug auf die Reichswerke zu keinerlei Konzessionen bereit waren, nicht zu verärgern.[70]

Die Wiederaufnahme der Abbauarbeiten wurde auf den 8. Januar 1950 gelegt und Entmilitarisierungsmaßnahmen wurden angekündigt, das bedeutete die Zerstörung von Gebäuden, Fundamenten und allen Werkeinrichtungen, die als deutsches Kriegspotenzial galten, aber nicht demontiert werden konnten. Angesichts der unerschütterlichen Demontageabsichten der Briten verschärfte sich die Stimmung in Watenstedt-Salzgitter weiter. Der Vorsitzende der SPD, Kurt Schumacher, der bereits am 16. November 1949 vom Betriebsrat zur weiteren Unterstützung der Reichswerke aufgefordert worden war, erklärte sich nun bereit, sich vor Ort ein Bild über die Verhältnisse in der Stadt zu machen.

[70] Schulze, S. 327f.

Sprengungen am Stahlwerk, 1950.

Bis zu diesem Zeitpunkt waren Schumacher und der gesamte SPD-Vorstand in der Reichswerkefrage sehr zurückhaltend gewesen und enttäuschten damit viele SPD-Wähler, die sich trotz der Bemühungen der SPD in Salzgitter und ihrer Ratsfraktion von ihrer Partei »verraten« sahen. Auf der Kundgebung am 21. Januar 1950 wandte sich Kurt Schumacher mit aller Schärfe gegen die Politik der Bundesregierung, die seiner Meinung nach nicht entschieden genug gegen die Demontageabsichten der Alliierten vorgegangen sei und versprach, sich gemeinsam mit seiner Fraktion im Bundestag für die Erhaltung und Nutzung der Restbetriebe der Reichswerke einzusetzen.[71]

Wenn auch Schumacher nicht direkt den Vorwurf gegen die Bundesregierung erhob, die Reichswerke geopfert zu haben, brachte er doch deren ungerechte Behandlung deutlich zum Ausdruck: *»Es darf nicht sein, daß einzelne Industrien an der Ruhr und dem Niederrhein von der Regierung in ihrer volkswirtschaftlichen Bedeutung besser behandelt werden und ihr Schicksal günstiger vertreten wird als dieses Gebiet.«*[72]

Am 15. Februar 1950 wurde mit den Sprengungen der Fundamente begonnen. Weder die Werksleitung, noch die RD & R waren vorher informiert worden. Der Betriebsrat forderte daraufhin in einer Entschließung von der Bundes- und Niedersächsischen Regierung, sich sofort mit dieser neuen Lage zu beschäftigen und Schritte zur Erhaltung der Fundamente zu unternehmen. Ebenso appellierte er an den DGB und die IG Metall, *»die Kraft der ganzen Organisation zur Verhinderung dieses Unrechts in die Waagschale zu werfen«* und der sinnlosen Zerstörung Einhalt zu gebieten.[73] Den Vorstand des DGB erreichte ein Schreiben des Betriebsrates, in dem er zum Ausdruck brachte, dass sich die ganze Hoffnung auf die aktive Unterstützung der gesamten Gewerkschaftsbewegung richte, die allein in der Lage sei, der weiteren Vernichtung entgegenzutreten.[74] Weitere Schreiben gingen an Hans Böckler, Kurt Schumacher und MdB Kurt Bielig (SPD) mit der dringenden Bitte um Unterstützung. Doch die Sprengungen wurden fortgesetzt und am 27. Februar 1950 der vollständige Umfang der Entmilitarisierungsmaßnahmen bekanntgegeben: 90% der Anlagen sollten vernichtet werden. Die Stimmung unter den Arbeitern wurde seit diesem Tage immer explosiver. Die Sprengung der Fundamente bedeutete für alle das endgültige Aus der Reichswerke. Allein die Hoffnung, dass da noch etwas bliebe, auf dem man aufbauen kann, hatte die Menschen in

[71] Vgl. dazu Leuschner; Fiereder, S. 117
[72] Zitiert nach ebd.
[73] Aus der Entschließung des Betriebsrates Hütte vom 22. Februar 1950. BR-Archiv SZ AG, BRA 3.
[74] Schreiben des Betriebsrates vom 24. Februar 1950 an den Vorstand des DGB. Zitiert nach Voß u. a., S. 194.

Watenstedt-Salzgitter noch nicht verzweifeln lassen.

»Wenn ich mich zurückerinnere, daß z. B. das gesamte Walzwerk II nach Holland gehen sollte, das Grobblechwalzwerk – ich glaube nicht, daß es da unterschiedliche Auffassungen der Art von Wiedergutmachung gab. Aber als es letztlich darum ging, die letzte Möglichkeit der Arbeitsplatzsicherung zu nehmen, nämlich die Fundamente sogar zerstören zu wollen – wo ja nichts mehr draufstand – da war es natürlich klar. Wenn wir hier nicht einschreiten, dann gibt es ein Gebiet, das so trostlos ist wie ein Rübenacker, und all die Menschen, die man hierher geholt hat, teilweise ja auch zwangsgeholt hat, haben hier keine Beschäftigung mehr. Und da waren wir der Auffassung, jetzt muß gezeigt werden, daß wir an der Arbeitsplatzsicherung interessiert sind, daß wir kämpfen, damit wir überhaupt leben können.«[75]

Auch wenn heute zu fragen ist, ob der Verbleib der Fundamente tatsächlich notwendig war, um das Hüttenwerk wieder aufzubauen, war es damals ein wichtiges psychologisches Moment. Und so war der Beginn der Zerstörungsarbeiten unzweifelhaft Auslöser für die Ereignisse der ersten Märzwoche.

Stoppt die Demontage!

Die britischen Dienststellen waren schon nach den ersten Sprengungen Mitte Februar informiert worden, dass gewalttätige Ausschreitungen zu befürchten seien. Am 2. März 1950 eskalierte die Situation erstmals, als Teile der Belegschaft erfuhren, dass die Sprengung der Fundamente der Kokerei II vorbereitet wurde. Erich Söchtig und Heinrich Wegener hatten schon am Morgen Telegramme an Otto Brenner und Herrmann Beermann geschickt, um sie von den bevorstehenden Sprengungen zu informieren und eine Stellungnahme und Anweisungen für zu ergreifende Gegenmaßnahmen zu erbitten. Doch dafür war es zu spät. Etwa 3.000 Arbeiter und Angestellte versammelten sich an der Kokerei und hinderten die Arbeiter der Demontagefirma daran, ihre Arbeit fortzusetzen. Es wurden zwei Bohrmaschinen zerstört, Sprengladungen und Zündschnüre unbrauchbar gemacht. Erich Söchtig und Heinrich Wegener, die verspätet eingetroffen waren, beruhigten ihre Kollegen, so dass die Briten abziehen konnten. Die alarmierte deutsche Polizei verhielt sich passiv.[76]

Auf einer außerordentlichen Betriebsratssitzung am nächsten Tag beschloss man, noch am gleichen Abend zwei Kundgebungen in Salzgitter-Bad und Lebenstedt zu veranstalten. Der Betriebsrat übernahm selbst die Verantwortung, da weder Karl Eibel (DGB) noch Franz Busch (IG Metall) ohne Rücksprache als Träger dieser Kundgebung verantwortlich zeichnen wollten. Um der DRP zuvorzukommen und ihr kein freies Feld zu überlassen, hielt der Betriebsrat diese Maßnahmen für zwingend notwendig. In einer anschließenden Belegschaftsversammlung gaben Erich Söchtig und Heinrich Wegener für den Betriebsrat eine Erklärung ab, in der sie die *»Selbsthilfeaktion«* der Arbeiterschaft billigten.[77]

Am Montag, den 6. März kam es erneut zu Unruhen, als bekannt wurde, dass weitere Sprengungen an den Fundamenten der Kokerei II stattfinden sollten. Wie schon am 2. März, ging die Initiative von der Belegschaft der Hauptwerkstatt aus, die unter Führung Erich Sewalds agierte. Nachdem die Belegschaft informiert worden war, marschierten zwischen 1.000 und 3.000 Arbeiter zur Kokerei. Sogar aus der vier Kilometer entfernten Gießerei in Salzgitter-Heerte kam die Belegschaft zu Fuß zur Kokerei. Dort kam es dann zu ersten Auseinandersetzungen.[78]

»Auf dem Gelände der Kokerei angekommen, stürmten wir sofort auf die Gebäude zu, wo Demontagearbeiter noch dabei waren, die Sprengungen vorzubereiten. Die meisten Leute des Sprengkommandos ergriffen angesichts so vieler, erregter und entschlossener Arbeiter die Flucht. Nur eine kleine Gruppe des Sprengkommandos, worunter sich auch einige Wachleute befanden, setzte sich zur Wehr. Nach einer kurzen Auseinandersetzung, bei der es auch zu Tätlichkeiten kam, wurden auch diese verjagt. Die Sprengladungen wurden unschädlich gemacht, so daß fürs erste die Sprengungen verhindert waren. Wir waren nun entschlossen, Nägel mit Köpfen zu ma-

[75] Interview Hans Donay 17. September 1984. Zitiert nach Bergmann, S. 79.
[76] Voß u. a., S. 196.
[77] Gundula Müller, S. 108f.
[78] Ebd., S. 109f.

chen, und marschierten zum Hochofen V. Die Demontagearbeiter wurden aufgefordert, sich mit uns solidarisch zu erklären und die Arbeitsstelle zu verlassen, was sie auch unter dem Beifall der Kollegen strikt befolgten. Die Kollegen der Außenanlagen und andere Kollegen waren nicht untätig geblieben. Sie hatten in der Zwischenzeit die Seile eines Demontagemastes gekappt, der nun krachend umstürzte. Seilwinde, Werkzeuge und Aufenthaltsbuden der Demontagefirmen wurden zerstört. Durch das Stahlwerk ging es weiter zum Brasserthaus. Wir kamen aber fast schon zu spät, andere Kollegen hatten hier ganze Arbeit geleistet.

Hier bot sich uns folgendes Bild: Die Fenster waren zum größten Teil eingeschlagen oder herausgerissen worden, man warf Akten, Schreibmaschinen, Schreibtische, Stühle und andere Büromöbel heraus, draußen wurde alles aufgehäuft und angezündet. Damit wurden die Grundlagen (Akten, Zeichnungen usw.) für die Durchführung der Demontage vernichtet.«[79]

Die deutsche Polizei hielt sich wohl aus Sympathie zu den Demonstranten zurück, so dass es nicht zu den befürchteten tätlichen Auseinandersetzungen kam. Auch am nächsten Tag blieb sie – ca. 600 Polizisten waren zu den Reichswerken verlegt worden – passiv. In der Nacht zum 7. März 1950 besetzten englische Truppen das Werksgelände, um weitere Sprengungen zu sichern. Am nächsten Tag kam es erneut zu Konfrontationen zwischen Belegschaft und britischen Soldaten, die durch das Eingreifen des stellvertretenden Betriebsratsvorsitzenden Heinrich Wegener unblutig beendet werden konnte. Am Abend kam Bundesarbeitsminister Anton Storch. Nachdem er von den Ereignissen in Kenntnis gesetzt worden war, erklärte er sich bereit, am nächsten Morgen den Versuch zu unternehmen, die Belegschaft zu beruhigen. Er setzte, ebenso wie Erich Söchtig, seine Hoffnungen auf die Verhandlungen, wurde aber während seiner Rede durch Rufe und Lokpfiffe gestört.[80]

Am 11. März sprach schließlich zum ersten Mal ein Mitglied der Gewerkschaftsführung auf einer Belegschaftsversammlung in Watenstedt-Salzgitter.

Hans Böckler riet der Belegschaft, die seiner Meinung nach erfolgversprechenden Verhandlungen nicht durch weitere Demonstrationen zu stören. Er werde sich »*weiter wie bisher*« für die Belegschaft und die Bevölkerung des Gebietes einsetzen und werde dafür sorgen, dass die Truppen und Polizeikräfte aus dem Gebiet der Reichswerke zurückgezogen würden. Doch Böckler konnte den bei der Belegschaft entstandenen Eindruck, von der Gewerkschaftsführung im Stich gelassen worden zu sein, nicht mehr revidieren.[81]

März 1950: Um die Kokerei II der Reichswerke wurde eine dichte Sperrkette von uniformierten Beamten gebildet.

[79] Aus dem Zeitzeugenbericht von Herbert Jentsch (Salzgitter) über die Ereignisse vom 6. März 1950 in den Reichswerken. Zitiert nach Archiv der Stadt Salzgitter (Hrsg.), S. 274f.
[80] Gundula Müller, S. 113.
[81] Vgl. dazu Thum, S. 383.

Panzerspähwagen gegen Arbeiter und Lokpfiffe gegen einen Minister

Der Widerstand gegen die Demontage – Erinnerungen von Edmund Nolle

2. März 1950: Endlich ist es soweit. Die Hauptwerkstatt geht los! Emil Schulz (Meister und Betriebsrat der Lehrwerkstatt) ruft uns zu »Schließt Euch an«. Darauf haben wir lange gewartet. Wir, das sind die 18-jährigen und älteren Kollegen der Lehrwerkstatt, die losmarschieren. Die Jüngeren dürfen aus rechtlichen Gründen nicht mit. Es geht in Richtung Kokerei, wo die Sprengungen stattfinden.

Man spürt die Aufregung und die Spannung steigt, als wir sehen, dass die vordersten Kollegen an der deutschen Polizei und den Kollegen der Fremdfirmen vorbei, sich auf die Batterie setzen, Zündschnüre herausreißen, Ständerbohrmaschinen umwerfen, Werkzeuge zertrümmern, mit den Beschäftigten der Demontagefirmen diskutieren und auch handgreiflich werden. Nun sind wir mitten drin. Zwei fahrbare Säulenbohrmaschinen, die zum Bohren der Sprenglöcher dienen, werden mit Spitzhacken und Vorschlaghämmern zertrümmert. Der Lärm und das Geschrei ist groß – die aufgestaute Wut entlädt sich.

Nach einer Weile gibt es in unserer Nähe nichts mehr zu vernichten. Wir gehen in Richtung Hochofen zurück. Auf dem Rückweg zur Technischen Hauptwerkstatt (T.H.W.) kommt uns ein VW entgegen und hält neben der heimwärts ziehenden Menge. Ein britischer Offizier sowie sein Dolmetscher steigen aus. Die Kollegen nehmen sofort eine drohende Haltung ein, als der Zivilist eine Ansprache an uns halten will. Wir gehen hautnah an die beiden heran. Die Hände des Engländers sind in den Taschen seines Trenchcoats vergraben. Der Abdruck einer Handfeuerwaffe ist gut zu erkennen. Der Dolmetscher will auf den VW klettern, damit er besser zu hören ist, gibt aber schnell auf, als die ersten »Hau-Ruck-Rufe« ertönen, denn einige Arbeiterfäuste rütteln am Wagen. Schnell steigen sie ein, kommen aber nur langsam vorwärts. Der VW muss noch einige Tritte und Fausthiebe einstecken, aber man gibt ihn frei.

Nun sind wir wieder in unserer Lehrwerkstatt. Die jüngeren Kollegen platzen vor Neugierde. Voller Stolz berichten wir von unseren »Heldentaten«. Wir ahnen in unserer Abenteuerlust nicht, dass wir ein Zeichen für die Hütte und Salzgitter gesetzt haben und dass dieser Tag der Auftakt des aktiven Widerstandes gegen die Demontage war.

»Du, englische Soldaten sind in der Hütte«, teilt mir mein Kollege Max F. mit. Ich kann es nicht glauben. »Warum denn?« – meine Frage. »Gestern haben wir das Brasserthaus gestürmt.« Leider konnte ich nicht dabei sein (wegen meiner Facharbeiterprüfung), aber mir geht nun ein Licht auf, warum die Tommys da sind. »Wo hast Du sie gesehen?« »Sie lagern vor dem Hauptmagazin«. Damit ist unser Gespräch in der Lehrwerkstatt beendet, denn Emil Schulz kommt und lässt uns vor dem Haupteingang vor der T.H.W. zum Frühsport antreten. Heute lässt er aber keine gymnastischen Übungen machen, sondern: »Rechts um, im Dauerlauf Marsch!« Emil setzt sich an die Spitze und ca. 50 Lehrlinge traben mit in Richtung Hauptmagazin. Hinter der Halle II sehen wir sie schon von weitem. Sie biwakieren in kleinen Gruppen vor der Rampe des Hauptmagazins. Es sind etwa 100 Soldaten, die uns neugierig und verwundert anstarren, als wir uns auf der anderen Straßenseite aufstellen und auf Emils Kommandos unsere Turnübungen machen. Auf die Tommys macht das ganze offensichtlich keinen Eindruck (was wir aber erwartet hatten). Sie gehen ruhig weiter ihren Beschäftigungen nach und wir traben nach ca. 20 Minuten wieder zurück. Man kann sagen: Die Aktion hat Spaß gemacht, unser Selbstbewusstsein ist gewachsen, denn »denen« haben wir gezeigt, dass wir keine Angst vor ihnen haben.

Wir fangen gar nicht erst mit der Arbeit an, denn wir warten in der Lehrwerkstatt darauf, dass die T.H.W. losmarschiert. Es ist soweit. Wir schließen uns an, gehen mit hunderten von Kolleginnen und Kollegen in Richtung Kokerei, aber der Zufahrtsweg zu den Sprengkommandos ist am Ausbau 2 des Hochofens durch »Spanische Reiter« (Stacheldrahtverhaue) blockiert. Dahinter steht britisches Militär mit Karabinern. Rechts und links der Straße hinter dem Hindernis, steht ein MG auf uns gerichtet. Die Kollegen bleiben stehen und sammeln sich vor dem Betriebsgebäude des Hochofens. Es ist eine riesige Menschenmenge, die Hein Wegener zuhört. Er steht erhöht auf Treppenstufen vor der Kantine des Hochofens, hält eine Ansprache, verliest Briefe und Solidaritätstelegramme aus aller Welt, die unseren Kampf gegen die Demontage moralisch unterstützten. Stürmischer Beifall unterbricht ihn mehrmals. Plötzlich nähert sich mit hohem Tempo ein Panzerspähwagen der Briten aus Richtung Stahlwerk und fährt ohne Warnsignale auf die Menschen zu, die panikartig nach rechts und links auseinanderspritzen. Einige Kollegen stürzen dabei. Der Engländer bremst nicht. Glücklicherweise wird niemand überfahren, denn geistesgegenwärtig fährt ein Elektro-Karrenfahrer sein Fahrzeug quer auf die Straße. Das gepanzerte Fahrzeug knallt darauf und ist manövrierunfähig. Der E-Karren kann noch fahren. Eine unglaubliche Wut hat die Kollegen erfasst. Sie toben, brüllen, versuchen auf den Panzer zu klettern. Eine Luke öffnet sich. Ein mit einem Barett bedeckter Kopf und der dazugehörige Oberkörper werden sichtbar. Sofort werden Steine, Zollstöcke und alle möglichen greifbaren Gegenstände auf ihn geworfen. Etwa vier bis fünf Meter nur bin ich entfernt, habe aber nichts zum Werfen, also brülle ich nur mit. Jemand spuckt ihm ins Gesicht. Der Tommy zuckt mit keiner Wimper. Man muss sich wundern, dass er nicht wieder abtaucht. Offensichtlich will er sich ein Bild von der Situation machen. Immer noch versuchen Kollegen auf das Fahrzeug zu klettern, da ertönen aus Richtung Kokerei scharfe englische Kommandos. Ein Offizier lässt ca. acht bis zehn Soldaten hinter den »spanischen Reitern« in Schützenlinie aufmarschieren. Sie laden die Gewehre durch und richten auch die MGs auf uns. Unser Gebrüll verstummt. Hein Wegener ist losgerannt, läuft auf den Offizier zu und schreit unaufhörlich: »Nicht schießen, nicht schießen.« Dann spricht er mit ihm. Wir sehen alle zu Hein Wegener hin. Der dreht sich um und brüllt mehrmals: »Gebt den Panzer frei, dann wird auch nicht

Die Arbeiter wollten die Sprengungen verhindern, 1950.

geschossen.« Unsere Wut ist noch gewaltig, aber instinktiv haben wir erkannt, dass es besser ist, nachzugeben, um ein Blutbad zu vermeiden.

Die Menge stürmt nun in Richtung der Montagemasten und zu den Baubuden unserer »Totengräber« (Demontagefirmen). Max und ich schließen uns der Außenmontage der T.H.W. an. Sie sind Spezialisten für das Aufstellen und Demontieren von Montagemasten. Hein Haas (Vorarbeiter) gibt ruhig und bestimmt seinen Kollegen Anweisungen. Wir schauen gespannt zu. Die Schwenkwinde bringt den Mast in die gewünschte Richtung, d.h. zu den Gleisen, wo die Waggons mit Demontagegut stehen. Die Nackenwinde wird angezogen und nicht mehr abgestellt, bis die Seile reißen. Ein Knall. Der Mast neigt sich und stürzt mit donnerndem Getöse auf die Waggons. Lauter Beifall und Rufe der Zuschauer begleiten den Vorgang. Auf zum nächsten Mast! Ein einzelner deutscher Polizist lenkt und versucht aufgeregte Kollegen zu beruhigen. »Gehen Sie da weg, tretet doch zurück, den Weg können Sie nicht benutzen« und dergleichen mehr. So gibt er seine Anweisungen. Alle freuen sich, dass er auf unserer Seite steht. Noch zwei Masten werden gestürzt. Neugierig sehen wir nach, was aus dem Panzerspähwagen geworden ist. Freunde erzählen uns, dass er von den Briten abgeschleppt wurde.

Nach Stunden herrscht immer noch eine gespannte, unruhige Atmosphäre im Bereich der Hochöfen. Was für ein Tag! Aufgeregt schnatternd, Genugtuung im Bauch und voller Freude geht es zurück zur Lehrwerkstatt. Den jüngeren Lehrlingen wird erzählt, was los war. Sie sind sehr beeindruckt. »Morgen machen wir weiter, bis ›sie‹ die Sprengungen und die Demontage einstellen.« Aber es ging so nicht weiter.

Eine Großkundgebung vor der T.H.W. ist das nächste herausragende Ereignis. Arbeitsminister Anton Storch wird erwartet. Die Kollegen vom Kraftwerk, T.H.W., der Kokerei, Hochofen, Stahlwerk, Elektrohauptwerkstatt, Hauptverwaltung, Lehrwerkstatt und sogar der Gießerei strömen zum Platz vor der T.H.W. Eine riesige Menschenmenge wartet auf den Vertreter der Bundesregierung, die uns nach unserer Meinung bislang im Stich gelassen hat. Als Anton erscheint, empfängt ihn ein ohrenbetäubendes Pfeifkonzert. Kollege Söchtig hat Mühe, sich Gehör zu verschaffen. »Nun hört doch erst einmal zu, was er uns zu sagen hat.« Vorübergehend wird es ruhiger. Anton Storch steht auf dem Treppenaufgang zur Hochstraße. Er blickt zu uns herunter, beginnt zu sprechen: »Liebe Kollegen, ...« das war es schon. Die lange anhaltenden Pfeifsignale sämtlicher Loks der Verkehrsbetriebe übertönen alles, selbst unser Geschrei. Anton scheint etwas verwundert. Als normale »Lautstärke« herrscht, beginnt er von neuem. Zwecklos! Wie auf Kommando pfeifen die Loks. Sie stehen direkt neben der T.H.W. und pfeifen tatsächlich auf ein Zeichen, denn neben Anton Storch und Erich Söchtig steht der Betriebsrat Offermanns, und wenn der seine Mütze hebt, ertönen die Pfiffe. Ein großartiger Einfall. Wir sind begeistert. Erich fordert uns nochmals auf, den Anton Storch reden zu lassen, aber es ist sinnlos. Der Herr Minister gibt nach mehreren Anläufen auf. Was hätte er uns aber auch schon zu sagen gehabt? Wir sind enttäuscht, empört und wütend auf Bonn, denn außer Versprechungen kam nichts. Es kam auch kein Adenauer oder Erhard. Konrad hat es auch später immer verstanden, durch Abwesenheit zu glänzen, wo es brenzlig war. Anton war sein Prügelknabe, das ist wörtlich zu nehmen, denn bei seinem Abgang wollten ihn einige Kollegen verhauen. Die aufgebrachte, wütende Menge wollte trotz des Militärs wieder in Richtung Hochofen marschieren. Beschwörend fordert Kollege Söchtig uns auf, wieder in die Betriebe zu gehen und keine Gewaltakte mehr zu unternehmen. Er weist darauf hin, dass endlich ernsthafte Verhandlungen zwischen Bonn und DGB-Spitze einerseits und der Militärregierung andererseits stattfinden. »Kollegen, ich bitte Euch, nehmt die Arbeit wieder auf und bewahrt Ruhe. Der Betriebsrat wird Euch über alles informieren«. Erich hat unser absolutes Vertrauen. Trotzdem enttäuscht und verbittert, aber diszipliniert, gehen wir widerwillig zurück an die Arbeitsplätze.

Die aktionsreichen Tage sind beendet. Der Alltag ist wieder in die Lehrwerkstatt eingekehrt. Über die Ereignisse wird noch täglich diskutiert. Heute wird Hans Böckler erwartet. Im Speisesaal der T.H.W. will er über den Stand der Dinge berichten und sich offensichtlich ein Bild von unserem Widerstand machen. Ich bringe Schrott raus. Als ich zur Lehrwerkstatt hochgehen will, sehe ich eine größere Gruppe aus Richtung Gasometer auf die T.H.W. zukommen. Hein Wegener, der dabei ist, ruft mir zu: »Bleib mal stehen.« Ein kleiner, freundlicher älterer Herr kommt zu mir, reicht mir die Hand und fragt: »Kennst Du mich?« »Nein.« »Ich bin Hans Böckler, der DGB-Vorsitzende. Sagt Dir das was?« »Ja, ich habe von Ihnen gehört und auch über sie gelesen.« »Das freut mich. Arbeitest Du in der Lehrwerkstatt?« »Ja«. »Hast Du an

Deutscher Gewerkschaftsbund
Ortsausschuss Oldenburg

24b) Oldenburg, Holst. 8.3.1950
Schuhstr. 65
Tel. 608

Betriebsrat Hütte
Eingeg. 12. MRZ. 1950
Nr.

An den
Betriebsratsvorsitzenden
der ehem. Reichswerke

Wattenstedt - Salzgitter

Werte Kollegen!
Die Betriebsrätevollversammlung des Ortsausschusses Oldenburg/ Holstein hat in ihrer Vollversammlung am 3. März 1950 eine Entschliessung folgenden Wortlauts einstimmig angenommen.
Die versammelten Betriebsräte fühlen sich mit Euch "in Eurem Kampf um die Erhaltung Eurer Arbeitsplätze auf das herzlichste verbunden. Mit Entrüstung haben wir von dem Vorhaben und der Handlungsweise der dortigen Demontagekommission Kenntnis genommen. Wir wissen uns e~~ins in unserem ge~~werkschaftlichen Kampf und bekunden Euch hiermit unsere volle Solidarität. Trotz aller Rückschläge heisst unsere Losung " Je~~z~~tzt erst Recht".

Mit gewerkschaftlichem Gruss!

Deutscher Gewerkschaftsbund D. G. B. Ortsausschuß Oldenburg i. Holst.

Eine Fülle von Solidaritätsschreiben aus allen Teilen der Bundesrepublik erreichte die Beschäftigten der Reichswerke.

meinem Geburtstagsgeschenk, das ich von Euch bekommen habe, mitgearbeitet?«. »Nein, aber ich kenne es.« (Auf einer polierten Platte waren ein Amboss und zwei Schmieder montiert, die auf den Amboss im Takt einschlugen. Ein kleiner E-Motor war der Antrieb). »Dann bestell Deinen Kollegen herzliche Grüße von mir. Ich habe mich sehr über das Geschenk gefreut und ich bedanke mich bei Euch. Sage Ihnen das aber auch!« Er gibt mir nochmals seine Hand und verschwindet dann mit seinen Begleitern zum Haupteingang. Das war er also. Der nichts für uns getan und uns im Stich gelassen hatte. Eigentlich wirkte er sehr sympathisch.

Ich gehe zu Meister Rolles und teile ihm mit, was Hans Böckler mir aufgetragen hat. Meister Rolles beeindruckt das nicht. Im Gegenteil. Er murmelt etwas, was nicht gerade erfreulich klingt. Auch meine Kollegen gehen gleich zur Tagesordnung über. Und die sieht so aus, dass wir möglichst dicht am Eingang zum Speisesaal stehen, um zu hören, was drinnen los ist. Schade, rein dürfen wir leider nicht. Starker Beifall, wenn Erich Söchtig, Hein Wegener oder Erich Sewald sprechen. Pfiffe, Pfui-Rufe und Gejohle wenn der »nette ältere Herr« über unseren Kampf gegen die Demontage spricht und über seine Bemühungen, uns zu helfen. Die Lauscher sind auch nicht zufrieden. Sie ziehen ab, denn wie gesagt: »Der Alltag hat uns wieder.«

Verhandlungen

Nach diesen Ereignissen war das Verhältnis zwischen Deutschen und Briten äußerst belastet. Besonders das Verhalten der deutschen Polizei, die während der Unruhen nicht gegen die Demonstrierenden vorgegangen war, beunruhigte und erboste die Briten. Sie forderten angemessene disziplinarische Maßnahmen gegen die Polizei und die Verantwortlichen sowie die Zusicherung des Ministerpräsidenten Kopf, weitere Unruhen im Salzgittergebiet zu verhindern. Erst als dies geschehen war und sich auch Betriebsrat und Werksleitung der Zusicherung Kopfs angeschlossen hatten, verkündete Lingham am 17. März 1950 einen vorläufigen Demontagestopp. Im folgenden Zeitraum sollten Gespräche über Vorschläge zur Wiederverwendung der noch erhaltenen Gebäude und Fundamente geführt werden. Hochkommissar Robertson informierte das Londoner Außenministerium über die Situation. Er erhielt Anfang April die geforderten Kompetenzen und konnte nun auf die von der Bundesregierung vorgelegten Wiederverwendungspläne eingehen. So teilte er am 29. April 1950 Bundeskanzler Adenauer mit, dass er zu Zugeständnissen bei den Entmilitarisierungsmaßnahmen bereit sei.[82] Die öffentliche Bekanntgabe dieses Beschlusses erfolgte jedoch erst zwei Monate später.

Als am 27. Juni 1950 die von den britischen Stellen genehmigten Demontage- und Entmilitarisierungserleichterungen für die Reichswerke bekannt gegeben wurden, konnte die Bevölkerung und Belegschaft immer noch nicht aufatmen. Die Verhandlungen hatten nur zu einem »relativ« geringen Erfolg geführt, denn sowohl der Hochofen V, als auch die Krupp-Rennanlage blieben auf der Demontageliste. Der Betriebsrat hatte gehofft, das Aussetzen seiner Widerstandsaktionen würde das Verhandlungsergebnis positiv beeinflussen und musste in einer Erklärung zur Zerstörung der Stahl- und Walzwerkhallen resigniert feststellen: *»Angesichts dieser Lage ist es sinnlos, noch auf Änderung zu hoffen. Der Kampf um die Erhaltung des Arbeitsplatzes ist in den vergangenen fünf Jahre erbittert und nicht ganz erfolglos geführt worden. Auf uns allein gestellt, konnte mit den begrenzten Kräften der Belegschaft der Reichswerke nicht mehr erreicht werden. Belegschaft und Betriebsrat der Reichswerke protestieren auf das Entschiedenste gegen die jeder wirtschaftlichen Vernunft baren Zerstörungsaktionen. Vor der Geschichte und dem Urteil einer späteren Zeit wird diese Art der Demontage nicht bestehen können.«*[83]

Am 10. August 1950 kündigten die Hohen Kommissare den endgültigen Demontagestopp für das gesamte Bundesgebiet zum

[82] Schulze, S. 331f.
[83] Erklärung des Betriebsrates zur Zerstörung der Stahl- und Walzwerkhallen, 26. Juli 1950. Zitiert nach Bergmann, S. 88.

Trümmerlandschaft, 1950.

Demontage gestoppt, bald konnte am Hochofen V wieder gearbeitet werden.

1. Oktober 1950 an. Ausgenommen von diesem Beschluss waren die Reichswerke. Erste Vorstöße der Bundesregierung, auch bei den Reichswerken einen endgültigen Demontagestopp zu erwirken, schlugen fehl. Doch angesichts der weltpolitischen Lage versuchte sie Anfang September 1950 erneut auf die Sinnlosigkeit weiterer Demontagemaßnahmen aufmerksam zu machen, die vor dem Hintergrund des Koreakrieges in krassem Widerspruch zum erhöhten Stahlbedarf der Amerikaner standen und nicht mehr zu vertreten waren.

Am 11. September 1950 wurde die niedersächsische Landesregierung von der Einstellung aller Entmilitarisierungsarbeiten unterrichtet. Ausgenommen davon waren wiederum die Anlagen und Teile, die von der Reparationsagentur in Brüssel bereits anderen Ländern zugewiesen worden waren. Da der Hochofen V bereits Griechenland und die Krupp-Rennanlage Frankreich zugesprochen worden waren, liefen die Reichswerke Gefahr, weitere Demontagemaßnahmen hinnehmen zu müssen. Die Verhandlungen mit den Briten zogen sich bis in das nächste Jahr hinein. Am 20. Januar 1951 wurde der endgültige Demontagestopp in der britischen Zone erklärt. Nun durften mit Frankreich, Griechenland und Jugoslawien Kompensationsverhandlungen geführt werden. Diese »Tauschgeschäfte«, die während der Demontagezeit nicht erlaubt waren, retteten den Reichswerken immerhin den Hochofen V.[84]

Nach Abschluss der Demontagen befand sich Watenstedt-Salzgitter in einer katastrophalen Lage; der Großteil der Industrieanlagen war zerstört worden, knapp 25% der arbeitenden Bevölkerung war arbeitslos und Ausgleichsindustrien noch nicht vorhanden. Alle Hoffnungen ruhten auf dem Wiederaufbau des Hüttenwerkes, mit dem 1952 begonnen wurde.

[84] Leuschner, Ende, S. 216ff.;

Konzentrationslager
und Sklavenarbeit in der
'Stadt der Hermann-Göring-Werke'
Internationales Treffen in Salzgitter vom 8. – 12.4.1992
Eine Dokumentation

»Nicht nur geredet, nicht nur nachgedacht, sondern gehandelt«

Eine Gedenkstätte auf dem Hüttengelände

Die Auseinandersetzung mit dem Faschismus, das Erinnern und Mahnen war von Anfang an fester Bestandteil in der Arbeit der IG Metall Salzgitter. Schon in den 1950er Jahren gab es Gedenkfeiern auf den Friedhöfen Jammertal und Westerholz sowie Fahrten in die ehemaligen Konzentrationslager Dachau und Bergen-Belsen.[1] Eine intensive Aufarbeitung der Geschichte der Konzentrationslager im Salzgittergebiet fand jedoch nicht statt. Viele Kolleginnen und Kollegen hätten noch über die Lager berichten können, dennoch dauerte es Jahrzehnte, bevor man sich mit diesem Thema auseinandersetzte. Zum einen waren für die meisten wohl damals aktuelle Alltagsprobleme wie Demontage, Versorgungslage und Wiederaufbau dringlicher; zum anderen wird auch die personelle Kontinuität in der Konzernleitung eine Aufarbeitung dieses Defizites verhindert haben.

Erst mit dem Erscheinen des maßgeblich von der IG Metall geförderten Buches von Gerd Wysocki »Zwangsarbeit im Stahlkonzern« kam die Bedeutung des KZ-Außenlagers Drütte für die NS-Wirtschaft und der Einsatz von Zwangsarbeitern im Salzgittergebiet in die öffentliche Debatte.

Ein Stadtjubiläum mit Folgen

Am 1. April 1982 feierte die Stadt Salzgitter ihr 40-jähriges Jubiläum. Erstmals fand eine öffentliche Auseinandersetzung mit dem Thema »Salzgitter im Nationalsozialismus« statt. Volkshochschule und evangelische Erwachsenenbildungsstätte organisierten eine Veranstaltungsreihe mit sechs Vorträgen, deren Schwerpunkte die Fragen der »Machtergreifung«, der NS-Justiz im Lande Braunschweig, der Evangelischen Kirche in Salzgitter, der NS-Industriepolitik und Gründung der Stadt, der Geschichte der »Hermann-Göring-Werke« und der NS-Betriebspolitik und das Verhalten der Arbeiterschaft in Salzgitter behandelten.[3]

Wie nach dem jahrzehntelangem Verschweigen und Verdrängen des größten Teils dieser Themen nicht anders zu erwarten, verliefen die Diskussionen im Anschluss an die sehr gut besuchten Vorträge ausgesprochen kontrovers. Die Reaktionen reichten vom »nicht gewusst haben« bei vielen, über »Stolz, die Front nicht im Stich gelassen zu haben«,[4] bis hin zu Verbitterung über erlittenes Unrecht bei Betroffenen der älteren Generation. Bei vielen jungen Teilnehmerinnen und Teilnehmern wuchs das Interesse, mehr zu erfahren.[5] So kam es am 2. April 1982 bei einem von der Stadt organisierten Podiumsgespräch zum Eklat, da kritische Fragen aus dem Publikum vom Diskussionsleiter Dr. Verhey (Leiter des NDR Studios Braunschweig) bewertet und zum Teil nicht zugelassen wurden.[6] Die tatsächlichen politischen Inhalte dieser Auseinandersetzung wurden sowohl im NDR als auch in den regionalen Tageszeitungen verschwiegen. Nicht zuletzt wohl deshalb, weil die Podiumsteilnehmer fast ausschließlich »Personen des öffentlichen Lebens«, einige sogar Ehrenbürger der Stadt waren.

Deutlich wird an diesem Beispiel, wie schwer es auch fast 40 Jahre nach Kriegsende noch war, sich mit der eigenen Stadtgeschichte auseinanderzusetzen. Motiviert durch die Veranstaltungen, aber auch durch die Ignoranz einiger Bürgerinnen und Bürger, gründeten Interessierte den Arbeitskreis Stadtgeschichte, um gemeinsam Aufklärungs- und politische Bildungsarbeit zu leisten. Eine ers-

Gegenüberliegende Seite: Plakat des Arbeitskreises Stadtgeschichte

[1] In diesem Kapitel wird lediglich auf die Errichtung der Gedenk- und Dokumentationsstätte KZ Drütte eingegangen. Zur antifaschistischen Bildungsarbeit vgl. Kapitel 7 dieses Buches.

[2] Besprechung vom 21. Oktober 1942. BA Koblenz, SAG 12 Alt.

[3] Salzgitter Zeitung, 24. Februar 1982, »Geburtstagsveranstaltungen beginnen«.

[4] Dr. Wilhelm Höck, 1948-1952 Oberbürgermeister der Stadt Salzgitter, Podiumsdiskussion vom 2. April 1982. Zitiert nach: Arbeitskreis Stadtgeschichte e.V. (Hrsg.), Opfer, S. 27.

[5] Vgl. ebd., S. 16ff.

[6] Salzgitter Zeitung, 4. April 1982, »Eine Liebeserklärung an Salzgitter«. Kontrovers hierzu: Stadtzeitung für Braunschweig, NR. 4, Mai 1982, »Salzgitter im Nationalsozialismus. Geburtstag auf Kosten der Opfer des Nationalsozialismus?«

Das KZ im Stahlwerk

Die Errichtung des KZ Drütte unter der Hochstraße der Hüttenwerke war das Ergebnis von Besprechungen zwischen dem Reichsführer der SS, Heinrich Himmler, und dem Reichswerke-Generaldirektor Paul Pleiger. Ziel dieser Maßnahme war der Aufbau und Betrieb einer Munitionsfabrik, der sogenannten »Aktion 88«. Auf einer weiteren Besprechung zwischen Pleiger und dem SS-Obergruppenführer Pohl wurde die Gewinnaufteilung folgendermaßen geklärt: *»daß die Hermann-Göring-Werke zusammen mit der Schutzstaffel gemeinsam mit der Maßgabe einer hälftigen Gewinnbeteiligung eine Granatendreherei betreiben. Die Hermann-Göring-Werke stellen im Rahmen des Walzwerkes der Hütte Watenstedt/b. Braunschweig die Fabrikationsstätte einschl. sämtlicher erforderlicher Anlagen zur Verfügung, die Schutzstaffel stellt die Häftlinge und die Bewachungsmannschaften.«*[2]

Im Oktober 1942 trafen die ersten Häftlinge im KZ-Außenlager Drütte ein. Es war eines der ersten und größten Außenlager des KZ Neuengamme bei Hamburg. Unter der stark befahrenen Hochstraße auf dem Werksgelände entstanden durch das Zumauern der Seiten vier Räume, in denen mehr als 3.000 KZ-Häftlinge unterschiedlicher Nationalitäten eingepfercht waren. Schlimmste Lebensbedingungen, völlig unzureichende Ernährung und die schwere Arbeit in der »Aktion 88« führten zum Tod vieler Häftlinge. Das Lager wurde immer wieder aufgefüllt. Die von Himmler im September 1942 geforderte *»Vernichtung durch Arbeit«* fand in den KZ-Außenlagern ihre Umsetzung. Eine Überlebenschance hatten die durchschnittlich 16 bis 22 Jahre alten Häftlinge nur, solange sie arbeitsfähig waren.

1944 wurden auf Bestreben der »Hermann-Göring-Werke« zwei weitere Außenlager eingerichtet: Das KZ Watenstedt/Leinde und das KZ Salzgitter-Bad.

Ehemaliges KZ Drütte, 1946

Abstellraum in den ehemaligen KZ-Unterkünften, um 1988.

te »alternative Aktion« fand am 6. Mai 1982 statt. Während im Ratskeller die geladenen Gäste eines Stadtempfanges den Vortrag von Prof. Riedel über die »Vorgeschichte und Entstehung der Reichswerke und der Stadt« hörten, fand auf dem Friedhof Westerholz auf Einladung des Arbeitskreises Stadtgeschichte eine Gedenkstunde statt. Die Ansprache von Albrecht Materne fasste das Anliegen der 200 Anwesenden – fast alle waren durch die Vortragsreihe animiert worden – zusammen: *»Auch bei der 40-Jahr-Feier der Stadt, die in diesem Augenblick stattfindet, wird intensiver der eigenen Gruppe als der Fremden der jüngsten Stadtgeschichte gedacht. Kränze sind für sie in diesen Tagen nicht niedergelegt worden. ... Wer bei der 40-Jahr-Feier der Stadt allein verdiente Männer ehrt, die Opfer des Nationalsozialismus aber nicht, geht nicht von der Gleichheit der Menschen aus. ...Die Toten von Watenstedt-Salzgitter, Zwangsarbeit, menschenunwürdige Lebens- und Arbeitsbedingungen von Zehntausenden von Menschen gehören zur Geschichte dieser Stadt. Wir gedenken in diesem Augenblick der vergessenen Opfer. Unsere Gedenkfeier ist ein notwendiges Korrektiv zu der Veranstaltung in Salzgitter-Bad.«*[7]

Während die Lokalpresse über die offizielle Geburtstagsfeier beim »Stadtempfang 1982« wohlwollend berichtete[8], wurde die gleichzeitig stattfindende Gedenkfeier am Ehrenfriedhof Westerholz verschwiegen.

Die Veranstaltungsreihe und die Gedenkfeier waren für viele Menschen in Salzgitter der Anstoß, sich mit der Vergangenheit auseinanderzusetzen.

Im Zusammenhang mit bundesweiten Diskussionen zum Thema »50 Jahre Machtergreifung« engagierten sich auch und vor allem Gewerkschafterinnen und Gewerkschafter, die das Thema zum Anlass nahmen, Geschichte zugleich als Gesellschaftskritik und soziale Auseinandersetzung zu begreifen. So referierte das Mitglied des geschäftsführenden Vorstandes der IG Metall, Hans Preiss, am 10. Februar 1983 in Salzgitter über das Thema *»Von der wirtschaftlichen Krise zur politischen Katastrophe«.*[9]

Seine aus der Geschichte abgeleiteten Darstellungen der aktuellen politischen Situation endeten mit der Frage: *»Wie können wir verhindern, daß noch einmal wirtschaftliche Macht politisch mißbraucht, die Arbeiterschaft zerstört und ein ganzes Volk in Elend gestürzt wird.«* Hans Preiss führte

[7] Rede von Albrecht Materne, 6. Mai 1982. Archiv Arbeitskreis Stadtgeschichte e.V.

[8] Salzgitter Zeitung, 8. Mai 1982, »Wahrhaft groß, fast ungeheuerlich«.

[9] Vgl. Arbeitskreis Stadtgeschichte e.V. (Hrsg.), Opfer, S. 39/40.

Franz Steinkühler, 2. Vorsitzender der IG Metall, bei der ersten Gedenkfeier am 11. April 1985.

weiter aus, dass dies nur durch Aufklärung erreicht werden könne. »Aus der Geschichte lernen« stehe hierbei im Vordergrund. Dies bedeute auch, dass an historischen Orten die Erinnerung und Mahnung wachgehalten werden müssen.

Im Frühjahr 1983[10] beantragten Betriebsrat und Jugendvertretung der Stahlwerke P+S beim Konzernvorstand erstmals die Errichtung einer Gedenkstätte in den noch erhaltenen Unterkünften des ehemaligen KZ Drütte unter der Hochstraße auf dem Hüttengelände. Neben der Anbringung einer Gedenktafel sollten die betrieblich genutzten Räume für eine Dokumentationsstätte zur Verfügung gestellt werden. Zwar wurde ihre Hoffnung auf eine *»kurzfristige Realisierung«* enttäuscht, diese Bemühungen setzten jedoch einen jahrelangen solidarischen Kampf um die Errichtung einer Gedenkstätte in Gang.

Im September desselben Jahres erarbeiteten die Kolleginnen und Kollegen der IG Metall Verwaltungsstelle Salzgitter einen Vorschlag für eine Gedenktafel am ehemaligen KZ Drütte: *»An diesem Ort errichtete die SS in Zusammenarbeit mit den ehemaligen Hermann-Göring-Werken ab Oktober 1942 das KZ-Drütte, eines der ersten und größten Außenkommandos des KZ-Neuengamme. Bis zur Evakuierung des Lagers am 7. April 1945 mußten unweit von hier über 3.000 Häftlinge aus Frankreich, Holland, Polen, der Sowjetunion und anderen Ländern unter unmenschlichen Lebens- und Arbeitsbedingungen in der ›Aktion 88‹ und der ›HK 3‹ Granaten und Bomben produzieren, die gegen ihre Heimatländer eingesetzt wurden. Politischer Zweck ihres Arbeitseinsatzes war die Vernichtung durch Zwangsarbeit: Hunger, Krankheiten, Mißhandlungen, Erhängungen und Erschießungen gehörten zum Alltag des Lagers und forderten zahlreiche Opfer, die auf den Ehrenfriedhöfen Salzgitters und andernorts ihre letzte Ruhe gefunden haben. Arbeitsunfähig gewordene Häftlinge wurden in das Stammlager Neuengamme abgeschoben und dann in Auschwitz oder Lublin ermordet. Frauen aus unserer Region, die mit den Häftlingen in der Rüstungsproduktion zusammenarbeiten mußten, gaben Beispiele von Solidarität und Menschlichkeit gegenüber ihren Arbeitskameraden, die in deutlichem Gegensatz zur Politik der SS und der HGW standen. Sie werden für die Arbeiterschaft in Salzgitter ebenso unvergessen bleiben, wie das Leiden und Sterben zahlloser Zwangsarbeiter.*

Bereitschaft zur historischen Erinnerung und durch sie gestärktes Bemühen, überall und jederzeit entschieden für die Würde und die Rechte der arbeitenden Menschen einzutreten, sind das einzige, das die Nachwelt den hier ermordeten noch zu geben vermag.

IG Metall Salzgitter 26. IX. 1983«[11]

Es lässt sich heute nicht mehr feststellen, wie die Konzernleitung auf diesen, sehr deutlich die historischen Zusammenhänge – und damit Verantwortlichkeiten – darstellenden Text reagiert hat. Fest steht nur, dass dieser Gedenktafelentwurf nicht umgesetzt wurde.

Bis zum Herbst 1983 wurden die Forderungen nach einer Gedenkstätte immer massiver. Unterstützt von den Kolleginnen und Kollegen des Betriebsrates der Stahlwerke P+S, anderen Gewerkschafterinnen und Gewerkschaftern sowie einigen Bürgerinnen und Bürgern Salzgitters – die inzwischen größtenteils auch Mitglieder des Arbeitskrei-

[10] »metall« Salzgitter, Nr. 2, Jg. 1983, »Rüstungsproduktion in Salzgitter«.

[11] Vgl. Arbeitskreis Stadtgeschichte e.V. (Hrsg.), Opfer, S. 69.

Erste Gedenkfeier am 11. April 1985.

ses Stadtgeschichte e.V. geworden waren – lud der Verein im Dezember zu einer Diskussionsveranstaltung mit dem Titel *»Gedenkstätten als Lernorte«* ein. Dr. Falk Pingel vom Georg-Eckert-Institut Braunschweig führte aus, dass die Anforderungen an eine Gedenkstätte das Wachhalten der Geschichte der Opfer sei, ebenso wie die Verdeutlichung, dass aus dieser Geschichte gelernt werden solle. Darüber hinaus müsse eine Erklärung dafür gegeben werden, dass es zu diesen Opfern kommen konnte. Daher müsse die Gedenkstätte an einzelne Opfer erinnern, solle Betroffenheit hervorrufen und sachliche Aufklärung leisten.[12]

Eine kontroverse Diskussion zwischen Gewerkschaftern, Kirchenvertretern, dem ersten Bürgermeister Willi Blume und anderen – ein Mitglied der Konzernleitung nahm nicht teil – führte zum Konsens, dass eine Gedenk- und Dokumentationsstätte in den authentischen Gebäuden des ehemaligen KZ Drütte unter der Hochstraße diesen Forderungen am ehesten gerecht werden könnte.

Dem Engagement vieler Interessierter ist es zu verdanken, dass in der Öffentlichkeit immer wieder die Forderung nach der Errichtung einer Gedenkstätte vertreten wurde. Alternative Stadtrundfahrten, Informationsveranstaltungen und Vorträge, also die konsequente Aufklärung über die Geschichte der Stadt, waren die Grundlage für den Aufbau einer breiten Lobby.

Die in den frühen 1980er Jahren begonnene intensive Auseinandersetzung mit der Geschichte des Nationalsozialismus, die stark in der »Geschichtswerkstätten-Bewegung« verankert war, erfuhr 1985 ihren Höhepunkt. Der 40. Jahrestag des Kriegsendes löste in der Bundesrepublik eine wahre Flut von Fernsehsendungen, Zeitungsartikeln, Vorträgen, Gedenkfeiern und anderen Veranstaltungen aus. Der Boden für ein interessiertes Publikum war auch in Salzgitter geebnet. 1985 wurde das Jahr, in dem der Kampf um eine Gedenk- und Dokumentationsstätte in den Unterkunftsräumen des ehemaligen KZ Drütte erste Erfolge erzielte, aber auch sehr viele Rückschläge hinnehmen musste. Zum 40. Jahrestag der Befreiung der Stadt Salzgitter durch die amerikanischen Alliierten organisierte der Betriebsrat der Stahlwerke Peine-

[12] Salzgitter Zeitung, 9. Dezember 1983 »Gedenkstätte für NS-Opfer«.

Salzgitter AG eine Gedenkfeier auf dem ehemaligen Appellplatz. Erstmals wurde damit offiziell am Ort des Geschehens der KZ-Opfer gedacht.

Anfang März 1985 war der Konzernvorstand über dieses Vorhaben informiert worden. Dieser genehmigte die Veranstaltung und sagte darüber hinaus die Teilnahme eines Vorstandsmitgliedes zu.[13]

Die intensiven Vorbereitungen der Gedenkfeier beschränkten sich nicht nur auf Salzgitter. Mit Hilfe der »Amicale Internationale de Neuengamme«[14] sollte ein ehemaliger Häftling des KZ Drütte gefunden und zu der ersten Gedenkfeier eingeladen werden. Pierre Restoueix aus Frankreich nahm die Einladung an. Dieser erste, vom Betriebsrat der Stahlwerke Peine-Salzgitter AG initiierte Kontakt zu einem Zeitzeugen besteht bis heute – viele weitere wurden aufgebaut.

Der 11. April 1985 bedeutete eine Zäsur. Vor mehr als 500 Gästen, darunter viele Gewerkschafter, Politiker und Kolleginnen und Kollegen Salzgitteraner Betriebe, machte der Betriebsratsvorsitzende Walter Gruber in seiner Eröffnungsrede deutlich, warum das Gedenken an diesem Ort – im ehemaligen KZ Drütte – seine unbestreitbare Berechtigung habe:

»... Für uns in Salzgitter gibt es keinen Zweifel darüber, wie und an welchem Ort wir über die Bedeutung des Kriegsendes 1945 nachzudenken haben. Für uns steht in dieser Stunde im Zentrum unseres Nachdenkens, was das Kriegsende und das Ende der faschistischen Diktatur für die deutsche Bevölkerung bedeutete und an unzähligen Problemen hinterließ. Vor allem aber gedenken wir Zehntausender von Zwangsarbeitern und KZ-Häftlingen und erinnern uns daran, was das Ende des Weltkrieges für sie bedeutete. Wir haben uns deshalb an einem Ort eingefunden – zum ersten Mal in der Geschichte dieser Stadt –, der wie kein anderer dazu geeignet ist, über die nationalsozialistische Diktatur in Salzgitter nachzudenken: Der Appellplatz des ehemaligen KZ Drütte... Es gibt in Deutschland wenige Orte, an denen die enge Verflechtung von Großindustrie, Konzentrationslagern und Zwangsarbeit atmosphärisch und optisch so deutlich erkennbar wird, wie hier im ehemaligen Konzentrationslager Drütte.«[15]

Diesem Bezug zum authentischen Ort und damit der Forderung nach einer angemessenen dauerhaften Möglichkeit des Gedenkens widersprach der Arbeitsdirektor Dr. Günter Geisler zwar nicht direkt, fasste die Verantwortung des Konzerns jedoch nur in vage Worte: *»Der Vorstand der Peine-Salzgitter AG fühlt sich verpflichtet, anläßlich der 40. Wiederkehr des Tages der Befreiung des KZ-Außenlagers Neuengamme auf dem Gelände der damaligen Reichswerke sich zu die-*

[13] Schriftwechsel vom 28. März 1985. Archiv Arbeitskreis Stadtgeschichte e.V.

[14] Internationaler Verband der ehemaligen Häftlinge des KZ Neuengamme und seiner Außenlager.

[15] Rede von Walter Gruber, am 11. April 1985. Archiv Arbeitskreis Stadtgeschichte e.V.

Gedenktafel im ehemaligen KZ Drütte.

sen geschichtlichen Vorgängen zu bekennen.«[16] Franz Steinkühler, damals 2. Vorsitzender der IG Metall, verurteilte die *»unheilige Allianz zwischen Hitler und Teilen der Industrie«*. Aus Profitgier und Rüstungswahnsinn sei in verbrecherischer Weise ein Menschenhandel erfolgt. Er erklärte, dass die Erinnerung nach 40 Jahren *»ein Beitrag zur Fähigkeit zu trauern ist, etwas, was man uns Deutschen lange abgesprochen hat«*.[17]

Nur wenige Tage vor der Gedenkfeier war auf Bestreben des Betriebsrates an einem der Unterkunftsblocks eine Gedenktafel angebracht worden. So bekam der eindringliche Appell am Schluss der Rede von Walter Gruber *»Wir haben heute nicht nur geredet, nicht nur nachgedacht, sondern auch gehandelt, setzen wir das fort!«* fast den Klang eines Schlachtrufes. Für die Befürworter einer Gedenk- und Dokumentationsstätte KZ Drütte wurde es das Hauptziel, mit Aktivitäten Zeichen zu setzen.

Eine Woche nach der Gedenkfeier fand im Fürstensaal des Museums Schloss Salder eine gut besuchte Veranstaltung des Arbeitskreises Stadtgeschichte e.V. statt. An der Diskussionsrunde *»11.4.1945 – Befreiung Salzgitters vom Nationalsozialismus – Kriegsende und Ende der Zwangsarbeit«* nahmen neben ehemaligen Zwangsarbeitern und KZ-Häftlingen auch Bürgermeister Willi Blume, der Vorstandsvorsitzende der Stahlwerke Peine-Salzgitter AG, Kurt Stähler, Walter Gruber und die Gewerkschaftskollegen Gerd Wysocki und Herbert Scheibe teil.

In der lebhaften Diskussion zur Frage der Errichtung einer Gedenkstätte wurde deutlich, dass die Konzernleitung zwar bereit war, die Bemühungen um eine würdige Gedenkstätte zu unterstützen, dies jedoch aus Gründen der betrieblichen Infrastruktur und aus sicherheitstechnischen Gründen nicht in den noch vorhandenen Räumen des ehemaligen KZ Drütte möglich sei.[18] Erstmals kam das Vorhaben ins Gespräch, die gesamte Hochstraße abzureißen, was schnell Aktivitäten nach sich zog, dies zu verhindern.

Gemeinsam zum Erfolg

Die politischen Gremien wurden nun massiv eingebunden, Kooperationspartner gesucht und Lobbyarbeit geleistet. Ein Antrag der GRÜNEN im Rat der Stadt, eingebracht durch den Geschäftsführer des Betriebsrates, Christoph Großmann, wurde in der Ratssitzung vom 22. Mai 1985 behandelt. Ein wichtiger Punkt war hierbei die Auflage, alle Gebäude des ehemaligen KZ Drütte unter Denkmalschutz zu stellen. Zeitgleich beschäftigte sich im niedersächsischen Landtag der Ausschuss für Wissenschaft und Kunst mit der Frage um die Errichtung der Gedenkstätte.

[16] Rede von Dr. Günter Geisler, am 11. April 1985. Archiv Arbeitskreis Stadtgeschichte e.V.
[17] Rede von Franz Steinkühler, am 11. April 1985. Archiv Arbeitskreis Stadtgeschichte e.V.
[18] Vgl. Arbeitskreis Stadtgeschichte e.V. (Hrsg.), Jahresbericht 1985.

Eine vom Betriebsrat der Stahlwerke Peine-Salzgitter AG vorbereitete Entschließung, die an die Kolleginnen und Kollegen aller Salzgitteraner Betriebe, die IG Metall Verwaltungsstellen im Bezirk, den IG Metall Vorstand Frankfurt, den DGB, die Rats-, Landtags- und Bundestagsfraktionen, an Vertreter der Medien und viele andere weitergegeben wurde, fand überwiegend Zustimmung. Besonders in den Betrieben waren ausführliche Gespräche bei Betriebsversammlungen oder den Sitzungen der VK-Leitungen vorangegangen.[19]

Die ablehnende Haltung der Konzernleitung spiegelt sich in einem Schreiben des Vorstandsvorsitzenden Kurt Stähler und des Arbeitsdirektors Dr. Günter Geisler an den 1. Bevollmächtigten der IG Metall Salzgitter, Bernd Henn, wider. Neben den bekannten Argumenten führten sie aus, dass der räumliche Bezug zu den Lagern – das Hauptargument für die Errichtung der Gedenkstätte auf dem Werksgelände – auch durch die Gestaltung und Art der Gedenkstätte an einem anderen Ort innerhalb der Stadt Salzgitter hergestellt werden könne.

Ein Bestandsschutz für die Altanlagen und Bauwerke innerhalb des Hüttengeländes und damit insbesondere auch für die Hochstraße könne nicht gegeben werden. Dies vor allem deshalb, weil man als *»ein im Wettbewerb stehendes Unternehmen zur Sicherung von Produktionsstandorten und Arbeitsplätzen sowohl die Weiterentwicklung bestehender Produktionsanlagen, wie auch den Einstieg in zukunftssichernde neue Technologien«* leisten müsse. Die Gestaltung einer betriebsoptimalen Infrastruktur wäre durch die Errichtung der Gedenkstätte nicht sichergestellt. Es sei daher der Vorschlag zur Errichtung einer zentralen Gedenkstätte im Stadtgebiet von Salzgitter zu verfolgen.

Das bundesweite Interesse an den Aktivitäten in Salzgitter zeigte sich vor allem auch im Spiegel der Medien. Artikel in überregionalen Zeitungen und Rundfunkberichte zeugen davon.[20] Medienvertreter hatten es allerdings sehr schwer, auf das Werksgelände zu gelangen bzw. Archiv- oder Informationsmaterialien zu erhalten. Die Kolleginnen und Kollegen des Betriebsrates halfen oft, Journalisten den Zugang auf das Gelände zu ermöglichen, regelmäßig erhielten sie dafür Zurechtweisungen durch den Konzernvorstand.[21]

Für ein Kamerateam des Norddeutschen Rundfunks endeten die Bemühungen um Aufnahmen im Februar 1986 vor den Werkstoren. Zusammen mit zwei ehemaligen Häftlingen des KZ Drütte wollten sie die Gedenktafel und das ehemalige Lagergelände sehen. Der Konzernvorstand verweigerte nicht nur die Drehgenehmigung, sondern auch *»jegliche Herausgabe von Dokumenten aus dieser Zeit«*. In einem Schreiben des Konzernvorstandes an den NDR wird dies mit den Worten *»...daß wir von der Wahrung der Pflicht zur objektiven Berichterstattung durch Funk und Fernsehen nicht überzeugt werden konnten... und sehen daher Ihr Anliegen als erledigt an...«*[22] verdeutlicht. Das Team wurde zunächst nicht einmal zu einem langfristig abgesprochenen Gesprächstermin mit dem Betriebsrat auf das Gelände gelassen. Erst als der Betriebsratsvorsitzende Walter Gruber den Vorstand darauf hinwies, dass das Interview in seinem Büro stattfinden solle, erteilte der Vorstand nach längerer Beratung die Einfahrtsgenehmigung. Das NDR-Team wurde daraufhin vom Werkschutz bis zum Betriebsratsbüro eskortiert.[23]

Die Gründung des Komitees zur Errichtung einer Gedenk- und Dokumentationsstätte KZ Drütte hatte zum Ziel, die breite Solidarität zu bündeln. Den Vorsitz und die Koordination übernahm Erwin Thielen vom DGB Kreis Salzgitter. Unterstützung kam von ehemaligen Häftlingen und deren internationalen Organisationen, sowie vom Zentralrat der Juden, dem Zentralverband der Sinti und Roma, aber auch von Parteien, Betriebsräten, Gewerkschaften und der Kirche, bis hin zu Institutionen, die ähnliche Ziele an anderen Orten verfolgten. Auch zahlreiche Bürgerinnen und Bürger bekundeten per Unterschrift ihre Zustimmung.

In den folgenden Jahren übernahm das Komitee für viele Veranstaltungen und andere Aktionen die Verantwortung. Ein wichtiges Anliegen war z.B. die Erarbeitung und Herausgabe eines fundierten Konzepts für eine Gedenk- und Dokumentationsstätte KZ Drütte.[24] Erstmals wurde mit dieser Broschüre eine Darstellung der Möglichkeiten für

[19] Vgl. Schriftwechsel 1985 (besonders MAN/VW-Salzgitter). Archiv Arbeitskreis Stadtgeschichte e.V.

[20] Vgl. NDR I, 2. August 1985, »GBR Vorsitzender Walter Gruber zur Gedenk- und Dokumentationsstätte im Werk Salzgitter«.

[21] Vgl. Schriftwechsel 1985-87. BR-Archiv SZ AG. »metall« Nr. 9, 2. Mai 1986 »Kein gutes Beispiel«.

[22] NDR Sendung extra drei, März 1986.

[23] BR-Bericht, vom 12. Februar 1986. BR-Archiv SZ AG.

[24] Arbeitsgruppe des Komitees »Dokumentationsstätte KZ Drütte«.

Entschließung

Wir, die wir in der Nachfolge der Ermordeten und Gepeinigten des Konzentrationslagers Drütte, in diesem Werk arbeiten, dürfen die Zeit des Naziterrors nicht vergessen oder verdrängen, sondern müssen dessen Ursachen durch Mechanismen erkennen und aufarbeiten, um daraus zu lernen, zumal diese Zeit eng mit der Entstehungsgeschichte dieses Werkes verbunden ist.

Im Gegensatz zum westlichen und östlichen europäischen Ausland gibt es in der Bundesrepublik nur wenige würdige Gedenkstätten in ehemaligen Konzentrationslagern. Das Erleben und Nachempfinden der Situation der Häftlinge in Konzentrationslagern ist aber gerade an den Orten des Grauens möglich. Geradezu einmalig ist das ehemalige Konzentrationslager Drütte zur atmosphärischen und optischen Vermittlung der engen Verflechtung von Staat, Großindustrie, Konzentrationslagern und Zwangsarbeit geeignet.

Wir, als engagierte Gewerkschafter, haben die Lehren der nationalsozialistischen Gewaltherrschaft gezogen und sehen in der Errichtung einer Gedenk- und Dokumentationsstätte im ehemaligen Konzentrationslager Drütte die einmalige Gelegenheit, Menschen die Atmosphäre eines KZ ´s nachvollziehen, vorstellen und nachempfinden zu lassen, die die Schrecken der nationdlsozialistischen Gewaltherrschaft nicht miterlebt haben.

Der Betriebsrat Salzgitter fordert deshalb die Errichtung einer Gedenk- und Dokumentationsstätte in den Räumen des ehemaligen Konzentrationslagers Drütte. Die noch vollständig vorhandenen Gebäude unter der Hochstraße der Stahlwerke Peine-Salzgitter AG sind unter Denkmalschutz zu stellen, damit sie bei dem geplanten Abriß der Hochstraße erhalten bleiben und die Rekonstruktion des gesamten Komplexes des ehemaligen Konzentrationslagers Drütte möglich bleibt.

Wir fordern den Vorstand und den Eigner der Stahlwerke Peine-Salzgitter AG auf, uns in unseren Bemühungen zu unterstützen und alles zu unterlassen, was den Bestand der Gebäude gefährdet bzw. eine Rekonstruktion des ehemaligen Konzentrationslagers Drütte erschwert.

Die Politiker der Region Salzgitter, Braunschweig Peine, Wolfenbüttel des Landes Niedersachsen und des Bundes fordern wir auf, sich für unsere Forderungen einzusetzen und die vorhandenen Gebäude des ehemaligen Konzentrationslagers Drütte unter Denkmalschutz zu stellen und in ihnen eine Gedenk- und Dokumentationsstätte einzurichten.

Stahlwerke Peine-Salzgitter AG
Betriebsrat - Werk Salzgitter

Gründungsaufruf des Komitees »Dokumentationsstätte KZ Drütte«

Am 8. Mai dieses Jahres haben wir des Endes der nationalsozialistischen Gewaltherrschaft vor 40 Jahren gedacht. Auch hier in Salzgitter, dessen Entstehen in engem Zusammenhang mit der Kriegsrüstungspolitik der Nationalsozialisten steht, haben wir allen Anlaß, daran zu erinnern, daß in dieser Stadt über 4000 Menschen als Opfer des Nationalsozialismus ihr Leben lassen mußten.

Hier in Salzgitter mußten mehrere zehntausend ausländische Menschen als Zwangsarbeiter oder Kriegsgefangene in der Rüstungsindustrie Güter herstellen, die zur Kriegsführung gegen ihre Heimatländer genutzt wurden. Bei schwerster körperlicher Arbeit, Hunger, unzureichenden Unterbringungen haben viele von ihnen diese Zeit nicht überlebt.

In den Rüstungsbetrieben »Hütte Braunschweig«, »Stahlwerke Braunschweig« und »AG für Bergbau und Hüttenbedarf« — alles Konzernbetriebe der nationalsozialistischen Reichswerke »Hermann Göring« — kamen aber auch zahlreiche KZ-Häftlinge als billigste Arbeitskräfte zum Einsatz. Sie waren in den KZ-Außenlagern Drütte, Leinde und Salzgitter unter oft noch schlechteren Bedingungen der Willkür ihrer nationalsozialistischen Peiniger ausgesetzt. Viele von ihnen wurden im Rahmen des Programms »Vernichtung durch Arbeit« ermordet.

Die Erinnerung an ihr Schicksal dürfen wir nicht verdrängen.

Doch rufen wir auch dazu auf, nicht nur der Opfer zu gedenken, sondern in Erinnerung zu halten, wie es überhaupt zur nationalsozialistischen Gewaltherrschaft kommen konnte und was wir heute aus diesem Teil unserer Geschichte für Lehren ziehen müssen.

Dies erscheint uns angesichts der Perspektivlosigkeit, in die heute die Massenarbeitslosigkeit in unserem Lande immer mehr Menschen zurückläßt, dem Wiedererstarken rassistischer und autoritärer Tendenzen sowie dem vermehrten Entstehen neofaschistischer Gruppierungen besonders dringlich.

Wir müssen aber feststellen, daß es bisher in Salzgitter keine Stätte gibt, die beides — ein Gedenken an die Opfer und eine Aufklärung für die Gegenwart — zuläßt.

Wir sprechen uns deshalb dafür aus, eine solche Gedenk- und Dokumentationsstätte an einer Stätte des Geschehens, dem ehemaligen KZ-Außenlager Drütte, einzurichten. Durch die Darstellung der Schicksale einzelner KZ-Häftlinge, das Hervorrufen von Betroffenheit und die ergänzende sachliche Aufklärung über die geschichtlichen und politischen Zusammenhänge sollten an diesem Ort Voraussetzungen dafür geschaffen werden, über die deutsche Vergangenheit mehr zu erfahren, als dies in einem Museum oder im Schulunterricht möglich ist. Dazu ist eine Stätte des Geschehens, die sich baulich kaum verändert hat und noch heute deutlich an die Vergangenheit erinnert, hervorragend geeignet. Auch gibt es unseres Wissens keinen anderen Ort, an dem die enge Verflechtung von nationalsozialistischem Staat, Großindustrie, Konzentrationslager und Zwangsarbeit optisch und atmosphärisch so deutlich hervortritt.

In den Räumen, in denen heute Werkstätten und Büros des Bauhofs der Stahlwerke Peine-Salzgitter untergebracht sind, könnten z. B. Einrichtungen des ehemaligen Konzentrationslagers rekonstruiert werden, Informationstafeln aufgestellt werden oder eine Ton-Dia-Schau über die Bedeutung des Ortes berichten. Durch Kunstwerke läßt sich die Sachinformation ergänzen. Überlegenswert wären auch die Rekonstruktion eines Teiles des elektrischen Lagerzaunes oder eines Wachturms.

Wir fordern den Vorstand und den Eigner der Stahlwerke Peine-Salzgitter auf, uns in unseren Bemühungen zu unterstützen und alles zu unterlassen, was den Bestand der Gebäude gefährdet bzw. eine Rekonstruktion des ehemaligen Konzentrationslagers Drütte erschwert.

Die Politiker der Stadt, des Landes und des Bundes fordern wir auf, sich für unsere Forderungen einzusetzen. Vorrangiges Ziel muß es sein, das infrage kommende Areal nebst Aufbauten und Gebäuden unter Denkmalschutz zu stellen.

Rainer Barcikowski, Hartmut Barsnik, Hans Martin Brackhahn, Christoph Großmann, Walter Gruber, Harry Jankowski, Lotte Mannel, Fritz Lübbe, Karl Maßberg, Gert Metell, Heinz Piper, Karl Scharf, Dr. Herbert Scheibe, Karl Friedrich Schlie, Erwin Thielen, Ernst Weidl, Gerd Wysocki u. a.

eine Ausstellung und die pädagogische Arbeit einer Gedenkstätte im Hüttenwerk veröffentlicht. Die Druckkosten konnten durch Spenden vieler Kolleginnen und Kollegen Salzgitteraner Betriebe, des IG Metall Vorstandes und anderer Verwaltungsstellen gedeckt werden. Mit der Errichtung der Gedenkstätte im Januar 1992 war das Ziel des Komitees erreicht, und es wurde in »Förderkreis Gedenk- und Dokumentationsstätte KZ Drütte« umbenannt. Von Anfang an lag die Koordination bei einem Gewerkschaftsmitglied. Seit 1994 übernimmt diese ehrenamtliche Aufgabe der 1. Bevollmächtigte der IG Metall Verwaltungsstelle Salzgitter, Werner Kubitza.

»Aus den dargelegten Gründen erhalten Sie keine Zustimmung...«

Seit der Gedenkfeier im April 1985 war das Interesse, das ehemalige KZ zu besichtigen, stark gestiegen. Anfragen von Schulen, Gewerkschaftern, Kirchen und anderen Interessierten wurden vom Konzernvorstand immer wieder mit Standardformulierungen wie *»Die Hochstraße ist integraler Bestandteil unseres Werkes Salzgitter.... Dieser öffentliche Zugang ist innerhalb unseres Betriebsgeländes – ebenso wie bei anderen Industrieunternehmen auch – aus sicherheitstechnischen Gründen nicht möglich.... Es gibt in Salzgitter bereits mehrere öffentlich zugängliche Gedenkstätten, z.B. Jammertal...«*[25] abgelehnt. Nur mit Unterstützung des Betriebsrates war es möglich, diese Absagen zu umgehen. Auf seine »Einladung« konnten einige Besuchergruppen das ehemalige KZ und damit auch die Gedenktafel besichtigen.

Der Vorstand der Stahlwerke Peine-Salzgitter AG versuchte immer wieder, den Friedhof Jammertal als Alternative zu einer Gedenkstätte im ehemaligen KZ Drütte ins Gespräch zu bringen. Der Tenor war, wie immer in Schreiben der Konzernleitung: Gedenken ja – jedoch nicht in Verbindung mit dem authentischen Ort – und damit in optischer Verbindung zum Werk. So wurde auch der Idee des Betriebsrates, die Rasenfläche unter der Gedenktafel auf dem ehemaligen Appellplatz in Eigenarbeit neu zu gestalten, eine Absage erteilt. In einer gemeinsamen Aktion von Betriebsrat, Vertrauenskörperleitung und Konzernvorstand sollten diese Arbeiten am 5. Oktober 1985 durchgeführt werden. Die Planungen sahen eine Bepflanzung und das Setzen von Kantensteinen vor.[26]

In einem ausführlichen Schreiben erläuterten der Vorstandsvorsitzende Kurt Stähler und der Arbeitsdirektor Dr. Günter Geisler, warum sie dieses Vorhaben nicht unterstützen könnten. Dieser Brief enthielt nahezu denselben Wortlaut, wie derjenige, den Bernd Henn als Reaktion auf die Entschließung erhalten hatte. Diese umfassende Argumentation in Bezug auf die Ablehnung der Pflegearbeiten erscheint unverhältnismäßig, zeigt jedoch, dass die Konzernleitung eine »schleichende« Etablierung der Gedenkstättenidee befürchtete. Um aber nicht in den Ruf des »Nicht-Mahnen-Wollens« zu kommen, wurde als Alternative die Teilnahme an gemeinsamen Pflegearbeiten auf dem Friedhof Jammertal angeboten.

Am Volkstrauertag trafen sich Gewerkschafter und Mitglieder des Vorstandes der Stahlwerke Peine-Salzgitter AG auf dem Friedhof Jammertal zum »Laubfegen«. Wie ernst diese Pflegearbeiten genommen wurden oder ob sie nur als »Pflicht« angesehen wurden, sei dahin gestellt. Filmaufnahmen des Kollegen Edmund Nolle zeigen sehr deutlich die Unterschiede: Während die Mitglieder des Vorstandes überwiegend im Anzug und Mantel erschienen, brachten die Gewerkschafter zumindest die passende Kleidung und Arbeitsgeräte mit. In einer Presseerklärung des Betriebsrates zu diesen Pflegearbeiten erläuterte Walter Gruber, wie es zu dieser Veranstaltung kam und welche Schlüsse daraus nicht gezogen werden dürfen:

»Den Betrachter wird die sich nach außen darstellende Einmütigkeit von Vorstand P+S, Betriebsrat P+S und IG Metall Salzgitter verwirren. Die Gemeinsamkeit bezieht sich hierbei lediglich auf die Pflege der Gedenkstätte für Opfer des Faschismus, Jammertal. Für die Gewerkschafter ist es eine Selbstverständlichkeit, daß alle Gedenkstätten für Opfer des Faschismus in einen würdigen Zustand gebracht und gehalten werden. Deswegen wurde seitens des Betriebsrates und

[25] Schreiben vom 7. Oktober 1985. Archiv Arbeitskreis Stadtgeschichte e.V.

[26] Planungsunterlagen vom September 1985. Archiv Arbeitskreis Stadtgeschichte e.V.

Obere Reihe: Hanne Hiob-Brecht, mittlere Reihe von links nach rechts: R. Chambeiron, Walter Gruber, Brigitte Heinrich, Rudi Arndt.

der IG Metall der Vorschlag des Vorstandes P+S angenommen. Die Idee zu dieser Pflegeaktion entstand in der Auseinandersetzung zwischen Vorstand und Betriebsrat P+S um die Gestaltung des Umfeldes der Gedenktafel am ehemaligen Konzentrationslager Drütte. Der Betriebsrat P+S wollte in Eigenregie die Gestaltung vornehmen und auch selbst bezahlen. Dies wurde vom Vorstand abgelehnt und ein gemeinsamer Pflegeeinsatz am Jammertal vorgeschlagen. Nachdem der Betriebsrat P+S dem Vorstand die Zusage abgerungen hat, das Umfeld der Gedenktafel am ehemaligen KZ Drütte zu gestalten, hat er sich zu der heutigen Pflegeaktion im Jammertal entschlossen. Für den Betriebsrat und die IG Metall sind diese Pflegearbeiten im Jammertal kein Ersatz für die würdige Gestaltung des Umfeldes der Gedenktafel am ehemaligen KZ Drütte. Hier ist der Vorstand noch in der Pflicht. Die Teilnahme von Gewerkschaftern an den Pflegearbeiten im Jammertal bedeutet keinesfalls, daß sie ihre Forderung nach Errichtung einer Gedenk- und Dokumentationsstätte im ehemaligen KZ Drütte aufgeben...«[27]

Der demokratische Weg oder Die hohe Politik

Seit Mitte 1985 formierte sich der »Kampf um eine Gedenkstätte« auch besonders im Bereich parlamentarischer Anfragen und Anträge. So wurde im Mai ein Antrag der GRÜNEN im Rat der Stadt Salzgitter behandelt, der klare Forderungen aufstellte:

- Der Rat der Stadt solle sich für eine Gedenk- und Dokumentationsstätte im ehemaligen KZ Drütte aussprechen.
- Die Verwaltung solle die Gebäude unter Denkmalschutz stellen lassen und außerdem bei Land und Bund vorstellig werden, um finanzielle Mittel einzuwerben.
- In Zusammenarbeit mit dem Betriebsrat, den Gewerkschaften, dem Arbeitskreis Stadtgeschichte e.V. und dem Vorstand der Stahlwerke Salzgitter solle mit der Verwaltung eine Konzeption entwickelt werden.

Dieser Antrag wurde im Dezember mit den Stimmen der SPD und der GRÜNEN angenommen.

Auch im Niedersächsischen Landtag und im Bundestag[28] beriet man über Anträge aus Salzgitter. Auf Initiative gewerkschaftlicher Gremien, des Betriebsrates, des Arbeitskreises Stadtgeschichte, der GRÜNEN und der SPD wurden Anträge und Anfragen an die Parlamente oft durch Informationsveranstaltungen veranschaulicht. So kam der Aus-

[27] Presseerklärung vom 16. November 1985. BR-Archiv SZ AG.
[28] Anträge 1985 und 1986. Archiv Arbeitskreis Stadtgeschichte e.V.

Alljährlich findet am 11. April, dem Tag der Befreiung des Lagers, eine Gedenkveranstaltung in dem Raum der Gedenkstätte statt, in dem Tausende Häftlinge gequält und umgebracht wurden.

schuss für Wissenschaft und Kunst des Niedersächsischen Landtages vor seiner Beratung zu einem informativen Ortstermin in das ehemalige KZ Drütte. Im Bundestag wurde auf Initiative von Christoph Großmann, der auch Ratsherr der GRÜNEN war, zeitgleich mit der Beratung die Ausstellung »Das KZ im Hüttenwerk« gezeigt. Die Initiatoren werteten die Genehmigung für den Aufbau der Ausstellung durch den Bundestagspräsidenten Philipp Jenninger als überparteiliches Interesse, da Ausstellungen im Bundeshaus nur sehr selten stattfinden durften.[29] Betriebsratsmitglieder und Vertreter des Arbeitskreises Stadtgeschichte hatten die Möglichkeit, Abgeordnete in den Sitzungspausen durch die Dokumentation zu führen. Der Antrag wurde zur Beratung an den Innenausschuss verwiesen.

Ein Höhepunkt parlamentarischer Anfragen war eine Beratung im Europäischen Parlament in Straßburg. Die Veranstaltung am 16. Dezember 1987 war von der Abgeordneten der GRÜNEN, Brigitte Heinrich, gemeinsam mit der sozialistischen, der kommunistischen und der Regenbogenfraktion organisiert worden. Im Anschluss an die Lesung »Letzte Briefe aus dem KZ« von Hanne Hiob-Brecht, der Tochter Bertold Brechts, hielt Walter Gruber eine Rede vor dem Parlament.[30] Er informierte nicht nur über die Geschichte des KZ Drütte und dessen Bedeutung für die Darstellung der Verflechtung von Industrie und NS-Wirtschaft, sondern fand auch deutliche Worte, die die ablehnende Haltung des bundeseigenen Stahlunternehmens hervorhoben.

Brigitte Heinrich forderte das Parlament nachdrücklich auf, die Forderungen der Beschäftigten der Stahlwerke Peine-Salzgitter AG und des Gesamtbetriebsrates zu unterstützen und *»die auf dem Gelände dieses Unternehmens im ehemaligen Konzentrationslager Drütte gequälten und zu Tode geschundenen Zwangsarbeiter/innen durch die Errichtung einer antifaschistischen Gedenk- und Dokumentationsstätte am Ort ihrer Leiden zu ehren.«*[31] Am 22. Januar 1988 stimmte die Mehrheit von 262 Abgeordneten aus allen Fraktionen des Europäischen Parlamentes – die äußerste Rechte ausgenommen – dieser Resolution zu.[32] Die Konzernleitung reagierte auf alle politisch-parlamentarischen Beschlüsse mit beharrlicher Ablehnung. Dies, obwohl es sich bei den Stahlwerken Peine-Salzgitter AG um ein zu 100% im Bundesbesitz befindliches Unternehmen handelte, von dem ein gewisses Maß an Verantwortung zu erwarten gewesen wäre.

Die Verweigerungshaltung des Konzernvorstandes verfehlte ihre Wirkung speziell auf die Verwaltung der Stadt nicht. So befasste sich der Rat der Stadt schon am 11. Juni 1987 wieder mit dem Thema »Gedenk- und Dokumentationsstätte KZ Drütte«. Für diese Ratssitzung hatte der Oberstadtdirek-

[29] Salzgitter Zeitung, 5. Juli 1986, »Ausstellung im Bundeshaus«.

[30] Redemanuskript Walter Gruber, 16.12.1987. Archiv Arbeitskreis Stadtgeschichte e.V.

[31] Brigitte Heinrich verstarb am 29. Dezember 1987, die Einbringung der wichtigen Erklärung zur Gedenkstätte KZ Drütte war eine ihrer letzten politischen Aktivitäten. Sie erfuhr nicht mehr von der positiven Entscheidung des Parlamentes.

[32] Mitteilung des europäischen Parlamentes, 22. Januar 1988. Archiv Arbeitskreis Stadtgeschichte e.V.

tor eine umfangreiche Vorlage vorbereitet, in der die Thematik aus der Sicht der Verwaltung behandelt wurde. Diese Verwaltungsvorlage war zusammen mit einer zusätzlichen Stellungnahme des Oberstadtdirektors Dr. Göttrup in mehrfacher Hinsicht bemerkenswert. Übernahm sie doch die jahrelange Argumentation des Konzernvorstandes, während die Argumente des Komitees und des sach- und ortskundigen Betriebsrates keine Erwähnung fanden. Die Vorlage endete mit einer Beschlussempfehlung, in der die Verwaltung aufgefordert wurde, mit der Sammlung von Dokumenten zu beginnen, die vorläufig im Museum Salder ausgestellt werden sollten. Diese Empfehlung wurde mit den Stimmen der SPD und CDU angenommen.

Um den Entscheidungsprozess in Bezug auf die Frage des Ortes einer Gedenk- und Dokumentationsstätte zu forcieren, hatte die Stadt eine Expertenkommission bestellt. Ihr gehörten Barbara Distel (Gedenkstätte Dachau), Dr. Ludwig Eiber (Gedenkstätte Neuengamme), Dr. Wolfgang Benz (Institut für Zeitgeschichte) und Ulrike Puvogel (Bundeszentrale für politische Bildung) an. Im Rahmen eines zweitägigen Aufenthaltes hatte diese Kommission Gespräche mit zuständigen Stellen geführt, die zur Diskussion stehenden Standorte besichtigt und vor allem Vertreter interessierter und beteiligter Gruppen und Organisationen zu einer Anhörung eingeladen. Diese Anhörung bestätigte die breite Zustimmung für den Standort des ehemaligen KZ Drütte. Die Kommission sprach sich im Herbst 1989 trotzdem für eine »vorläufige« Lösung im ehemaligen Lager 21 oder in den ehemaligen Lagern 8/10 aus, obwohl dort keine Gebäude mehr vorhanden waren und Rekonstruktionen notwendig gewesen wären. Bei einer Anhörung des Kulturausschusses der Stadt im Januar 1990 lehnten die Mitglieder des Komitees Dokumentationsstätte KZ Drütte diesen Entschluss vehement ab. Das eindeutige Votum lautete *»...jetzt nicht voreilig gegenüber den Stahlwerken nachzugeben und eine schlechte Ersatzlösung zu akzeptieren. Es wäre schlimm, wenn die einmalige Chance, die historischen Gebäude unter der Hochstraße zur Gedenkstätte zu machen, jetzt dadurch verspielt würde, daß man mit einer Ersatzlösung Fakten schafft, die eine Durchsetzung der Gedenkstätte am authentischen Ort unmöglich machen würden.«*[33] Obwohl diese Haltung die logische Konsequenz aus den Diskussionen der vorangegangenen Jahre war, barg sie die Gefahr, dass sich zum einen eine gewisse Resignation bei den Beteiligten einstellte, und dass zum anderen die Durchsetzung auf Grund des Verkaufes der Stahlwerke Peine-Salzgitter AG an die Preussag erschwert werden könnte.

»Im gemeinsamen Willen, die Erinnerung wachzuhalten...«

Seit 1985 hatten jährlich am 11. April von Betriebsrat und Vertrauenskörperleitung organisierte Gedenkfeiern auf dem Appellplatz im ehemaligen KZ Drütte stattgefunden. Redner aus Politik, Gewerkschaftskreisen, Kirchen und anderen Bereichen waren ebenso regelmäßige Teilnehmer wie ehemalige Häftlinge und deren Angehörige. Traditionen waren entstanden: Treffen am Tor 1, Schweigemarsch zum Appellplatz, gemeinsames stilles Gedenken, Reden und Kranzniederlegungen.

Nach den jahrelangen engagierten Aktionen, dem steten Kampf um die Errichtung der Gedenk- und Dokumentationsstätte KZ Drütte waren neue Ideen und Projekte notwendig, um die Diskussionen weiterhin in der Öffentlichkeit führen und noch mehr Menschen für das Thema interessieren zu können. Zum einen brachten die politischen Veränderungen, der »Mauerfall« und die »Wiedervereinigung« eine Verlagerung der Aktivitäten, zum anderen war gerade im Bereich der Gedenkstätten eine neue Entwicklung zu beobachten. In Niedersachsen war die Gedenkstätte Bergen-Belsen neu gestaltet worden und zur Landesgedenkstätte erklärt worden. Gleichzeitig wurde von der Landesregierung ein Haushaltsposten zur Förderung regionaler Gedenkstätten eingerichtet.[34] Die politische und finanzielle Unterstützung ermöglichten neue Projekte, wobei Salzgitter nach Ansicht des wissenschaftlichen Beirates eine der dezentralen, themenbezogenen Gedenkstätten in Niedersachsen werden sollte.

[33] Schreiben vom 23. Januar 1990. Archiv Arbeitskreis Stadtgeschichte e.V.

[34] Vgl. Niedersächsisches Kultusministerium, S. 4ff.

Schweigemarsch zur Gedenkfeier am 11. April 1992.

Das Komitee unterstützte daher die Idee des Arbeitskreises Stadtgeschichte e.V., ein Projekt »Zeitzeugen des Nationalsozialismus« durchzuführen. Ziel war es, in aller Welt Überlebende der Konzentrationslager in Salzgitter zu suchen, deren Erinnerungen zu sammeln und auszuwerten und gleichzeitig ein internationales Treffen ehemaliger KZ-Häftlinge und Zwangsarbeiter zu organisieren. Das Treffen sollte zum fünfzigjährigen Stadtjubiläum, am 1. April 1992, stattfinden. Die Vorbereitungen wurden von den unterschiedlichsten Organisationen und Initiativen, von Kirchen sowie aus dem gewerkschaftlichen Bereich unterstützt. Zur Finanzierung des Besuchsprogramms dieses Treffens wurden Spenden eingeworben. Zeichen sollten gesetzt, politische Diskussionen neu belebt werden: Ehemalige Häftlinge kommen an den Ort ihrer Leiden und Zwangsarbeit zurück – an den Ort, an dem ein uneinsichtiger Konzern einer Gedenkstätte nicht zustimmen will. Diese Intention verlor jedoch, für die meisten völlig überraschend, ihre Grundlage.

Am 27. Januar 1992 hatten die Stahlwerke Peine-Salzgitter AG und der Gesamtbetriebsrat der Stahlwerke Peine-Salzgitter AG eine Vereinbarung unterzeichnet, in der die Bereitstellung eines Gedenkraumes unter der Hochstraße zugesichert wurde. Darin heißt es:

»In dem gemeinsamen Willen, die Erinnerung an Geschehnisse der nationalsozialistischen Gewaltherrschaft in Salzgitter wachzuhalten, verabreden die Vertragsparteien die nachfolgende abschließende Regelung zur Gestaltung eines Gedenkraumes.«[35]

Bis heute ist nicht klar erkennbar, warum der Konzernvorstand seine jahrelange strikte Ablehnung aufgab. In den Akten finden sich keine eindeutigen Hinweise darauf. Es kann lediglich darüber spekuliert werden, ob die Privatisierung die Möglichkeiten dafür geschaffen hatte, oder ob politische Umstände Einfluss nahmen. Möglicherweise hat auch die Aussicht auf das Politikum »Internationales Treffen ehemaliger KZ-Häftlinge« zum fünfzigjährigen Stadtjubiläum die Entscheidung forciert. Fest steht, dass ein personeller Wechsel der Verantwortlichen nicht stattgefunden hatte.

Auch der Gesamtbetriebsratsausschuss war erst am 24. Januar 1992 offiziell über die Entscheidung informiert worden.[36]

Die Bereitstellung eines Raumes unter der Hochstraße wurde von den meisten Komiteemitgliedern als ein erster Schritt gewertet. Hatte man doch in dem 1989 erstellten

[35] Vereinbarung vom 27. Januar 1992. Archiv Arbeitskreis Stadtgeschichte e.V.

[36] Gesprächsnotiz vom 24. Januar 1992. BR-Archiv SZ AG.

Verinbarung zwischen der Salzgitter AG und dem Betriebsrat zur Bereitstellung eines Gedenkraums.

V e r e i n b a r u n g

zwischen

der Stahlwerke Peine-Salzgitter AG
- Unternehmen -

und

dem Gesamtbetriebsrat der Stahlwerke Peine-Salzgitter AG
- Betriebsrat -

In dem gemeinsamen Willen, die Erinnerung an Geschehnisse der nationalsozialistischen Gewaltherrschaft in Salzgitter wach zu halten, verabreden die Vertragsparteien die nachfolgende abschließende Regelung zur Gestaltung eines Gedenkraumes.

1. Das Unternehmen stellt zwei Felder unter der Hochstraße zur Einrichtung und Nutzung eines Raumes der Erinnerung zur Verfügung. Die Lage beider Felder sind im beigefügten Plan wiedergegeben.

2. Das Unternehmen stellt die Infrastruktur des Raumes einschließlich des Zugangs über die nördlich gelegene Treppe zur Verfügung und unterhält sie.

3. Das Unternehmen gestaltet und unterhält den Außenbereich der Nordostseite der Hochstraße in einem der Zweckbestimmung dienenden Rahmen. Der Bereich an der Südwestseite der Hochstraße (Baubetrieb) wird weiter betrieblich genutzt.

Konzept die Nutzung aller ehemaligen Unterkunftsräume als Gedenkstätte angestrebt. Dennoch war es ein großer Schritt: Die in der Vereinbarung getroffenen Regelungen wurden so formuliert, dass sie nicht zu einer inhaltlichen Zensur führen konnten. Diese hätte durchaus stattfinden können, denn die enge Verknüpfung des Werkes mit dem Konzentrationslager und dem Einsatz der Zwangsarbeiter sollte – und ist es schließlich auch geworden – Schwerpunkt der Dokumentation werden.

Das Internationale Treffen ehemaliger KZ Häftlinge und Zwangsarbeiter bekam somit eine andere Funktion. Es wurde zur ersten Veranstaltung in der Gedenk- und Dokumentationsstätte KZ Drütte: Etwa 180 ehemalige Häftlinge waren aus ganz Europa zu Besuch gekommen. Herbert Wittek, Betriebsratsvorsitzender der Preussag Stahl AG, führte in seiner Ansprache aus, was alle an der Organisation beteiligten, alle Redner und besonders die ausländischen Gäste begrüßten: *»In diesem Jahr hat die Gedenkstunde einen besonderen Stellenwert, und dies besonders in zweierlei Hinsicht. Zum einen findet sie in unmittelbarem Bezug zum fünfzigjährigen Geburtstag der Stadt Salzgitter statt,*

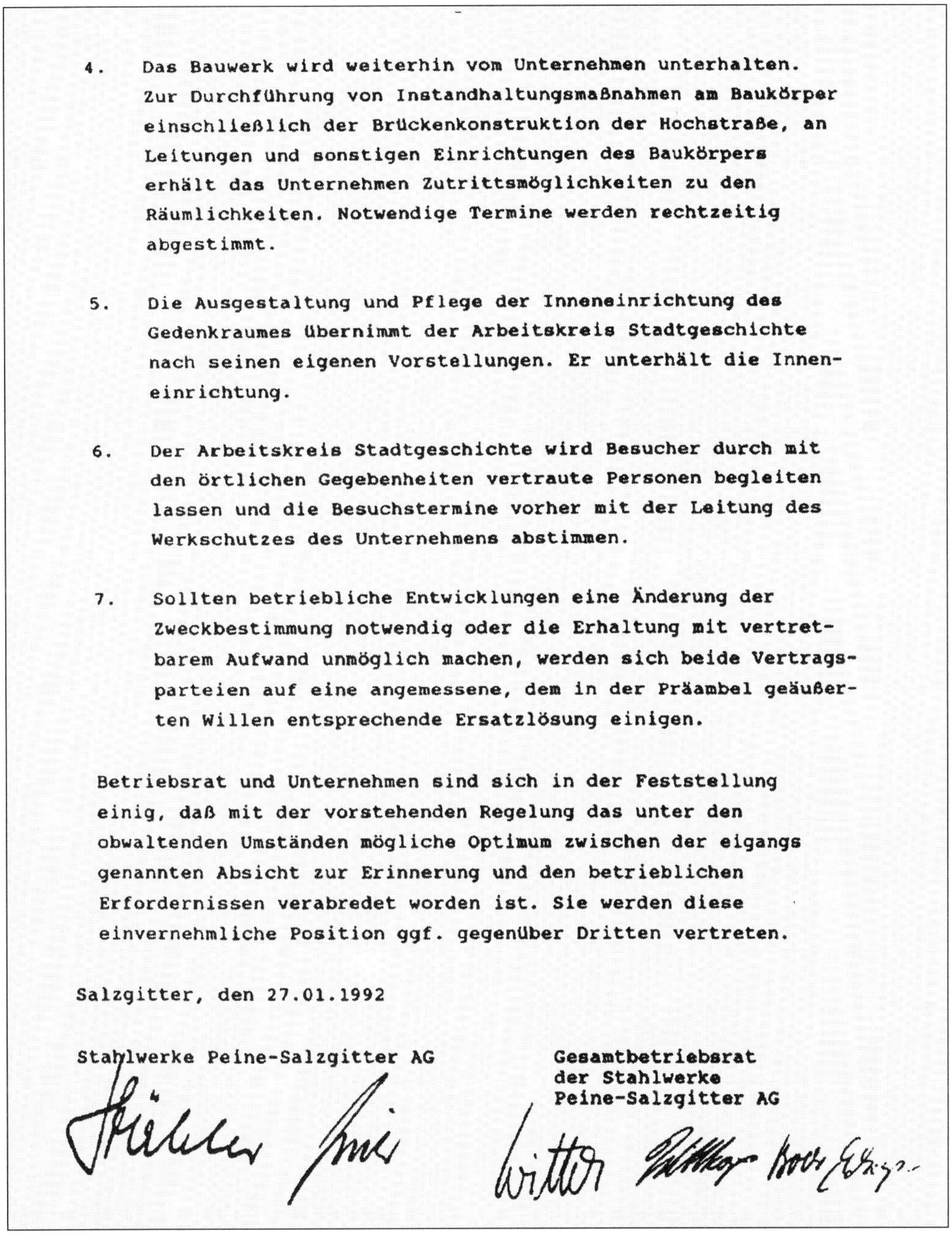

4. Das Bauwerk wird weiterhin vom Unternehmen unterhalten. Zur Durchführung von Instandhaltungsmaßnahmen am Baukörper einschließlich der Brückenkonstruktion der Hochstraße, an Leitungen und sonstigen Einrichtungen des Baukörpers erhält das Unternehmen Zutrittsmöglichkeiten zu den Räumlichkeiten. Notwendige Termine werden rechtzeitig abgestimmt.

5. Die Ausgestaltung und Pflege der Inneneinrichtung des Gedenkraumes übernimmt der Arbeitskreis Stadtgeschichte nach seinen eigenen Vorstellungen. Er unterhält die Inneneinrichtung.

6. Der Arbeitskreis Stadtgeschichte wird Besucher durch mit den örtlichen Gegebenheiten vertraute Personen begleiten lassen und die Besuchstermine vorher mit der Leitung des Werkschutzes des Unternehmens abstimmen.

7. Sollten betriebliche Entwicklungen eine Änderung der Zweckbestimmung notwendig oder die Erhaltung mit vertretbarem Aufwand unmöglich machen, werden sich beide Vertragsparteien auf eine angemessene, dem in der Präambel geäußerten Willen entsprechende Ersatzlösung einigen.

Betriebsrat und Unternehmen sind sich in der Feststellung einig, daß mit der vorstehenden Regelung das unter den obwaltenden Umständen mögliche Optimum zwischen der eigangs genannten Absicht zur Erinnerung und den betrieblichen Erfordernissen verabredet worden ist. Sie werden diese einvernehmliche Position ggf. gegenüber Dritten vertreten.

Salzgitter, den 27.01.1992

Stahlwerke Peine-Salzgitter AG

Gesamtbetriebsrat
der Stahlwerke
Peine-Salzgitter AG

und zum anderen hat sich der Vorstand der Peine-Salzgitter AG nach langem Ringen für die Errichtung eines Gedenkraumes – hinter diesen Fenstern – ausgesprochen. Wir sind über die Entscheidung des Vorstandes tief befriedigt. Die einmalige Chance, am authentischen Ort dem dunkelsten Kapitel der Entstehungsgeschichte dieses Werkes und der Stadt nachspüren und die Atmosphäre nachempfinden zu können, wird so doch noch wahrgenommen. Zum historischen Ort gab es keine Alternative!«[37]

Die Erarbeitung eines neuen Konzepts für die Gedenkstätte war nach der unerwarteten Übernahme eines Raumes unter der Hochstraße eine der wichtigsten Aufgaben. Umbauten oder Rekonstruktionen an den seit 1988 unter Denkmalsschutz stehenden Gebäuden des ehemaligen KZ Drütte fanden in Absprache mit den zuständigen Fachleuten statt.

Die Beschaffung der Finanzmittel zum Aufbau der Gedenkstätte lag beim Arbeitskreis Stadtgeschichte e.V. Eine der grundlegenden Fragen war in diesem Zusammenhang, wie weit sich die Preussag Stahl AG finanziell oder durch Sachleistungen an der Gestaltung beteiligen würde. Mit Unterstüt-

[37] Arbeitskreis Stadtgeschichte e.V. (Hrsg.), Dokumentation, S. 28.

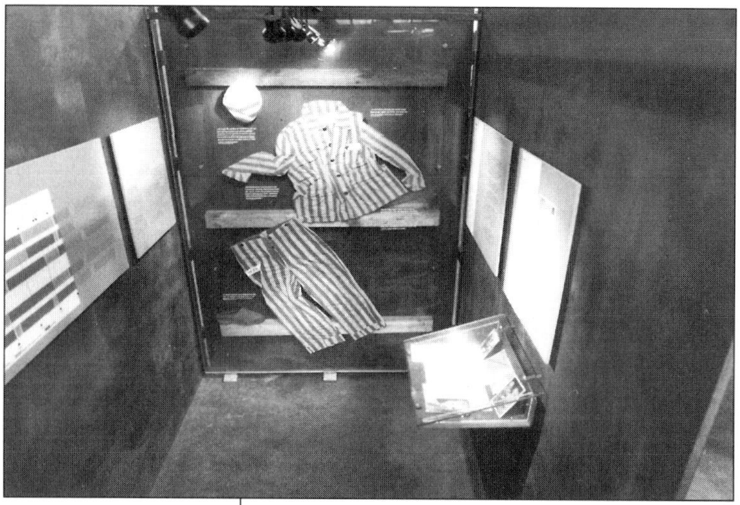

Aufbau der der Gedenkstätte, April 1994.

zung der IG Metall Salzgitter, aus deren Bereich auch Spenden zur Verfügung gestellt wurden, und des Betriebsrates der Preussag Stahl AG führten Gespräche mit der Konzernleitung zum Erfolg. Sachleistungen, wie z.B. der Stahl für die Ausstellungskuben oder die Arbeit einzelner Abteilungen halfen, die Kosten zu decken.

Viele Kolleginnen und Kollegen, die bei den Um- und Aufbaumaßnahmen eingesetzt waren, hatten Interesse daran, mehr über dieses ehemalige KZ zu erfahren. Die aktive Mitarbeit führte so zu einer aktiven Auseinandersetzung. Ältere Kollegen erzählten von ihren Erfahrungen – meist aus den 1950er Jahren – z.B., wie man früher mit der eigenen Werksgeschichte umging oder über Meister, die das KZ Drütte noch kannten.

Zur Gedenkfeier am 11. April 1994 konnte die Gedenk- und Dokumentationsstätte KZ Drütte in Anwesenheit einiger ehemaliger KZ-Häftlinge, vieler Vertreter des Konzerns, der Politik, der Gewerkschaften und zahlreicher Kolleginnen und Kollegen der Öffentlichkeit übergeben werden.

Zum 50. Jahrestag der Befreiung fand erneut ein internationales Treffen ehemaliger KZ Häftlinge statt – organisiert vom Arbeitskreis Stadtgeschichte e.V. und unterstützt von den Mitgliedern des Förderkreises Gedenk- und Dokumentationsstätte Drütte. Nicht nur die Bereitstellung finanzieller Mittel war ein wesentlicher Faktor, sondern auch die tatkräftige Mithilfe. So übernahmen Kolleginnen und Kollegen aus allen Salzgitteraner Betrieben ebenso wie die IG Metall Verwaltungsstelle Salzgitter Betreuungsaufgaben, Dolmetschertätigkeiten, organisatorische Hilfestellungen oder stellten Räumlichkeiten und Fahrzeuge zur Verfügung.[38] Im Rahmen dieser Veranstaltung wurde zum einen eine positive Bilanz gezogen, zum anderen wurden weitere Überlegungen zur Etablierung der Gedenkstätte, nicht nur im Werk und in der Stadt, diskutiert.

Eine Voraussetzung für die kontinuierliche Arbeit der Gedenk- und Dokumentationsstätte KZ Drütte war und ist eine hauptamtliche Stelle. Zwar waren seit Beginn des Kampfes um die Gedenkstätte viele engagierte ehrenamtliche Kolleginnen und Kollegen, teilweise unterstützt durch ABM-Kräfte des Arbeitskreises Stadtgeschichte e.V. immer bereit, für das gemeinsame Anliegen einzutreten, trotzdem wurde deutlich, dass eine »lebendige« Gedenkstätte nur mit festem Personal funktioniert. Die Finanzierung der beim Arbeitskreis Stadtgeschichte e.V. beschäftigten Kollegin wird heute vom Land Niedersachsen, der Stadt Salzgitter und durch Spenden aus dem Bereich der IG Metall Salzgitter geleistet.

»Den Raum mit Leben zu füllen«, wie es der Betriebsratsvorsitzende Herbert Wittek anlässlich der Eröffnung der Gedenkstätte ausdrückte, reicht nicht. Alle Beteiligten waren sich einig, dass die aufklärerische Aufgabe darüber hinaus gehen muss. So war schon bei der Raumkonzeption darauf geachtet worden, dass Sonderveranstaltungen in der Gedenkstätte möglich sind. Neben den jährlich stattfindenden Gedenkstunden zum 11. April, wurden dort Sonderausstellungen und Theaterstücke gezeigt, Vorträge gehal-

[38] Vgl. Arbeitskreis Stadtgeschichte e.V., Dokumentation 1995.

ten, Musikveranstaltungen organisiert und andere Projekte durchgeführt. Diese Angebote fanden immer die Unterstützung bei gewerkschaftlich organisierten Kolleginnen und Kollegen. Sei es die Bereitstellung von technischen Ausstattungen, die Mitfinanzierung oder personelle Unterstützung. Die gute Kooperation zeigte sich besonders 1998, als die Sonderausstellung »Wir hatten noch gar nicht angefangen zu leben. Das Jugend KZ Moringen« präsentiert wurde. Diese Ausstellung war in Zusammenarbeit mit dem Betriebsrat Volkswagen Werk Salzgitter initiiert worden. Transport, Aufbau und Öffentlichkeitsarbeit wurden gemeinsam durchgeführt. Marco Otocki, Mitglied der Jugend- und Ausbildungsvertretung, war zehn Tage für die Aufsicht in der Gedenkstätte freigestellt worden. Erstmals war die Gedenkstätte täglich geöffnet und konnte ohne vorherige Anmeldung besucht werden. Auf Grund der unerwartet hohen Besucherzahlen machte Marco Otocki – zusätzlich zu den Kolleginnen und Kollegen des Arbeitskreises Stadtgeschichte e.V. – auch Führungen in der Sonderausstellung, die Aufsicht im Raum übernahmen spontan Betriebsratsmitglieder der Salzgitter AG.

Es wurde weiterhin geplant, dass die Auszubildenden des VW-Werkes im Rahmen ihrer Ausbildung die Gedenk- und Dokumentationsstätte KZ Drütte besuchen. Ein ähnliches Projekt läuft seit zwei Jahren mit dem Ausbildungszentrum der PPS: Die Kolleginnen und Kollegen des Arbeitskreis Stadtgeschichte e.V. gestalten mit allen Auszubildenden des ersten Lehrjahres in Kleingruppen jeweils einen halben Tag. Informationen zur Geschichte der Stadt und der Werke, ein Besuch in der Gedenkstätte und abschließende Diskussionen, auch zu aktuellen themenbezogenen Problemen,[39] sollen den Auszubildenden die Reflexion der eigenen Arbeitswelt und gesellschaftspolitischer Entwicklungen erleichtern.

Aktuell ist angestrebt, dass die Jugendvertretungen und die Jugendsekretärin der IG Metall, Jutta Ehlers, auf alle ausbildenden Betriebe einwirken, dieses Projekt zum obligatorischen Bestandteil der Ausbildung werden zu lassen. Gerade in Zeiten, in denen rechtsextreme Tendenzen, Gewalt, Ausländerfeindlichkeit und Rassismus zunehmen, wäre diese bildungspolitische Maßnahme sinnvoll. Denn folgt man der Studie von Held, Horn und Marvakis, ist der Wille zum politischen Engagement bei jugendlichen Arbeitnehmerinnen und Arbeitnehmern stark rückläufig.[40]

Nicht nur reden und nachdenken, sondern auch aktiv handeln, wie Walter Gruber auf der ersten Gedenkfeier 1985 forderte, ist also eine wichtige Form, sich mit der Geschichte auseinanderzusetzen und sich ihr anzunähern.

Ansätze hierzu gab es besonders bei den Besuchen ehemaliger KZ-Häftlinge in Salzgitter. Im Sommer 1998 nahmen Auszubildende der PPS an einem mehrtägigen Besuchsprogramm polnischer Gäste teil. Einige der Jugendlichen kamen selbst aus polnischsprachigen Familien und konnten daher mit den Überlebenden ins Gespräch kommen. Diese Begegnungen wurden von den

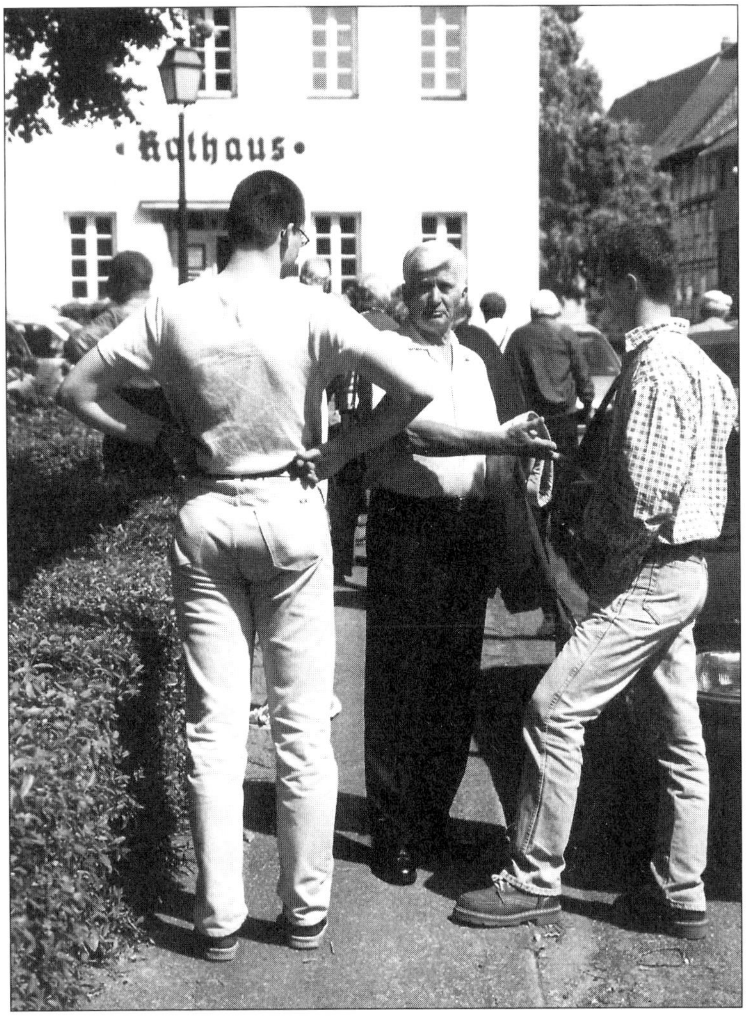

Auszubildende der PPS im Gespräch mit ehemaligen KZ-Häftlingen, Juni 1998.

[39] Vgl. DGB Bildungswerk Thüringen, S. 21ff.
[40] Held/Horn/Marvakis, S. 241ff.

Zwangsarbeiter für die Kriegsproduktion

Der nationalsozialistische »Ausländereinsatz« zwischen 1939 und 1945 stellt den größten Fall der massenhaften zwangsweisen Verwendung von ausländischen Arbeitskräften in der Geschichte seit Ende der Sklaverei im 19. Jahrhundert dar. Im Spätsommer 1944 waren auf dem Gebiet des »Großdeutschen Reiches« 7,6 Millionen ausländische Zivilarbeiter und Kriegsgefangene offiziell als beschäftigt gemeldet,[41] die man größtenteils zwangsweise zum Arbeitseinsatz ins Reich gebracht hatte.

Fast 28% dieser Zwangsarbeiter waren in der Metallindustrie und im Bergbau eingesetzt. Allein im Salzgittergebiet arbeiteten etwa 70.000 Zwangsarbeiter. Nicht enthalten sind in diesen Zahlen KZ-Häftlinge, die für die deutsche Industrie arbeiten mussten – in den Konzentrationslagern in Salzgitter waren dies zwischen 1942 und Kriegsende insgesamt etwa 10.000 Männer und Frauen. Deren Einsatz hatte sich bereits 1941 abgezeichnet, als die SS bereit war, der Industrie unter gewissen Bedingungen KZ-Häftlinge zur Verfügung zu stellen, obwohl dies nicht mit der rassischen bzw. ideologischen Vernichtungspolitik vereinbar schien. Anfangs wurden Häftlinge überwiegend für Bauvorhaben eingesetzt. Ab März 1942 stand der Einsatz der KZ-Häftlinge in der industriellen Fertigung auf der Tagesordnung. Laut Himmlers Befehl war *»...konsequent jede Möglichkeit zu ergreifen, um auch die letzte Arbeitsstunde irgendeines Menschen für den Sieg nutzbar zu machen«.*[42]

Die Firmen »orderten« die KZ-Häftlinge bei der SS. Firmenvertreter fuhren in die Konzentrationslager, um geeignete Häftlinge auszusuchen. Für deren Arbeitseinsatz zahlten die Betriebe an die SS: pro Tag 6.- RM für einen Facharbeiter, 4.- RM für einen Hilfsarbeiter. Innerbetriebliche Überlegungen und Rationalitätskriterien beeinflussten die Entscheidung über die Bedingungen des Häftlingseinsatzes maßgeblich. Es wurden ausgefeilte Konzepte für den Arbeitseinsatz der Häftlinge entworfen, die theoretisch betriebsinterne Reibungsverluste verhindern sollten. Die Industrie hatte die Vorteile der Kooperation mit der SS begriffen und sich die innere Logik der Vernichtungspolitik schnell für ihre Zwecke nutzbar gemacht. De facto wurden die Häftlinge in zwei Gruppen eingeteilt: Die als Facharbeiter ausgewählten »Langzeitarbeitskräfte« mit schonenderer Behandlung und damit niedrigerer Todesrate und die »Hilfsarbeiter«, deren Lebens- und Arbeitsbedingungen so schlecht waren, dass sie nach wenigen Wochen oder Monaten starben. In diesem Sinn nahm die Industrie billigend in Kauf, was die SS anstrebte: »Vernichtung durch Arbeit«.

Kranzdelegationen aus den Betrieben und Verwaltungen, aus Parteien, Gewerkschaften und gesellschaftlichen Organisationen zur Gedenkveranstaltung am Tag der Befreiung des Lagers.

Gegenüberliegende Seite: Ein Auszubildender der PPS im Gespräch mit ehemaligen KZ-Häftlingen, Juni 1998.

Auszubildenden als sehr »interessant« oder »wichtig« beurteil. So sagte ein Teilnehmer: *»Das, was ich vorher nur gehört oder gesehen hatte, bekam plötzlich eine andere Bedeutung«.*

Formen aktiven Handelns für die Erinnerung oder das Mahnen können aber auch eng mit dem Beruf in Zusammenhang stehen. So bauten Auszubildende der PPS einen Bücherständer und eine Ablage für das Besucherbuch aus Metall, dem Werkstoff, mit dem sie täglich umgehen. Die Jugend- und Ausbildungsvertretung VW organisierte, dass ein Büchertisch für die Gedenkstätte hergestellt wurde.

Erinnern und Mahnen muss aber auch über den Ort hinaus stattfinden. Zwei aktuelle Beispiele sind die Friedensarbeit und die Frage der »Entschädigungszahlungen«. Das gewerkschaftliche Engagement für die Durchsetzung von Zahlungen an ehemalige KZ-Häftlinge und Zwangsarbeiter setzt in Salzgitter schon sehr früh ein. Bereits am 17. Juli 1945 wurde auf einer Betriebsratsversammlung der Reichswerke gefordert, dass *»es eine Ehrenpflicht sein müßte, für ehemalige KZ-Häftlinge oder deren Angehörigen, die aus politischen Gründen jahrelang geschändet worden sind, zu sorgen«.*[43]

1987 formulierte der Gesamtbetriebsrat der Stahlwerke Peine-Salzgitter AG: *»Eine Wiedergutmachung des Leidens von Millionen dieser Opfer und des an ihnen begangenen Unrechts ist nicht möglich. Schon die Behauptung, Wiedergutmachung könne durch Geld erfolgen, ist eine Beleidigung der Opfer. Der Umgang mit den Opfern, das Eingehen auf ihre materielle Lebenssituation heute und die materiellen Folgen der Verfolgung, wie die angemessene Entschädigung der Zwangsarbeit, sind wichtige Kriterien für die Weiterentwicklung unserer demokratischen Kultur in der Bundesrepublik Deutschland...«*[44]

In der Diskussion um die Durchsetzung von Zahlungen an ehemalige Zwangsarbeiterinnen und Zwangsarbeiter, inzwischen fast 60 Jahre nach Kriegsende, ist die IG Metall ein wichtiger Gesprächspartner für Betriebe und Politik. Besonders dort, wo es um die Bundesstiftung geht.[45] Die IG Metall Salzgitter hat eine Information über den Einsatz von Zwangsarbeitern und Zwangsarbeiterinnen in dieser Region zusammenstellen lassen.[46] Die Dimensionen der Zwangsarbeit in Salzgitter sind nur den wenigsten bekannt. Erst wenn ein Grundwissen bei vielen Interessierten vorhanden ist, lassen sich Diskussionen in der Öffentlichkeit angemessen führen.

Durch die Hervorhebung von »Erinnerungsaktivitäten« wird deutlich, wie stark unser Verständnis von einzelnen Ereignissen abhängt, mit denen wir das Erinnern und Mahnen in Verbindung bringen.

Jüngere Besucher erfahren es anders, als diejenigen, die jahrelang um die Gedenkstätte gekämpft haben. Die Erinnerungsarbeit darf also nicht in tradierten Formen erstarren, sondern muss durch aktive Erinnerungsformen im Fluss bleiben.[47]

[41] Herbert, S. 271.
[42] Befehl vom 3. März 1942. Zitiert nach Fröbe, S. 641.
[43] Bericht über die Betriebsratsversammlung am 17. Juli 1945, BR-Archiv SZ AG.
[44] »Entschließung zur Entschädigung von Zwangsarbeit« des GBR vom 15. Mai 1987. Archiv Arbeitskreis Stadtgeschichte e.V.
[45] Vgl. Barwig; Saathoff; Weyde und Faltblatt des IGM Vorstandes »Gerechtigkeit für ehemalige ZwangsarbeiterInnen.
[46] Elke Zacharias: Statement zur Entschädigungspolitik. Archiv Arbeitskreis Stadtgeschichte e.V.
[47] Vgl. Young, S.45ff.

P
metaller

»Wir schlagen Krach für unsere Zukunft!«

Die Jugendarbeit der IG Metall in Salzgitter

Als die Gewerkschaften 1945 nach der Beendigung der nationalsozialistischen Diktatur neu aufgebaut wurden, räumten die Funktionäre der gewerkschaftlichen Jugendarbeit einen hohen Stellenwert ein. Im Geschäftsbericht des Deutschen Gewerkschaftsbundes der britischen Besatzungszone für die Jahre 1947 bis 1949 bezeichnete man *»die Bedeutung der Jugendarbeit für die Zukunft der gewerkschaftlichen Arbeit (als) eine, wenn nicht die entscheidende Frage«,*[1] und auch noch fast zwei Jahrzehnte später hielt Georg Benz in seinem Referat auf dem 8. ordentlichen Gewerkschaftstag der IG Metall die gewerkschaftliche Jugendarbeit für *»Arbeit am Fundament der gewerkschaftlichen Zukunft«.*[2]

Dieses Bewusstsein hatte seine Wurzeln jedoch nicht in der Tradition gewerkschaftlicher Arbeit, denn die Gewerkschaften nahmen sich sehr spät – erst im Jahre 1908, also ein halbes Jahrhundert nach Beginn der gewerkschaftlichen Arbeit – der Arbeiterjugend an. Die proletarische Jugendbewegung, Vorläufer der Gewerkschaftsjugend, war allein durch die Eigeninitiative und aus der eigenen Kraft der Jugend entstanden.[3] Ausgelöst durch das Lehrlingselend in Berlin und anderen Großstädten erfolgte der erste organisatorische Zusammenschluss der Arbeiterjugend in Vereinen 1904 in Berlin, nachdem der Tod eines vierzehnjährigen Schlosserlehrlings bekannt geworden war.[4] 1908 beschlossen die Gewerkschaften schließlich, in Übereinstimmung mit dem Parteivorstand der SPD, auf dem Hamburger Gewerkschaftskongress, Jugendabteilungen zu bilden. An Stelle der selbständigen Jugendvereine organisierten nun Jugendausschüsse die Arbeit. Sie setzten sich aus Vertretern der SPD, der freien Gewerkschaften und jugendlichen Vertrauenspersonen zusammen. Leitendes Organ war die »Zentralstelle für die arbeitende Jugend Deutschlands«, die ein breites Bildungs-, Kultur- und Freizeitangebot für die Jugendlichen zur Verfügung stellte. Die politischen Handlungsmöglichkeiten waren bedingt durch das Reichsvereinsgesetz, das die Mitgliedschaft in politischen Vereinen sowie die Teilnahme an politischen Versammlungen verbot, allerdings sehr eingeschränkt.[5]

Nach dem Ersten Weltkrieg löste sich das Organisationsmodell der »Zentralstelle« auf – die Spaltung der Arbeiterjugendbewegung und die parteipolitische Differenzierung der Sozialdemokratie hatte die Struktur unbrauchbar werden lassen, so dass der organisatorische Neuaufbau der gewerkschaftlichen Jugendarbeit nötig wurde. In den Verbänden des 1919 gegründeten Allgemeinen Deutschen Gewerkschaftsbundes bildeten seit 1922 lokale Jugendgruppen vor Ort als »organisatorisches Koordinationsinstrument die Jugendkartelle des ADGB«.[6]

In den lokalen Jugendgruppen wurde besonders die »Jugendpflege« großgeschrieben. »Ziel dieser Jugendpflege war es, den jugendlichen Gruppenmitgliedern eine emotionale Bindung zu geben, gekoppelt mit der Vermittlung gewerkschaftlicher Vorstellungen«.[7] Von der beruflichen Fortbildung und Schulungen über Lese-, Bastel- und Filmabende zu Wanderungen, Sportwettkämpfen, Theater und Spielmannszügen bot sich der Gewerkschaftsjugend hier eine Vielfalt von Betätigungsmöglichkeiten. Obwohl diese Form der Jugendarbeit immer wieder wegen ihrer »unpolitischen« Form und Inhalte ins Kreuzfeuer geriet, musste auch die Gewerkschaftsjugend Rücksicht auf die Bedürfnisse der Jugendlichen nehmen, wollte sie weiterhin für diese attraktiv bleiben – waren doch

Gegenüberliegende Seite: Auszubildende aus allen Betrieben demonstrieren für die Schaffung von mehr Ausbildungsplätzen, die Übernahme und höhere Ausbildungsvergütungen.

[1] Bundesvorstand des Deutschen Gewerkschaftsbundes (Hrsg.), S. 448.
[2] Protokoll des 8. ordentlichen Gewerkschaftstages der IG Metall vom 6. bis 11. September 1965, S. 130.
[3] Prinz, S. 11f.
[4] Dieser hatte sich erhängt, um den Misshandlungen seines Meisters zu entgehen. Vgl. dazu Prinz, S. 12ff.
[5] Ebd., S. 16ff.
[6] Vgl. dazu Wichert, S. 25f.
[7] Ebd., S. 33.

Deutscher Gewerkschaftsbund
Watenstedt-Salzgitter
— Jugendsekretariat —

Lebenstedt, den 16. Juni 1947

An alle Betriebsräte und Gewerkschaftsfunktionäre!

Rundschreiben Nr. 2/47

Werte Kollegen!

Aus gegebener Veranlassung bitte ich Nachfolgendes gewissenhaft zu beachten:
Unsere Jugendarbeit ist für die Gewerkschaft in der kommenden Zeit von großer Bedeutung. Eine vordringliche Aufgabe der Industriegewerkschaften, sowie der Kollegen in den Betriebsvertretungen muß es sein, junge Kollegen zu aktiven und begeisterten Funktionären heranzubilden. Diese gewerkschaftliche Notwendigkeit kann nur durch eine gute Zusammenarbeit der Betriebsvertretungen mit dem Jugendsekretariat des Deutschen Gewerkschaftsbundes erreicht werden.
Wir erwarten daher, daß alle Rundschreiben in Zukunft genauestens beachtet werden.

Umseitig werden die Richtlinien für die Arbeit des Jugendsprechers im Betrieb für die Betriebsräte zur Kenntnis gegeben.

Nach den Anweisungen des Gewerkschaftssekretariats Niedersachsen muß in jedem Betrieb mit 10 und mehr Jugendlichen im Alter von 14 bis 25 Jahren ein Jugendsprecher des gleichen Alters gewählt werden. Ein Jugendvertrauensmann ist für jeden Betrieb zu wählen, wenn weniger als 10 Jugendliche beschäftigt werden. Der als Jugendsprecher vorgeschlagene Kollege soll seine Lehrzeit beendet haben. Der Jugendsprecher nimmt mit beratender Stimme bei den Beratungen über Jugendfragen an den Betriebsratssitzungen teil. Darüber hinaus bleibt es den Betriebsräten überlassen - soweit möglich - die Jugendsprecher an den Betriebsratssitzungen teilnehmen zu lassen. Der Jugendsprecher soll innerhalb der Betriebsvertretung die Interessen der beschäftigten Jugendlichen vertreten.

In allen Gewerkschaftstagungen wird auf die Bedeutung der gewerkschaftlichen Jugendarbeit hingewiesen.

Alle Betriebe müssen daher bis zum 5. Juli 1947 die Jugendsprecherwahlen durchgeführt haben. Wahlprotokoll ist nach erfolgter Wahl umgehend dem Jugendsekretariat zuzusenden. Das Jugendsekretariat steht Euch zur Durchführung dieser Aufgaben jeder Zeit zur Verfügung.

Den in der Anlage beigefügten Fragebogen betr. die Anzahl der Jugendlichen im Betrieb ist nach erfolgter Wahl mit dem Namen, sowie Anschrift des Jugendsprechers - Jugendvertrauensmann - umgehend ausgefüllt an uns zurückzusenden.

Mit kollegialem Gruß!
Deutscher Gewerkschaftsbund
Watenstedt-Salzgitter
— Jugendsekretariat —
gez. Hanus

Emotionalisierung und Idealisierung des Gemeinschaftsdenkens die prägenden Grundelemente der Arbeit, die sich bei allen Jugendorganisationen in der Weimarer Republik wiederfanden.

Auf gewerkschaftspolitischer Ebene kämpfte die Freie Gewerkschaftsjugend im ADGB für die Erweiterung des Jugendarbeitsschutzes, die Verbesserung der Berufsausbildung, die tarifliche Regelung des Lehrlingswesens und die Bekämpfung der Jugendarbeitslosigkeit – Handlungsfelder, die bis heute, wenn auch mit anderer Gewichtung und Terminologie, nicht an Aktualität verloren haben und damals wie heute jugendliche und erwachsene Vertreter der Gewerkschaft gleichermaßen beschäftigen.[8]

[8] Ebd., S. 33ff.

Richtlinien für die Arbeit des Jugendsprechers in den Betrieben!

Die Wahrung der wirtschaftlichen, beruflichen und sozialen Interessen der Lehrlinge, Jungarbeiter und Jungangestellte des Betriebes ist die Aufgabe des Jugendsprechers.

Zu diesem Zweck ruft er die Jungkollegen seines Betriebes zu regelmäßigen Besprechungen zusammen (Jugendversammlungen alle 4-6 Wochen) um von ihnen ihre Wünsche und Beschwerden zu erfahren, sowie um einen ständigen persönlichen Kontakt mit ihnen aufrechtzuerhalten.

Gemeinsam mit dem Betriebsrat und mit der gewerkschaftlichen Jugendleitung des Ortes setzt er sich für die Befriedigung dieser Wünsche und die Beseitigung vorhandener Mißstände ein.

Vor allen Dingen hat er sein Augenmerk darauf zu richten, daß die berufliche Ausbildung der Lehrlinge den zu stellenden Anforderungen entspricht und das der Lehrling möglichst die Grundkenntnisse seines Berufes in einer ordnungsmäßig geführten Lehrwerkstatt erwirbt, daß er ferner nicht in die mechanische Serienproduktion mit eingeschaltet wird oder mit sonstigen mehr nebenberuflichen Arbeiten beschäftigt ist bzw. ganz und gar mit Arbeiten, die nicht zu seinem Beruf gehören.

Es gehört zu den Aufgaben des Jugendsprechers, jeden Jugendlichen mit den gesetzlichen Bestimmungen des Jugendschutzes, des Tarifvertrages und des Unfallschutzes vertraut zu machen. Weiterhin hat er dafür zu sorgen, daß diese Bestimmungen im Betrieb auch eingehalten werden.

Die Überprüfungen der Arbeitsbedingungen für die Jugendlichen und ihre Verbesserungen, die Verteilung von Mangelware und ähnlich gelagerte Aufgaben gehören in sein stängiges Arbeitsgebiet.

Durch eine wertvolle Freizeitgestaltung kann er nicht nur das Gefühl der Zusammengehörigkeit stärken, sondern auch das Bildungsniveau der Jugend verbessern.

Nur eine starke gewerkschaftliche Organisation ermöglicht ihm die Durchführung dieser Aufgaben. Die gewerkschaftliche Werbung ist deshalb seine dringlichste Arbeit.

Mit den aufgeführten Anregungen erschöpft sich die Tätigkeit des Jugendsprechers nicht. Er ist Verbindungsmann zwischen der Jugend des Betriebes und dem Betriebsrat, sowie des Jugendsekretariats. Seine Tätigkeit findet ihre Ergänzung in den gemeinsamen Veranstaltungen, es ist deshalb seine Aufgabe, die Beteiligung an den gewerkschaftlichen Jugendveranstaltungen in seinem Arbeitskreis ständig zu förden.

Es ist selstverständlich, daß bei etwaigen Mißständen oder bei Beschwerden aus dem Jugendkollegen-Kreisen der Jugendsprecher immer erst eine Aussprache mit dem Betriebsrat und dann mit dem direkten Vorgesetzten herbeiführt.

Evtl. notwendige Auskunft in dieser Angelegenheit erhaltet Ihr im Jugendsekretariat des Deutschen Gewerkschaftsbundes, beim Kollegen Hanus, Gewerkschaftshaus, Lebenstedt, Neue Straße 73

Druck: E. Trümper, Salzgitter

Die Jugendsprecherwahlen in den Betrieben stellten einen entscheidenden Schritt zum Aufbau der DGB-Jugendarbeit dar.

Erschwerte Bedingungen

Die Frage, wie die Jugend nach 1945 zu erreichen und ihre Bildung im gewerkschaftlichen Sinne zu organisieren sei, war nicht unproblematisch. Unter den Bedingungen autoritärer Staatserziehung in der Hitlerjugend aufgewachsen und im Krieg »verheizt« kamen die Jugendlichen nach Kriegsende vielfach verwaist und obdachlos aus der Gefangenschaft zurück und waren oft politisch desorientiert und desillusioniert. Allein in der britischen Zone waren Ende der 1940er Jahre noch 40.000 heimat- und heimlose Jugendliche zu finden.[9] Unter Berücksichtigung dieser besonderen Bedingungen formulierten die Delegierten der Bielefelder Zonenkonferenz im August 1946 ihre Ansätze und Ziele für die gewerkschaftliche Jugendarbeit folgendermaßen:

[9] Bundesvorstand des Deutschen Gewerkschaftsbundes (Hrsg.), S. 451.

»Es wird heute viel davon gesprochen, wie wir die Jugend für uns gewinnen können. Ich glaube, wenn wir uns der Mühe unterziehen, überall dort, wo wir mit diesen jungen Menschen in Berührung kommen, durch persönliche Aussprache ihrer Lebenswelt näher zu kommen, ist der erste Schritt getan. Horchen wir in sie hinein, machen wir uns ein Bild ihrer Gedanken und versuchen wir sie zu begreifen, dann sind genügend Anknüpfungspunkte gefunden, die die besten Ansätze für unsere Arbeit sein können.

Schon an der Arbeitsstelle sind wir in der Lage, die Verbindung herbeizuführen. Denn es gibt wohl keinen Lehrling oder jugendlichen Arbeiter, der weiß, daß alle Bestimmungen, die ihm die Arbeit erleichtern, sein Leben und seine Lebenshaltung schützen, zur Hauptsache einmal von der organisierten Arbeiterschaft in langen und schweren Kämpfen geschaffen wurde. Bei allen Schwierigkeiten im Betrieb sollte er aber in den Betriebsräten die Stelle finden, die ihn schützt und seine Interessen vertritt.

Die Jugend in den Betrieben muß in den älteren Kollegen den wegweisenden Freund finden. An diesen Erfahrungen kann sich ihr Solidaritätsgefühl entwickeln und sie lernen wieder selbständig denken und Stellung zu nehmen zu ihren Interessen und Aufgaben. Die Jugend braucht Vorbilder, im Betrieb, in der Gewerkschaft, wie überhaupt im Leben. Als weiteres Feld der Betätigung mit und an der Jugend kommen unsere gewerkschaftlichen Jugendgruppen in Frage. In diesen Gruppen kann dem Bedürfnis nach Zusammenschluß und gemeinsamem Erleben Rechnung getragen werden. Hier ist der Jugend Gelegenheit gegeben, selbständig und verantwortlich in gemeinsamer Arbeit das gemeinschaftliche Leben kennenzulernen. Hier ist die Möglichkeit geboten, das für unsere Zeit so bitter notwendige Verantwortungsbewußtsein für die Gemeinschaft zu wecken und zu pflegen, welches für den zukünftigen Gewerkschafter von größter Bedeutung ist.

Es ist für die gesamte Gewerkschaftsbewegung wichtig, ob es uns gelingt, durch intensive und planvolle Jugendarbeit genügend Mitstreiter aus ihren Reihen für unsere zukünftige Arbeit zu gewinnen.«[10]

DGB-Jugend

Der organisatorische Beginn der gewerkschaftlichen Jugendarbeit war nicht einheitlich. In Niedersachsen dominierten die Ortsjugendgruppen, während in Nordrhein-Westfalen der Schwerpunkt auf der Betriebsjugendgruppenarbeit lag, die vorwiegend nach dem Industrieverbandsprinzip arbeitete. Nachdem auf dem Bielefelder Gründungskongress des DGB für die britische Zone im April 1947 der Beschluss gefasst worden war, die verantwortliche Leitung der Jugendarbeit zu übernehmen, legte ein Ausschuss die Richtlinien der gewerkschaftlichen Jugendarbeit fest.[11] In Niedersachsen gelang es in den ersten Jahren, die Jugend unabhängig von ihrer Zugehörigkeit zu einer der Industriegewerkschaften in der Bundesjugend zusammenzufassen.[12]

In Watenstedt-Salzgitter baute Kolege Albert Schmidt, Jugendsekretär des Deutschen Gewerkschaftsbundes, Kreisausschuss Watenstedt-Salzgitter, die Jugendarbeit in den ersten Nachkriegsjahren auf.[13] Im Juli 1948 kündigte er die Reorganisation der Gewerkschaftsjugend im Stadtgebiet an, weil es, so argumentierte er, bis dato nicht möglich gewesen sei, *»eine planmäßige Jugendarbeit zu betreiben, da keinerlei organisatorische Anhaltspunkte vorhanden«* waren.

Den Richtlinien des DGB entsprechend sollten die Jugendlichen der verschiedenen Industriegewerkschaften in einer Ortsjugendgruppe und im Betrieb in einer Betriebsgruppe zusammengefasst werden, um einer *»Zerspaltung der Jugendarbeit«* entgegenzuwirken.[14]

1949 hatte sich die Jugendarbeit im Kreisgebiet bereits auf 25 Betriebe mit ihren Unterabteilungen ausgedehnt. Regelmäßige Betriebsjugendversammlungen boten Raum für arbeitsrechtliche Fragen, Schlichtung von Streitigkeiten zwischen Lehrlingen und Meistern und Diskussionen über die verschiedensten Bereiche gewerkschaftlicher Jugendarbeit. Zwei sehr aktive Jugendgruppen in Steterburg und Salzgitter (Bad) wurden aufgebaut. *»Der Ernst und das Interesse in diesen Gruppen ist erstaunlich«*, so Schmidt und werde *»zum großen Teil von der Jugend der Industriegewerkschaft Metall getragen«*.[15]

[10] Verwaltungsstelle der IG Metall Hattingen (Hrsg.), S. 39.
[11] Vgl. Bundesvorstand des Deutschen Gewerkschaftsbundes (Hrsg.), S. 449ff. Abdruck der formulierten Richtlinien, S. 452f.
[12] Zitiert nach Hartmann, S. 479f.
[13] Im FDGB Salzgitter war die Jugendarbeit dem Kollegen Hanus zugeordnet. Nach 1947 ist jedoch kein Hinweis mehr auf eine Tätigkeit zu finden. Vgl. Organisationsplan der Arbeitsgebiete innerhalb des Aufgabenkreises der Gewerkschaften, undatiert, Archiv IG Metall Salzgitter, unverzeichnet.
[14] Schreiben DGB Kreisausschuss Watenstedt-Salzgitter, Jugendsekretariat an die Geschäftsstelle der IG Metall Lebenstedt, 15. Juli 1948. StA Salzgitter N29/15.
[15] »Jugendarbeit der IG Metall in der Zeit von Juni 1948 bis Juni 1949«. Bericht des Jugendsekretärs Albert Schmidt, DGB Kreisausschuss Watenstedt-Salzgitter an die IG Metall, Franz Busch. StA Salzgitter, N29/15.

Nicht ausreichend sei hingegen die Teilnahme der Jugendlichen an Kursen der Bundesjugend- und Heimvolkshochschulen,[16] und auch auf die Bildungsarbeit innerhalb der Betriebe müsse besonderer Wert gelegt werden, eine Aufgabe, die von Betriebsräten und Jugendfunktionären zu leisten sei, forderte Schmidt.[17]

Jugendarbeit der IG Metall

Die Jugendarbeit der IG Metall erhielt auf trizonaler Basis erst ab dem 1. Januar 1950 eine einheitliche Organisationsstruktur. Das Schwergewicht der Jugendarbeit sollte laut Richtlinien im Betrieb liegen, wobei vor allem die örtlichen Jugendgruppen als Träger der Jugendarbeit vorgesehen waren.

Als ein wesentliches Element der Richtlinien galt der Grundsatz, die gewerkschaftlich organisierten Jugendlichen als gleichberechtigte und gleichverpflichtete Mitglieder innerhalb der Gesamtorganisation zu behandeln und eine Aufhebung der Gegensätze zwischen alt und jung zu erreichen. Weiterhin gibt der Geschäftsbericht des Vorstandes Aufschluss über die Stellung der Jugendpflege innerhalb der Jugendarbeit:

»War es bis zu diesem Ergebnis vor allem die jugendpflegerische Tätigkeit, die im Vordergrund der Jugendarbeit der IG Metall stand, so wurde seit diesem Zeitpunkt mehr und mehr systematisch daran gearbeitet, über diesen Rahmen der allgemeinen Jugendfragen hinaus die Schulung und Bildung im Sinne unserer gewerkschaftlichen Aufgabenstellung in Wirtschaft, Staat und Gesellschaft hervorzuheben und zu erweitern. Damit wurde das Schwergewicht unserer Jugendarbeit nunmehr auf die Aufgabengebiete des Jugendarbeitsschutzes, der Berufsausbildung, der Jugendfürsorge und die rechtliche und wirtschaftliche Stellung der Jugendlichen verlegt.«[18]

Franz Busch, 1. Bevollmächtigter der Verwaltungsstelle Salzgitter, informierte die Delegierten in der Vertreterversammlung am 15. September 1951 über das Bezirksjugendtreffen in Hannover, das für Salzgitter den Auftakt zur Jugendarbeit der IG Metall darstellte.

Mit der Bildung von neun Betriebsjugendgruppen und den Vorbereitungen zur Wahl des Ortsjugendausschusses begann man vor Ort eine eigene Organisationsstruktur für die Jugendarbeit aufzubauen.[19] Die Grundlagen dazu waren durch die Jugendarbeit des DGB bereits geschaffen worden, ohnehin setzte sich die DGB-Jugend zum größten Teil aus Jugendlichen zusammen, die in der IG Metall organisiert waren. Im Frühjahr 1952 berichtete Franz Busch: *»Die Jugendarbeit läßt sich im allgemeinen gut an. Wir haben in allen Betrieben Jugendvertrauensmänner, drei Betriebs- und zwei Ortsjugendgruppen, die dritte ist in Vorbereitung. Der Ortsjugendausschuß ist rege tätig. Die Gruppenarbeit selbst ist als gut zu bezeichnen. Der Schulungs- und Bildungsarbeit selbst wird größte Bedeutung beigemessen. Ein vor kurzem beendeter Kurs für freie Rede war ein voller Erfolg. Die Errichtung einer Bibliothek ist vorgesehen und der Grundstock hierfür bereits gelegt. Im Sommer gibt es Fahrten und Jugendlager. Unsere Kollegen müssen auch in die Gewerkschaftsarbeit hineinwachsen, weil sie unsere Aufgaben übernehmen müssen und dafür müssen wir auch etwas ausgeben, denn diese Ausgaben sind gut verzinst.«*[20]

1953 übernahm Helmut Globig den Vorsitz des Ortsjugendausschusses. Seine Arbeit mit der Jugend, die er ab 1957 dann als hauptamtlicher Sekretär fortsetzte, gab der gewerkschaftlichen Jugendarbeit in Salzgitter bis in die 1960er Jahre Richtung und Form. Das jugendpflegerische Element stand in dieser ersten Phase eindeutig im Vordergrund, ebenso das Bedürfnis der Jugend nach Unterhaltung.

Bis zu Beginn der 1960er Jahre bildeten die Jugendgruppen den Schwerpunkt und organisatorischen Rahmen der gewerkschaft-

[16] Rundschreiben des DGB Kreisausschuss Watenstedt-Salzgitter Nr. 5/49, 3. Juni 1949. StA Salzgitter N29/15.
[17] Rundschreiben DGB Kreisausschuss Watenstedt-Salzgitter an die Betriebsräte, 1. Juli 1949. StA Salzgitter N29/15.
[18] IG Metall (Hrsg.), Geschäftsbericht 1950 bis 1952, S. 151.
[19] Geschäftsbericht der Ortsverwaltung in der Vertreterversammlung am 15. September 1951, S. 4f. StA Salzgitter, Bestand IG Metall, unverzeichnet, 1g.
[20] Geschäftsbericht für das I. Quartal 1952, S. 5. StA Salzgitter. Bestand IG Metall, unverzeichnet.

Helmut Globig

Helmut Globig wurde am 25. Juni 1927 in Hirschberg im Riesengebirge geboren. Nach Krieg und Gefangenschaft kam der gelernte Maschinenschlosser 1947 in das Hüttenwerk Salzgitter und trat im Juni 1949 in die IG Metall ein. 1950 wählten ihn seine Kolleginnen und Kollegen in den Betriebsrat und später in den geschäftsführenden Ausschuss. Ebenfalls seit 1950 war Helmut Globig Jugendvertrauensmann und Kassierer sowie Delegierter für die Vertreterversammlung. 1953 wurde er dann auch in die Ortsverwaltung und in den Kreisausschuss des DGB gewählt. Wesentliches Betätigungsfeld für Helmut Globig war die Jugendarbeit der IG Metall. So war er seit 1953 Vorsitzender des Ortsjugendausschusses und Mitglied im Kreisjugendausschuss.

1957 schied er aus der »Hütte« aus und nahm seine Tätigkeit als hauptamtlicher Gewerkschaftssekretär in der Verwaltungsstelle Salzgitter auf. Besondere Schwerpunkte seiner Arbeit als Jugendsekretär sah er im Kampf gegen Krieg und Faschismus ebenso wie in der Stärkung internationaler Solidarität.

Nach der Pensionierung Franz Buschs wurde Helmut Globig am 1. März 1967 1. Bevollmächtigter der IG Metall in Salzgitter. Er war Mitglied im Beirat der IG Metall sowie mehrerer Tarifkommissionen und Aufsichtsräte und wurde im September 1974 in den Vorstand der IG Metall gewählt.

Die politische Laufbahn Helmut Globigs begann bereits im Juni 1949 in der Gruppe Arbeiterpolitik (Arpo), der er bis zu ihrer Auflösung im Jahr 1959 angehörte. Als einer der ersten trat er nach der Auflösung der Arpo in die SPD ein und besetzte mit Hilfe der SPD-Betriebsgruppe politische Mandate für die SPD. 1964 wurde Helmut Globig in den Rat der Stadt Salzgitter gewählt. Als stellvertretender Fraktionsvorsitzender seit Oktober 1968, 2. Bürgermeister seit Februar 1970 und schließlich 1. Bürgermeister der Stadt Salzgitter seit September 1975 gestaltete er die politische Arbeit in der Stadt mit. Innerhalb der SPD arbeitete er seit 1966 im Unterbezirksvorstand mit und war von 1973 bis 1978 stellvertretender Vorsitzender der SPD Arbeitsgemeinschaft für Arbeitnehmerfragen (AFA) im Unterbezirk Salzgitter und im Bezirk Braunschweig.

Helmut Globig gehört zu den herausragenden Vertretern jener gewerkschaftlichen Funktionäre, die gewerkschaftliche und kommunale Politik zueinander führten und so die Beziehungen zwischen Gewerkschaft und Partei nutzbringend für die Menschen der Stadt einsetzten. Helmut Globig starb am 10. September 1979 in Salzgitter.[21]

Helmut Globig mit der IG Metall-Jugend auf dem Pfingstjugendtreffen in Barsinghausen, sechziger Jahre.

lichen Jugendarbeit. Die IG Metall bzw. der Ortsjugendausschuss organisierte Ferienfreizeiten, kulturelle Veranstaltungen, Kinoabende und Tanzvergnügen. Die Zahl der Ortsjugendgruppen stieg bis 1958 auf vier an: In Lebenstedt, Salzgitter-Bad, Steterburg und Woltwiesche trafen sich die Jugendlichen wöchentlich zu Freizeitaktivitäten und Schulungsarbeit.

Die »*jugendpflegerische und gewerkschaftliche Arbeit müssen aufeinander abgestimmt werden, um diese jungen Menschen an das gewerkschaftliche Leben heranzuführen. Diese Aufgabe ist in der heutigen Zeit, wo junge Menschen durch äußere Einflüsse, besonders Film, Rock´n Roll usw. abgelenkt werden, sehr schwierig. So ist auch die Arbeitsweise der Jugendgruppenarbeit den neuen Formen angepaßt*«, konstatierte Helmut Globig im Geschäftsbericht 1957/58.[22]

Unter Globigs Einfluss begannen 1958 internationale Jugendbegegnungen. Kontakte zu den österreichischen Falken wurden geknüpft und die IG Metall-Jugend Salzgitter gehörte regelmäßig zu den jungen Gewerkschaftern aus vielen Ländern Europas, die sich in der »Falkenrepublik« in Döbriach am Millstätter See trafen.[23]

JUGEND der IG METALL

Verwaltungsstelle
- Salzgitter -

O.V.

Jugendgruppe "Geschwister Scholl"
Sa.-Steterburg

März - April 1962

2. März 1962 "Der Tarifstreit" - Vortrag und Diskussion

9. März 1962 Auftau der Gewerkschaft

16. März 1962 Heimabend

23. März 1962 Wir sehen eine Bildserie

30. März 1962 Jugendlicher in der Gesellschaft und im Betrieb (von der Wochenendschulung 3./4.2.62, Langeleben)

\- - - - - -

6. April 1962 "Was ist ein Stuhl?" - Wir definieren deutsche Wörter

13. April 1962 Unsere Hauskapelle spielt zum Tanz mit Karl-Heinz, Harro u. Wolfgang

20. April 1962 Literatur-Abend
Wir lesen Werke von Wolfgang Borchert

27. April 1962 Berichte über die Schulung in Berlin.

Die Gruppenabende finden jeweils freitags um 20.00 Uhr im Jugendheim statt.

Die Gruppenlei...
gez. M. Cram...

Neue Wege

Auf Vorstandsebene der IG Metall war bereits in der zweiten Hälfte der 1950er Jahre unter dem Einfluss Heinz Dürrbecks, der 1956 die Abteilung Jugend und Berufsausbildung übernommenen hatte, ein Richtungswechsel der Jugendarbeit erkennbar. So wurde beispielsweise aus dem bisherigen »Jugendwerbemonat Oktober« der »Jugendmonat« mit qualitativ anderem Inhalt und dem Anspruch, die Jugend mit zeitgemäßen Methoden zu politisieren.[24] Unter dem Motto »Und der Haifisch, der hat Zähne« begeisterte eine Tournee der Jugendrevuen quer durch die Republik ihr Publikum; und im Gegensatz zu einigen Spitzenfunktionären, die das Programm für »aufwieglerisch und linkslastig« hielten, fand sie bei den Jugendlichen breite Zustimmung.[25] In Salzgitter war die Revue der Höhepunkt des Monats und spielte vor ausverkauftem Haus.[26]

Die zunehmende Politisierung zeigte sich aber auch im größeren Rahmen durch den Protest gegen Remilitarisierung und gegen die atomare Aufrüstung, der besonders von der Gewerkschaftsjugend artikuliert wurde. Die IG Metall-Jugend bezog hier entschieden Position. Einer der ersten Höhepunkte gegen die atomare Aufrüstung war der Atommarsch 1961 in England. Über 15 000 Menschen beteiligten sich an dem Marsch von Aldermaston nach London – darunter die IG Metall-Jugend mit 430 Teilnehmern. Unter der Leitung von Helmut Globig unterstützen 36 Kolleginnen und Kollegen aus dem Bezirk Hannover, davon 15 aus Salzgitter, diese Demonstration.[27]

Zu Beginn der 1960er Jahre zeichnete sich der Kurswechsel in der gewerkschaftlichen Jugendarbeit immer deutlicher ab. Nicht nur die Jugendlichen fingen an, sich gegen auto-

[21] Bergmann, S. 127.
[22] Geschäftsbericht 1957/58, S. 23. Die Berichte sind nicht gezeichnet, doch nach der bis heute gängigen Praxis ist anzunehmen, dass Helmut Globig als Jugendsekretär diesen Berichtsabschnitt verfasst hat.
[23] Ebd., S. 26
[24] Leiss, S. 101.
[25] Ebd., S. 101f.
[26] Geschäftsbericht 1957/58, S. 27.
[27] Geschäftsbericht 1960/1961, S. 24.

ritäre Strukturen und die Moralvorstellungen der Erwachsenen zu wehren und im Betrieb für ihre Rechte zu kämpfen, auch die Gewerkschaft übte offen Kritik an der bisher praktizierten Jugendarbeit. Mit der Einsicht, dass sich die Jugendgruppen wieder stärker an betrieblichen Problemen orientieren müssten, wurden Neigungs- und Hobbygruppen zunehmend abgelehnt und abgebaut. Überdies zeigte sich, dass die jugendpflegerischen Aktivitäten der Konkurrenz durch Medien und Freizeitindustrie, aber auch durch die vermehrten Angebote der Kommune und anderer Verbände und Vereine nicht mehr standhalten konnten. Vielmehr war man an einer stärkeren Hinwendung zu Bildungsaufgaben interessiert, die sich aus der gewerkschaftlichen Praxis ergaben und in den gesellschaftspolitischen Rahmen eingebettet werden sollten. Sicher konnten diese Forderungen in der betrieblichen Praxis nicht sofort umgesetzt werden. Erst gegen Ende der 1960er Jahre gelang es mit der Studentenbewegung vielerorts die verkrusteten Machtstrukturen aufzubrechen und die eigenen Interessen erfolgreich zu vertreten.

Ein wichtiger Schritt zur Neugestaltung der Jugendbildung war die Erarbeitung eines einheitlichen Bildungskonzeptes, das Anfang der 1960er Jahre erstmals von der IG Chemie vorgelegt und erprobt wurde. Waren die Lehrgänge bis zu Beginn der 60er Jahre noch weitgehend vom Stil des »Frontalunterrichts« durch Einzelreferenten geprägt, deren Themen oft lediglich nebeneinander standen, wurden nun Bereiche wie Wirtschaft, Politik, Gewerkschaft und Gesellschaft in Zusammenhang gebracht. Die Einzelreferenten wurden durch ein Team abgelöst und die Form der Gruppenarbeit setzte sich durch. Das Team bestand im Idealfall aus einer oder einem Hauptamtlichen, einer Kollegin oder einem Kollegen aus dem Betrieb sowie aus dem Hochschulbereich.

Schließlich legten IG Chemie, IG Metall, ÖTV und DGB Leitfäden zur Jugendbildungsarbeit vor, die in verschiedenen Stufen die Jugendlichen über ihre Situation in Freizeit, Betrieb und Gesellschaft aufklären sollten.

Im Vorwort des IG Metall-Leitfadens Stufe I hieß es: *»Unsere Bildungsarbeit hat das*

IG METALL Mitteilungen

VERWALTUNGSSTELLE SALZGITTER

JAHRGANG 1 SEPTEMBER 1960 NR. 5

Im Zeichen des Jugendmonats Oktober

Der „Jugendmonat Oktober" ist bei der Industriegewerkschaft Metall schon zur guten Tradition geworden. In diesen Wochen tritt die IG Metall mit verschiedenen Anliegen im Sinne der jungen Generation an die Öffentlichkeit: Mit einem Sonderprogramm gewährt die in der IG Metall organisierte Jugend einen Einblick in ihre jugendpflegerische und gewerkschaftliche Arbeit. Sie stellt dabei auch die besonderen Forderungen der Jugend heraus. Die Jugend gestaltet also ein ganzes Monatsprogramm für die junge Generation.

Wie gewissenhaft und ernsthaft sich junge und ältere Kollegen in den Reihen der IG Metall Sorgen um die Jugend machen, kam am deutlichsten auf der 5. Jugendkonferenz der IG Metall im Mai 1960 zum Ausdruck. Hierbei zeigte es sich erneut, daß es nur gut sein kann, wenn sich junge Menschen etwas mehr um ihre eigenen Belange kümmern. Angefangen von Fragen des Schutzes unserer Demokratie und des Verlangens nach verstärkter Mitbestimmung auf allen Gebieten des gesellschaftlichen Lebens über die Verbindung mit der Jugend aus dem anderen Teil Deutschlands bis zur speziellen eigenen Frage des Schutzes der Jugend vor Ausnutzung wurde diskutiert. Hierzu stand man auf der Konferenz in Bochum freimütig Rede und Antwort.

Die jungen Delegierten, die sich hier versammelt hatten, kamen aus unseren Jugendgruppen und aus den Betrieben, die zum Organisationsbereich unserer Gewerkschaft gehören. Wie auf dieser Konferenz leisten sie aber auch auf manchem anderen Gebiet unauffällig ihre Arbeit, die wir einmal im Jahr — in unserem Jugendmonat — herausstellen. In diesen Wochen wollen wir auch werbend auf die noch abseits stehende Jugend einwirken und sie zur Mitarbeit auffordern. Im „Jugendmonat Oktober" gehört die ganze Aufmerksamkeit unserer Gewerkschaft der jungen Generation.

Jugend braucht Freude und Frohsinn. Sie muß aber auch selbst für die Möglichkeiten sorgen, durch eigenes Wirken ihre Alltagssorgen zu regeln. In der Industriegewerkschaft Metall bietet sich eine dieser Möglichkeiten an. Die Jugendarbeit wird in unserer Gewerkschaft nicht diktiert, auch nicht von „oben" dirigiert. Wir planen, entwerfen und beschließen in den Jugendgruppen, freuen uns aber, wenn uns die Älteren zur Seite stehen.

Ausschnitte aus der gewerkschaftlichen Jugendarbeit: Oben auf der Fotomontage ein Sprecher auf der Bundesjugendkonferenz der Industriegewerkschaft Metall in Bochum. — Darunter im Bild der traditionelle Fackelzug der Jugend in Salzgitter, der von der Gewerkschaftsjugend ausgerichtet wird. — Unten im Foto: Ein Ausschnitt aus der Bundesjugendkonferenz.

In dieser Ausgabe: Unser Preisausschreiben im Jugendmonat

Gegenüberliegende Seite: Die Gewerkschaftsjugend in Aktion – beim Tanz, auf großer Fahrt und im Zeltlager.

Ziel, junge Arbeitnehmer zu einem Verständnis ihrer Situation in unserer Gesellschaft zu befähigen, um sie aufgrund ihrer Einsichten zu selbständigem Handeln fähig und bereit zu machen.«[28] Vorgesehen waren die Themenschwerpunkte »Arbeit und Freizeit«, »Spannungsfeld Betrieb«, »Die Gesellschaft in der wir leben«, »Die Aufgaben der Betriebsjugendvertretung und das Jugendarbeitsschutzgesetz« und die »Aufgaben der Gewerkschaften heute und die Jugendarbeit der IG Metall«.

Im Laufe der folgenden Jahre änderte sich das Bildungskonzept. Die Jugendlichen begannen zunehmend ihre eigenen Probleme zu artikulieren, so dass Fragen der Erziehung, der Sexualität und der Bildung größeren Raum einnahmen. Die Probleme der beruflichen Qualifikation wurden, bedingt durch die deutlicher werdenden Widersprüche in der Lehr-

[28] Zitiert nach IG Metall (Hrsg.), Gewerkschaftliche Jugendbildung, S. 58f.

lingsausbildung, ebenfalls von den Jugendlichen selber in immer stärkerem Maße thematisiert. Damit konnten auf den Lehrgängen anhand der Berufsausbildung nun eine genauere Darstellung der unterschiedlichen Interessen und Widersprüche im Kapitalismus gegeben und auch direkte praktische Forderungen abgeleitet werden.[29]

Die erste Nachkriegskrise 1966, die Bildung der »Großen Koalition« aus SPD und CDU/CSU, der Kampf gegen die Verabschiedung der Notstandsgesetze und nicht zuletzt die Missstände in der Bildungspolitik führten zur Herausbildung einer außerparlamentarischen Oppositionsbewegung. Die »APO« hatte sich aus der studentischen Opposition sowie aus der Ostermarschbewegung heraus formiert und vernetzte sich mit dem linken Gewerkschaftsflügel. Ihr unmittelbarster Einfluss zeigte sich in der Lehrlingsbewegung, die in organisierter Form gegen die Missstände in der Berufsausbildung vorging.[30]

Die erste Lehrlingsdemonstration fand im November 1968 in Hamburg statt, wo die Hamburger Gewerkschaftsjugend im September 1969 Lehrlingstreffs, sogenannte Jour fixe gründete. Ausgehend von diesem Modell, das vom Bundesjugendausschuss des DGB gefördert wurde, bildeten sich 1970 mehr als 50 Lehrlings- und Jungarbeiterzentren in der Bundesrepublik. Ihre Zahl stieg bis Ende 1971 auf 120 an. Hinzu kamen zahlreiche betriebliche Arbeitskreise.

Befragungen über die Ausbildungssituation in Betrieben und Berufsschulen dienten den Jugendlichen als Grundlage bei der Entwicklung eines Sofortprogrammes für die Jugendarbeit der Gewerkschaften, sollten aber auch gleichzeitig bei den Befragten eine Bewusstseinsbildung auslösen. Die Kritik an der beruflichen Bildung wurde durch die Demonstrationen vor der Verabschiedung des Berufsbildungsgesetzes 1969 noch vertieft.

»Wir wollten das anders machen«

»Wir waren eine angepaßte Jugend – optisch und inhaltlich ... Wir wurden in die Gewerkschaft eingetreten und damit auch genauso geprägt, wie die Generation vor uns das wollte, aber wir wollten das anders machen«, erinnert sich Peter Kurbjuweit,[31] der seit 1960 als Jugendvertreter im Hüttenwerk Salzgitter aktiv war. Auch wenn die Gleichberechtigung der Jugend in den Richtlinien der IG Metall zur gewerkschaftlichen Jugendarbeit verankert war, zeigte das Verhältnis zwischen Jugendlichen und Erwachsenen in der betrieblichen Praxis doch dieselben autoritären Strukturen, die eine ganze Nachkriegsgeneration geprägt hatten. De facto gab es also das Mitbestimmungsrecht für Jugendvertreter und Jugendvertrauensleute nicht. Bei den Betriebsratssitzungen geduldet, wenn jugendspezifische Themen auf der Tagesordnung standen, kämpften die Jugendvertreter im Hüttenwerk lange um eine ständige Teilnahme. Ebenso erforderte die Freistellung eines Jugendvertreters hartnäckige Auseinandersetzungen mit dem Betriebsrat. In den Tarifverhandlungen waren Jugend und Ausbildung ebenfalls kein eigenständiges Thema. Von einer Auseinandersetzung mit der Ortsverwaltung berichtet Peter Kurbjuweit. Die Jugendvertretung forderte damals: *»Wir wollen nicht 5,- DM mehr haben, wir wollen einen Betrag haben und wir wollen mitdiskutieren, wie hoch dieser Betrag jeweils ist. Wir wollen, daß jemand, der seine Lehre beginnt, nicht mehr im Elternhaus wohnen muß.«* An dieser Forderung brach der Generationenkonflikt offen zu Tage, denn so Peter Kurbjuweit: *»Es war nicht die Frage der Lohnerhöhung, sondern vielmehr das Unverständnis, das deutlich wurde mit der Frage: Wieso wollt ihr nicht mehr im Elternhaus wohnen?«*

Die Lehrlingsbewegung in Salzgitter war nicht ausgeprägt. Es ist anzunehmen, dass die Struktur Salzgitters als reine Arbeiterstadt hierzu beigetragen hat, da der direkte Kontakt zu den Studenten und der Austausch mit ihnen nicht in dem Maße stattfinden konnte, wie in einer Universitätsstadt. Ihre Berührungspunkte mit der Studentenbewegung fand die Gewerkschaftsjugend in Salzgitter über die Jugendbildungsarbeit. Die größten Impulse kamen aus Göttingen und Hannover, weniger aus Braunschweig. Über die Referentenausbildung, Teamarbeit und die Durchführung politischer Wochenendseminare, die nun von Arbeitsgruppenarbeit dominiert wurden und völlig andere Abläufe bekamen,

[29] IG Metall (Hrsg.), Gewerkschaftliche Jugendarbeit, S. 55ff.
[30] Roßmann, S. 501.
[31] Peter Kurbjuweit ist heute 1. Bevollmächtigter der IG Metall Verwaltungsstelle Hameln. Gespräch mit Peter Kurbjuweit am 20. Januar 1999.

wurden den Jugendlichen neue Erfahrungen vermittelt. Diese führten dazu, die eigenen Kräfte zu erkennen, zu mobilisieren und für die Forderungen nach Demokratisierung und Selbstbestimmung zu nutzen.[32]

»Wir müssen lernen, aus diesen Erfahrungen eigene Positionen und Strategien zu entwickeln und nicht nur das, was aus der Studentenbewegung übergeschwappt war, wie die Affen nachzumachen. ...Wir haben eine Form gesucht, alle miteinzubeziehen. Nicht wie die politische Funktionärsgruppe vor uns, die in irgendeinem Zirkel, sei es im Betriebsausschuß, im Betriebsrat, im Vertrauenskörper oder in der Ortsverwaltung, Beschlüsse faßte. Wir versuchten diese Strukturen aufzubrechen und auch die Arbeit so zu gestalten, daß möglichst viele der Auszubildenden einbezogen bzw. informiert waren. Dies mußte natürlich zu Konflikten führen«, kommentiert Peter Kurbjuweit diese Phase.[33]

Aufschluss über die aus dem konsequenten Wandel der Jugendarbeit resultierenden Konflikte gibt der Geschäftsbericht der Verwaltungsstelle Salzgitter für die Jahre 1969 bis 1971: *»Dieser Strukturwandel in der Jugendarbeit hat natürlich und selbstverständlich mehr zu Spannungen zwischen jugendlichen und erwachsenen Funktionären geführt. Es gilt auch für die Verwaltungsstelle Salzgitter, daß aus den verschiedensten Anlässen sich heute aktive Jugendvertreter oder Mitglieder von Ortsjugendausschüssen über das mangelhafte Verständnis, die geringe Unterstützung, die Behinderung oder gar Ablehnung ihrer Aktivitäten durch Betriebsräte oder durch die Ortsverwaltung beklagen. Umgekehrt wird von diesen sehr oft mit Recht die überzogene Kritik der Jugendlichen im Ton und deren Auftreten in der Öffentlichkeit, womöglich bei bestimmten Aktionen, gerügt und zurückgewiesen. Diese tiefgreifende und in die Breite gehende Vertrauenskrise zwischen den jungen und älteren Mitgliedern oder auch in den gewerkschaftlichen Instanzen, d.h. also auch in der Organisation, kann nur vermieden werden durch bessere Kommunikation, d.h. durch die offene,*

»Der Lehrlingslohn gehört in den Tarifvertrag« und »Studenten und Jungarbeiter müssen zusammenarbeiten« – Forderungen der Gewerkschaftsjugend am 1. Mai, Ende der 1960er Jahre.

[32] Ebd.
[33] Ebd.

sachliche Auseinandersetzung, in der die gewerkschaftlichen Ziele und die Wege dorthin ausdiskutiert werden müssen.«[34]

Die 1970er Jahre

Die gewerkschaftliche Jugendbildungsarbeit knüpfte an den theoretischen Einsichten und praktischen Erfahrungen der Lehrlingsbewegung an und konzipierte ihre Bildungsarbeit ab 1969 neu. »Die Aufarbeitung von betrieblichen Konflikten wurde zum zentralen Gegenstand der Jugendlehrgänge, wobei versucht wurde, betriebliche Kleinarbeit in den langfristigen Kampf um die Überwindung des Kapitalismus einzuordnen.«[35]

Der 1970 auf dem 9. DGB Bundeskongress angenommene Antrag der Gewerkschaftsjugend zur Aufgabenstellung gewerkschaftlicher Jugendarbeit wurde zur verbindlichen Position des DGB und seiner Gewerkschaften. Die Schwerpunkte gewerkschaftlicher Jugendarbeit sind in diesem Antrag wie folgt formuliert worden:

- *»die gewerkschaftliche Arbeit in Betrieb und Verwaltung, orientiert an den Konflikten, die sich aus den Abhängigkeitsverhältnissen und Anpassungszwängen in der kapitalistischen Gesellschaft ergeben*
- *die politische und gewerkschaftliche Bildungsarbeit, die junge Arbeitnehmer befähigt, ihre politischen und gesellschaftlichen Interessen zu erkennen und mit ihrer Gewerkschaft entsprechend zu handeln*
- *die gewerkschaftliche Jugendarbeit in der Öffentlichkeit als Interessenvertretung der jungen Arbeitnehmer in gesellschaftlichen Institutionen, wie z.B. Berufsschulen und Parteien sowie durch geeignete politische Aktionen und kulturelle Veranstaltungen*
- *die stärkere Zusammenarbeit mit gewerkschaftlichen Schüler- und Studentengemeinschaften, insbesondere auf dem Gebiet der Bildungspolitik und Unterstützung der gewerkschaftlichen Schüler- und Studentenarbeit*
- *die Stärkung der Organisation durch Werbung neuer Mitglieder und die solidarische Mitarbeit der Jugend in der Organisation bei Wahrnehmung aller Einwirkungsmöglichkeiten, die der demokratische Aufbau der Organisation gewährleistet.«*[36]

Die Entwicklung und Politisierung der gewerkschaftlichen Jugendarbeit in Salzgitter äußerte sich Anfang der 1970er Jahre zunächst in der Bildung von Arbeitskreisen, die mehr als früher mit der betrieblichen Arbeit verbunden waren und in denen die Schulungsarbeit fortgesetzt werden sollte.[37] In Referentenarbeitstagungen und -arbeitskreisen und in Teamerschulungen wurden die neuen Formen und Inhalte der Jugendbildungsarbeit diskutiert und vorbereitet. Um die Transparenz über die Ziele, Inhalte und Methoden der Seminare sicherzustellen, wurden Referentenleitfäden erstellt, die auch als Orientierungshilfe für die meist ehrenamtlichen Teamerinnen und Teamer dienten. Der von Hans Preiss 1972 formulierte Anspruch an die Bildungsarbeit verankerte sich auch hier zum wesentlichsten Grundsatz der Bildungsarbeit:

»Gewerkschaftliche Bildungsarbeit muß ausgehen von den konkreten betrieblichen und örtlichen Bedingungen unserer Kolleginnen und Kollegen. Sie muß ansetzen bei der praktischen Gewerkschaftsarbeit ›vor Ort‹, muß die reale Situation im Betrieb und in der Verwaltungsstelle, die Konflikte und deren Hintergründe aufarbeiten, bewußt machen und zu kollektivem, solidarischem Handeln befähigen.«[38] Dabei geht die *»gewerkschaftliche Jugendarbeit nicht von irgendeiner Form von Sozialpartnerschaft aus, sondern vom Grundwiderspruch zwischen Lohnarbeit und Kapital«.*[39]

Die antikapitalistische Richtung in der Jugendbildungsarbeit verursachte in Teilen der Einzelgewerkschaften Unbehagen, das seinen Ausdruck schließlich in der Kontroverse um den Leitfaden- und Erfahrungsansatz fand. Die Kritik am Leitfadenansatz der IG Metall bezog sich auf seine pädagogischen und lerntheoretischen, aber doch vor allem auf seine politischen Grundlagen. Dieser Konflikt wurde im Rahmen der 1976 eingeleiteten Strategiediskussion ausgetragen und führte zu heftigen Auseinandersetzungen im Jugendbereich. Horst Richter von der Abteilung Jugend kritisierte in seinem Referat auf der 12. Jugendkonferenz der IG Metall 1980, dass fast ausschließlich Funktio-

[34] Geschäftsbericht 1969 – 1971, S. 82.
[35] IG Metall (Hrsg.), Gewerkschaftliche Jugendbildung, S. 68.
[36] Aus: IG Metall (Hrsg.), Gewerkschaftliche Jugendbildung, S. 152.
[37] Geschäftsbericht 1969-1971, S. 86.
[38] Hans Preiss, Perspektiven der Bildungsarbeit. Zitiert nach: IG Metall (Hrsg.), Gewerkschaftliche Jugendbildung, S. 13.
[39] Beschluss des 9. Ordentlichen DGB Bundeskongresses, Antrag 300. Zitiert nach ebd., S. 13.

näre der Bundesebene diese Diskussion führten und zudem viele der Positionen, die eine neue, der kapitalistischen Rationalität widersprechende Jugendarbeit forderten, abgelöst wurden von Positionen, die das Prinzip der Marktwirtschaft hochhielten.[40] Als schließlich der Vorwurf der kommunistischen Unterwanderung der Gewerkschaftsjugend laut wurde, eskalierte die Auseinandersetzung innerhalb der Gewerkschaftsjugend des DGB. Das von Mitarbeitern der DGB-Bundesjugendschule in Oberursel verfasste »Diskussionspapier zur Strategie der DKP und SDAJ im gewerkschaftlichen Jugendbereich« spaltete die DGB-Gewerkschaftsjugend weiter. Auf der 12. Jugendkonferenz der IG Metall wurden die Angriffe auf das Prinzip der Funktionärs- und Gremienarbeit, die als »Stellvertreterpolitik« für kommunistische Gruppen diffamiert wurden, zurückgewiesen und die Jugendfunktionäre wandten sich entschieden gegen alle Versuche, die Gewerkschaftsjugend durch die Einführung von unverbindlichen Arbeitsprinzipien einer sogenannten offenen Jugendarbeit zu einer »Spielwiese« zu degradieren.[41]

Im Grunde genommen ging es in dieser Kontroverse jedoch vielmehr darum, bestimmte politische Richtungen auszugrenzen bzw. politisch unbequeme Funktionäre auszuschalten, wie sich an diversen Gewerkschaftsausschlüssen oder der Amtsenthebung des DGB-Bundesjugendsekretärs 1979 nachvollziehen lässt. Unter dem Blickwinkel, dass sich die Bildungsarbeit als Teil der Organisationsarbeit den politischen und ökonomischen Umbrüchen nicht entziehen kann, sich daher ständig wandeln muss und somit immer auch Spiegelbild der jeweiligen Auseinandersetzung über Ziele und Wege der Gewerkschaftsbewegung ist, lässt sich die Debatte um die politische Jugendbildungsarbeit im nachhinein einordnen und besser verstehen.[42]

Von Bedeutung waren hier ebenso der Richtungsstreit in den Gewerkschaften um Sozialpartnerschaft und Gegenmacht wie auch das widersprüchliche politische Klima in der Bundesrepublik mit der Entspannungspolitik Willy Brandts und seinem Versprechen, mehr Demokratie wagen zu wollen, auf der einen Seite und der starren antikommunistischen Haltung, die mit dem sogenannten Radikalenerlaß von 1972 das gesellschaftliche Klima im Land auf Jahre hin vergiftete, auf der anderen Seite.[43]

Auch in Salzgitter lösten diese Auseinandersetzungen heftige Diskussionen aus. Die IG Metall, insbesondere der Jugendbereich, galt hier als sehr links. Nicht wenige fanden in den 1980er Jahren in der SDAJ ihre politische Heimat und vertraten, sicher auch begründet durch die Grundlagenbildung der IG Metall, die in Salzgitter sehr prägend den Widerspruch zwischen Kapital und Arbeit dargelegt und konzeptionell aufgearbeitet hat, andere politische Meinungen als sie damals hoffähig waren.

Rainer Barcikowski, ehemaliger VK-Leiter der Stahlwerke Peine + Salzgitter und Jugendsekretär in Salzgitter stellt rückblickend fest: »*Wenn man sich mit Inhalten wie Frieden, Abrüstung und dergleichen beschäftigt, wird man als links oder linksradikal bezeichnet, weil man an Kernprobleme der Gesellschaft herangeht... Mit der Bearbeitung dieser Themen haben die Jugendlichen sicher versucht, neben ihrer gewerkschaftspolitischen Arbeit auch eine Bindung im ganzheitlichen Ansatz zu bekommen. Eine Vielzahl von Jugendlichen hat gesagt: ›bei den Jusos find ich meine Heimat nicht‹ und sind dann in die SDAJ eingetreten, weil speziell in der internationalen Arbeit und der internationalen Friedensarbeit entsprechende politische Angebote von den Jusos nicht vorhanden waren, aber von der SDAJ gemacht wurden... Deshalb ist dieser Teil der Geschichte eine wichtige Botschaft für Organisationen, die nunmal auch über die Jugend leben. Nicht die Jugend hat versagt, sondern die Jugendorganisationen der großen Volksparteien, die kein adäquates politisches Angebot machen konnten bzw. sich gegenüber den Parteitraditionalisten nicht durchsetzen konnten.*«[44]

Nach der Meinung Werner Kubitzas, Jugendsekretär von 1981 bis 1985, war der Eintritt in die SDAJ bzw. DKP für die Jugendlichen ein politisch bewusster Akt, der gesellschaftspolitisch sowie betriebspolitisch eine wirkliche Opposition ermöglichte und eine »linke« Alternative darstellte.

[40] IG Metall (Hrsg.), Protokoll 12. Jugendkonferenz 24. bis 26. April 1980, S. 45.
[41] Ebd., S. 377.
[42] Grosspietsch/Benz (Hrsg.), S. 8.
[43] Vgl. Sprockhövel Kapitel 8
[44] Rainer Barcikowski ist heute Leiter des Zweigbüros der IG Metall in Düsseldorf. Gespräch mit Rainer Barcikowski am 11. Februar 1999.

Kulturarbeit

Die in den 1970er Jahren laut gewordenen Forderungen nach einer Erweiterung der bisherigen Aktions- und Arbeitsfelder mündeten vielerorts in eine politisierende Jugendkulturarbeit, die über gewerkschaftliche Song-, Theater- und Kabarettgruppen, mit Hilfe von Photo- und Video AGs und auch der bildenden Künste (Collagen, Siebdruck) die Probleme der Jugendlichen aufgriff. Dabei wurden betriebliche und gesellschaftliche Konflikte gleichermaßen thematisiert. Wesentliche Ansprüche an die Kulturarbeit, die auf der 12. Jugendkonferenz 1980 formuliert wurden, waren neben der Befähigung von Jugendlichen, Kreativität und Spontanität zu entfalten, die Unterstützung und Förderung von Verständnis, emotionaler Bindung und Spaß in der gewerkschaftlichen Jugendarbeit.

Ebenfalls eine wichtige Funktion sollte die Kultur- und Freizeitarbeit bei der Außendarstellung und Werbung übernehmen, um die gewerkschaftliche Interessenvertretung als eigenständiges »Kampfinstrument« zu unterstützen.[45] Da die Kulturarbeit in einigen Bereichen aber immer noch als eine Art Verschönerung oder Ergänzung der örtlichen Arbeit betrachtet und dementsprechend auch wenig beachtet und unterstützt wurde,[46] war es nicht immer einfach, diese Vorstellungen durchzusetzen.

Ein Kooperationsvertrag der IG Metall Verwaltungsstelle Salzgitter mit der Hochschule für Bildende Künste in Braunschweig hatte Anfang der 1980er Jahre die gewerkschaftliche Kulturarbeit in Salzgitter belebt und neue Facetten kultureller Elemente initiiert. Zunächst wurde »im Test« politische Kunst und Kultur nach Salzgitter geholt. Durch Auftritte von Lydie Auvray, Günter Wallraff, Hannes Wader bis Konstantin Wecker löste politische Kunst die vom Salzgitter-Konzern gesponsorten und vom Betriebsrat organisierten »traditionellen« Veranstaltungen allmählich ab.

»Ich kann mich zum Beispiel an die Flöhe (Floh de Cologne)[47] *erinnern, die hier Anfang der 1970er Jahre mal gespielt haben. Da ist über Kultur auch inhaltlich was herübergekommen. Ich denke, das war auch eine ganz wichtige Geschichte, hier eine eigenständige Kultur, eine politische Kultur zu entwickeln. Und das hat bei vielen Leuten auch im Kopf gewirkt – die Säle bei solchen Veranstaltungen waren in der Regel brechend voll – und hat den einen oder anderen bewogen, wieder oder erstmals bei der Jugendarbeit mitzumachen, zum Beispiel bei Jugendgruppen, die wir dann versucht haben, Ende der 1970er überall in den Betrieben ins Leben zu rufen«*, berichtet Hans George Schuray, ehemaliger Jugendfunktionär und Ortsjugendausschuss-Vorsitzender.[48]

Kulturarbeit als politisches Ausdrucksmittel zu nutzen und sichtbare Zeichen zu setzen, hat besonders im Jugendbereich funktioniert und Wirkung gezeigt. Eindrucksvolles Beispiel ist die Faust, die von Jugendlichen aus der Gießerei 1987 hergestellt wurde und als »Geschenk« für die Stadt Salzgitter vorgesehen war, die dies jedoch ablehnte. Auch die phantasievolle Gestaltung von Aktionen in Kooperation mit den Studenten und Lehrkräften der Hochschule für Bildende Künste, wie z.B. das Herstellen und Aufhän-

Das am Gewerkschaftshaus angebrachte Titanic-Großbild musste aufgrund einer Beschwerde der CDU zur Bundestagswahl 1994 verhüllt werden.

[45] Vgl. Entschließung B6 und B7 zur gewerkschaftlichen Kulturarbeit. In: IG Metall (Hrsg.), Protokoll der 12. Jugendkonferenz der IG Metall 1980, S. 380f.

[46] Vgl. Entschließung C6. In: IG Metall (Hrsg.),13. Jugendkonferenz der IG Metall 1983, S. 402.

[47] »Floh de Cologne« setzte sich u.a. mit der Ausbildungssituation der Lehrlinge auseinander. »Hey, hallo Stift, hol mir mal ´ne Flasche Bier...«, sangen sie in einem Lied und beschrieben damit treffend deren Lage.

[48] Gespräch mit Hans George Schuray am 30. November 1998.

gen von Transparenten am Gewerkschaftshaus, erregte einiges Aufsehen in der Stadt. Beispielhaft für die inhaltliche Kultur- und Bildungsarbeit ist das 1993 hergestellte Titanic-Großbild, das unter anderem Kanzler Helmut Kohl in einem Rettungsboot zeigt, wie er einem ertrinkenden Bürger die Hilfe verweigert. Nachdem der CDU-Kreisverband im Zuge der Bundestagswahl 1994 Beschwerde gegen das Transparent erhoben hatte – das Plakat sei Wahlbehinderung, da es direkt über einem Wahllokal hänge – wurde es begleitet von einem landesweiten Medienspektakel vor der Wahl verhüllt.[49]

Viele Aktivitäten wurden von Studenten mit moderiert. Dabei agierten jedoch nie die Studenten für die Jugendlichen. Sie unterstützten und halfen – ihre Ausdrucksformen fanden die Jugendlichen selbst.[50]

Das gehört dazu

Nicht nur Bildungsarbeit und Kulturarbeit haben die Jugendlichen für solidarisches gewerkschaftliches Handeln motiviert. Gemeinsame Freizeitaktivitäten, ob vom Ortsjugendausschuss oder betrieblich organisiert, wurden von der Gewerkschaftsjugend begeistert angenommen. »*Wir haben ein Jahr zusammen gekämpft, dann wollten wir auch zusammen feiern*«, erinnern sich ehemalige Jugendvertreter der Stahlwerke Peine + Salzgitter an die ersten noch privat organisierten Frankreich-Fahrten.[51] Die Jugendfeten, wie z.B. die Jahresabschlussparty der Auszubildenden oder die Jugendfeier zum 1. Mai, haben Tradition in Salzgitter.

Genauso wie das bezirkliche Pfingstjugendtreffen, das 1990 zum zweiten Mal auf dem Gelände des Ausbildungszentrums der »Hütte« stattfand, sind diese Aktivitäten nicht aus der Jugendarbeit wegzudenken. »*Die Freizeitaktivitäten führten zu einer hohen Stabilisierung der Zusammenarbeit der Jugendlichen auch über die Betriebe hinweg. Sie haben neben dem Spaß auch Vernetzungen zwischen den Betrieben gebracht, es haben sich daraus Freundschaften entwickelt, so dass ein stabiler großer Kern entstand, um Jugendaktionen zu organisieren und auch umzusetzen*«, [52] bewertet der frühere Jugendsekretär Rainer Barcikowski diesen Bereich der Jugendarbeit.

Der »Riese vor Ort« war bis weit in die 1980er Jahre federführend in der Jugendarbeit: Die Jugendvertreter und Jugendfunktionäre der Stahlwerke P+S AG hatten im montanmitbestimmten Unternehmen weitaus größere Bewegungsspielräume durch Freistellungen, die es in anderen Betrieben in der Form nicht gab.

Dies wirkte sich vor allen Dingen auf die Seminarteilnahme aus, so dass sich daraus für die Betriebe unterschiedliche Qualifikationsstandards ergaben. Zum anderen bildete Volkswagen, nach den Stahlwerken der größte Betrieb in der Region, erst seit 1979 aus, musste sich daher erst eine funktionsfähige Basis aufbauen. Die Jugendlichen bei den Stahlwerken hatten außerdem, unter dem Aspekt, dass politische Arbeit im Betrieb immer dann besonders fruchtbar ist, wenn sie am Ort weitergeführt werden kann, Vorlauf gegenüber den Kolleginnen und Kollegen von VW, die sich stark aus Einpendlern zusammensetzten. So setzte die intensive Betriebsgruppenarbeit, die in den 1970er Jahren in der »Hütte« in Gang kam, und die neben den gewerkschaftlichen und politischen Arbeitsfeldern auch den privaten Bereich mit einbezog, in anderen Betrieben erst später ein.

Neben den Möglichkeiten zur politischen Bildung und der Größe von Handlungsspielräumen sind aber ebenso das Engagement und die Begeisterungsfähigkeit der handelnden Personen in diesem Arbeitsfeld immer ein wichtiger Faktor für den Erfolg der Arbeit.[53]

Gegen Krieg und Faschismus

Der Kampf gegen Krieg und Faschismus, das Erinnern, Mahnen und die aktive Abwehr sind feste Bestandteile der gewerkschaftlichen Jugendarbeit in Salzgitter. Franz Busch und Helmut Globig haben als überzeugte Antifaschisten mehr als nur Akzente in diesem Bereich gesetzt. Ihr Bemühen, wirklich aus der Geschichte zu lernen, demokratische Gewerkschaften in einem demokratischen Deutschland aufzubauen und der Jugend eine

[49] Salzgitter-Zeitung, 14. Oktober 1994, »Titanic Plakat der IG Metall verdeckt«.
[50] Gespräch mit Rainer Barcikowski am 11. Februar 1999.
[51] Gespräch mit Hans George Schuray am 2. November 1998; Klaus-Dieter Werner am 7. Dezember 1998.
[52] Gespräch mit Rainer Barcikowski am 11. Februar 1999.
[53] Ebd.; vgl. auch Gespräch mit Klaus Dieter Werner am 7. Dezember 1998.

Lange Tradition gegen Krieg und Faschismus: Kranzniederlegung der IG Metall-Jugend auf Jammertal am 30. April 1957...

[54] Salzgitter Kurier, 27. April 1957.
[55] Rede Franz Buschs am 26. April 1957 anläßlich der Kranzniederlegung der IG Metall Jugend am Friedhof Jammertal. StA Salzgitter N23/Ie.
[56] Geschäftsbericht 1957/58, S. 25.
[57] Salzgitter-Zeitung, 11. Dezember 1969.

Perspektive zu geben, ist durch zahlreiche Beispiele belegt. Beide haben in kontinuierlicher Arbeit über Jahrzehnte auf lokaler und bezirklicher Ebene Bildungsveranstaltungen und Fahrten in ehemalige Konzentrationslager organisiert.

Die Gedenkfeiern auf dem Ehrenfriedhof Jammertal, auf dem fast 3.000 Opfer aus unterschiedlichen europäischen Nationen begraben sind – gestorben an den Folgen der Zwangsarbeit, KZ-Haft und menschenunwürdiger Behandlung –, haben eine besondere Tradition: Die erste Gedenkfeier der Gewerkschaftsjugend auf dem Friedhof Jammertal fand nach der Schändung der Gedenkstätte statt. In der Nacht zum 20. April 1957 hatten dort zwei Unbekannte auf dem jüdischen Teil des Friedhofs 78 Grabplatten und ein Denkmal umgeworfen. Eine Strohpuppe war an einem Kreuz befestigt und mit einem Schild versehen worden, auf dem unter einem Hakenkreuz »Deutschland erwache – Israel verrecke« stand. Als Ausdruck ihres Protestes legte die IG Metall mit den Teilnehmern einer Jugendleitertagung am 26. April 1957 einen Kranz an der Gedenkstätte für die jüdischen Opfer des Naziregimes nieder.[54] Franz Busch mahnte die Jugendlichen eindringlich: »*Wir müssen aber aus dieser Stunde im Angesicht dieser Grabstätte hier eine Pflicht schöpfen, die Pflicht, Gewalt–Terror–Schändung–Tyrannei zu verurteilen und zu verhindern, damit niemals wieder eine solch' unselige Zeit kommt, die Pflicht: zu glauben, zu empfinden, zu trauern um die, die in der unmenschlichen Zeit der Gewalt für uns ihr Leben opferten.*«[55] Nur wenige Tage später führte der traditionelle Fackelzug der Gewerkschaftsjugend am Vorabend des 1. Mai zum Friedhof Jammertal, um der Öffentlichkeit zu zeigen, dass sie diese Vorkommnisse auf das schärfste verurteilte. Rund 3.000 Jugendliche nahmen an der Kranzniederlegung und anschließenden Kundgebung teil.[56]

Bis in die 1970er Jahre war der Friedhof Jammertal für die Gewerkschaftsjugend Anlaufpunkt, um der Opfer des Naziterrors zu gedenken sowie die Mahnung auszusprechen, gegen den Rechtsradikalismus in der Bundesrepublik einzutreten und sich noch mehr als bisher in diesem Kampf gegen den Neofaschismus zu engagieren.[57] Die Tradi-

tion der beeindruckenden Gedenkmärsche und Kundgebungen auf dem Friedhof Jammertal schlief dann leider in der Mitte der 1970er Jahre ein. Seit 1981 wird sie auf Initiative des damaligen Jugendsekretärs Werner Kubitza mit den Veranstaltungen zum »Antikriegstag«, dem 1. September, wieder fortgesetzt. Jährlich findet an diesem Tag ein Schweigemarsch zum Friedhof Jammertal mit anschließender Gedenkfeier statt.

Ein weiterer, weniger öffentlichkeitswirksamer, aber dennoch wirkungsvoller Bereich der antifaschistischen Arbeit war die Organisation von Jugendgruppenabenden. Helmut Globig stellte Kontakte zu Gewerkschaftern wie Paul Elflein her, der 1952 nach Salzgitter kam und dort nach dem Tod von Waldemar Bolze die Gruppe Arbeiterpolitik betreute. Im Rahmen dieser Treffen berichteten die »Zeitzeugen« von ihren Erfahrungen während der Zeit des Nationalsozialismus und den ersten Nachkriegsjahren und versuchten, politische sowie gewerkschaftliche Einstellungen zu vermitteln. Zu dieser Form von Bildungsarbeit, die schon früh das Lernen aus der Geschichte zur Grundlage hatte, gehörten die Fahrten in ehemalige Konzentrationslager, die den Abschluss des Jugendmonats Oktober bildeten. Die nachhaltige Wirkung dieser Fahrten wird von einem Teilnehmer wie folgt beschrieben: *»Insbesondere nach der Fahrt nach Auschwitz (1965) war die Auseinandersetzung mit der eigenen Geschichte sehr intensiv. Das hat uns geprägt. Wir haben uns vor der Fahrt mit dem Thema beschäftigt, fanden das schlimm, aber erst, als wir dann in einem Raum dieser Hallen standen, die bis oben hin beispielsweise nur mit Kopfhaar gefüllt waren, haben wir wirklich begriffen. Als wir zurückkamen, wollten wir unbedingt was tun. Nachdem wir von unserer eigenen Geschichte erfahren hatten, wollten wir ein Mahnmal auf dem Platz vor dem ehemaligen Konzentrationslager (Drütte) errichten. Doch da kam nur der Vorwurf, das sei Nestbeschmutzung.«*[58]

Die Gedenkstätten- und Erinnerungsarbeit als ein wichtiger Ansatz für antirassistische, antifaschistische Arbeit in der Gegenwart wird in Salzgitter konsequent betrieben. Ein Projekt neueren Datums ist der internationale Jugendaustausch mit Jugendlichen

... und Marsch zum Friedhof Jammertal am Antikriegstag, 1. September 1994.

[58] Gespräch mit Peter Kurbjuweit am 20. Januar 1999.

aus Oswiecim (Auschwitz) in Polen und Auszubildenden bei der Volkswagen AG. In der Internationalen Jugend-Begegnungsstätte, in der Nähe des ehemaligen Konzentrationslagers Auschwitz-Birkenau, kommen seit 1986 regelmäßig Auszubildende von Volkswagen und polnische Berufsschüler zusammen.[59]

Auf dem Programm stehen Gespräche mit ehemaligen Häftlingen, gemeinsame Arbeiten auf dem Gelände des Konzentrationslagers: Zäune werden repariert, alte Lampen restauriert, Wege freigelegt. Die Jugendlichen »graben sich wortwörtlich ein in die Geschichte dieses großen Mordplatzes der Menschheit«.[60] Die mehrmals im Jahr angebotenen Seminare für Auszubildende aus Wolfsburg, Braunschweig, Salzgitter, Hannover, Kassel und Emden werden intensiv vor- und nachbereitet. Für die Jugendlichen sind die Treffen und die Auseinandersetzung mit der Geschichte oft ein einschneidendes Erlebnis, »*ein Brückenschlag zwischen Vergangenheit und heute*«, wie Mehmed Özden, Mitglied der Jugend- und Auszubildendenvertretung des Werkes Salzgitter seinen Besuch in Oswiecim schildert. »*Als ausländischer Mitbürger ist man sowieso immer sensibel, was solche Fragen anbetrifft und danach bin ich noch feinfühliger geworden. Ich bin froh, dagewesen zu sein und ich würde jedes Mal wieder dort hinfahren*«, fasst Mehmed Özden seine Erlebnisse und Eindrücke zusammen.[61] Die Aussage einer Gruppe Wolfsburger Auszubildender: »*Wir fühlen uns nicht für das verantwortlich, was damals geschah, wir sind aber dafür verantwortlich, was geschehen wird*«,[62] bestätigt die Bedeutung dieser Projekte, die als gelungene Beispiele antifaschistischer Arbeit Schule machen können.

In Salzgitter bietet die Gedenk- und Dokumentationsstätte Drütte unter der Leitung des Arbeitskreises Stadtgeschichte die Möglichkeit, sich mit der nationalsozialistischen Vergangenheit auseinanderzusetzen. Seit 1998 werden für Auszubildende der Personal- Produktions- und Service GmbH (PPS) und seit 1999 für Auszubildende der Volkswagen AG Führungen in die Gedenkstätte des KZ-Drütte angeboten und auch Gespräche mit ehemaligen Häftlingen des Konzentrationslagers und Auszubildenden sind in beiden Betrieben organisiert worden. Unter dem Motto »Über die Vergangenheit sprechen – für die Zukunft lernen« berichteten die Zeitzeugen den Jugendlichen über ihren Leidensweg in den Arbeits- und Vernichtungslagern der Nationalsozialisten. Sie waren offen für alle Fragen und vermittelten eindringlich die Intention ihres Besuches, der sie einige Überwindung gekostet hatte: »Wenn ihr wißt, was geschehen ist, könnt und dürft ihr so etwas nie wieder zulassen.«[63]

Demonstrationen gegen Rechtsextremismus und Ausländerfeindlichkeit ziehen sich ebenfalls durch die Jahrzehnte der gewerkschaftlichen Jugendarbeit in Salzgitter. Das fremdenfeindliche Klima, von bestimmten politischen Gruppen geschürt und in Krisenzeiten durch die Angst vor Arbeitslosigkeit und sozialem Abstieg besonders fruchtbar, macht ein solidarisches Miteinander nötig.

59 Die Internationale Jugendbegegnungsstätte wurde 1986 mit Unterstützung der Aktion Sühnezeichen/Friedensdienste, der deutschen Bundesländer, der Stadt Oswiecim, mehrerer Stiftungen und Volkswagen eröffnet, Volkswagen Presse, 27. Oktober 1998, S. 1.

60 Ebd., S. 2.

61 Gespräch mit Mehmed Özden am 28. Januar 1999.

62 Wolfsburger Nachrichten, 27. Oktober 1998.

In diesem Bewusstsein wirken die Jugendlichen in den Betrieben und vor Ort in vielfältigen Aktionen Ausgrenzung und Diskriminierung entgegen.

Die Gründung eines Aktionsbündnisses gegen Neofaschismus, Ausländerfeindlichkeit und Rassismus in Salzgitter auf Initiative der IG Metall-Jugend im Jahr 1989, Aktionen wie »Mach meinen Kumpel nicht an«, 1995 initiiert vom DGB-Jugendmagazin »ran«, Veranstaltungen gegen die Republikaner unter dem Motto »keine Stimme den Rechten« in den 1990er Jahren sind nur einige Beispiele für die praktisch-konkrete Solidarität der IG Metall-Jugend.[64] Aufklärung und Information als Hilfe zur Bewusstseins- und Meinungsbildung gab und gibt es im Rahmen der Jugendbildungsarbeit. Ein Anspruch, den Jugendfunktionäre, sei es auf örtlicher oder betrieblicher Ebene, konsequent verfolgen und mit dem sie leider auch in ihren eigenen Reihen häufiger auf Widerstand stoßen.[65]

Für Frieden und Abrüstung

Mit Abschluss des Nato-Doppelbeschlusses im Dezember 1979 erreichten die Auseinandersetzungen um Frieden und Abrüstung einen weiteren Höhepunkt.Viele junge Gewerkschafterinnen und Gewerkschafter engagierten sich in Friedensinitiativen, Ostermarschkreisen und nahmen an Demonstrationen teil. Zu der Großdemonstration in Bonn am 10. September 1981 reisten ca. 300.000 Menschen an, darunter etliche junge Metaller und Metallerinnen, die trotz der distanzierten Haltung der Gewerkschaftsführung für ihre Forderungen eintraten.[66]

Die IG Metall-Jugend in Salzgitter wies auf ihrer Delegiertenversammlung im Dezember 1983 ausdrücklich darauf hin, dass sie im Kampf gegen die Stationierung von Mittelstreckenraketen einen Schwerpunkt ihrer Arbeit sehe. Die Erklärung der Auszubildenden von P+S, der SMAG und LHB, ihr Ausbildungszentrum bzw. die Lehrwerkstatt zur »atomwaffenfreien Zone« zu erklären, sollte erste Denkanstöße und Diskussionsanreize in den Betrieben geben, um auf möglichst breiter Basis über die Einrichtung einer »atomwaffenfreien Zone« in Europa nachzudenken.[67]

Im Spätsommer 1983 wurde in den Stahlwerken P+S AG die Friedensinitiative P+S (FIPS) gegründet und begann mit vielversprechender Arbeit. Parallel dazu gelang der Brückenschlag zu Friedensinitiativen anderer Organisationen bzw. einige Zeit später die Bildung einer organisationsübergreifenden örtlichen Friedensinitiative.

Die Gründung von betrieblichen Friedensinitiativen bei Volkswagen und MAN – abgesichert durch einen entsprechenden Beschluss der Ortsverwaltung der IG Metall – verstärkte diese Basisaktivitäten. Doch leider sind diese betrieblichen Gruppen über die Gründungsphase nicht hinaus gekommen. Viele Themen wurden über Theater- und Diskussionsabende transportiert, die großen Zuspruch fanden und nachhaltige Betroffenheit auslösten. »Ein wichtiges Stück schon fast vergessener Arbeiterkultur entstand neu und fand in selbstgeschriebenen Gedichten, Friedensliedern seinen Ausdruck.«[68] Die Verteilung von betrieblichen Flugblättern, das Schreiben von Leserbriefen sowie der Aufruf zu einer Bürgerversammlung gehörten ebenfalls zum Aktionsprogramm der FIPS.

Im Eingehen auf die Erfahrungen, Sorgen, Nöte und Ängste der Betroffenen wurde dem Engagement in der Friedensbewegung ein praktischer Sinn gegeben, denn die Mitglieder der Friedensinitiative erläuterten anhand nachvollziehbarer Beispiele die persönliche Betroffenheit der abhängig Beschäftigten über den Rüstungswahnsinn. Als es dann infolge der Stationierung der Mittelstreckenraketen zu Desorientierungen und Unsicherheiten hinsichtlich der weiteren Strategie der FIPS kam und einsetzende Fachdiskussionen zu Waffensystemen und Kriegsführungsstrategien schließlich zur Vernachlässigung der betrieblichen Ansatzpunkte in der Diskussion führten, drohte die FIPS in eine Art Selbstisolierung zu gleiten, da die Arbeitsergebnisse den betrieblichen Kollegen kaum noch vermittelbar waren.[69]

Den so dringend benötigten langen Atem hatte die Friedensinitiative P+S leider nicht. 1985 stellte sie ihre Tätigkeit ein. Auf regionaler Ebene wurde die Friedensarbeit aber natürlich fortgesetzt.

[63] Salzgitter-Zeitung, 2. Juli 1998, »Darüber sprechen ist die beste Medizin.« Zur Auseinandersetzung des Betriebsrates und der örtlichen Gewerkschaft um die Errichtung einer Gedenkstätte siehe Kapitel 3 dieses Buches.

[64] Zur Gründung des Aktionsbündnisses vgl. Salzgitter-Zeitung am 25. März 1989.

[65] Vgl. dazu die Studie von Hahn/Horn zu politischen Orientierungen von Arbeitnehmerjugendlichen.

[66] Lt. Beschluss des DGB Bundesvorstandes wurde den Mitgliedern im Vorfeld des 10. Oktober 1981 mitgeteilt, dass keine Gremien und Gliederungen des DGB und seiner Gewerkschaften sich an dieser Veranstaltung beteiligten. Eine Teilnahme als Privatperson wurde jedoch nicht ausgeschlossen. Vgl. Barcikowski, S. 105.

[67] Vgl. »metall«, Lokalseite, Nr. 25-26, 16. Dezember 1983, S. 30.

[68] Barcikowski, S. 112.

[69] Ebd. S. 113.

Arbeitsbrigade der IG Metall in Nicaragua bei Metasa, dem größten metallverarbeitenden Betrieb Nicaraguas, 1987.

Ein weiterer Bereich, für den sich die IG Metall Salzgitter seit den 1970er Jahren einsetzt, ist die Unterstützung von Kriegsdienstverweigerern. Salzgitter gehört zu den Verwaltungsstellen, die in diesen Fällen konsequent Rechtsschutz anbieten. Mit der Braunschweiger Rechtsanwältin Barbara Kramer sicherte man sich eine erfolgreiche Vertretung der jungen Metaller, die den Kriegsdienst aus Gewissensgründen verweigerten.

Für die 1990er Jahre sei hier auf die Veranstaltungen und Aktionen gegen den Golfkrieg verwiesen.Gemeinsam mit Schülern setzte sich die IG Metall-Jugend gegen den Krieg ein, unterstützte das Friedenscamp im Kranichgymnasium und organisierte einen Schweigemarsch am Abend des Kriegsausbruches mit.[70]

[70] Geschäftsbericht 1990-1992, S. 54.

Ein weiteres Beispiel der Friedensarbeit der IG Metall-Jugend war das Engagement bei der Demonstration in Berlin am 8. Mai 1999. Unter dem Motto »Stoppt den Krieg – helfen statt bomben« setzten sich 30.000 Menschen gegen die militärische Intervention der NATO im Kosovo ein.

Die internationale Solidarität

Der Kampf gegen die kapitalistische Ausbeutung anderer Länder, für Demokratisierung und Menschenrechte, wurde von der IG Metall bereits seit den 1960er Jahre in Ländern wie Algerien, Portugal, Spanien, Griechenland und Chile geführt.

Die praktische und politische Solidarität mit Nicaragua, ein konkretes Handlungsfeld für junge Metallerinnen und Metaller auch aus Salzgitter, war ein besonderes Beispiel für internationale Solidarität. Unter dem Motto »Solidarität lernen« geht die gewerkschaftliche Solidarität mit diesem Land, das 1979 nach über 40 Jahren Somoza-Diktatur versuchte, ein demokratisches und sozial gerechtes Wirtschaftssystem aufzubauen, in dem Kooperativen gefördert und Somoza-Ländereien enteignet wurden, bis in die Anfangsjahre der sandinistischen Revolution zurück.

Der Bundesjugendausschuss des DGB beschloss 1981, den Wiederaufbau des Landes mit einer Spendenkampagne »Werkzeuge für Nicaragua« zu unterstützen. Eine Million DM an Spendengeldern wurden innerhalb von vier Jahren zum größten Teil in den Reihen der IG Metall gesammelt und zum Aufbau eines landwirtschaftlichen Ausbildungszentrums auf der Insel Solentiname im

Nicaraguasee verwendet. Die Betreuung des Projektes übernahm auf nicaraguanischer Seite der Kultusminister und Priester Ernesto Cardenal.

Mitte der 1980er Jahre suchten DGB-Kreise und Einzelgewerkschaften nach neuen Projekten, die eine konkrete Solidarität vor Ort ermöglichen sollten, da es infolge der imperialistischen Politik der USA immer dringender wurde, Öffentlichkeit herzustellen und durch die Anwesenheit von Ausländern eine Militärintervention zu erschweren bzw. zu verhindern. So flog 1985 auf Beschluss des Vorstandes die erste Brigade der IG Metall-Jugend nach Nicaragua. Sie arbeitete dort in den beiden Verkehrsbetrieben Enabus und Enabin sowie im Stahlbaubetrieb Metasa. Finanziert wurden die Brigaden ausschließlich durch Spenden von IG Metall-Mitgliedern.[71]

Auch die IG Metall-Jugend in Salzgitter war bereits Anfang der 1980er Jahre bemüht, durch Spendensammlungen den Aufbau des Ausbildungszentrums in Solentiname zu unterstützen. Diskussionsabende mit Dia- und Filmvorträgen, eine Plakatausstellung im Gewerkschaftshaus unter dem Motto »Chile kämpft – Nicaragua lebt« machten auf die Probleme in diesen lateinamerikanischen Ländern aufmerksam und förderten damit die Bildung eines Solidar-Bewusstseins unter den IG Metall-Mitgliedern.[72] 1987 wirkten viele Metallerinnen und Metaller in Salzgitter in einer beispielhaften Aktion daran mit, vier ausgemusterte Drehbänke aus dem Ausbildungszentrum der Stahlwerke Peine-Salzgitter nach Nicaragua zu schicken. Auszubildende und Ausbildungsmeister hatten die Drehmaschinen in ihrer Freizeit überholt und umgerüstet. Anschließend sorgten Kollegen von Linke-Hofmann-Busch für die überseegerechte Verpackung. Erfreulich und für das Projekt von großem Nutzen war die unbürokratische Hilfe der Arbeitsdirektoren von P+S und LHB. In diesem Jahr nahmen auch erstmals IG Metaller aus Salzgitter im Rahmen ihres Tarifurlaubes an den Arbeitsbrigaden teil.

Ausbildung und Arbeit für alle!

Seit Beginn der 1960er Jahre setzten besonders im industriellen Bereich verstärkt Rationalisierungsprozesse ein.[73] Durch den Einsatz neuer arbeitssparender Technologien und arbeitsorganisatorischer Veränderungen wurden mit immer weniger Menschen immer mehr Güter und Dienstleistungen in immer kürzerer Zeit produziert. Während diese Entwicklung für die Unternehmer erhöhte Arbeitsproduktivität, verringerte Kosten und höhere Gewinne bedeutete, mussten immer mehr abhängig Beschäftigte um ihren Arbeitsplatz fürchten. Zum Teil wurde diese Form von Arbeitsplatzvernichtung durch Arbeitszeitverkürzungen wie der tariflichen Absicherung der 40-Stunden-Woche, Verlängerung von Urlaubszeiten und durch verlängerte Schulzeiten aufgefangen. Doch Mitte der 1970er Jahre lag die Zahl der registrierten Arbeitslosen bereits bei über einer Million. Parallel dazu sank auch die Gesamtzahl der angebotenen Ausbildungsplätze, so dass angesichts steigender Schulabgängerzahlen das Defizit an Ausbildungsplätzen überproportional steigen musste.[74] Während früher meist ältere Arbeitnehmer von der Arbeitslosigkeit betroffen waren, traf es nun überdurchschnittlich die Jugendlichen. Diese neue Tendenz kennzeichnete die Krise 1974/75.[75]

Eine ausreichende Anzahl an qualifizierten Ausbildungsplätzen ist ebenso wie die unbefristete Übernahme nach der Ausbildung das erklärte Ziel der IG Metall-Jugend. Doch mit der kontinuierlichen Verschlechterung der Arbeitsmarktsituation wurden die Bedingungen für die Jugendlichen bis zum Ende der 1990er Jahre immer schlechter, besonders da die Unternehmer die Krise nutzten, um die von den Gewerkschaften erkämpften Rechte immer mehr einzuengen. An Lösungsstrategien und -modellen mangelte es aber nicht. Die IG Metall setzt sich bereits seit den 70er Jahren mit ihrer Forderung »Wer nicht ausbildet, muss zahlen« für die Einführung einer gesetzlich geregelten Ausbildungsverpflichtung in Verbindung mit einer gesetzlich festzulegenden Ausbildungsquote ein, die bei Nichterfüllung zur Zahlung einer Ausgleichsabgabe verpflichten soll. Auch

[71] IG Metall (Hrsg.), Buenos dias, S. 11ff.
[72] Geschäftsbericht 1981-1983, S. 58.
[73] Der Dienstleistungsbereich ist von der Rationalisierungswelle seit Anfang der 1970er Jahre betroffen, DGB (Hrsg.), S. 11.
[74] Ebd., S. 9ff.
[75] Nach ihrem Einstieg in das Berufsleben hatten die Jugendlichen mit geringem Arbeitsplatzschutz und fehlenden Tarifverträgen zu kämpfen. 1966/67 lag die Arbeitslosenquote der Arbeitnehmer unter 25 Jahren bei 2%, die derjenigen zwischen 55 und 65 Jahren bei 4,6%. Im Januar 1975 waren 6% Prozent der jungen Arbeitnehmer unter 20 Jahren arbeitslos, durchschnittlich gab es dagegen 5,1% Arbeitslose. Garbe, C./Odenwald, S., S. 16.

Lange Tradition auch beim Kampf um Ausbildungsplätze: Auf der Vertrauensleutekonferenz von P+S im November 1981 wird entschieden gegen den Abbau von Ausbildungsplätzen demonstriert...

konkrete Vorschläge für die Schaffung einer überbetrieblichen Fondsfinanzierung der Berufsausbildung wurden von der IG Metall zu Beginn der 1980er Jahre vorgelegt. Doch die Bundesregierung und Unternehmer und ihre Verbände verschlossen sich jeglicher Argumente. Fazit der IG Metall: Viel wirkungsvoller und profitabler war und ist es schließlich, die Konkurrenz um die wenigen Ausbildungsplätze, die Angst um den Arbeitsplatz zu nutzen, um Druck für die Durchsetzung der eigenen Interessen auszuüben.

Auf betrieblicher Ebene führten die Jugendlichen mit der Unterstützung von Vertrauensleuten und Betriebsräten Aktionen zum Abbau von Mehrarbeit unter dem Motto »Übernahme statt Überstunden«, für Sozialplanregelungen und Beschäftigungssicherungstarifverträge durch. Sie kämpften gemeinsam mit den Kolleginnen und Kollegen für die Verkürzung der Wochenarbeitszeit und hofften, auf diese Weise ihre Chance auf einen Arbeitsplatz zu erhöhen.

In Salzgitter gehört der Kampf um Ausbildungsplätze und Übernahme zu den Brennpunkten gewerkschaftlicher Jugendarbeit. Der Geschäftsbericht der Verwaltungsstelle Salzgitter vermerkt für den Zeitraum 1975 bis 1977:

»... die wirtschaftlichen und gesellschaftlichen Bedingungen für die arbeitende Jugend (haben sich) in bedrohlichem Maße verschlechtert. Jugendarbeitslosigkeit, fehlende Ausbildungsstellen und eine gescheiterte Berufsbildungsreform haben die Schwerpunkte für gewerkschaftliche Jugendarbeit verschoben. Gewerkschaftliche Jugendarbeit ist unter den Bedingungen der Krise stärker denn je durch den Kampf um das Recht auf Arbeit und Bildung bestimmt. Der energische Einsatz der gewerkschaftlich engagierten Betriebsräte und Jugendvertreter in der eisenschaffenden und metallverarbeitenden Industrie hat wesentlich dazu beigetragen, daß die erste Welle der geburtenstarken Jahrgänge in Salzgitter aufgefangen werden konnte und bisher ausreichend Ausbildungsplätze zur Verfügung standen.«[76]

Diese für Salzgitter noch positive Entwicklung ist auf die Einstellungszahlen der Peine + Salzgitter AG zurückzuführen, die mit Rücksicht auf die geburtenstarken Jahrgänge seit 1975 um ca. 50% über dem Bedarf ausbildete. So hatte das Unternehmen von 1972 bis 1975 die Neueinstellungen von Auszubildenden von 285 auf 430 gesteigert.

Doch die wirtschaftliche Situation entspannte sich in den folgenden Jahren nicht. Ganz im Gegenteil führten weiterer Personalabbau, Kurzarbeit, Einstellungsstop und Rationalisierungsmaßnahmen zu einer Zunahme der Arbeitslosenquote in der Stadt, die schließlich zu Beginn der 1980er Jahre 14% erreicht hatte.[77] Immerhin wurden allein in der bundeseigenen Salzgitter AG zwischen 1974 und 1981 rund 4.300 Arbeitsplätze ver-

[76] Geschäftsbericht 1975-1977, S. 99.
[77] Geschäftsbericht 1981-1983, S. 54.

... bis heute demonstriert die IG Metall-Jugend gemeinsam mit Kolleginnen und Kollegen aus allen Betrieben der Stadt gegen die Gefährdung ihrer Ausbildungsplätze.

nichtet. Das entsprach 21% der Belegschaft. In dieser Phase, in der das Angebot qualifizierter Ausbildungsplätze zur Mangelware wurde, plante die Peine + Salzgitter AG, ein montanmitbestimmtes Unternehmen, ohne Rücksprache mit dem Betriebsrat den Abbau von 110 Ausbildungsplätzen.

Der Vorstand der Peine + Salzgitter AG begründete seinen am 9. Oktober 1981 gefassten Beschluss, die Ausbildungsquote für das kommende Jahr um 25% zu kürzen, mit Kostengründen und stärkerer Bedarfsorientierung, die aus zurückgehenden Schülerabgangszahlen entstehe. Die 1975 vorgenommene Erhöhung der Ausbildungsquote sei, argumentierte er, nicht mehr haltbar und überdies werde auch bei gekürzter Quote noch über den eigenen Bedarf ausgebildet. Weitere, wenig stichhaltige Argumente lieferte der Vorstand in einer außerordentlichen Zusammenkunft mit dem Gesamtbetriebsratsausschuss und der Gesamtjugendvertretung am 30. November 1981. Zurückgezogen auf betriebswirtschaftliche Positionen verwies er darauf, dass man nicht in »Konkurrenz« zu anderen Ausbildungsplatzanbietern treten dürfe (u.a. im Raum Peine seien etwa 100 Metall-Ausbildungsplätze unbesetzt), und forderte eine Verteilung der finanziellen Lasten für die Ausbildung auf mehrere Unternehmen, speziell auch VW, das erst seit Ende der 1970er Jahre in geringem Umfang Ausbildungsplätze zur Verfügung stellte.[78]

Die gesellschaftliche Leitfunktion des montanmitbestimmten Unternehmens wurde hierbei völlig ignoriert. Durch die Reduzierung der Ausbildungskapazität in einem Bundesunternehmen war eine Signalwirkung für andere privatwirtschaftliche Unternehmen zu befürchten. »*Wenn Salzgitter kippt*«, schätzte Hans Preiss, Vorstandsmitglied der IG Metall, die Lage ein, »*dann ist das ein betriebswirtschaftliches Signal für die anderen Stahlunternehmen wie Hoesch und Thyssen und ein politisches Signal für die privaten Großunternehmen wie Siemens und Bosch*«.[79] Man könne als Mitbestimmungsträger nicht verantworten, Peine und Salzgitter als sterbende Regionen der Entvölkerung durch die Nachfolgegenerationen preiszugeben, informierte das VKL-Info.[80]

Außerdem komme den bundeseigenen Unternehmen gerade unter Berücksichtigung der Randlage in der BRD eine besondere Verpflichtung zu, ein quantitativ hochwertiges Angebot an Ausbildungsplätzen zu gewährleisten.[81] Die zunehmende Rechtsradikalisierung von Jugendlichen angesichts des drastischen Anstieges der Jugendarbeitslosigkeit stelle ein weiteres, nicht zu unterschätzendes Problemfeld dar, erinnerte die Vertrauenskörperleitung.

Mit dem Aufruf zum organisierten Widerstand begann ein »konstruktives und lückenloses Zusammenspiel« zwischen den Vertrauensleuten, den Funktionären bis hin zur

[78] IG Metall (Hrsg.), Erfolgreicher Kampf, S. 16.
[79] Frankfurter Rundschau vom 18. Januar 1982. Zitiert nach ebd., S. 109.
[80] VKL-Info Nr. 5, S. 2. Abgedruckt in ebd., S. 30.
[81] Ebd.

Vorstandsebene sowie Ausbildern und Ausbildungsleitung.[82] Durch vielfältige Aktionen und Aktivitäten wurde eine regionale und überregionale Öffentlichkeit erreicht. Presse, Funk und Fernsehen kommentierten bzw. informierten über die Situation in Peine und Salzgitter und lösten eine breite Solidarisierungswelle aus, die den Druck auf Unternehmensleitung und Politiker verschärfte.

In einer erneuten außerordentlichen Sitzung zwischen Vorstand, Gesamtbetriebsratsausschuss und Gesamtjugendvertretung am 12. Januar 1982 schlug das Unternehmen einen Kompromiss vor, der nicht zu akzeptieren war: Ein Stufenplan sollte die schrittweise Rückführung von 430 auf 320 Ausbildungsplätze innerhalb von drei Jahren regeln. Diese Entscheidung des Vorstandes rief nicht nur in der Region große Bestürzung hervor. In zahlreichen Protestbriefen von Politikern und Gewerkschaftern wurde eine sofortige Rücknahme dieses Beschlusses gefordert. Die Auszubildenden aus Salzgitter formulierten erneut ein Schreiben an den Bundeskanzler, der in seiner Neujahrsansprache die besondere Verpflichtung von Bundesunternehmen bei der Berufsausbildung ausdrücklich betont hatte.

Hans Preiss erwartete vom Bundeskanzler eine klare Aussage: *»Einerseits appelliert der Bundesminister für Bildung an die ›Ausbildungsmoral‹ der Unternehmer ... aber andererseits gibt der Vertreter des Bundesfinanzministers im Aufsichtsrat der Peine + Salzgitter AG grünes Licht für die Vernichtung von Ausbildungsplätzen. Das sei unglaubwürdig«*, berichtete die »metall« zu Beginn des Jahres 1982.[83] Auch Walter Gruber, Geamtbetriebsratsvorsitzender der Peine + Salzgitter AG, betonte in einem Interview mit dem NDR, dass ein Appell an die private Wirtschaft kaum glaubhaft werde, wenn man in den eigenen Betrieben diesen Aufruf missachte. Minister und Bundeskanzler könnten zwar keine Weisungen geben, müssten aber doch genügend Einfluss haben, um den Vorstand davon zu überzeugen, dass dieser den falschen Weg gehe.[84]

Am 12. Februar bat Walter Gruber im Namen der Arbeitnehmervertreter im Aufsichtsrat, das Thema Abbau von Ausbildungsstellen auf die Tagesordnung der Sitzung am 5. März 1982 zu setzen. Nachdem der Vorstand auf Empfehlung des Aufsichtsrates nochmals mit dem Betriebsrat verhandelt hatte, machte er das Angebot, vom Stufenplan abzusehen und jedes Jahr neu über die Ausbildungsquote zu verhandeln. Schließlich stellte der Vorstand für 1982 insgesamt 418 Ausbildungsplätze zur Verfügung. Darüber hinaus wurden in Kooperation mit der Volkshochschule weitere 15 Auszubildende nach dem Benachteiligungsprogramm des Bundesministers für Bildung und Wissenschaft eingestellt.[85]

Wir wollen Arbeit!

Der Kampf gegen die Jugendarbeitslosigkeit und für eine ausreichende Anzahl an Ausbildungsplätzen riss nicht mehr ab. Kaum zu zählen sind die Aktionen der Jugendlichen in den Betrieben sowie die Initiativen der Gewerkschaften unter Federführung des OJA und des jeweiligen Jugendsekretärs bzw. der Jugendsekretärin der Verwaltungsstelle.[86]

1983 und 1984 standen ganz im Zeichen der 35-Stunden-Woche. In vielen Aktionen, auf Demonstrationen und in Podiumsdiskussionen setzten sich die Jugendlichen für die Durchsetzung der Arbeitszeitverkürzung ein und artikulierten nachdrücklich ihre Meinung, dass die Verkürzung der Wochenarbeitszeit ihre Chancen erhöhe, nach der Ausbildung eine qualifizierte Arbeit in ihrem erlernten Beruf zu erhalten. Außerdem kämpfte die IG Metall-Jugend 1983 für die Initiative des DGB, ein außerbetriebliches Ausbildungszentrum in der ehemaligen Schachtanlage Haverlahwiese mit 30 Ausbildungsplätzen einzurichten. In einer großangelegten Postkartenaktion forderten die Absender vom Ministerpräsidenten in Niedersachsen, Ernst Albrecht, und dem Oberbürgermeister der Stadt Salzgitter, Rudolf Rückert, mehr Ausbildungsplätze und den Ausbau von Haverlahwiese zur überbetrieblichen Ausbildungsstätte.[87]

In den folgenden Jahren verschlechterte sich die Arbeitsmarktsituation in dramatischer Weise. Bis 1986 zählte Salzgitter mehr als 6.000 Arbeitslose, darunter über 1.200 junge Menschen unter 25 Jahren.

[82] Apel, S. 29.
[83] »metall«, Lokalseite, 6. Januar 1982.
[84] Interview: NDR II Früh-Kurier am 8. Dezember 1981. In: IG Metall (Hrsg.), Erfolgreicher Kampf, S. 141.
[85] Ebd., S. 18ff.
[86] Werner Kubitza, der die IG Metall-Jugend in den Jahren 1981 bis 1985 betreute, Rainer Barcikowski und Jutta Ehlers, die den Bereich seit 1987 übernommen hat, erfüllten diese Aufgabe, wie die Autorin von etlichen ehemaligen und gegenwärtigen Jugendvertreterinnen und -vertretern hörte, mit viel Engagement und der nötigen Hartnäckigkeit – eine, für das oftmals »ungeliebte Kind« Jugendarbeit, zwingende Voraussetzung für erfolgreiche Arbeit.
[87] Geschäftsbericht 1981-1983, S. 56.

SALZGITTER

Der Jugend unsere Solidarität

Arbeitsplätze her

— Für die Übernahme aller Ausgebildeten bei P+S

Mahnwachen-Aktion vom 5.–10.5.'86

Liebe Mitbürgerinnen und Mitbürger!

Im Juni 1986 lernen bei den Stahlwerken Peine-Salzgitter wieder einmal 319 junge Menschen aus, ohne bisher – wenige Wochen vor der Prüfung – ein konkretes Angebot auf einen Arbeitsplatz erhalten zu haben.

Für den größten Teil dieser qualifizierten Fachkräfte ist damit völlig ungewiß, ob es für sie eine Zukunft beim bundeseigenen Unternehmen gibt oder ob die Perspektive heißt:

- **Arbeitslosigkeit – Dauerarbeitslosigkeit – Sozialhilfe**
- **Gelegenheitsarbeit – Leiharbeit – Abwandern aus der Region**

Daher sind wir, die Auszubildenden von P+S, abermals gezwungen, mit gezielten Aktionen die Öffentlichkeit aufzuklären und dafür zu kämpfen ...

- **daß das Vorstandskonzept der Arbeitsplatzvernichtung gestoppt wird!**
- **daß Mehrarbeit in Freizeit ausgeglichen wird!**
- **daß Leiharbeit und Fremdfirmeneinsatz und alle sonstigen Praktiken, die an „Sklaventreiberei" erinnern, drastisch reduziert werden!**
- **daß alle Auslernenden einen festen Arbeitsplatz bei P+S oder einer Konzernfirma in dieser Region bekommen!**
- **daß diese Region sich nicht von der „Stadt im Grünen" zur grünen Wiese oder Abfalldeponie zurückentwickelt.**

... andernfalls bleiben verstärkte Abwanderungstendenzen und Überalterung der Städte Peine und Salzgitter die zwangsläufige Folge.

Fakten statt Phrasen

- Schon seit 1975 hat sich die Einwohnerzahl Salzgitters um über 10 000 Bürgerinnen und Bürger vermindert. Trotz dieser traurigen Bilanz ist die Arbeitslosigkeit im gleichen Zeitraum sogar noch von 3500 auf ca. 6300 gestiegen!
- Davon sind insbesondere die Jugendlichen hart betroffen. Nach Zahlen des Arbeitsamtes sind 1 282 junge Menschen (= 20,5%) unter 25 Jahren schon zur Arbeitslosigkeit verdammt! Ca. 2/3 der Arbeitslosen sind unter 35 Jahre alt.
- Bereits jetzt werden von der Kommune über 20 Mio DM für Sozialhilfe aufgewand.
- Bei P+S werden z. Z. monatl. ca. 40 000 Stunden Mehrarbeit verfahren.

Wo bleibt da die Wirkung von Apellen des Bundesarbeitsministers **Norbert Blüm** und seines „Sozialpartners" aus dem Arbeitgeberlager, **Otto Esser?** Sagten sie nicht erst am letzten Wochenende:

„Es darf keine Stunde Mehrarbeit mehr geben, die vermeidbar ist?"

Alles nur leere Sprüche, um die Wähler zu verwirren? ... fragen wir, die Betroffenen!

Daher fordern wir:

Die Übernahme aller Ausgebildeten beim bundeseigenen Unternehmen P+S!

Die Einstellungen sind möglich

: weil Arbeit genug da ist

: weil Mehrarbeit verfahren wird

: weil Fremdfirmen der Lohndrückerei Vorschub leisten und Festeinstellungen verhindern

: weil ein bundeseigenes Unternehmen eine besondere soziale Verpflichtung hat und die Aussagen von Blüm & Co. nicht nur Sprüche bleiben dürfen!

Unterstützen Sie unseren berechtigten Kampf gegen Arbeitslosigkeit und Perspektivlosigkeit

V. i. S. d. P.: Ortsjugendausschuß IGM Salzgitter, Bernd Kruppa, Vors. IG Metall Vst. Salzgitter, Bernd Henn, 1. Bev., Rainer Barcikowski, Kassierer

Die Situation in den Großbetrieben Salzgitters ließ für die Jugendlichen kaum Hoffnung auf einen Ausbildungsplatz bzw. die Übernahme aufkommen. Die SMAG übernahm ihre Auszubildenden nicht. Angesichts der geplanten Reduzierung der Belegschaft auf 840 Arbeitnehmer sah es die IG Metall schon als kleinen Erfolg an, dass noch 12 Ausbildungsplätze vorerst erhalten blieben. MAN und Blaupunkt bildeten in Salzgitter noch nicht aus und LHB und VW stellten ihre Auszubildenden nach der Lehre ein, LHB bot jedoch seit 1984 nur noch befristete Arbeitsverhältnisse an.[88]

Die Stahlwerke P+S wollten wie jedes Jahr nur einen kleinen Teil der Auslernenden in ein befristetes Arbeitsverhältnis übernehmen.[89]

[88] Vgl. Notiz Werner Kubitza an Hasso Düvel, Bezirksleitung, 15.Februar 1984, Archiv IG Metall Salzgitter, unverzeichnet.

[89] Salzgitter-Woche am Sonntag, 5. Mai 1985, »Jugendliche demonstrieren für Arbeitsplätze«.

Die Jugend- und Auszubildendenvertretung

Im Rahmen ihrer Übernahmeaktion besetzte die IG Metall-Jugend am 26. April 1988 das Lebenstedter Arbeitsamt.

Im Herbst 1988 fanden erstmals die Wahlen zur Jugend- und Auszubildendenvertretung (JAV) statt. Seit Jahren schon hatten IG Metall und DGB die Umwandlung der Jugendvertretungen in Jugend- und Auszubildendenvertretungen gefordert. Die Zahl der Betriebe mit Jugendvertretungen war infolge des veränderten Bildungssystems, das die Jugendlichen erst später in die Ausbildung entließ, kontinuierlich gesunken, da Jugendvertretungen seit 1953 nur in Betrieben gewählt werden durften, die mindestens fünf Jugendliche im Alter bis zu 18 Jahren beschäftigten.

Erst am 20. Juli 1988 berücksichtigte der Gesetzgeber mit dem Gesetz zur Bildung von Jugend- und Auszubildendenvertretungen (JAVG) diese Entwicklung, so dass in Betrieben mit mindestens fünf Arbeitnehmern, die das 18. Lebensjahr noch nicht vollendet haben oder zu ihrer Berufsausbildung beschäftigt sind und das 25. Lebensjahr noch nicht vollendet haben, Jugend- und Auszubildendenvertretungen gewählt werden konnten.

In Salzgitter konnte in über 37% der Betriebe erstmals gewählt werden. Damit stieg die Zahl der JAV's auf 17 an, die Zahl der JAV-Vertreter erhöhte sich von 27 auf 49.[90] Für die Schlagkraft der IG Metall-Jugend hatte dies positive Auswirkungen, obwohl sich in den nächsten Jahre zeigen sollte, dass die Arbeit der Jugend- und Auszubildendenvertretungen als Fundament und Eckpfeiler der betrieblichen und gewerkschaftlichen Jugendarbeit immer schwieriger wurde.

Verantwortlich dafür sind die aus dem betrieblichen Leistungsdruck resultierenden Freistellungsschwierigkeiten, die hohe Fluktuation, mangelnde Unterstützung, aber auch das Fehlen von sozialen Bewegungen. Um dem entgegenzuwirken, ist der Ausbau einer kontinuierliche Betreuung und Begleitung, verbindlicher Zuständigkeiten und Bezugspersonen im betrieblichen Interessenvertretungsbereich durch Betriebsräte und Vertrauenskörperleitung zwingend notwendig.

Die Mahnwachen in den Jahren 1985 und 1986 gegen das unerträgliche Maß an Überstunden (40.000 Stunden im Monat) und den zunehmenden Einsatz von Fremdfirmen und für eine Sozialplanregelung und die Übernahme der Auszubildenden fanden bundesweiten Widerhall. Wie schon beim Kampf gegen die Vernichtung von Ausbildungsplätzen 1981/1982 unterstützte die große Solidarität mit den Jugendlichen und die Berichterstattung der Medien die Durchsetzung ihrer Forderungen. So trug die mehrtägige Mahnwache rund um die Uhr vor den Werkstoren der Stahlwerke dazu bei, dass 1986 von 327 Auslernenden 237 in ein Arbeitsverhältnis übernommen wurden.[91]

Mit der »Woche der Unruhe« 1987 zeigte die IG Metall erneut, dass sie die bedrückende Situation in der Region nicht duldsam ertragen werde. Die Verwaltungsstellen Peine und Salzgitter stritten vom 9. bis 12. Juni 1987 öffentlichkeitswirksam für mehr Arbeitsplätze in der Region, gegen Jugendarbeitslosigkeit und gegen Ausbildungsplatznot. Fast 1.700 Menschen reichten sich die Hand und bildeten eine Menschenkette vom Rathaus bis zum Arbeitsamt. »*Wir wollen damit zeigen, daß immer häufiger bereits ein direkter Weg der Arbeitslosen vom Arbeitsamt zum Sozialamt führt. Gleichzeitig sollten die Politiker aller Parteien auf allen Ebenen aufgefordert werden, die Situation in*

[90] Geschäftsbericht 1987-1989, S. 46.
[91] »metall«, Lokalseite, Nr. 15, 26. Juli 1985 und Nr. 15, 25. Juli 1986; Salzgitter-Zeitung, 6. Mai 1986, »40.000 Überstunden, aber bisher noch kein Vertrag«.

Mit den »Nikolausaktionen« macht die IG Metall-Jugend in Salzgitter auf die völlig unzureichende Ausbildungs- und Arbeitsplatzsituation aufmerksam und fordert:...

...»Wer nicht ausbildet, muss zahlen«.

Salzgitter mit verändern zu helfen. Vom Rentner bis zum Schüler waren alle Gruppen vertreten«, erklärte Rainer Barcikowski, Jugendsekretär der IG Metall, der Presse.[92] Auch in einer Schülerdemonstration vor dem Rathaus und einer Podiumsdiskussion zur Stahlkrise wurden die Brennpunkte aufgegriffen und Lösungsstrategien entwickelt. Man war sich einig, dass alle gesellschaftlichen Gruppen zusammenwirken müssten. Doch die Lage entspannte sich nicht. Bis zum Winter 1987 stieg die Zahl der Arbeitslosen unter 25 Jahren in Salzgitter auf 1.586, und wieder war die Übernahme der Auszubildenden in keiner Weise gesichert.[93] Über 200 Jugendlichen, die ihre Ausbildung bei P+S, LHB, SMAG, Stoll, MAN und VW beendeten, drohte die Arbeitslosigkeit, denn während bei VW eine Übernahme tarifvertraglich abgesichert war und bei MAN und SMAG durch Verhandlungen die Übernahme erreicht wurde, gab es bei P+S und LHB erst Teilerfolge. Gegen diese Entwicklung protestierten die jungen Metallerinnen und Metaller mit zwei aufsehenerregenden Aktionen, der Besetzung des Arbeitsamtes und des Rathauses in Lebenstedt.

»Wir schlagen Krach für unsere Zukunft«

Dieses Motto kennzeichnete zum Jahreswechsel 1989/90 die Aktivitäten der IG Metall-Jugend für den Erhalt der Ausbildungsplatzkapazitäten und der breiten Ausbildungspalette in der privatisierten Preussag Stahl AG. Besonders die Frauen waren betroffen, da über 40% der zur Vernichtung anstehenden Ausbildungsplätze von jungen Frauen besetzt wurden. Mit der Gründung des »Runden Tisches der Ausbildung«, den die IG Metall-Jugend vom Rat der Stadt gefordert hatte, war ein weiterer Schritt getan, der Ausbildungsmisere aktiv zu begegnen.

Arbeitsschwerpunkt des Jahres 1992 war die Aktion »Ausbildung – checken und verbessern«. Mit großem Interesse an der bundesweiten Aktion arbeiteten Auszubildende, Ausbilder und Interessenvertreter bei PSAG, Bosch, SMAG und MAN zusammen, um die Mängel und Probleme bei der Umsetzung der neuen Berufe zusammen mit allen Betroffenen zu ermitteln und Vorschläge zur Verbesserung zu machen.[94] Das Recht auf eine qualifizierte und zukunftsorientierte Ausbildung war in Salzgitter immer von zentraler Bedeu-

[92] Salzgitter-Woche am Sonntag, 14. Juni 1987, »Alle Gruppierungen müssen an einem Strang ziehen«.

[93] Presseinformation der IG Metall Salzgitter, 4. Dezember 1987. Archiv IG Metall Salzgitter, unverzeichnet.

[94] Geschäftsbericht 1990-1992, S. 53; »metall«, Lokalseite, Nr.2, 22. Januar 1993, S. 17.

[95] Zur Entwicklung der beruflichen Bildung und Qualität der Ausbildung in Salzgitter vgl. Kapitel 5 dieses Buches.

tung gewesen. So war die »Hütte« bundesweit ein Leitbetrieb für berufliche Bildung, der insbesondere durch neue Ausbildungskonzepte und Modelle vor allem zur Förderung von lernschwachen Jugendlichen, bei der Entwicklung der Metall- und Elektroberufe sowie der hüttentechnischen Ausbildung zum Verfahrensmechaniker eine Schlüsselstellung einnahm. Ernst Neumann – gewerkschaftlich orientierter Ausbildungsleiter – zeichnete für viele dieser innovativen Projekte verantwortlich.[95]

Auch der Umweltschutz war 1992 ein Schwerpunktthema der Jugendarbeit. Im Rahmen des Wettbewerbes »Wir zeigen, wie es geht«, wurden auf allen Jugendversammlungen im dritten Quartal 1992 IG Metall-Tassen an die Auszubildenden verteilt, verbunden mit dem Boykott »der Plastikbecher in den Kaffeeautomaten«. In diesen Bereich fallen ebenfalls die Aktivitäten gegen die Einlagerung radioaktiver Abfälle im Schacht Konrad. Seit der Einleitung des Planfeststellungsverfahrens im Jahr 1982 unterstützt die IG Metall den Widerstand gegen die Pläne der Bundesregierung, Schacht Konrad als Atommüllendlager durchzusetzen. Die Aktionen

Vor den Werkstoren von MAN unterstützen Auszubildende des Werkes die Forderungen ihrer Jugend- und Ausbildungsvertretung.

gegen die Einlagerung wurden und werden immer auch durch Mobilisierung der IG Metall-Jugend mitgetragen, die sich für eine lebenswerte und sichere Zukunft stark macht.[96]

Im Rahmen von Aktionen wie »Wir haben ein Recht auf Zukunft in der Region« (April 1993) und »More Future« (Dezember 1993) machten die Jugendlichen aus den Betrieben auf ihre miserable Situation aufmerksam. In der Nacht vom 9. auf den 10. Dezember 1993 »erhängten« sie über 200 Strohpuppen mit Arbeitskleidung an Straßenlaternen und veröffentlichten eine »Todesanzeige«. Ebenfalls in diesem Jahr begann der Ortsjugendausschuss in einem Pilotprojekt, mit einem gleichberechtigten Leitungskollektiv zu arbeiten.

1994 wurde schließlich nach jahrelangen Kämpfen die sechsmonatige Übernahme nach der Ausbildung festgeschrieben, doch dieser Erfolg konnte nicht über die sozial belastende Lage der Jugendlichen hinwegtäuschen. Nicht nur die Zahl der Ausbildungs- und Arbeitsplätze war völlig unzureichend, auch an Unterstützung von kommunaler, politischer und wirtschaftlicher Seite mangelte es.

Hatten die Arbeitgeber beim Kanzlergespräch am 15. März 1995 noch verbindlich zugesagt, 600.000 Ausbildungsplätze anzubieten, zeigte sich bald, dass dieses Versprechen nicht eingelöst werden würde. Ende April waren erst 460.000 Ausbildungsplätze bei der Bundesanstalt für Arbeit gemeldet, 60.000 weniger als 1994. Die Bilanz der Betriebsräte und Jugendvertreter im Rahmen der Aktion »Verträge statt Versprechen« belief sich auf 22 zusätzliche Angebote in Salzgitter.

Das Ziel, eine Ausbildungsquote von 8% im Betrieb zu erreichen, blieb damit unverändert in weiter Ferne.[97] Das Aktionsbündnis »Deine Einstellung zählt...«, in dem sich IG Metall-Jugend, Stadtschülerrat und ÖTV-Jugend zusammengeschlossen hatten, forderte vom Rat der Stadt Salzgitter ein Bündnis für Arbeit und Ausbildung. Im Zuge der Kampagne »Aktion Nikolaus« übergaben sie 1995 Oberbürgermeister Hermann Struck eine Resolution und 1.113 Paar Schuhe, die stellvertretend für die arbeitslosen Jugendlichen in Salzgitter ins Rathaus gebracht worden waren.[98] Im nächsten Jahr knüpften 300 Mitglieder der IG Metall-Jugend an ihre Vor-

[96] Geschäftsbericht 1990-1992, S. 53

[97] »metall«, Lokalseite, 5/95 und 7/95, S. 22.

[98] Salzgitter-Zeitung, 8. Dezember 1995, »2.400 Schuhe dem Oberbürgermeister übergeben«.

jahresaktion an und hängten 1.117 Arbeitsanzüge auf einer Leine vom Arbeitsamt zum Rathausplatz bis in die Innenstadt auf.

Die Jugendsekretärin Jutta Ehlers forderte erneut ein Bündnis für Ausbildung, an dem sich Industrie, Handwerk, Arbeitsamt sowie Rat und Verwaltung beteiligen sollten. Ihrer Forderung nach einer gesetzlichen Ausbildungsverpflichtung und einer Umlagefinanzierung verliehen die Jugendlichen mit dem am Rathaus-Foyer aufgehängten Transparent »Wer nicht ausbildet, muss zahlen« Nachdruck.[99]

Auch in den folgenden Jahren machte die IG Metall-Jugend mit den Nikolausaktionen auf die hohe Arbeitslosigkeit aufmerksam. So symbolisierten 1997 1.200 Holzkreuze die Anzahl der arbeitslosen Jugendlichen unter 25 Jahren und 1998 übergaben die Jugendvertreter der Vorsitzenden der Ratsfraktion, Rosemarie Hinrichs, und dem SPD-Landtagsabgeordneten Helmut Knebel ein überdimensioniertes Taschentuch mit einem Knoten. Beide versprachen, sich für den 1997 von der SPD eingebrachten Gesetzesentwurf für eine Umlagefinanzierung einzusetzen.[100]

... Zukunft möglich machen

Wer heute 30 Jahre alt ist, hatte während seiner praktischen Gewerkschaftsarbeit ausschließlich mit einer CDU/FDP-Bundesregierung zu tun. »Solange ich denken kann, gab es nur einen Kanzler namens Kohl«, beschreibt ein Jugendlicher diese Situation treffend.

1998 wurde der Regierungswechsel endlich geschafft. Inzwischen ist Rot-Grün in der zweiten Legislaturperiode. Das Bündnis für Arbeit und Ausbildung ist zu den Akten gelegt worden. Für die IG Metall und die Jugend der IG Metall als eigenständiger Teil der Gesamtorganisation besteht weiterhin großer Handlungsbedarf, denn Arbeits- und Ausbildungsplätze werden vor Ort, in den Betrieben, in der Stadt und in der Region gesichert und geschaffen.

Das Recht auf Arbeit und Ausbildung muss dabei immer wieder eingefordert werden. Frei nach dem Leitspruch der Jugend Salzgitters: Wer kämpft kann verlieren, wer nicht kämpft, hat schon verloren.

Jugend- und Ausbildungsvertreter von MAN fordern die Einhaltung ihrer Ausbildungsverträge und die Übernahme der Ausgebildeten.

[99] Salzgitter-Zeitung, 7. Dezember 1996, »Ausbildungs-Plätzchen und Arbeits-Lose«.

[100] Salzgitter-Zeitung, 8. Dezember 1997, »1.200 Kreuze für junge Arbeitslose aufgestellt« und Salzgitter-Woche am Sonntag, 13. Dezember 1998, »Wir fordern Perspektiven«.

Dem
Zeit und
geben
DEUTSCHE

»Selbständiges Planen, Durchführen und Kontrollieren«

Berufliche Bildung als Dauerthema in Salzgitter

Gewerkschaftliche Aspekte

Mehr als 50 Jahre sind seit der Gründung der Industriegewerkschaft Metall in Salzgitter vergangen. Mehr als 50 Jahre lang musste fast ständig um ein auswahlfähiges Angebot qualifizierter Arbeits- und Ausbildungsplätze gekämpft werden. Mehr als 50 Jahre lang bemühten sich Gewerkschaften – nicht zuletzt die IG Metall – darum, die Qualität der Berufsausbildung zu sichern und zu fördern.

Allen Jugendlichen sollen die Qualifikationen (Kompetenzen) vermittelt werden, die für den Eintritt in das Berufsleben erforderlich sind sowie für deren Erhalt und zur Anpassung an veränderte Anforderungen.

Jeder Einzelne soll nach dem Besuch der allgemeinbildenden Schulen und dem Abschluss einer Berufsausbildung sein berufliches und privates Leben eigenverantwortlich gestalten können. Für Gewerkschaften schließt dies die Fähigkeit und Bereitschaft zu solidarischem Handeln mit ein.

Ausreichende Qualifikationen sind auch erforderlich, um auf die Gestaltung von Arbeit und Technik im Interesse von Arbeitnehmern Einfluss nehmen zu können.

Rechtliche Grundlagen der Berufsausbildung

50 Jahre vergingen von den Forderungen des Allgemeinen Deutschen Gewerkschaftsbundes (ADGB) zur Neuregelung des Lehrlingswesens im Jahre 1919 über zahlreiche nicht befriedigende parlamentarische Auseinandersetzungen bis zur Verabschiedung des heute für die gesamte Bundesrepublik geltenden Berufsbildungsgesetzes (BBiG) unter der Großen Koalition 1969. Vorausgegangen war – was heute nur wenigen bekannt ist – eine Gesetzesinitiative von Hans-Jürgen Junghans, MdB, und anderen sowie der Fraktion der SPD. Dieses Vorhaben wurde aufgeteilt und führte dann vorab zur Verabschiedung des Arbeitsförderungsgesetzes (AFG). Junghans war damals Leiter der Hauptabteilung Ausbildung und Förderung der Salzgitter Hüttenwerk AG und wurde später zum Ehrenbürger der Stadt Salzgitter ernannt. Im Sommer 2003 ist Hans Jürgen Junghans leider verstorben.

Die gewerkschaftlichen Ziele von 1919, die grundsätzlich auch heute noch gelten, wurden durch das BBiG nicht erreicht. Grundsätzliche Forderungen blieben unberücksichtigt.

Das Ausbildungsplatzförderungsgesetz (APLFG) von 1976 unter dem Bundesminister für Bildung und Wissenschaft Helmut Rohde sollte wesentliche gewerkschaftliche Aspekte berücksichtigen und einen Rest des Reformvorhabens retten. Es wurde 1980 vom Bundesverfassungsgericht für nichtig erklärt, obwohl die darin enthaltene Finanzierungsregelung »Für mit der Verfassung vereinbar« erklärt wurde. Die Hoffnungen auf Reformvorhaben der sozialliberalen Koalition im Bereich der beruflichen Bildung wurden enttäuscht.

Die Bundesregierung hatte 1973 »Markierungspunkte« zur Reform der beruflichen Bildung vorgelegt. Der damalige Bundeskanzler Willy Brandt erklärte dazu: »*... Mit den gestern beschlossenen Grundsätzen hat sich die Bundesregierung für die staatliche Verantwortung in der Kontrolle der beruflichen Bildung entschieden. Die Frage nach der Qualität der beruflichen Bildung wird nicht mehr in erster Linie dem Urteil privater Betriebe überlassen bleiben.*« »*... Gleich-*

Gegenüberliegende Seite: Das Rad wurde von Auszubildenden konstruiert und hergestellt. Es entstand, wie bei anderen Projekten, in Zusammenarbeit mit der Gruppe Kontakt-Kunst Hildesheim. Zu sehen ist das Rad in der Heimvolkshochschule Jägerei Hustedt/Celle.

berechtigte Mitwirkung, Mitbestimmung und Mitverantwortung aller Beteiligten werden sichergestellt.«

In der breit geführten öffentlichen Diskussion darüber wurden Interessengegensätze in einer Weise ausgetragen, die deutlich werden ließ, dass nicht Sach-, sondern Machtfragen die Auseinandersetzungen bestimmten. Die Spitzenverbände der Wirtschaft drohten bei der bloßen Ankündigung des Gesetzes in dem so genannten Erpresserbrief an den Bundeskanzler bereits offen mit einem Ausbildungsboykott. Bis heute hat sich daran nichts geändert.[1]

Im BBiG wurden die früheren Begriffe Lehrling und Lehrherr durch Auszubildender und Ausbildender ersetzt. Jetzt, nach 30 Jahren, wird fast nur noch – wie früher – von der Lehre, vom Lehrling und zunehmend auch vom Lehrherrn gesprochen. Absicht oder Gedankenlosigkeit? Die Rollen- und Machtverteilung ist klar erkennbar.

Zum Ende des Jahrhunderts lagen wieder Gesetzesentwürfe zu einer Umlagefinanzierung vor, aber wieder kam es nicht zu einer Verabschiedung. Wieder haben die Wirtschaftsverbände ihre Zusage, allen Jugendlichen einen Ausbildungsplatz anzubieten, nicht eingehalten. Die Problematik hat sich nicht verändert.[2] Wirtschaft und Verwaltung müssen endlich ihrer Ausbildungsverantwortung gerecht werden, damit die Steuerzahler nicht Milliardenbeträge aufbringen müssen, um die Jugendarbeitslosigkeit nicht bereits nach dem Schulbesuch beginnen zu lassen.

Eine Untersuchung des Bundesinstitutes für Berufsbildung (BiBB) hat 1998 ermittelt, dass eine Ausbildungsplatzabgabe den Vorstellungen von 55% der mittelständischen Betriebe nachkommt, die einen finanziellen Lastenausgleich zwischen ausbildenden und nichtausbildenden Unternehmen für wichtig halten. Die IG Metall steht also nicht allein, wenn sie fordert: »Wer nicht ausbildet, muss zahlen!«

[1] Eine Zwischenbilanz und Dokumentation zur Reform der beruflichen Bildung liefert die IG Metall (Hrsg.), Reform der beruflichen Bildung.

[2] In der Schrift »Von außen gesehen« zum fünfzigjährigen Jubiläum der Industriegewerkschaft Metall Salzgitter wurde unter »Qualifizierung für alle« darauf hingewiesen und auch die Aussage des Bundesverfassungsgerichtes von 1980 zu Verantwortung der Arbeitgeber zitiert, die aber offenbar ihre Wirkung nur in Aufrufen und Appellen zeigt. Vgl. Neumann, S. 143ff. Sehr differenziert auseinandergesetzt hat sich damit Michael Kittner, Berufliche Qualifikation in der Rechtsordnung.

Aktivitäten zur Qualitätssicherung in der Berufsausbildung

Unabhängig von der vorgenannten rechtlichen Problematik hat die IG Metall auf den verschiedensten Ebenen vom Vorstand über die Bezirke und Ortsverwaltungen bis in die Betriebe hinein mit Betriebsräten, Jugend- und Auszubildendenvertretern und insbesondere mit der Gruppe der Berufsausbilder kontinuierlich an der Verbesserung der Berufsausbildung vor Ort gearbeitet und diese Bemühungen auch heute noch nicht aufgegeben.

Kolleginnen und Kollegen aus Salzgitter waren aktiv und zum Teil auch beispielgebend daran beteiligt

- Berufe neu zu ordnen und weiterzuentwickeln
- Ausbildungsordnungen mit Ausbildungsrahmenplänen und Prüfungsanforderungen zu erarbeiten
- schulische Rahmenlehrpläne mitzugestalten
- die betrieblichen Rahmenbedingungen zu schaffen und zu sichern
- innovativ unter anderem durch erfolgreiche Modellversuche vor Ort die Durchführung der Ausbildung ständig zu verbessern
- und sich insbesondere der schwächeren Jugendlichen anzunehmen

Man könnte diese Liste leicht verlängern um Namen, Tätigkeiten und Ergebnisse. Aber auch diese wäre nicht vollständig. Wir standen ja nie allein, hatten die Organisation hinter uns und waren der Solidarität und des Sachverstandes vieler Kolleginnen und Kollegen sicher.

Die Ausbildungspraxis verändert sich ständig. Bildungspolitik sollte deshalb dynamisch sein, dabei die grundsätzlichen Ziele im Auge behalten und nicht nur, wie dies de facto oft genug geschieht, verspätet auf Veränderungen reagieren. Die IG Metall wird wachsam bleiben und in ihren entsprechenden Aktivitäten nicht nachlassen.

Es wäre anmaßend, einfach »Rezepte« anzubieten. Aber für Betriebsratsmitglieder, Jugendvertreter oder Berufsausbilder könnte es hilfreich sein, etwas von den schwierigen Wegen zu erfahren, die zu Lösungen

Ernst Neumann, Ausbildungsleiter der Stahlwerke P+S AG, war als Sachverständiger der IG Metall ständig bemüht, gewerkschaftliche Interessen und Ziele durchzusetzen.

führten und auch von deren Begründungen, die aus Gesetzestexten, Verordnungen, Vereinbarungen kaum abgelesen werden können und die heute gerne von anderen »bedarfsorientiert« interpretiert werden. Es geschieht nicht selten, dass Qualitätsdiskussionen entfacht werden, obwohl eigentlich nur Kostensenkung vorgesehen ist. (Selbstverständlich sind die Kosten keine zu vernachlässigenden Faktoren.) Manche über die Mitbestimmung des Betriebsrates erreichten betrieblichen Regelungen, zum Teil sogar in Betriebsvereinbarungen fixiert, fallen nicht selten wieder unter den Tisch.

Mitwirkung von Vertretern der Arbeitnehmer in grundsätzlichen Fragen der Berufsbildung

Diese fand statt:

- in den Organen des BiBB nach dem Berufsbildungsförderungsgesetz von 1981 (BerBiFG). Übrigens: Das einzige Förderungsgesetz in der Bundesrepublik Deutschland, das keine Finanzierungsregelung enthält.
- im Hauptausschuss zusammen mit Vertretern der Arbeitgeber, der Länder und des Bundes. Der Ausschuss berät die Bundesregierung in grundsätzlichen Fragen der Berufsbildung und führt unter anderem die Anhörung bei Rechtsverordnungen und beim Erlass von Richtlinien für Prüfungsordnungen durch. Hierbei verfügen die Beauftragten der Arbeitnehmer über ein Drittel der Stimmen.
- in Fachausschüssen. Berufsausbilder aus Salzgitter haben als Sachverständige an der Neuordnung und Erarbeitung von Ausbildungsordnungen für die industriellen und handwerklichen Metall- und Elektroberufe, für die Berufe der Gießerei-, Hütten- und Halbzeugindustrie und verschiedener kaufmännischer Berufe mitgewirkt.[3] Sie arbeiteten auch bei der Erstellung von Handreichungen für die Umsetzung der Rahmenlehrpläne in den niedersächsischen Berufsschulen mit.

Die Abstimmung über »Entsprechungen der beruflichen Befähigungsnachweise zwischen Mitgliedstaaten der Europäischen Gemeinschaften« erfolgte durch das Europäische Institut für Berufsbildung (CEDEFOP). Jedes Mitglied der EG (EU) entsandte je einen Vertreter der Arbeitgeber und Arbeitnehmer. Die DGB-Gewerkschaften wurden in den Sektoren Metalltechnik, Hüttentechnik und Gießereitechnik von Ernst Neumann vertreten, der auch an dem Länderbericht mitarbeitete.

[3] Auf die Neuordnung/Weiterentwicklung von Berufen und auf das Prüfungswesen wird an späterer Stelle noch eingegangen.

Ein Thema des 1. Mai 1969: Die Durchsetzung eines Berufsbildungsgesetzes.

Mitwirkung/Mitbestimmung des Betriebsrates bei der Durchführung der Berufsbildung im Betrieb

Die Mitbestimmungsregelungen sind im Betriebsverfassungsgesetz geregelt.

»§ 96 Förderung der Berufsbildung: Arbeitgeber und Betriebsrat haben im Rahmen der betrieblichen Personalplanung ... die Berufsbildung der Arbeitnehmer zu fördern. Der Arbeitgeber hat auf Verlangen des Betriebsrates mit diesem Fragen der Berufsbildung der Arbeitnehmer des Betriebes zu beraten. Hierzu kann der Betriebsrat Vorschläge machen.«

Schon bei der Salzgitter Hüttenwerk AG wurde unter Berufsbildung auch die berufliche Fortbildung, Weiterbildung und Umschulung verstanden, nicht nur die Berufsausbildung. Dass dies im Rahmen der Mitbestimmungsmöglichkeiten und ihrer kreativen Ausgestaltung Dauerthema in Salzgitter blieb, ist das Verdienst von – sie seien stellvertretend für viele Kolleginnen und Kollegen genannt – Erich Sewald, Günter Nagel, Walter Gruber, Herbert Wittek, Peter Kurbjuweit, Bärbel Heise, Christine Giering, Karin Junge, Ernst Schäfer, Bernd Kruppa und nicht zuletzt von Ernst Neumann.

Eine noch heute geübte Praxis hat sich bewährt, nämlich sämtliche Berufsbildungsfragen, die die Arbeitnehmer des Unternehmens betreffen, in einem paritätisch besetzten Berufsbildungsausschuss zu regeln und danach zwischen Vorstand und Betriebsrat abzustimmen.

Für den Betriebsrat gilt uneingeschränkt der Grundsatz, keine Aufgabe an einzelne Mitglieder oder an Ausschüsse zu delegieren. Für den Berufsbildungsausschuss besteht eine vereinbarte Geschäftsordnung. Die Jugend- und Ausbildungsvertretung ist an diesem Verfahren beteiligt.

Anlässlich der Fusion der Stahlwerke in Peine und Salzgitter wurde im Rahmen eines Harmonisierungsvertrages versucht, das über Mitbestimmung auf vielen Gebieten für die Beschäftigten Erreichte im Sinne des Fortschrittes zu harmonisieren. Für den Bereich der beruflichen Bildung wurden zunächst die Grundsätze und Ziele fixiert.[4]

[4] Vgl. dazu Neumann, S. 148f.

Leider hat der Betriebsrat keine Rechte bei der Frage, ob und in welchem Umfang ausgebildet werden soll. Abgeleitet von der betrieblichen Personalplanung ergeben sich jedoch sehr wohl Ansätze für eine Mitwirkung bei der Festlegung der Einstellungszahlen und der vorgesehenen Berufe. In den vorgenannten Grundsätzen war unter anderem festgelegt, die Quote nicht konjunkturell, sondern strukturell zu ermitteln. Auch der Arbeits- und Ausbildungsmarkt sowie erkennbare Entwicklungen in der Region sollten berücksichtigt werden, ebenso die voraussichtliche Verweildauer im Betrieb. Dies führte dazu, dass keine ausschließliche Bestenauslese vorgenommen wurde – und dies mit gutem Erfolg.[5]

Unter dem zunehmenden Finanzierungsdruck, von dem die Berufsausbildung nicht verschont wird, und dem Hinweis auf die jeweils aktuelle Personalsituation wird leicht übersehen, dass von der Festlegung der Einstellungszahl für das jeweils nächste Jahr bis zum Einsatz als Facharbeiter fünf bis sechs Jahre vergehen. Die vorzeitige Festlegung auf eine Übernahme nach der Ausbildung in ein unbefristetes Arbeitsverhältnis führt tendenziell zu einer Reduzierung der jährlichen Einstellungen für eine Berufsausbildung. Eine Zusage für ein halbes Jahr scheint jedoch unverzichtbar zu sein. Betriebsräte haben bei einer Diskussion über die Einstellungszahlen keinen leichten Stand. Auch Kinder von Belegschaftsmitgliedern wollen berücksichtigt werden. An erster Stelle sollte immer die Verwirklichung eines Anspruches auf Ausbildung stehen, auch wenn die Wahrscheinlichkeit einer Übernahme in ein Arbeitsverhältnis gering ist. Die Alternative wäre anderenfalls Arbeitslosigkeit sofort nach dem Schulbesuch.

Es kann auch nicht akzeptiert werden, dass in vielen, auch sehr großen und in qualitativer Hinsicht fortschrittlichen Betrieben der »Bedarf« nur für Tätigkeitsgruppen im Unternehmen diskutiert wird, für die man selbst ausbildet. Ausbildungsplätze für Tätigkeiten, für die eine Berufsausbildung nicht zwingend notwendig, aber wegen der darin entwickelten »Arbeitstugenden« sehr erwünscht ist, werden nicht in die Bedarfsermittlung einbezogen. Für diese Tätigkeiten werden dann aber wie selbstverständlich Einstellungen vom Arbeitsmarkt vorgenommen. Sollen doch andere Betriebe – das Handwerk z.B. – diese Ausbildungsleistung übernehmen, zu der die Betriebe, die diese Qualifikationen benötigen, nicht bereit sind. So hat es immer vorrangig klein- und mittelständische Betriebe gegeben, die mehr Jugendliche ausgebildet haben, als sie hinterher beschäftigen konnten, sodass ihnen die fertig Ausgebildeten von den vorrangig großen – wenig oder nicht ausbildenden Unternehmen – abgeworben werden.

Gleiches gilt für die oft diskutierte Sorge vor einem nicht ausbildungsadäquaten Einsatz der im Unternehmen Ausgebildeten. Bei von außen eingestellten Arbeitnehmern scheint es dieses Problem nicht zu geben. Dabei wird oft übersehen, dass es traditionell nur bei wenigen Ausbildungsberufen eine unmittelbare Zuordnung zu einer entsprechenden beruflichen Tätigkeit gibt, und dass die industriellen Berufe weitgehend Querschnittsberufe sind, die auf den unterschiedlichsten Plätzen und nicht nur in der Industrie erfolgreich eingesetzt werden können. Industriemechaniker z.B. (früher Maschinenschlosser) wurden in der Metall- und Elektroindustrie, in Gießereien, in der Chemie- und Bauindustrie, im öffentlichen Dienst, bei der Bundeswehr usw. eingesetzt.

Zunehmend wird für Tätigkeiten, die früher von angelernten Kräften ausgeübt wurden, Facharbeiterniveau gefordert. Für diese vielfältigen, z.T. höherspezialisierten anspruchsvollen Tätigkeiten gibt es aber oft weder Berufe noch die Möglichkeit, für sie gezielt auszubilden. Primär wird es zukünftig deshalb darauf ankommen, fachübergreifende Qualifikationen, heute häufig als »Schlüsselqualifikationen« bezeichnet, zu fördern.[6] Diese sollen unter anderem die Flexibilität erhöhen und ein schnelleres Einarbeiten ermöglichen. Es wird mehr auf die erworbenen Kompetenzen als auf einen bestimmten Beruf ankommen.

»§ 97 Einrichtungen und Maßnahmen der Berufsbildung:
Der Arbeitgeber hat mit dem Betriebsrat über die Errichtung und Ausstattung betrieblicher Einrichtungen zur Berufsbildung die

[5] Siehe auch »Förderung von Lernbeeinträchtigten«.
[6] Siehe auch »Neuordnung von Ausbildungsberufen«.

Aktionswoche der IG Metall-Jugend unter dem Motto: »Für eine bessere Berufsausbildung«, 1970 (auch gegenüberliegende Seite).

Einführung betrieblicher Ausbildungsmaßnahmen und die Teilnahmen an außerbetrieblichen Berufsbildungsmaßnahmen zu beraten.«

Dieser Text spricht für sich und lässt praktisch keine Ausnahmen zu. Wichtig ist, dass der Betriebsrat nicht erst informiert wird, wenn Entscheidungen bereits gefallen sind, sondern dass zur Beratung eine rechtzeitige Information und Diskussion gehört, *bevor* die Weichen gestellt werden.

»§ 98 Durchführung betrieblicher Bildungsmaßnahmen:

1. *Der Betriebsrat hat bei der Durchführung von Maßnahmen der betrieblichen Berufsbildung mit zu bestimmen...*
2. *Der Betriebsrat kann der Bestellung einer mit der Durchführung der betrieblichen Berufsbildung beauftragten Person widersprechen oder ihre Abberufung verlangen, wenn diese die persönliche oder fachliche, insbesondere die berufs- und arbeitspädagogische Eignung im Sinne des Berufsbildungsgesetzes nicht besitzt oder ihre Aufgaben vernachlässigt«.*

Dies dürfte die weitgehendste Mitbestimmungsregelung sein. Die Auswahl eines neu einzustellenden Ausbilders ist deshalb von allergrößter Wichtigkeit. Es ist sinnvoll, betriebliche Festlegungen hinsichtlich dessen oder deren fachlichen Qualifikation (z.B. Meister oder Techniker) zu treffen.

Dass die Anforderungen der Ausbildereignungsverordnung bei jedem Ausbilder erfüllt sein müssen, ist nicht für alle Betriebe selbstverständlich. Häufig sind dort nur die Ausbildungsleiter oder einzelne Personen entsprechend qualifiziert. Die persönliche und fachliche Qualifikation der Ausbildungsbeauftragten wird ebenfalls oft vernachlässigt. Die Auszubildenden sollen an den Arbeitsplätzen ausgebildet und nicht nur betreut werden. Dazu sind auch arbeitspädagogische Fähigkeiten erforderlich.

In der Hütte hat es sich bewährt, die Beauftragten und ihre Vertreter durch das Unternehmen nach erfolgter Zustimmung durch den Betriebsrat – der sich sorgfältig von der Eignung der vorgeschlagenen Person überzeugt – schriftlich zu ernennen und regelmäßig zu schulen.

§ 98 BetrVG regelt auch die Freistellung von Arbeitnehmern für außerbetriebliche Maßnahmen der Berufsbildung. Der Betriebsrat kann Vorschläge für die Teilnahme von Arbeitnehmern oder Gruppen von Arbeitnehmern des Betriebes an diesen Maßnahmen machen. Bei der Entsendung von Arbeitnehmern zu externen Bildungsmaßnahmen ist daran zu denken, dass durch die Auswahl der Personen unter Umständen zukünftige personalplanerische Entscheidungen vorweggenommen bzw. blockiert werden.

Mitwirkung von Gewerkschaftern bei ordnungspolitischen Maßnahmen

Berufsausbilder aus Salzgitter haben als Sachverständige an der Neuordnung und der Erarbeitung von Ausbildungsordnungen für die industriellen und handwerklichen Metall- und Elektroberufe, für die Berufe der Gießerei-, Hütten- und Halbzeugindustrie sowie mehrerer kaufmännischer Berufe mitgewirkt. Sie arbeiteten auch bei der Erstellung von Handreichungen für die Umsetzung der Rahmenlehrpläne in den niedersächsischen Berufsschulen mit. Sie sind auch heute noch in weitere Entwicklungen einbezogen und insbesondere im Bereich der Durchführung von Prüfungen und der Erstellung von Prüfungsaufgaben tätig.

Eine völlige Neugestaltung der Abschlussprüfungen, insbesondere die Aufhebung der Aufteilung in eine Praxis- und Kenntnisprüfung, war im Zuge der Neuordnung der Metall- und Elektroberufe wegen der Machtstellung der Kammern und des Bundeswirtschaftsministeriums, dem Verordnungsgeber, noch nicht möglich.

Außerdem wurden in die zentralen Aufgabenerstellungsausschüsse keine Arbeitgebersachverständige aus dem Neuordnungsverfahren berufen. Deren Vorstellungen standen im Konsens mit den Arbeitnehmervertretern. Die Kammern wollten ihren Einfluss auf die Gestaltung der Berufsausbildung mit Hilfe der Prüfungsanforderungen nicht aufgeben und im Grundsatz bei dem bisherigen System bleiben.

Inzwischen hat sich das Blatt gewendet. Die IG Metall hat einen ersten Durchbruch bei der Neuordnung der Technischen Zeichner und in der Folge bei den kaufmännischen Berufen erzielt, ebenso bei den Metall- und Elektroberufen.

Auch die Arbeitgeber sind jetzt für praxisnahe Prüfungen und eine Reform des Prüfungssystems. Die Facharbeiterqualifikation muss in der Abschlussprüfung nachgewiesen werden, Grundqualifikationen dagegen in der Zwischenprüfung. Die Aufgaben in der Abschlussprüfung sollen gleichwertig sein, nicht identisch. Das erfordert vielleicht einen anderen Einsatz der Prüfer, weil nicht mehr starr Gleiches gefragt wird.

Die IG Metall hat sich stets für neue Prüfungen eingesetzt, damit Ausbildungen nicht auf die Vorbereitung der Abschlussprüfung reduziert werden und nicht im Anschluss an eine gute, zukunftsgerichtete Ausbildung kostbare Zeit für die Vorbereitung auf eine praxisferne, überholte Prüfung vergeudet wird.

Von besonderer, grundsätzlicher Bedeutung ist die Mitwirkung bei der Neuordnung und Weiterentwicklung von Ausbildungsberufen. Jugendliche dürfen nur in anerkannten Ausbildungsberufen ausgebildet werden.

Das BBiG sagt hierzu in § 25:
»Als Grundlage für eine geordnete und einheitliche Berufsausbildung sowie zu ihrer Anpassung an die technischen, wirtschaftlichen und gesellschaftlichen Erfordernisse und deren Entwicklung kann der Bundesminister für Wirtschaft oder der sonst zuständige Fachminister im Einvernehmen mit dem Bundesminister für Bildung und Wissenschaft durch Rechtsverordnung, die nicht der Zustimmung des Bundesrates bedarf, Ausbildungsberufe staatlich anerkennen, die Anerkennung aufheben und für die Ausbildungsberufe Ausbildungsordnungen erlassen«.
Mit der gleichen Begründung können nach § 25 der Handwerksordnung (HWO) *»für die anerkannten Ausbildungsberufe (Handwerker) Ausbildungsordnungen erlassen werden«.*

Es ist ein guter Brauch, dass bislang nur solche Verordnungen erlassen wurden, die im Konsens von Sachverständigen der Arbeitgeber und Arbeitnehmer im Bundesinstitut für Berufsbildung erarbeitet und von den Spitzenverbänden akzeptiert wurden. Die Sachverständigen aus Salzgitter (hier sind besonders Hans Adams und Bernd Meyer als Koordinatoren zu nennen) waren Vertreter der Arbeitnehmer. Das Verfahren ist zwar rechtlich nicht geregelt, aber aus der Sicht der IG Metall weiterhin unverzichtbar, weil es sonst in den Betrieben zu erheblichen Differenzen bei der Umsetzung kommen kann. Während des Entwicklungsprozesses sind durch das praktizierte Verfahren sowohl die ausbildende Wirtschaft und die Gewerkschaften miteinbezogen, wodurch laufende Rückkopplungen möglich sind.

Über eine zu lange Dauer der Erarbeitung von Ausbildungsordnungen wird häufig Kritik geübt und auf den schnellen Wandel von Technik, insbesondere Informations- und Kommunikationstechniken sowie die Arbeitsorganisationen hingewiesen. Dies ist im Zusammenhang mit der Neuordnung der Metall- und Elektroberufe nicht gerechtfertigt. In der Metallindustrie wurde in 48 verschiedenen Berufen (zum Teil nur mit drei Auszubildenden) ausgebildet, die ein hohes Maß an Überschneidungen aufwiesen. Alle Berufe waren so genannte Monoberufe. Für den am stärksten besetzten Beruf des Maschinenschlossers bestand allein ein Berufsbild mit einer Seite Text. Für alle anderen Berufe war das Berufsbild noch weniger fixiert. Für einige gab es überhaupt keine rechtlichen Unterlagen. Eine Normierung erfolgte günstigstenfalls durch die Prüfungspraxis. Die Qualität der Bildung war abhängig vom betrieblichen Bedarf. Der führte auch an manchen Orten, nicht nur in der Großindustrie, zu hervorragenden, zukunftsorientierten Ausbildungen, weil über die jeweiligen rechtlichen oder Prüfungsanforderungen hinaus qualifiziert wurde. Es gab noch nie Vorschriften, die Mehrleistungen verboten. Gewerkschaften müssen jedoch darauf achten, dass Mindestanforderungen eingehalten werden.

Mitte der 1970er Jahre schlug Gesamtmetall die Teilung der Facharbeiterausbildung in drei- und zweijährige Berufe vor. Dies entsprach keineswegs den Vorstellungen der Gewerkschaften. Darüber hinaus hätte dies auch zu tariflichen Folgen geführt.

Für die Elektroindustrie wurden 1972 die Berufe nach einer Stufenausbildung, die auch die IG Metall damals akzeptierte, neu geordnet. Hierbei konnten bereits nach zwei Jahren qualifizierende Abschlüsse erworben werden. Der Streit über die tarifvertraglichen Rechte um die schulischen Weiterbildungsmöglichkeiten nach Abschluss der ersten Stufe, insbesondere über die Frage, ob und unter welchen Voraussetzungen eine Ausbildung in der zweiten Stufe erfolgen kann, sowie weitere nach der Einführung aufgetretene Probleme, führten dazu, die inzwischen erarbeiteten Stufenausbildungsentwürfe für die feinschlosserischen und Werkzeugmaschinenberufe zu den Akten zu legen. Der Tendenz einer Dequalifizierung und Polarisierung konnte und wollte die IG Metall nicht zustimmen. Nach langen Auseinandersetzungen erfolgte 1978 eine Einigung, die zu den »Eckdaten« zur Neuordnung der industriellen Metallberufe führte.[7] Diese Eckdaten sollte jeder Betriebsrat, Jugendvertreter und Ausbilder vor Augen haben, wenn er eine Ausbildungsordnung liest, sie umsetzen will oder wenn nach ihr geprüft werden soll. Sie beschreiben genauer als im Paragrafen 1, (2) BBiG die Endqualifikation einer Berufsausbildung.

»Die Berufsausbildung hat eine breit angelegte berufliche Grundbildung und die für die Ausübung einer qualifizierten Tätigkeit notwendigen fachlichen Fertigkeiten und Kenntnisse in einem geordneten Ausbildungsgang zu vermitteln. Sie hat ferner den Erwerb der erforderlichen Berufserfahrungen zu ermöglichen«.[8]

Neuordnung und Weiterentwicklung von Ausbildungsberufen

Über die Neuordnungen gibt es zahlreiche Veröffentlichungen. Besonders häufig werden dabei nur die neuen Inhalte herausgestellt, auf die man sich geeinigt hat. Im Folgenden soll auf wesentliche Aspekte der neuen Berufe hingewiesen werden, die aus gewerkschaftlicher Sicht von besonderer Bedeutung sind.

Die Strukturen

Alle Metall- und Elektroberufe haben eine einheitliche Grundbildung im ersten Jahr, die industriellen Elektroberufe darüber hinaus noch ein gemeinsames drittes Halbjahr, ebenso die einzelnen Metallberufsgruppen. Die letzten Wochen der Grundausbildung dienen der Vertiefung des vermittelten Stoffes unter Berücksichtigung betriebsbedingter Schwerpunkte sowie des individuellen Lernfortschrittes. Letzteres ist für die IG Metall sehr wichtig, damit die Grundausbildung für alle Auszubildenden sichergestellt ist.

Den Anspruch an die Forderung nach hoher fachlicher Kompetenz einerseits und an ein Maximum beruflicher Flexibilität andererseits, löst das Fachrichtungsprinzip ein. Gleiche Inhalte in den verschiedenen Fachrichtungen sind auch identisch formuliert und machen die Gemeinsamkeiten noch deutlicher und größer als das Strukturschema vermuten lässt. Aus der Struktur ergeben sich wesentliche Möglichkeiten für fast verlustfreie Wechsel von Berufen sowie leichtere Übergänge bei Änderung der Fachrichtung und bei späterer Weiterbildung.

Für die industriellen Berufe wurde jeweils nur eine Verordnung erlassen. Das sollte sicherzustellen, dass bei künftigen Veränderungen in einzelnen Berufen oder Fachrichtungen nicht wieder wie früher Monoberufe verordnet werden, wodurch die gefundenen Gemeinsamkeiten verloren gehen könnten. Die alte gewerkschaftliche Forderung nach Grundberufen könnte nicht mehr eingelöst werden.

Qualifikationen

Als Qualifikation (Kompetenz) ist die individuelle Handlungsfähigkeit zu verstehen, die selbständiges Planen, Durchführen und Kontrollieren einschließt. Die Sachverständigen legten fest: *»Qualifikationen beschreiben die Ziele der Ausbildung und nicht die zu diesen Zielen führenden Wege«*. Qualifikationen sagen aber aus, was der Auszubildende in dem jeweiligen Ausbildungsjahr lernen und am Ende der Ausbildung können soll.

Den Ausbildungspraktikern war klar, dass eine reine Fertigkeitsvermittlung auf der Stufe der Reproduktion möglich ist. In Verbin-

[7] Vgl. dazu Neumann, S. 150ff. Siehe auch ausführlich dazu IG Metall (Hrsg.), Qualifizierte Ausbildung für alle.
[8] Noch erweitert wird diese Definition in den neuen Ausbildungsordnungen. Siehe dazu »Qualifizierungsauftrag« im folgenden Abschnitt.

dung mit einer (z.B. in der Berufsschule) isolierten Kenntnisvermittlung dürfte sie nicht zu der angestrebten Handlungskompetenz führen.

Die Richtzeiten sind auf 52 Wochen im Jahr zu addieren, sie müssen auf die effektive Ausbildungszeit reduziert werden. Richtzeiten machen aber deutlich, welche Bedeutung diesen Qualifikationen jeweils zukommt.

Gleichen Inhalten können in unterschiedlichen Berufen auch verschiedene Zeiten zugeordnet sein. Sie schließen das Anwenden und Vertiefen vermittelter Qualifikationen ein.

Qualifizierungsauftrag

Seit 1987 wird in neuen Ausbildungsordnungen die Zielsetzung der Berufsausbildung so beschrieben: »*...dass der Auszubildende zur Ausübung einer qualifizierten beruflichen Tätigkeit befähigt wird, die insbesondere selbständiges Planen, Durchführen und Kontrollieren einschließt*«, und dass diese Befähigung »*...auch in den Prüfungen nachzuweisen ist*«. Ein Ergebnis, auf das wir in Salzgitter mit großer Befriedigung schauen können.[9]

Die in Verordnungen vorkommenden Begriffe wie »soll« und »sollen« werden meistens unterschiedlich interpretiert. (Sollen, sagt man, bedeutet nicht müssen!) Der oben genannte Schlusssatz, dass die erworbene Befähigung in den Prüfungen nachzuweisen ist, schließt jede Beliebigkeit allerdings aus.

Die Verordnungen schreiben die Anwendung bestimmter Vermittlungsmethoden nicht vor, Betriebsräte sollten aber prüfen, ob die angewendeten Methoden im Betrieb zu den verordneten Zielen führt. Denn neu ist die Verpflichtung zur zielgerichteten Vermittlung der Inhalte im Rahmen einer geordneten Berufsausbildung im Betrieb. In Modellversuchen des BiBB wurden zahlreiche Methoden erarbeitet und erprobt. Es gilt, jeweils die besonders geeigneten einzusetzen. (Methodenmix).

Prüfungen

Es existieren verschiedene Aktivitäten zur Erneuerung des Prüfungssystems. Prüfungskosten sind nicht zu vernachlässigen, entscheidend aber muss die Praxisnähe und die Aussagefähigkeit sein.

Abstimmung mit der Berufsschule

Zusammen mit den Ausbildungsrahmenplätzen für die Betriebe werden jetzt Rahmenlehrpläne für die Berufsschulen erarbeitet. Dies ist ein großer Fortschritt, macht aber eine regelmäßige Abstimmung vor Ort nicht überflüssig. Wenn eine einfache Trennung der Aufgaben nach Theorie und Praxis nicht möglich ist, reicht eine Absprache über Aufgabenteilung im fachlichen Bereich nicht aus.

Der Auftrag der Berufsschulen geht über den der Betriebe hinaus. Auszubildende und Berufsschüler sind dieselben Personen. Sie sollen neben fachlichen, auch mit personellen und sozialen Kompetenzen ausgestattet werden. »Erziehung zum mündigen Bürger« und die Vermittlung »fachübergreifender Qualifikationen« haben dieselbe Zielgruppe. Auch in der politischen Bildung sind Schlüsselqualifikationen gefragt. Von Berufsschulen sollte deshalb nicht nur eine »Dienstleistungsfunktion« für die Betriebe gefordert werden. Darauf sollten Gewerkschafter in den Betrieben achten.

Ausbilderqualifizierung

Die Ausbildung der Ausbilder hat im Raum Braunschweig und speziell in Salzgitter eine lange Tradition. Schon vor In-Kraft-Treten der Ausbildereignungsverordnung (AEVO) wurden hier Ausbilder ausgebildet und geprüft. Die Prüfungsanforderungen waren höher als die später verordneten. Auch der Umfang der Ausbilderausbildung war hier wie in vielen Großbetrieben erheblich größer als der im Rahmenplan empfohlene. Der vom DGB bereits 1970 veröffentlichte Rahmenlehrplan (mit 364 Stunden) als Grundlage für eine Rechtsverordnung nach Paragraf 21 BBiG wurde nur teilweise berücksichtigt. Leider zählte, wenn später Ausbildungsplätze fehlten, die AEVO zu den sogenannten ausbildungshemmenden Vorschriften«. Die unter Druck geratene Politik reagierte mehrmals mit weiteren Novellierungen, d.h. weiteren Reduzierungen und Aussetzungen der Anforderungen.

Die Ausbildungsplatzprobleme haben in der öffentlichen Diskussion vielfach die Qua-

[9] Siehe auch »Das Lehr-/Lernsystem Hobbymaschine«.

litätsfragen in den Hintergrund gedrängt. Gerade deshalb bilden sie in der gewerkschaftlichen Arbeit einen besonderen Schwerpunkt. Man wird dabei an der Schlüsselrolle der Berufsausbilder nicht vorbeigehen können.

Die betriebliche Ausbildung wird so gut sein, wie den Betrieben die Qualifikation und der (auch tarifliche) Status der Ausbilder wert ist. Zur Qualifikation ist neben einem fachlichen Niveau auf dem neuesten Stand gleichrangig die arbeitspädagogische Befähigung erforderlich. Die Professionalisierung von hauptberuflichen Ausbildern hat große Vorteile, es ist aber darauf zu achten, dass die Praxisnähe nicht darunter leidet.

In Salzgitter gab es immer aktive gewerkschaftliche Ausbilderarbeitskreise. Wir arbeiteten auf bezirklicher Ebene sowie in Bundesausschüssen des DGB mit. Aus Salzgitter stammen auch Vorschläge zur Verbesserung der Situation der Berufsausbilder, die im Arbeitsausschuss »Ausbilder« beim DGB weiterentwickelt und verabschiedet wurden. Gleiches gilt für einen Gesetzentwurf »*... zur Sicherung einer qualifizierten und pädagogisch verantwortlichen Ausbildertätigkeit in der Beruflichen Bildung*« analog zum Arbeitssicherheitsgesetz. Dass es hierfür keine politische Mehrheit gab, entspricht den Machtverhältnissen in der beruflichen Bildung.

»Fördern statt Auslesen« in der betrieblichen Praxis

Zur Ausbildungsproblematik

Mit steigender Nachfrage nach Ausbildungsplätzen stiegen in der Vergangenheit auch immer wieder die Einstellungskriterien für eine Berufsausbildung, sachlich weitgehend unbegründet. Auch für Betriebsräte, soweit sie an der Auswahl von Bewerbern beteiligt werden, stellen sich zahlreiche Probleme:

- Welchen Aussagewert haben Eignungstests?
- Kann man nach den Ergebnissen psychologischer Eignungsuntersuchungen Rangfolgen, bis in den Dezimalbereich differenziert, aufstellen und anwenden?
- Schiebt man die Verantwortung nicht auf eine Momentaufnahme ab?

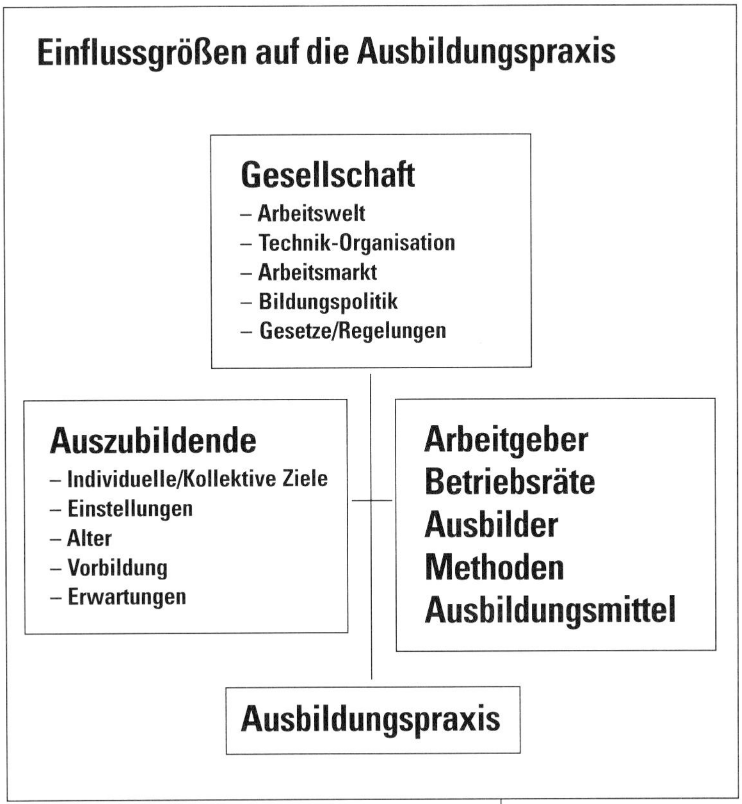

Nur andeutungsweise sind hier die Einflussgrößen auf die Ausbildungspraxis dargestellt. Sie ist ständigen Veränderungen unterworfen. Dennoch muss »Gleichgewicht« gehalten werden, um die Qualität im Interesse der Auszubildenden zu sichern.

- Sind denn durch die Ausbildung keine Veränderungen erwartbar? Wie werden sich – grob überzeichnet – einerseits der intelligente Faule und andererseits der zum Zeitpunkt des Tests Leistungsschwäche aber Fleißige entwickeln?
- Wie behandelt man Kinder von Belegschaftsmitgliedern? In besonders schwierigen Zeiten war die Dauer der Betriebszugehörigkeit des Vaters oder der Mutter die letzte Entscheidungsgröße.

Das gesamte Dilemma der Ausbildungsnot und die berechtigte Forderung nach politischen Lösungen wird hier überdeutlich. Da ist der »Königsweg« über die Gymnasien und ein Studium, wie ihn der ehemalige Bundesbildungsminister Helmut Rohde bezeichnete, doch erheblich leichter.

Betrieben und Betriebsräten, die langfristig an einer fachlich qualifizierten und zufriedenen Belegschaft (bezogen auf die Qualität ihrer Ausbildung und anspruchsvolle Arbeitsplätze) interessiert sind, tun sich keinen Gefallen mit einer reinen »Bestenauslese«. Ausbilder haben es dann zwar meistens leichter und glauben über sehr gute Prüfungsergebnisse die Effizienz ihrer Ausbildungsbemühungen nachweisen zu können.

Tendenziell neigen aber diese »Besten« zum anschließendem Studium oder einer anderen Weiterbildung. Außerdem haben sie selbst auf einem mageren Arbeitsmarkt immer noch die größeren Chancen. Kein Wunder, dass später ein Facharbeitermangel auftritt, insbesondere dann, wenn aus Kostengründen die Einstellungszahlen heruntergefahren und »Bedarf« eben nur quantitativ und kurzfristig ermittelt wurde.

Zur lernzielorientierten Berufsbildung und Beurteilung

Folgende Auszüge aus einer Betriebsvereinbarung zur »Durchführung einer lernzielorientierten Beurteilung von Auszubildenden« sollen deren Schwerpunkte und Zielrichtungen deutlich machen.

»§ 2 Grundsätze:
Eine ständige Kontrolle der Ausbildung und eine daraus abgeleitete Regelung des Ausbildungsablaufes sind als pädagogische Mittel zur Durchführung einer optimalen Berufsausbildung unverzichtbar.

Nach einheitlichen Richtlinien durchzuführende systematische schriftliche Beurteilungen sollen objektive, nachprüfbare Informationen über den Stand der Ausbildung enthalten sowie über erkennbare Fähigkeiten des Auszubildenden.

Die schriftliche Beurteilung entbindet nicht von der Pflicht, falls erforderlich, die Ausbildung zwischen den festgelegten Beurteilungsterminen (vgl. Paragraph 4) anzupassen.

Eine Gleichbehandlung aller Auszubildenden bei der Beurteilung und der sich daraus ergebenden Fördermaßnahmen ist sicherzustellen.

§ 3 Gegenstand und Form der schriftlichen Beurteilung:
Gegenstand der Beurteilung sind ausschließlich die in den jeweils mit den Betriebsräten abgestimmten Lernzielkatalogen festgelegten Lernziele.

Der Beurteilungsbogen kann in Abhängigkeit von der Lernorganisation unterschiedlich gestaltet werden; er bedarf der Zustimmung des Betriebsrates und muss unabdingbar nachstehendes beinhalten:

- *Beurteilungszeitraum, Ausbildungsabschnitt, zu erreichende Lernziele,*
- *Begründung für das Nichtvermitteln von Ausbildungsinhalten,*
- *Feststellung der erreichten Lernziele,*
- *Begründung für das Nichterreichen von Lernzielen sowie vorgeschlagene Fördermaßnahmen,*
- *Empfehlung für weitere Förderung.*

§ 6 Beurteilungsgespräch:
Die Auszubildenden sind über Grundsätze und Verfahren der Beurteilung zu informieren.

Der Beurteiler muss dem Beurteilten zum Abschluss des Ausbildungsabschnittes die Beurteilung bekanntgeben und in einem Gespräch begründen. Die Stellungnahme des Beurteilten muss – sofern dieser es wünscht – auf dem Beurteilungsbogen festgehalten werden.

Die Unterschrift des Auszubildenden auf dem Beurteilungsbogen bestätigt nur die Kenntnisnahme des Inhaltes. Das Beschwerderecht nach Paragraph 84 BetrVG wird davon nicht berührt.

§ 7 Fördermaßnahmen:
Alle Fördermaßnahmen sind mit dem Betriebsrat abzustimmen. Die jeweilige Maßnahme ist dem Auszubildenden verständlich zu erläutern. Die Einhaltung vereinbarter Förderungsmaßnahmen ist zu kontrollieren. Wenn das Erreichen des jeweiligen Ausbildungszieles gefährdet erscheint, müssen Maßnahmen zur Förderung eingeleitet werden.«

Das Wesentliche an der Vereinbarung ist das Ziel der individuellen Förderung, nicht einer Differenzierung der Auszubildenden mit Hilfe von Noten. Während der Ausbildung sind Noten wenig hilfreich. Sie lassen z.B. in einer Gruppe von Auszubildenden mit gleicher Benotung nicht erkennen, wo bei jedem Einzelnen Defizite vorliegen. Der Ausbilder stellt doch ohnehin Mängel fest, bevor er eine Note gibt. Meines Erachtens haben Noten, wenn überhaupt, erst am Ende einer Ausbildung einen Wert. Wie schön wäre es, an Stelle von »bestanden« oder »nicht bestanden« jedem zu bescheinigen, was er *kann*.

Zur Berufsausbildung lernschwächerer Jugendlicher

Wenn die Nachfrage nach Ausbildungsplätzen das Angebot übersteigt, sind die Leidtragenden zuerst die Schwachen. In den Arbeitslosenstatistiken sind die so genannten Ungelernten und gering Qualifizierten stets überrepräsentiert. Es werden deshalb immer wiederkehrend »Ausbildungsgänge für so genannte praktisch Begabte« gefordert.

Die IG Metall sträubt sich seit Jahren grundsätzlich gegen solche Berufe. Bisher wurden auch derartige nicht anerkannt. Es bestehen jedoch noch die (nach BBiG) so genannten weitergeltenden Berufe. Ein noch verbliebener, nicht neugeordneter Teil und die geforderten »schmalspurigen« Berufe zeigen durch die Bank eine kürzere Ausbildungsdauer, meist zwei Jahre. Es ist allerdings nicht einzusehen, weshalb ein Jugendlicher, der langsamer lernt, nur kürzere Zeit (zwei statt drei oder dreieinhalb Jahre) lernen soll.

In vielen – nicht nur in mitbestimmten – Betrieben wurde, insbesondere als das Angebot größer als die Nachfrage war, nachgewiesen, dass erfolgreiche Abschlüsse möglich sind. Besonders wenn die von der Bundesanstalt für Arbeit angebotenen ausbildungsbegleitenden Hilfen genutzt werden. Häufig sind nachwirkende schulische Defizite, z.B. in den Kulturtechniken, auszugleichen.

Trotzdem bestehen nicht alle die Abschlussprüfung, bleiben so genannte Versager. Neuere Bemühungen, die Praxis zu ändern, am Endes der Ausbildungszeit die Prüfung nur als »bestanden« oder als »nicht bestanden« zu zertifizieren, sind zu begrüßen. Wir brauchen dringend Regelungen, die *alles Erreichte* bescheinigen, das man nachweisen und später ergänzen kann, und nicht »alles oder nichts«.

In Salzgitter wurde in einem vom BiBB geförderten Modellversuch ein Lehr/Lernsystem entwickelt. Ein Modell betrieblicher Ausbildung, das jeden Auszubildenden optimal fördert und dazu geeignet ist, auch Jugendlichen, die bisher als für eine Berufsausbildung nicht geeignet galten, zu erfolgreichen Berufsabschlüssen zu führen.

Nach der gemachten Erfahrung unterscheiden sich die »schwachen« von den »starken« Auszubildenden dadurch, dass sie

- mehr Zeit
- mehr Anleitung und Wiederholung
- häufigere Rückmeldungen
- Hilfen zum Voraus- und Mitdenken benötigen.

Deshalb

- müsste die Ausbildungsdauer variabel sein
- muss eine gezielte Zuwendung durch den Ausbilder erfolgen
- muss eine nach Lernzielen geordnete Kontrolle erfolgen
- müssen Aufgaben, die zum selbständigen Denken anregen, entwickelt werden.

Wesentlich bei all diesen Vorhaben ist ein geändertes Rollenverständnis der Ausbilder. Sie müssen sich von »Lehrern« zu Organisatoren von selbstgesteuerten Lernprozessen wandeln. Die neuen Anforderungen in der Ausbilderprüfung nehmen darauf Bezug.

Ohne qualifizierte und engagierte Ausbilder sind Veränderungen nicht möglich. Ihre Bereitschaft, neue Wege zu gehen, die erforderliche Geduld bei Entwicklungen (neben der täglichen Arbeit) und bei der Übernahme der Erkenntnisse in die Praxis ist nicht hoch genug einzuschätzen.

Inzwischen gibt es eine Fülle von Modellversuchsergebnissen, die hier nicht vollständig aufgezählt werden können; Interessierte sollten sich an das Bundesinstitut für Berufsbildung wenden.

Der IG Metall, hier der Abteilung Berufsbildung und insbesondere dem damaligen geschäftsführenden Vorstandsmitglied Hans Preiss, kommt der Verdienst zu, eine Welle der Veränderungsdiskussionen und folgenden konkreten Innovationen ausgelöst zu haben.

Betriebsräte aus dem gesamten Bundesgebiet reisten mit »ihren« Ausbildern nach Salzgitter. Sehr häufig kamen die Anstöße von den Jugendvertretern, die für ihre Kolleginnen und Kollegen eine »andere« Berufsausbildung forderten. Die Verwaltungsstel-

Individuelle Förderung benötigt auch Einzelunterweisungen.

le Salzgitter war mit der Organisation der Besuche stark belastet. Aber schließlich haben alle, auch wir in Salzgitter, davon profitiert. Wir waren nicht nur Gebende, sondern befanden uns schnell in solidarischer Gemeinschaft Gleichgesinnter.

Die erfolgreiche, wissenschaftlich fundierte Entwicklungsarbeit in Salzgitter ist besonders zurückzuführen auf Diplom-Pädagoge Johannes Koch, Friedrichsdorfer Büro für Analyse und Planung in Sozial- und Bildungsbereichen, jetzt Berlin, und Peter-Jürgen Schneider, damals Leiter der zentralen Ausbildungsplanung der Stahlwerke Peine-Salzgitter AG, zwischenzeitlich Regierungspräsident im Regierungsbezirk Braunschweig, Leiter der Staatskanzlei des Landes Niedersachsen und heute Konzernarbeitsdirektor der Salzgitter AG.

Das Lehr-/Lernsystem Hobbymaschine

Ende der 1970er Jahre wurde von Folgendem ausgegangen:

1. Die Facharbeitertätigkeit wird sich in Zukunft weiter verschieben. Die präzise Ausführung von Einzelfertigkeiten nach detaillierter Anweisung wird hinter die Fähigkeiten zur Disposition, Organisation, zur Analyse und Entscheidung zurücktreten. Diese Fähigkeiten, bisher eher eine Anforderung an die Meisterebene, sind traditionell über Berufserfahrungen erworben worden. Will man den Lernprozess verkürzen, so ist dies innerhalb der Ausbildung über die Methodenwahl möglich. Die Ausbildungsmethode ist für diese Zielsetzung wichtiger als die Inhalte!
2. Wer in der Ausbildung nur Arbeiten auf Anweisung ausführt, wird lange brauchen, bis er selbständig und selbstverantwortlich arbeiten gelernt hat. Das bei den Stahlwerken Peine-Salzgitter entwickelte Ausbildungsmodell »Hobbymaschine« versucht, die konsequente Umsetzung dieser Überlegungen:

- In *Lernteams* nehmen die Auszubildenden Kenntniserwerb und vorbereitende Arbeiten bzw. Planung gemeinsam vor. Dabei lernt einer vom anderen – Teamarbeit also wird eingeübt.
- *Initiativ werden zunächst die Auszubildenden.* Erst wenn ein Lernteam ein Ergeb-

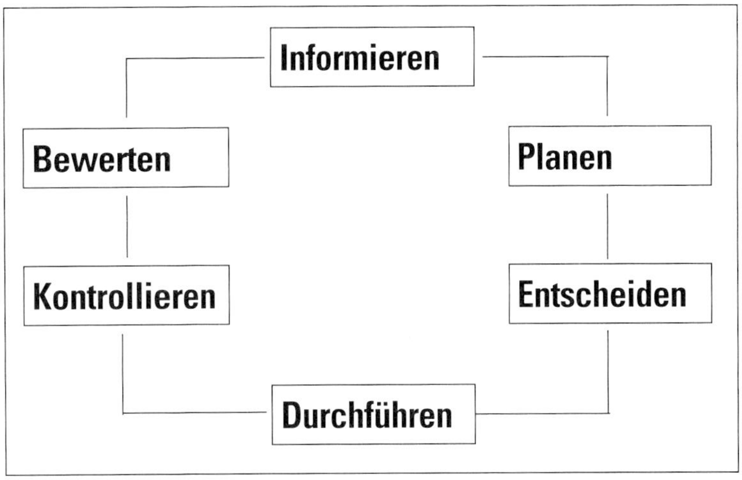

nis vorlegt, wird der Ausbilder tätig. Er überprüft, schließt Kenntnislücken, gibt weitergehende Informationen. Sein Handeln wird zielgerichteter: Er setzt bei den konkreten, in der vorhergehenden Teamarbeit deutlich gewordenen, Schwierigkeiten an. So entsteht ein problemorientiertes Arbeiten, bei dem der Ausbilder bei der Problemlösung hilft.

- Am Anfang steht das Ziel. Die Auszubildenden müssen zunächst eine konkrete Vorstellung von der Aufgabenstellung entwickeln. Anhand von *Leitfragen* setzen sich die Lernteams mit den Zeichnungen, mit den anzuwendenden Fertigungsverfahren, mit konstruktiven Besonderheiten auseinander. Sie müssen sich also *selbständig Informationen erarbeiten.*
- Dem Ziel folgt der Weg. Jede planvolle Arbeit ist gedanklich vorwegzunehmen. Bevor man dies jedoch ausschließlich im Kopf tun kann, muss man es erlernen. Als Zwischenschritt sind die *Arbeitsschrittkarten* gedacht, mit deren Hilfe die Teams ihren Arbeitsplan erstellen. Das Durchdenken von alternativen Wegen mündet in die Entscheidung.
- Die isoliert erlernten Einzelfertigkeiten müssen in einem komplexen Zusammenhang angewendet werden. Ist das in den Fachabteilungen der Betriebe nur unzureichend möglich, wie dies bei der Ausbildung von Instandhaltern regelmäßig der Fall ist, bleibt der Weg *Projektarbeit* in der Ausbildungswerkstatt. Das Projekt »Hobbymaschine« ermöglicht außerdem, über eine Mengenveränderung eine *individuelle unterschiedliche Lernzeit.* Es hat weiterhin einen erheblichen motivationssteigernden Effekt, verglichen mit den üblichen Übungsarbeiten.

3. Fortlaufende *lernzielorientierte Selbstkontrollen* haben mehrere Zielsetzungen: Jeder Auszubildende lernt die Qualität seiner eigenen Arbeit bewerten, die detaillierte Rückmeldung versetzt ihn außerdem in die Lage, seinen weiteren Lernprozess entsprechend den Ergebnissen zu steuern. Schließlich ermöglicht diese Form der Kontrolle auch dem Ausbilder ein gezielteres Stützen bei Lernlücken.

- Mit dem Feststellen der Ergebnisse ist der Lernprozess nicht beendet. Bewerten heißt in diesem System: *Fehlerursachen herauszufinden.* Das Erkennen der Ursachen, das Herausfinden verletzter Arbeitsregeln, ist die beste Voraussetzung für künftig bessere Ergebnisse. Gleichzeitig wird der Arbeitsstil geprägt: Kritik- und Analysefähigkeit werden entwickelt.

Kennzeichnend für dieses Modell ist, Arbeitstätigkeiten als aktive Informationsverarbeitung darzustellen, als so genannte »vollständige Handlung«.

Anstöße zu dieser Systementwicklung gaben uns unsere Kollegen im Ausbildungsbereich der Daimler-Benz AG in Gaggenau. Vorreiter war wesentlich Kollege Rudolf Walz, der, wie kaum ein zweiter, sich unermüdlich als gewerkschaftlich engagierter und hochmotivierter, fachlich umfassend kompetenter Berufsausbilder eingesetzt hat.

Er war unter anderem einer der wichtigsten Koordinatoren bei der Neuordnung der industriellen Metallberufe. Die noch in den jüngsten Tagen verabschiedeten Regelungen zur Industriemeisterausbildung tragen seine Handschrift. Von allen Kooperationen mit anderen Bildungseinrichtungen war die mit Gaggenau die erfolgreichste, nicht zuletzt wegen der hohen Interessenidentität.

Hauptziel des Projektes war nicht die *Herstellung* der Hobbymaschine. Für die Fertigung dieser Maschine, von Walter Kühnlenz konstruiert, waren alle Fertigkeiten erforderlich, die von den Absolventen des Berufsgrundbildungsjahres (BGJ) neu gelernt oder vertieft angewendet werden sollen. Für eine optimale – auf den Verwendungszweck hin ausgerichtete – wirtschaftliche Herstellung gibt es bessere konstruktive Lösungen.

Das entscheidende an dem Modell war das zur Selbständigkeit führende Lehr-/Lernsystem mit Hilfe von Leittexten. Später wurde hier und an anderen Orten das System auf andere Projekte, Lehrgänge und insbesondere auf betriebliche Arbeitsaufträge erfolgreich übertragen.

Vertragliche Regelungen zur erfolgreichen Ausbildung von lernbeeinträchtigten Jugendlichen

Im Werk Salzgitter der Stahlwerke Peine-Salzgitter AG (P+S) erhalten bereits seit 1970 verstärkt auch solche Jugendliche einen Ausbildungsplatz, die sonst nur geringe Chancen für eine betriebliche Berufsausbildung haben.

Hier sind die Auszubildenden gemeint, die vor ihrer Berufsausbildung an speziellen Lehrgängen teilgenommen haben, um überhaupt eine Ausbildungschance zu erhalten. Besonders beteiligt war hierbei Diplom-Sozialpädagoge Reinhard Voges, der auch einige Zeit Leiter des Ausbilderarbeitskreises bei der Verwaltungsstelle und Mitglied des Berufsbildungsausschusses beim Vorstand der IG Metall war.

Bis auf wenige Ausnahmen hatten diese Jugendlichen zunächst einen *Lehrgang zur Förderung der Berufsreife* (LFB) an der Gewerblichen Berufsschule der Stadt Salzgitter besucht. Dieser einjährige Lehrgang war speziell für vom Arbeitsamt ausgewählte schulentlassene Jugendliche vorgesehen, die für eine sofortige Berufsausbildung körperlich oder geistig noch nicht reif genug waren, diese Reife aber durch die Teilnahme an diesem Lehrgang voraussichtlich erreichen würden.

In diesem Lehrgang wurden praktische und theoretische Inhalte beruflicher Grundausbildung verschiedener Berufsfelder vermittelt. Die Teilnehmer erhielten am Ende des Lehrganges ein Zeugnis. Bei erfolgreichem Besuch entsprach das Abschlusszeugnis dem Hauptschulabschluss.

Seit dem Ende des ersten Lehrganges zur Förderung der Berufsreife an der Gewerblichen Berufsschule der Stadt Salzgitter im Jahr 1970 bis zur verbindlichen Einführung des Berufsgrundbildungsjahres im Berufsfeld Metall in der Stadt Salzgitter (1976) war für die Schüler des LFB eine unmittelbare Übernahme in ein Ausbildungsverhältnis bei P+S grundsätzlich möglich. Ihnen wurde überwiegend in metallgewerblichen Berufen z. B. als Teilezurichter, Betriebsschlosser und Stahlbauschlosser ein Ausbildungsplatz angeboten.

Alle Auszubildenden, die die Teilezurichterausbildung mit Erfolg beendeten, hatten bei entsprechender Eignung die Möglichkeit, eine Aufbauausbildung zum Betriebsschlosser anzuschließen. Die wurde ihnen im Ausbildungsvertrag bereits zugesagt.

Ab August 1976 mussten alle Jugendlichen, die in Salzgitter eine betriebliche Berufsausbildung im Berufsfeld Metall aufnehmen wollten, vorher das Berufsgrundbildungsjahr besuchen. Aus diesem Grund konnten 1976 keine Ausbildungsverhältnisse in Berufen des Berufsfeldes Metall direkt begründet werden.

Konnte das BGJ *nicht* angerechnet werden, so erhielten die Auszubildenden zunächst einen Ausbildungsvertrag zum Teilezurichter mit einer Ausbildungsdauer von zwei Jahren. Innerhalb des ersten Ausbildungsjahres wurde dann geprüft, ob die Ausbildung

- im ursprünglich in Vorverträgen vor dem BGJ zugesagten Ausbildungsberuf mit nachträglich verkürzter Ausbildungsdauer (Teilanrechnung des BGJ) oder
- im ursprünglich zugesagten Ausbildungsberuf ohne Verkürzung der Ausbildungsdauer (keine Anrechnung des BGJ) zu Ende geführt werden konnte.

War nicht zu erwarten, dass das Ausbildungsziel im ursprünglich zugesagten Ausbildungsberuf erreicht werden konnte, so wurde die Ausbildung zum Teilezurichter fortgesetzt und zum Abschluss gebracht.

Diese Regelung ermöglicht es, jeden Auszubildenden nach Neigung, Eignung und Leistung optimal zu fördern und jedem wenigstens eine dreijährige Ausbildungszeit (einschließlich des BGJ) sowie einen anerkannten Ausbildungsabschluss zu ermöglichen.

Zum 1. August 1977 erhielten auch Jugendliche einen Ausbildungsplatz bei P+S, die an einem ebenfalls vom Arbeitsamt geförderten *Grundausbildungslehrgang* (GAL) bzw. *Lehrgang zur Verbesserung der Eingliе-*

Lernteam und Ausbildungsmeister im Gespräch.

derungsmöglichkeiten (LVE) teilgenommen hatten.

Das besonders Interessante an dieser erfolgreichen Praxis war die Tatsache, dass nach einem betrieblichen Einsatz der Teilezurichter auch nach mehreren Jahren Weiterbildungskurse im Betrieb berufsbegleitend angeboten wurden, die zu sehr erfolgreichen Externenprüfungen in anerkannten Ausbildungsberufen führten. Damit erhielten auch »Spätentwickler« eine Chance.

83 Jugendliche haben an diesen Maßnahmen bei P+S teilgenommen. 49 davon hatten eine Sonderschule besucht, und nur drei besaßen einen Hauptschulabschluss. Fast 80% beendeten erfolgreich die erste Stufe, 12% sofort danach die Aufbauausbildung und eine mindestens gleich große Gruppe als Externe nach zwischenzeitlichem Arbeitseinsatz.

Zusammenarbeit mit der Berufsschule

Getragen von der gemeinsamen Verantwortung für die berufliche Förderung der Auszubildenden/Berufsschüler in der Region, hat die Zusammenarbeit zwischen den ausbildenden Industrieunternehmen untereinander und mit den Berufsschulen einen hohen Stellenwert.

Besonders intensiv und vielseitig war die Kooperation mit den gewerblichen Berufsschulen. Die Industriebetriebe stellten in den relevanten Berufen die meisten Schüler. Diese kamen aus Sonderschulen, Hauptschulen und Realschulen, nicht alle mit einem Abschlusszeugnis, aber auch von den Gymnasien. Die für eine optimale Förderung notwendige Differenzierung bereiteten den Schulen mehr Probleme als den Betrieben.

Regelmäßige Gespräche in dem so genannten Burgbergkreis führten zu mehr Verständnis für die Probleme des jeweiligen Partners und insbesondere zu weitergehenden konzeptionellen Lösungen. Eine Schlüsselrolle nahm dabei Prof. Dr. Dr. Günter Wiemann, der frühere Leiter der gewerblichen Berufsschule ein. Er brachte große Erfahrungen aus der so genannten Jungarbeiterausbildung mit und schuf unter anderem mit einem Team engagierter Pädagogen das »projektorientierte Handlungsmodell beruflicher Grundbildung.« Dessen Zielrichtung deckte sich mit denen vieler Betriebe. In einem Modellversuch mit dem Bildungszentrum Salzgitter der Stahlwerke Peine-Salzgitter AG wurde es erfolgreich erprobt. Es findet seine Fortsetzung und Weiterentwicklung u.a. bei dem Lehr-/Lernsystem Hobbymaschine und in immer wieder neuen Projekten in den Industriebetrieben.

Mit der verbindlichen Einführung des Berufsgrundbildungsjahres (BGJ) im Berufsfeld Metall im Jahre 1976 wurde in den Großbetrieben nach Wegfall des 1. Ausbildungsjahres weiterhin die volle personelle und sachliche Kapazität ausgelastet. Dadurch konnte in diesen ohnehin schon stark besetzten Berufen die jährliche Einstellungszahl um 50% gesteigert werden. Im Interesse einer qualifizierten Ausbildung für alle Jugendlichen in der Region trug auch die IG Metall dieses Modell mit.

Das mit vielen Erwartungen und Hoffnungen und mit großem Engagement der beteiligten Lehrer eingeführte BGJ in Salzgitter, das erste verbindliche, existiert nicht mehr. Es war das Herzstück einer Bildungsreform im berufsbildenden Bereich, das nach Auffassung auch der IG Metall ein »Stück mehr Chancengleichheit« ermöglichen sollte.

Aufgrund ständiger Klagen der Arbeitgeber, vorwiegend aus dem Handwerk, verlor es immer mehr von dem ursprünglichen Konzept. Noch während des Modellversuches war der Theorieanteil erheblich größer, er wurde mit der Einführung 1976 schon reduziert und die Inhalte immer stärker den Forderungen der Verbände angepasst. Es wurde immer mehr ein in die Schule verlegtes erstes betriebliches Ausbildungsjahr.

Die Anrechnungsverordnung, unter der Vorstellung von Gleichwertigkeit erlassen, tat ein Übriges. Es gab für einzelne Berufe und Schwerpunkte nur Teilanrechnungen. Das BGJ war aber der einzige Teil der Bildungsreform, der auf die Fortsetzung in einem anderen System angelegt war.

In Kleinbetrieben mit nur wenig Auszubildenden und optimalen Möglichkeiten auf individuelle Defizite einzugehen, gab es weniger Probleme als in Großbetrieben mit zeitlich, sachlich und örtlich straff organisierten Ausbildungsplänen.

Die meisten Kritiken an dem schulischen BGJ und an den dort handelnden Pädagogen sind nicht gerechtfertigt. Von den wirklichen Gründen sollen einige genannt werden:

- Das BGJ blieb vom angestrebten neuen Bildungssystem ein Torso, ohne Unter- und Überbau.
- Es wurde in Niedersachsen, entgegen der gesetzlichen Regelung, nicht flächendeckend eingeführt.
- P+S musste z.B. in Peine Absolventen des Berufsfeldes Elektrotechnik, in Salzgitter des Berufsfeldes Metall übernehmen. Völlig unverständlich für die Betroffenen.
- In anderen Bundesländern gibt es keine wesentlichen BGJ-Aktivitäten.
- Die Quotierung der Schülerzahlen stellt ein praktisch nicht lösbares Problem dar. So genannte Vorverträge können den Jugendlichen ein anschließendes Ausbildungsverhältnis sichern.
- Die angestrebte Berufswahlfunktion des BGJ ist bei dem vorhandenen Ausbildungsplatzangebot wirkungslos.
- Mit dem Abschlusszeugnis des BGJ, erfolgreich bestanden oder nicht bestanden, ergibt sich eine Differenzierung mit unterschiedlicher Anrechnung, wie sie ohne das BGJ nicht entsteht.
- Ein Besuch des BGJ auf freiwilliger Basis, weil keine Ausbildungszusage vorlag, bringt nur selten noch einen anschließenden Ausbildungsvertrag.
- Es gibt Probleme mit den Untersuchungen nach dem Jugendarbeitsschutzgesetz. Z.B. erfährt ein BGJ-Schüler mit guten Leistungen erst kurz vor dem Abschluss, dass gesundheitliche Einschränkungen vorliegen, die eine Ausbildung in einem infrage kommenden Beruf nicht erlauben.
- Die IG Metall hat aber auf der Durchführung einer beruflichen Grundbildung für alle bestanden und diese auch bei der Neuordnung der Berufe durchgesetzt.
- Der salzgittersche handlungsorientierte Ansatz findet sich als Verpflichtung in allen Ausbildungsverordnungen.

Die genannten Gründe sind nicht vollständig. Die Entscheidungen sind gefallen. Die Diskussion soll auf keinen Fall neu aufgenommen werden, erst recht nicht mit so viel Emotionen wie in der Schlussphase und mit ungerechtfertigten Urteilen und Vorurteilen.

Es gibt ermutigende Informationen darüber, dass die gute Zusammenarbeit zwischen den Berufsschulen und den Betrieben weiterhin gepflegt wird. Es gibt darüber hinaus zunehmend bessere Kontakte zu den allgemein bildenden Schulen, ausgezeichnete und aktive Patenschaften, denen weiterer Erfolg zu wünschen ist. Hier besteht noch ein lohnendes Betätigungsfeld für Betriebsräte, sowohl in den allgemeinbildenden Schulen als auch in den berufsbildenden Schulen.

Ausblick

Die Förderung der Berufsbildung aller Jugendlichen in der Berufsausbildung und aller Arbeitnehmer in der Fortbildung hat ein Schwerpunkt gewerkschaftlicher Arbeit in allen aufgezeigten Ebenen zu bleiben, der noch verstärkt werden muss. Auch wenn manche anderen Probleme scheinbar dringenderer Lösung bedürfen, sei an den Satz aus den Grundsätzen der beruflichen Bildung erinnert: »*Bildungsinvestitionen haben den gleichen Rang wie Sachinvestitionen. Im Gegensatz dazu werden sie nur langfristig wirksam... Es ist deshalb notwendig, permanent den Standort der Ausbildung zu überprüfen und gegebenenfalls Kurs- oder Zielkorrekturen vorzunehmen*«. [10]

Auf die Möglichkeiten und Grenzen der Mitbestimmung des Betriebsrates in diesen Fragen wurde bereits hingewiesen. Die Mitbestimmungsorgane werden Unterstützung bei den Unternehmensleitungen finden, für die es selbstverständlich ist, dass die Qualifikation der Beschäftigten dem Unternehmen gleichermaßen dient wie den Arbeitnehmern, auch wenn sich die Begründungen dafür unterscheiden.

Es existiert eine Wechselbeziehung zwischen angebotener und nachgefragter Qualifikation. Mehr-Wissen und Mehr-Können sind eine unabdingbare Voraussetzung für qualitative Änderungen. Der Begriff Überqualifikation kann in diesem Zusammenhang nicht akzeptiert werden.[11]

Über eine nicht ausreichende Elitenbildung wird häufig öffentlich zu recht geklagt. Die Förderung der großen Gruppen, insbesondere der Schwachen, darf dabei aber nicht vernachlässigt werden. Hier müssen Gewerkschaften immer wieder auf Mängel hinweisen und sich für Lösungen einsetzen.

Arbeitnehmer sind abhängig Beschäftigte nicht 24 Stunden am Tag und nicht das ganze Jahr über. Auch für die Bewältigung ihres privaten Lebens, dazu gehört die Mitarbeit in der IG Metall, benötigen sie die von den Betrieben eingeforderten »Schlüsselqualifikationen«. Diese überfachlichen Qualifikationen müssen aber geübt werden. Projekte bieten sich da an, wie sie seit Jahren erfolgreich auch im außerbetrieblichen, außerberuflichen Bereich durchgeführt werden. Hochmotiviert arbeiten seit Jahrzehnten Ausbilder mehrerer Betriebe in Salzgitter für Gruppen in unserer Gesellschaft, die besonderer Hilfe bedürfen, z.B. für Behinderteneinrichtungen verschiedenster Art. Von unschätzbarem Wert sind auch die dabei gewonnenen Erkenntnisse und Erfahrungen.

Zum ökonomischen Denken und Handeln gehört auch das ökologische. Umweltbewusstes Handeln z.B. kann man nicht durch Vorträge erreichen, sondern durch Tun. Viele Projekte aus der jüngsten Zeit stimmen hoffnungsvoll, dazu gehören auch Kontakte und Erlebnisse mit der Kunst. Für die IG Metall und für die Kolleginnen und Kollegen in allen Bereichen der Organisation und in den Betrieben wird und muss berufliche Bildung ein Dauerthema bleiben.

Dieses »Pferd«, von Auszubildenden angefertigt, wird bei der Lebenshilfe e.V. Salzgitter für therapeutische Zwecke eingesetzt.

[10] Vgl. Neumann, S. 149.

[11] Für Spitzenkräfte, hat man oft den Eindruck, scheint dieses Problem nicht relevant zu sein.

Privatisierung
der
Salzgitter AG
Nein!
wir wollen weiter
beim Bund
bleib'n.

»In jedem Fall muss eine öffentliche Kontrolle gewährleistet werden!«

Der lange Weg zur Privatisierung der Salzgitter AG

»... trotz ideologischer Anfeindungen waren wir meines Erachtens zu Recht immer davon überzeugt, daß öffentliches Eigentum an der Großindustrie verbunden mit Mitbestimmung der Arbeiter und Angestellten dem Sozialstaatsgebot unserer Verfassung am ehesten gerecht wird.«

Walter Gruber, Rede zur 50-Jahr-Feier der IG Metall Salzgitter

Nach Beschlagnahmung durch die britischen Militärbehörden und einer vorübergehenden Treuhänderschaft des Landes Niedersachsen übernahm 1950 die Bundesrepublik Deutschland den vollständigen Aktienbestand der »Reichswerke« AG, die damit zur größten Industriebeteiligung des Staates avancierte. Doch zur gleichen Zeit gab es bereits Diskussionen über eine Voll- oder Teilprivatisierung dieses Unternehmens, die von nun an vier Jahrzehnte lang in konjunkturellen Schwankungen immer wiederkehren sollten, bis der Konzern 1989 schließlich tatsächlich in private Hände überging.

Der Lebensnerv des Werkes

Der Kampf gegen die Privatisierung begann, als im Zug der britischen Entflechtungspolitik[1] die North German Iron and Steel Control der britischen Militärregierung und in ihrem Auftrag die deutsche Treuhandverwaltung, seit 1949 Stahltreuhändervereinigung, unter ihrem Leiter Heinrich Dinkelbach den Plan fassten, den Erzbergbau in der britischen Zone neu zu ordnen. Vier Gesellschaften sollten entstehen: für das Harz-Vorland, für das Salzgittergebiet, für Peine-Ilsede und das Siegerland, womit 80% des gesamten Erzvorkommens der britischen Zone, davon 50% im Rahmen der »Reichswerke«, erfasst waren.[2] Von 1947 bis 1950 wurde darüber diskutiert.

Eine Kommission des Büros Dinkelbach begutachtete die Situation in Salzgitter,[3] wo der Erzbergbau aus dem öffentlichen Eigentum herausgenommen und in den Besitz der Ruhrhütten überführt werden sollte. Da die Ursache für die Gründung der »Reichswerke« in Salzgitter aber gerade in der hier vorhandenen Rohstoffbasis lag, wäre mit dieser Trennung *»der Lebensnerv des Werkes getroffen«*, wie es in einer gemeinsamen Entschließung der politischen Parteien und der Gewerkschaft in Watenstedt-Salzgitter gegen diesen Plan heißt, der auch von der niedersächsischen Landesregierung abgelehnt wurde.[4] Gleichfalls wandten sich die Betriebsräte der »Reichswerke« von Anfang an gegen Dinkelbachs Pläne eines Auseinanderreißens von Erzbergbau und Hütte,[5] zumal diese darüber hinaus beinhalteten, die Betriebe der Hüttenwerke in Watenstedt in fünf kleine Gesellschaften aufzuteilen, von denen vier unter (un)mittelbaren Einfluss der Ruhrindustrie gelangen sollten.[6] Verbunden war dies mit einer Überführung in Privatbesitz, wogegen auch die örtliche IG Metall in einer Resolution ihren *»energischen Widerstand«* ankündigte.[7] Hinter dem Protest stand zum einen die seit Bestehen der »Reichswerke« vorhandene Konkurrenz zur Ruhrindustrie, der Salzgitter von Anfang an ein Dorn im Auge war.[8]

Zum anderen kamen aber durchaus auch ideologische Anschauungen zum Tragen, erkennbar beispielsweise, wenn es in der Resolution heißt, es müsse *»eine Enteignung von echtem Volksvermögen«* verhindert werden und analog in der Entschließung: *»Bei Verwirklichung des Dinkelbach-Planes ist auch*

Gegenüberliegende Seite: Kundgebung vor der Hauptverwaltung der Salzgitter AG gegen den Verkauf an die Preussag, 9. November 1989.

[1] Vgl. dazu Kapitel 2 in diesem Band, vgl. auch Geschäftsbericht 1961/62, S. 11f.

[2] Niederschrift über die Sitzung am Donnerstag, 8. Mai 1947; Aktennotiz, 28. Mai 1947; Niederschrift über die Besprechung in Hannover am 2. Juni 1947; Archiv IG Metall Salzgitter, unverzeichnet.

[3] Niederschrift über die Sitzung am Donnerstag, 8. Mai 1947, Archiv IG Metall Salzgitter, unverzeichnet.

[4] Gemeinsame Entschließung der politischen Parteien und der deutschen Gewerkschaft des Kreises Watenstedt-Salzgitter über die Zukunft der Reichswerke, undatiert; Niederschrift über die Besprechung in Hannover, 2. Juni 1947; Archiv IG Metall Salzgitter, unverzeichnet.

[5] Niederschrift über die Sitzung am Donnerstag, 8. Mai 1947; Niederschrift über die Sitzung des Hauptbetriebsrates am 21. Mai 1947; Entschließung der Betriebsräte der Reichswerke AG, 16. Juni 1947; Archiv IG Metall Salzgitter, unverzeichnet.

die Möglichkeit gegeben, dass hierin Änderungen zugunsten monopolkapitalistischer Kreise vorgenommen werden. Es gilt heute, den Besitz des deutschen Volkes zu erhalten.« Dieser Hauch von Ideologie, der noch die Sozialisierungshoffnungen der frühen Jahre widerspiegelt, wird in der folgenden Zeit zunehmend zugunsten pragmatischer Überlegungen verblassen, die vom Staatsbesitz eher die Erfüllung sozialer Belange erwarten. Gleichwohl waren die »Reichswerke« schon damals kein wirkliches Volkseigentum, sondern hundertprozentiger Bundesbesitz und auf dem Weg, ein nach kapitalistischen Grundsätzen geführtes Unternehmen zu werden.

Privaten Eigentümern wollte man es jedoch keinesfalls überlassen. So zeigte sich schon 1950, was sich auch später lange Zeit immer wieder bewähren sollte: der gemeinsame Widerstand der Gewerkschafter, Betriebsräte, der Parteien sowie der kommunalen Vertreter. Im September sandte der Rat der Stadt eine Resolution an Bundeskanzler Adenauer, in der man der Sorge Ausdruck gab, dass die Hütte bei Abhängigkeit von der Ruhr in letzter Konsequenz wohl stillgelegt werde.[9] Was über die Demontage nicht erreicht worden war, schien nun auf dem Umweg über die Entflechtung Wirklichkeit zu werden. Doch die Gegenwehr hatte Erfolg: der Plan wurde fallengelassen.

Die Angst vor der Privatisierung blieb. Vor der Einweihung des Stahlwerks am 27. Juni 1953 verbreitete die »Arpo«[10] ein Schreiben an die Kolleginnen und Kollegen der Hütte, in dem zunächst an die von der Belegschaft verhinderte Demontage erinnert wurde. *»Gestützt auf dieses historische Verdienst«*, hieß es sodann, *»haben sie ein Recht zu fragen: Sollen die Reichswerke privatisiert werden?«*[11] Anlass zu dieser Frage bot ein Bericht der Braunschweiger Zeitung, dem zufolge ein Verkauf von Aktienpaketen in private Hände geplant war, um einen Teil des Finanzbedarfs des Bundes zu decken. Zur gleichen Zeit war in der »Deutschen Zukunft«, einer FDP-Zeitung, zu lesen, die Bundesregierung sei verpflichtet, diejenigen Konzerne zu entschädigen, aus deren Eigentum Vorleistungen für Reparationen entnommen worden seien; entschädigen durch Überlassung der Unternehmen in Bundeseigentum.[12] Bei Einweihung des Stahlwerkes in Anwesenheit von Bundeskanzler Adenauer und Finanzminister Schaeffer wurden diese Bedenken zunächst zerstreut. Konrad Adenauer versicherte, er lehne eine Privatisierung der »Reichswerke« ab.[13]

»Die Welt« allerdings berichtete am 1. Juli 1954: *»Bundeskanzler Adenauer hat den Bundesfinanzminister um die Ausarbeitung von Vorschlägen gebeten, in welchem Umfange das Bundesvermögen aufgelockert und in private Hände übergeleitet werden könne.«*[14] Salzgitter war erneut alarmiert und die örtliche IG Metall reagierte sofort. In der Vertreterversammlung am 23. Juli brachte sie in einer Entschließung ihre Besorgnis über die Bestrebungen zur wirtschaftlichen Umgestaltung zum Ausdruck, mit dem Hinweis darauf, dass sie *»in der Erhaltung dieser Betriebe in Bundesbesitz eine Erhaltung des Volksvermögens und die Möglichkeit einer gewerkschaftlichen Einflußnahme«* sehe.[15]

Volksaktien

Gegen Ende der 1950er Jahre nahmen die Pläne des Bundes, Vermögenswerte zu privatisieren, konkretere Formen an und manifestierten sich in der Form von Volksaktien. Schon 1957 wandte sich Erich Söchtig, 2. Bevollmächtigter der örtlichen IG Metall und Betriebratsvorsitzender der Hütte, gegen die verschiedenen Versuche, den Salzgitterkonzern zu privatisieren, und dabei auch gegen die Idee der Volksaktien.[16] Während Franz Busch, 1. Bevollmächtigter, auf der Vertreterversammlung im März 1959 diese Ablehnung bekräftigte,[17] stand die Bundesregierung kurz davor, erste Privatisierungspläne in die Tat umzusetzen. Mit Beschluss des Kabinetts von Anfang April 1959, den größten Teil der im Bundesbesitz befindlichen Preussag-Aktien an die Interessenten abzugeben, die sich um die ersten 30 Millionen Volksaktien beworben hatten, begann die Privatisierung von Bundesvermögen. Die 1923 gegründete Preussag AG war das erste Unternehmen, VW sollte bald folgen, und auch die Howaldtswerke sowie die VIAG hatte man bereits im Blick. Bundeswirt-

[6] Braunschweiger Zeitung, 29. September 1950, »Erzbergbau soll Eigentum der Ruhr werden«, »Auch die CDU ist gegen Entflechtung«. Braunschweiger Presse, 29. September 1950, »Die Ruhr greift nach Salzgitter«.
[7] Resolution der Funktionäre und Betriebsräte, 7. Oktober 1950, Bestand Herbert Jentsch, unverzeichnet.
[8] Niederschrift über die Besprechung in Hannover, 2. Juni 1947, Archiv IG Metall Salzgitter, unverzeichnet.
[9] Schreiben Stadt Watenstedt-Salzgitter an Bundeskanzler Adenauer, 28. September 1950, Bestand Herbert Jentsch, unverzeichnet.
[10] Zur Arpo vgl. Kapitel 2 in diesem Band.
[11] Schreiben vom 26. Juni 1953, Bestand Arbeitskreis Stadtgeschichte, unverzeichnet.
[12] Ebd.
[13] Zum Beispiel in Salzgitter-Zeitung, 13. März 1957, »Gegen Privatisierung der Werke«.
[14] Auszug aus Die Welt, 1. Juli 1954, Abschrift, BR-Archiv Salzgitter AG, unverzeichnet.
[15] Entschließung der Vertreterversammlung, 23. Juli 1954, Archiv IG Metall Salzgitter, unverzeichnet.
[16] Salzgitter-Zeitung, 13. März 1957, »Gegen Privatisierung der Werke«.
[17] Braunschweiger Presse, 25. März 1959, »Gegen jede Privatisierung«.

schaftsminister Erhardt erklärte dazu: *»Der hoffnungsvolle Ansatz der Privatisierung bundeseigenen Produktionsvermögens wird uns ein Ansporn zur konsequenten Weiterverfolgung des beschrittenen Weges sein.«*[18] Schlechte Aussichten für Salzgitter? Noch erklärte Bundesschatzminister Lindrath – während eines Salzgitter-Besuchs im Rahmen des niedersächsischen Wahlkampfes –, die Privatisierung der Salzgitter-Werke sei *»in dieser Legislaturperiode«* nicht geplant. *»Was später wird, verlangen Sie bitte keine Erklärung von mir.«*[19]

Nur wenig später, am 21. April 1959, entfachte jedoch ein Artikel im Industriekurier die öffentliche Diskussion. Unter der Überschrift *»Warum nicht auch Salzgitter privatisieren?«* hieß es, der Konzern erscheine *»für die Privatisierung wirklich prädestiniert: die gesteuerten Interessen in den Bereichen der Hüttenindustrie, des Steinkohle- und Erzbergbaus, des Maschinen- und Stahlbaus dürften den potentiellen privaten Aktionären dieser Holding Sicherheiten bieten«*. Im Anschluss veröffentlichte der Industriekurier eine Zuschrift, deren Verfasser anonym blieb: *»In Salzgitter bieten sich Möglichkeiten, die Volksaktienbewegung, also das Vertrauen breiter Bevölkerungsschichten zum Wertpapier, wirkungsvoll zu stärken.«* Zwar habe Kanzler Adenauer 1953 versichert, *»es sei weder wünschenswert noch wirtschaftlich nützlich, wenn einige große Interessenten sich in den Besitz von Aktienmehrheiten des Unternehmens setzen würden«*. Aber jetzt gehe es ja um *»einige hunderttausend Kleinaktionäre«*, so *»daß das Kanzlerwort von 1953 heute nicht mehr gelten kann«*. Die ablehnende Haltung des DGB und der SPD bedeute dagegen *»den Verzicht auf die Schaffung wahren Volkseigentums«*, schließlich ginge es hier nicht um einen Spekulationsakt, sondern um eine Kapitalanlage und eine Sparmethode, ja eine Sicherung fürs Alter.[20]

In Salzgitter schlugen die Wellen hoch, vor allem als aus Bonn die Bestätigung der Privatisierungsabsichten kam. Allein der Zeitpunkt sei ein Problem. Man müsse der Volksaktie einen guten Start sichern, dafür aber stehe die AG für Berg- und Hüttenbetriebe wirtschaftlich noch nicht gut genug da. Zwar habe sich die Ertragslage schon gebessert, aber große Gewinne habe sie noch nicht abgeworfen. Konkrete Pläne zur Privatisierung gebe es daher noch nicht, auch sei nicht klar, ob sofort der ganze Konzern oder zunächst einzelne Tochterfirmen in private Hände gegeben würden.[21]

In Salzgitter indes war kaum jemand von den Vorzügen der Volksaktien zu überzeugen. Vielmehr vermutete Erich Söchtig erneut *»interessierte Kreise der Ruhrindustrie«*, zu denen seit Gründung der »Reichswerke« ein Interessengegensatz bestehe, hinter den Privatisierungsabsichten in Bezug auf Salzgitter. In einem Schreiben an Rudi Grebenstein, IG Metall-Bezirksleiter in Hannover, erläuterte er die Situation in Salzgitter: *»Wir von der IG Metall waren es, die die Initiative gegen die Privatisierung ergriffen haben. Daraus ergibt sich für uns einerseits eine Verpflichtung und andererseits ist es so, daß die breite Öffentlichkeit, selbst bis in die Kreise des Bürgertums im Gebiet Salzgitter, nichts von einer Privatisierung wissen will. Das Bewußtsein, das die Belegschaft hat, entscheidend mit Unterstützung der Gewerkschaften und der Sozialdemokratischen Partei (Böckler, Schumacher) an der Rettung der Reichswerke beigetragen zu haben, läßt diesen Kreisen es schwer werden, diesen Gedanken der Privatisierung populär zu machen.«*[22]

Der Kampf gegen die Demontage und der Wiederaufbau des Werkes, die wesentlich von der Belegschaft getragen worden waren, hatten die Kolleginnen und Kollegen mit diesem Werk in besonderer Weise verbunden. Es nun den Profitinteressen privater Kapitalanleger ausgesetzt zu sehen, war für sie schwer zu ertragen. Dieses Argument führte auch der DGB Kreisausschuss Salzgitter in einem Entschließungsantrag an den Bundeskongress an. Es sei *»das Gerechtigkeitsempfinden der Arbeiterschaft verletzt, wenn ein Betrieb, der fast ausschließlich durch ihren Einsatz, ja durch den Einsatz ihres Lebens – wer konnte bei dem Widerstand gegen die Demontage den Ausgang voraussehen? – und durch ihre Arbeit und Leistung nicht nur gehalten, sondern auch wirtschaftlich gestaltet worden ist ... in private Hand überführt werden soll«*.[23] Die IG Metall Vertreterversammlung bekräftigte im Mai 1959 dieses

[18] Die Welt, 4. April 1959, »Nach dem Erfolg bei Preussag: VW als nächste Volksaktie«.

[19] Öffentliche Versammlung der CDU mit Bundesschatzminister Dr. Lindrath am 7. April 1959, BR-Archiv Salzgitter AG, unverzeichnet. Vgl. auch Braunschweiger Presse, 9. April 1959, »Keine Privatisierung der Salzgitter AG«, »Keine Reichswerke-Privatisierung«.

[20] Industriekurier 21. April 1959, »Warum nicht auch Salzgitter privatisieren?«. Vgl. auch Salzgitterkurier, 25. April 1959, »Salzgitter-Volksaktie sicherer als ›Preußag‹«.

[21] Industriekurier 23. April 1959, »Auch Salzgitter wird privatisiert«. Braunschweiger Presse, 24. April 1959, »Salzgitter kann nun bald folgen«.

[22] Schreiben Erich Söchtig an Rudi Grebenstein, 27. April 1959, BR-Archiv Salzgitter AG, unverzeichnet.

[23] Entschließung Deutscher Gewerkschaftsbund Kreisausschuss Salzgitter an den 5. DGB-Bundeskongress, 15. Juni 1959, BR-Archiv Salzgitter AG, unverzeichnet.

Argument, führte jedoch noch ein weiteres an, das in der Folgezeit immer wieder eine Rolle spielen sollte: *»Es ist überhaupt ein Trugschluß, wenn der Industrie-Kurier interpretiert, ›wenn Salzgitter eine Dividende ausschüttet, ist Salzgitter privatisierungsreif‹. Entscheidend ist das volkswirtschaftliche Gesamtanliegen, die Sicherung der Arbeitsplätze für die schaffenden Menschen ... Wenn Betriebe ... in Privathand sind, würde die Dividendenhöhe den Vorrang vor den Arbeitnehmerinteressen haben. Desgleichen würden die gesamtvolkswirtschaftlichen Probleme nicht beachtet, sondern lediglich das Privatinteresse würde maßgebend sein.«*[24]

Jubiläumskrach

Die nächste Diskussionsrunde zur Privatisierung löste 1962 der damalige Bundesschatzminister Lenz aus, als er in einem Artikel eines Sonderdruckes des Salzgitter-Kuriers anläßlich des 25jährigen Bestehens der Salzgitter AG und des 20jährigen Bestehens der Stadt Salzgitter die Frage der Privatisierung als *»Beitrag zur existenzsichernden Vermögensbildung gegen die Wechselfälle des Lebens«* erneut zur Sprache brachte. Die Modalitäten müssten dabei den jeweils gegebenen Verhältnissen angepasst werden. *»Wir werden also zunächst die Auswirkungen der in Aussicht gestellten Investitionen abwarten müssen, bevor wir über die Form einer Salzgitter-Privatisierung sprechen können. Sicher ist für mich im Augenblick nur, daß auch die Salzgitter AG eines Tages nicht mehr Staatseigentum sein wird, sondern freies Eigentum einer großen Zahl unserer Staatsbürger,«* formulierte Minister Lenz in seinem Aufsatz. Die Privatisierung sei insofern keine kommerzielle Angelegenheit, sondern eine politische.[25] Die Reaktionen der Metaller aus Salzgitter folgten sofort. Die Betriebsräte des Salzgitter-Konzerns nahmen im Rahmen einer Zusammenkunft in der »Glückauf-Halle« in Salzgitter-Gebhardshagen eine Entschließung an, in der sie erneut an die Demontagejahre erinnerten und ihr Unverständnis darüber zum Ausdruck brachten, dass ihre Arbeitsplätze *»nunmehr zugunsten wirtschaftstheoretischer Ordnungsvorstellungen gefährdet werden«* sollten.[26] Die IG Metall Verwaltungsstelle wandte sich in ihren Mitteilungen mit ähnlichen Stellungnahmen an ihre Mitglieder,[27] jedoch fand die Ortsverwaltung in einer Entschließung noch ganz andere Argumente gegen die Privatisierung. Die gegenwärtige Krise der Eisen- und Stahlindustrie sei nur in einem Konzern auszu-

[24] Entschließung in der Vertreterversammlung der IG Metall am 29. Mai 1959 zu den Privatisierungsbestrebungen in Salzgitter, BR-Archiv Salzgitter AG, unverzeichnet. Vgl. auch Braunschweiger Presse, 6. Juni 1959, »IG Metall gegen Privatisierung«.

[25] Zitiert nach IG Metall Verwaltungsstelle Salzgitter, Mitteilungen, Nr. 2, Mai 1962. Vgl. auch Geschäftsbericht 1961/62, S.11f.

[26] Salzgitter-Presse, 26. April 1962, »Gegen Experimente in Salzgitter«. Vgl. auch Geschäftsbericht 1961/62, S. 11f.

[27] Vgl. Salzgitter-Presse, 13. April 1962, »Hände weg von Salzgitter«.

Der 1. Mai 1962 stand ganz im Zeichen der drohenden Privatisierung der Salzgitter AG.

gleichen, der nicht unbedingt an die Dividende denken müsse; sie verwies auf die wechselseitige Abhängigkeit von Stadt und Werk, die Aufwendungen für unterstützungsbedürftige Tochtergesellschaften und mahnte, dass Aktien der Schwerindustrie zur Vermögensbildung denkbar ungeeignet seien, so dass die Gefahr bestehe, dass die Eigentumsanteile in andere Interessenkanäle abwanderten.[28] Der DGB und die politischen Parteien auf kommunaler und auf Landesebene unterstützten die Metaller in dieser Argumentation.

Nachdem auch der 1. Mai 1962 ganz im Zeichen des Kampfes gegen die Privatisierung gestanden hatte,[29] wandten sich Betriebsräte und IG Metall Salzgitter mit einem Schreiben an Bundesschatzminister Lenz. Erich Söchtig und Gerhard Stebner, Betriebsratsvorsitzender der Erzbergbau Salzgitter AG, baten um ein Gespräch, um die Angelegenheit zu klären. Zur gleichen Zeit ging ein Schreiben der beiden Betriebsratsvorsitzenden mit der Bitte um Unterstützung an den Parlamentarischen Ausschuss für Bundesbesitz. Die Schreiben zeigen, dass die Argumentation zum Verbleib der Salzgitter AG im Bundesbesitz immer differenzierter wurde. Ideologische Argumente kommen überhaupt nicht mehr vor, der Hinweis auf den Kampf gegen die Demontage ist Standard, aber den Hauptanteil machen nun wirtschafts- und sozialpolitische Argumente aus. Neben den bereits früher erwähnten findet sich in dem Brief an den Minister der Hinweis darauf, dass sich der Salzgitter Konzern in der Vergangenheit *»sowohl im Bereich des Arbeitsmarktes wie auch preisregulierend als ein bedeutender wirtschaftspolitischer Stabilisierungsfaktor«* erwiesen habe. Hier würden 35% des deutschen Eisenerzes gefördert und davon wiederum 70% in der eigenen Hütte verarbeitet. *»Die westdeutschen Hüttenwerke haben die Lieferverträge für Salzgitter-Erze gekündigt«*, um günstigere ausländische Erze zu verwenden. *»Der salzgittersche Erzbergbau mit seinen 5.000 Arbeitskräften ist darum ausschließlich auf die konzerneigene Hütte angewiesen.«* Tatsächlich zog sich die Ruhrindustrie aus Salzgitter zurück; für das folgende Jahr war die Schließung der erst 1956 in Betrieb genommenen Krupp-Renn-anlage angekündigt worden, einer Einrichtung der westdeutschen Privatindustrie, mit der das eisenarme Erz Salzgitters auf 90% Eisengehalt angereichert wurde. 800 Mitarbeiter waren von der Stilllegung betroffen.[30] Die Vermutung, dass die Ruhrkonzerne auch hinter den Privatisierungsplänen steckten oder sie zumindest kräftig unterstützten, lag

[28] Erklärung der Ortsverwaltung der IG Metall zur Privatisierung des Salzgitter-Konzerns, 5. April 1962, Archiv IG Metall Salzgitter, unverzeichnet. Vgl. auch IG Metall Verwaltungsstelle Salzgitter, Mitteilungen, Nr. 2, Mai 1962.

[29] Salzgitter-Presse, 3. Mai 1962, »Der 1. Mai in Salzgitter: Gegen Privatisierungspläne«.

[30] Erich Söchtig, Vermerk über das Gespräch mit Bundesschatzminister Lenz, 17. Juli 1962, BR-Archiv Salzgitter AG, unverzeichnet.

Vertrauensleutekonferenz im November 1981: P+S-Kolleginnen und Kollegen lehnen die geplante Fusion mit Krupp und Hoesch ab.

nahe.[31] Der Konzern sichere im Zonenrandgebiet Zehntausenden eine Beschäftigung und schließlich sei eine Privatisierung mit Preiserhöhungen verbunden, wie das Beispiel VW zeige, so dass *»demzufolge wahrscheinlich auch ein in der Eisen- und Stahlindustrie bisher durchaus wirksames Preisregulativ verloren gehen«* würde.[32]

Auf Einladung des Ministers fand das Gespräch am 4. Juli 1962 in Bonn statt,[33] mit einem Ergebnis, das die Salzgitteraner keineswegs zufrieden stellte. Die Kollegen Söchtig und Stebner führten noch einmal alle Argumente ins Feld, dazu die Ablehnung aller Teilprivatisierungen. In der Presse war hierfür die Linke-Hofmann-Busch GmbH als geeignetes Objekt genannt worden.[34] Minister Lenz erklärte, er sei sich im Klaren darüber, dass eine Privatisierung nicht von heute auf morgen erfolgen könne und zwischen einer grundsätzlichen Erklärung und ihrer Verwirklichung ein weiter Weg liege.[35] Es gebe in Salzgitter noch auf Jahre hinaus wesentliche Schwierigkeiten, die eine Privatisierung nicht zuließen.

Das Gespräch mit Minister Lenz war kaum geeignet, die Salzgitteraner zu beruhigen, hatte es die Privatisierung doch nicht ausgeschlossen, sondern nur aufgeschoben. So wandte sich Franz Busch im August an den Vorsitzenden des Parlamentarischen Ausschusses für Bundesbesitz, Hans Katzer, den er um ein Gespräch gemeinsam mit Erich Söchtig und Gerhard Stebner bat; gleichzeitig lud er den Kollegen Katzer nach Salzgitter ein, um sich vor Ort ein Bild zu machen und seine Ansichten zur Sache darzulegen.[36] Im November 1962 wusste Erich Söchtig im Rahmen seiner Berichterstattung vom DGB-Bundeskongress erneut von Privatisierungsabsichten des Ministers Lenz zu berichten, der dabei nach Pressemeldungen nunmehr unter anderem an die Versorgungsbetriebe, Werksküchen und Automatenkantinen der Salzgitter AG dachte. Auf einer geplanten Großkundgebung der IG Metall mit Otto Brenner sollte noch einmal deutlich gemacht werden: *»Hände weg von Salzgitter«.*[37]

Zu diesem Zeitpunkt hatten sich die Wogen in Salzgitter allerdings schon wieder geglättet. Die Privatisierung stand offensichtlich nicht unmittelbar an, man hatte Zeit, sich Gegenstrategien zu überlegen. Als 1968 Hans Birnbaum, der bereits seit 1961 Mitglied des Vorstands der Salzgitter AG war, dessen Vorsitzender wurde, stiegen die Befürchtungen erneut, denn er galt als »Privatisierer«. 1959 bis 1961 hatten unter seiner Verantwortung die Teilprivatisierungen der Preussag AG, der Volkswagen AG sowie der Kesselwagen- und Transportgesellschaft VTG stattgefunden.[38] Die Salzgitter AG war jedoch für ihn in seiner bis 1979 andauernden Amtszeit kein Privatisierungsobjekt. Gleichwohl blieb die Überführung in eine neue Eigentumsform in der Diskussion. Und als die Spekulationen das nächste Mal einen realen Hintergrund erhielten, war die Gefahr, dass die Privatisierungsabsichten jetzt in die Tat umgesetzt werden würden, ungleich größer als je zuvor.

[31] Welt der Arbeit, 27. Juli 1962, »Die Privatindustrie will Konkurrenz loswerden«.
[32] Schreiben Betriebsrat der Hüttenwerk Salzgitter AG an Bundesschatzminister Lenz, 24. April 1962, Schreiben Betriebsrat Hüttenwerk Salzgitter AG an den Parlamentarischen Ausschuss für Bundesbesitz, 24. April 1962, BR-Archiv Salzgitter AG, unverzeichnet.
[33] Schreiben des Bundesschatzministers an den Betriebsrat der Hüttenwerk Salzgitter AG, 7. Juni 1962, BR-Archiv Salzgitter AG, unverzeichnet.

Ruhrkontakte

Veränderte weltwirtschaftliche Rahmenbedingungen, ein Strukturwandel und eine Verlangsamung des Wirtschaftswachstums und Verschärfung des Wettbewerbs, Überkapazitäten und der Kampf um Marktanteile verbunden mit einem relativen Preisverfall bestimmten das Bild der »Stahlkrise«, von der seit Mitte der 1970er Jahre die Rede sein musste. Eine tendenziell rückläufige Stahlproduktion kostete Arbeitsplätze. Auch in Salzgitter war die Rohstahlproduktion um 40% zurückgegangen und die Anzahl der Arbeitnehmer von 1973 bis 1983 von 19.891 auf 15.626 gesunken.[39] Eine der Ursachen für die Krise wurde in einer konkurrierenden Investitionspolitik gefunden; die Folge waren Kooperationen zwischen den einzelnen Unternehmen. Fusionsabsichten und Privatisierungsgerüchte begleiteten von nun an auch das Tagesgeschäft der Arbeitnehmervertreter der Salzgitter AG.

Nachdem es im Hintergrund bereits wochenlange Diskussionen gegeben hatte, wurde im Oktober 1981 quasi über Nacht bekannt, dass die Krupp Stahl AG Bochum und die Estel-Hoesch Werke AG Dortmund zum 1. Januar 1982 zur Ruhrstahl AG fusionieren wollten. Das neue Unternehmen würde zunächst 70.000 Mitarbeiter haben, aber bis 1987 sollten vor dem Hintergrund von Verlagerungen und neuen Konzentrationen 14.000 Arbeitsplätze abgebaut werden, allein 1982 rund 4.000.[40] Krupp dementierte sofort und in der Führungsetage der Salzgitter AG zeigte man sich überrascht.

Noch eine Woche zuvor war auf der Weltstahlkonferenz in Toronto von einem Dreierbund, einschließlich Salzgitter, die Rede gewesen.[41] Und diesen Dreierbund hatte der Vorstandsvorsitzende der Salzgitter AG, Ernst Pieper, nach wie vor im Auge. *»Sollte ein Zusammenschluß der Stahlwerke Peine-Salzgitter AG mit den Stahlwerken von Krupp und Hoesch Vorteile bringen, dann wären wir für diesen Zusammenschluß,«* zitierte ihn die Frankfurter Allgemeine Zeitung.[42] Bis Ende November sollte die Prüfung der Sachlage abgeschlossen sein.

Salzgitters Arbeitnehmervertreter waren alarmiert, in der Belegschaft stieg die Unruhe. Auf einer möglichst schnell einberufenen Sitzung der Vertrauenskörperleitung schlug der Gesamtbetriebsratsvorsitzende Walter Gruber vor, sofort Kontakt mit den Betriebsratskollegen bei Krupp und Hoesch aufzunehmen, und der 1. Bevollmächtigte der IG Metall Verwaltungsstelle, Hans Donay, mahnte, unbedingt das für den Stahlbereich zuständige Zweigbüro der IG Metall in Düsseldorf und damit das Vorstandsmitglied Rudolf Judith einzubeziehen,[43] der in den folgenden Jahren immer wieder eine Vermittlerrolle auch für Salzgitter einnehmen sollte.

In diesem Fall richtete das Zweigbüro einen Informationskreis mit Teilnehmern aus allen betroffenen Unternehmen ein, den stellvertretenden Aufsichtsratsvorsitzenden, den Arbeitsdirektoren sowie Vertretern des Gesamtbetriebsrates. Hinzu kamen Vertreter der Bezirksleitungen und der Verwaltungsstellen der IG Metall.[44]

In den folgenden Wochen und Monaten zeichneten sich klare Fronten ab: Gewerkschafter und Betriebsräte wandten sich aus den altbekannten Gründen gegen ein Zusammengehen mit Krupp und Hoesch. Rudolf Judith vom Düsseldorfer Stahlbüro der IG Metall stellte klar, dass die Peine-Salzgitter AG in der schwachen Wirtschaftsregion von entscheidender Bedeutung sei, eine Einbeziehung in den Dreierbund zu einer Privatisierung des Unternehmens führen werde und zudem die Montanmitbestimmung im Salzgitter-Konzern verloren ginge, wenngleich der Vertreter des Bundes im Aufsichtsrat der Salzgitter AG, Staatssekretär Karl Haehser, versichert hatte, dies werde nicht geschehen, selbst wenn der Konzern nicht mehr die gesetzlichen Voraussetzungen erfüllen sollte.[45] Aber auch rein wirtschaftliche Gründe waren im Spiel. Der Kollege Judith rechnete bei einer Fusion Krupp/Hoesch mit einer Integrationsphase von fünf Jahren; nähme man Salzgitter dazu würden zehn Jahre daraus. Das hätte für Thyssen einen großen Wettbewerbsvorsprung gegenüber dem »kranken Riesen« bedeutet.[46]

Konzernchef Ernst Pieper und der Vorstandsvorsitzende der Stahlwerke Peine Salzgitter AG Peter Adams sprachen sich für eine Fusion aus, wenn deutliche Vorteile zu er-

[34] Erich Söchtig, Vermerk über das Gespräch mit Bundeschatzminister Lenz, 17. Juli 1962, BR-Archiv Salzgitter AG, unverzeichnet.

[35] Salzgitter-Kurier, 18. Juli 1962, »Keine Privatisierung von heute auf morgen«. Salzgitter-Presse, 18. Juli 1962, »Privatisierungspläne sind nur aufgeschoben«. Salzgitter-Zeitung, 18. Juli 1962, »Probleme Salzgitters werden berücksichtigt«. Vgl. auch Salzgitter-Kurier 4. August 1962, »Privatisierung nicht um jeden Preis«.

[36] Schreiben Franz Busch an Hans Katzer, 3. August 1962, BR-Archiv Salzgitter AG, unverzeichnet.

[37] Salzgitter-Presse, 6. November 1962, »Das Grundgesetz genügt völlig«.

[38] Vgl. Birnbaum, S. 30.

[39] Wittek/Barcikowski, S. 144.

[40] Welt der Arbeit, 22. Oktober 1981, »Neue Stahlehe eine böse Überraschung«.

[41] Ebd.

[42] Frankfurter Allgemeine Zeitung, 21. Oktober 1981, »Eine mögliche Stahlfusion muß sich lohnen«.

[43] Schreiben IG Metall Verwaltungsstelle Salzgitter an das IG Metall Zweigbüro, 28. Oktober 1981, Archiv IG Metall Salzgitter, unverzeichnet.

[44] Schreiben des Zweigbüros, Betr.: Bildung eines Informationskreises, 9. November 1981, Archiv IG Metall Salzgitter, unverzeichnet.

[45] Frankfurter Rundschau, 13. Januar 1982, »SPD bürgt für weitere Montanmitbestimmung bei Salzgitter«.

[46] Die Zeit, 9. April 1982, »Fusionsschlosser wider Willen«. Öffentliche Wirtschaft und Gemeinwirtschaft, Heft 1, Februar 1982, »Beschäftigung hat Vorrang«. Süddeutsche Zeitung, 3. Dezember 1981, »Verwirrspiel um Stahl-Fusion an der Ruhr«.

Das »Moderatorenkonzept« sah die Fusion der noch selbständigen Stahlunternehmen zu zwei Gruppen vor.

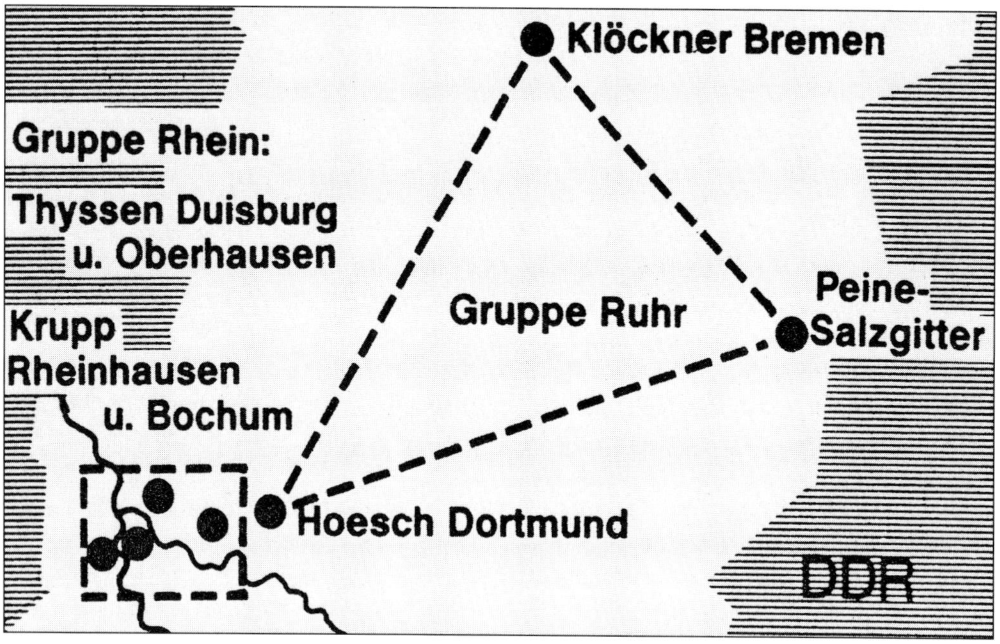

kennen seien. Vor allem Ernst Pieper, der bis 1977 im Finanzministerium für die Bundesbeteiligungen zuständig gewesen war, bevor er am 1. August 1979 als Nachfolger Hans Birnbaums Chef der Salzgitter AG wurde, sah bei aller Skepsis, ob es tatsächlich dazu kommen würde, im Dreierbund positive Auswirkungen für Salzgitter und führte Kostensenkungsvorteile in Produktion, Vertrieb und Verwaltung, die Vermeidung von Parallelinvestitionen und die schlichte Größe ins Feld. Man wäre zusammen um ein Viertel größer als der bislang führende Thyssen-Konzern und *»mit der Masse wächst die Potenz«.*[47] Nach Meinung des Salzgitter-Chefs würden von den fünf großen Stahlkonzernen – Hoesch, Krupp, Klöckner, Thyssen und P+S – in den kommenden Jahren nur zwei übrig bleiben, nämlich Thyssen und eine gemeinsame Gruppe der anderen, weil die Stahlkrise auf anderem Weg nicht gelöst werden könnte.[48]

Auch die Regierung sprach sich für den Dreierbund aus, war hinter den Kulissen jedoch gespalten. Finanzminister Matthöfer drängte Krupp und Hoesch, Salzgitter in den Bund aufzunehmen, ja machte sogar staatliche Finanzhilfen davon abhängig, da es nicht möglich wäre, Subventionen an private Unternehmer zu zahlen, wenn diese ein Bundesunternehmen kaputtmachen könnten.[49] Wirtschaftsminister Lambsdorff warnte vor *»Experimenten mit Großfusionen«.*[50]

Im Januar 1982 versicherte Minister Matthöfer, P+S werde erhalten bleiben, gleichgültig, ob das Unternehmen in den Bund mit Krupp und Hoesch einbezogen werde oder nicht. Für den 4. Februar erwartete die Regierung im Rahmen gleichzeitig angesetzter Aufsichtsratssitzungen die Vorlage des Fusionsvertrages zwischen beiden Ruhrunternehmen, während über Peine-Salzgitter weiter verhandelt werden sollte.[51]

Wie erwartet beschlossen die Aufsichtsräte die Fusion, nun allerdings war es Salzgitter, das eine nachträgliche Aufnahme in den Bund als nicht sinnvoll ablehnte. Konzernchef Pieper gab bekannt, die Peine-Salzgitter AG richte sich auf den Alleingang ein, wenngleich Kooperationen mit den Ruhrkonzernen in Einzelbereichen nicht ausgeschlossen seien.[52] Gleichwohl kam auch die Fusion zwischen Krupp und Hoesch zu diesem Zeitpunkt noch nicht zustande. Damit war die Ruhrstahl AG gescheitert; die Suche nach einem Konzept für die kränkelnde Stahlindustrie ging weiter.

Das Moderatorenkonzept

Von ursprünglich 37 selbständigen Stahlunternehmen existierten zu diesem Zeitpunkt noch sieben – Thyssen, Hoesch, Krupp-Stahl, die Klöckner-Werke, Arbed Saarstahl, Korf und die Stahlwerke Peine-Salzgitter AG – und

[47] Westdeutsche Allgemeine Zeitung, 12. November 1981, »Vor- und Nachteile eines Stahl-Dreibundes ausloten«. Die Welt, 3. November 1981, »Pieper: ›Mit der Masse wächst die Potenz‹«.

[48] Salzgitter-Zeitung, 3. November 1981, »Dreierlösung ist nur jetzt möglich«. Peiner Allgemeine Zeitung, 3. November 1981, Die neue Gruppierung darf kein ›nacktes Stahlunternehmen‹ sein«. Salzgitter-Zeitung, 4. November 1981, »Salzgitter AG muß Standort suchen«.

[49] profil (Wien), 16. Dezember 1981, »Geld oder sterben!« Süddeutsche Zeitung, 9. Dezember 1981, »Bonn bevorzugt Stahllösung mit Salzgitter«. Peiner Allgemeine Zeitung, 15. Januar 1982, »P+S Stahlstandort wird langfristig gesichert«.

[50] Vorwärts, 5. November 1981, »Warten auf die staatliche Stahlspritze«.

[51] Peiner Allgemeine Zeitung, 15. Januar 1982, »P+S Stahlstandort wird langfristig gesichert«, Braunschweiger Zeitung, 15. Januar 1982, »Peine und Salzgitter als Stahlstandorte gesichert«.

es zeichnete sich die Tendenz ab, dass es nach diversen Umstrukturierungen und Fusionen nur noch zwei bis drei Gruppen geben würde. Da die Unternehmen allein sich offenbar nicht einigen konnten, beauftragten die Stahlkonzerne Ende November 1982 mit Billigung der Bundesregierung drei »Moderatoren« mit der Ausarbeitung eines Konzeptes zur Umstrukturierung und Sanierung der Branche.

Alfred Herrhausen, Vorstandsmitglied der Deutschen Bank und stellvertretender Aufsichtsratsvorsitzender der Klöckner-Werke, Günter Vogelsang, Aufsichtsratsmitglied der Deutschen Bank, ehemaliger Krupp-Chef und jetzt bei der VEBA, und Marcus Bierich, ehemaliger Finanzchef der Mannesmann AG und nun im Allianz Vorstand – alle drei also Vertreter des Kapitals – unterbreiteten in getrennten Gesprächen am 25. Januar 1983 der Bundesregierung, den Stahlunternehmen sowie der IG Metall und der Öffentlichkeit ihre Vorschläge zur Lösung der Stahlkrise.[53] Ihre Ziele waren in erster Linie kapitalorientiert: die Maximierung des Gesamtrationalisierungspotenztials der Stahlindustrie, die Optimierung künftiger Investitionen, die Erhaltung möglichst sicherer Arbeitsplätze sowie eine Minimierung der Hilfen der öffentlichen Hand. Als Mittel dienten die Konzentration auf die technisch leistungsfähigsten und kostengünstigst arbeitenden Anlagen sowie der Abbau von Überkapazitäten durch Stilllegungen.[54]

Der Weg dorthin sah wiederum das Allheilmittel der Fusion vor. Arbed Saarstahl und Korf wurden zunächst noch ausgeklammert, für alle übrigen aber war vorgesehen, dass es am Ende nur noch zwei, angeblich gleich starke Anbieter geben sollte: die »Rheingruppe«, entstanden aus einer Fusion von Thyssen und Krupp sowie die »Ruhrgruppe« mit Hoesch, Klöckner und P+S. Im Hinblick auf die Peine-Salzgitter AG hatte sich noch die besondere Situation ergeben, dass einer der Moderatoren, Günter Vogelsang, von Finanzminister Stoltenberg beauftragt worden war, bei der Ausarbeitung des Konzepts doch gleichzeitig zu überprüfen, welche Vermögenswerte der Bund aufgeben sollte.[55] Im Rahmen der Fusion sollte nun P+S aus der Salzgitter AG herausgelöst und aufgrund des Übergewichts privater Kapitalanteilseigner privatisiert werden.

Salzgitters Metaller entschlossen sich unmittelbar zum Widerstand. Eine sofort einberufene Konferenz der 850 Vertrauensleute von P+S, den Verkehrsbetrieben Peine-Salzgitter sowie der Maxhütte/Bandverzinkungsanlage, auf der der Gesamtbetriebsratsvorsitzende Walter Gruber die Gesamtsituation und die Folgen des rein privatwirtschaftlich orientierten Moderatorenkonzepts vor Augen führte, machte deutlich, dass die Neuordnung der Stahlindustrie zumindest in Südostniedersachsen nicht ohne größere Gegenaktionen ablaufen würde.[56]

Das Stahlbüro in Düsseldorf und die IG Metall vor Ort formulierten ihre Kritikpunkte. Neben der Kritik an vorgeschlagenen Einzelmaßnahmen für Produktion und Betrieb bemängelten sie, dass das Konzept der Stahlmoderatoren ausschließlich betriebswirtschaftliche Kriterien berücksichtige, während regional- und beschäftigungspolitische Folgen außer Acht blieben. Es sei nicht einmal deutlich, welche Stahlstandorte erhalten bleiben sollten. Zudem gebe es ein Ungleichgewicht in der Gruppenaufteilung zugunsten der Rheingruppe. Fast alle Hauptstahlbetriebe von Krupp und Thyssen lägen an der Rheinschiene als besonders günstigem Standort und alle wichtigen Erzeugungsstandorte in einem Bundesland, nämlich Nordrhein-Westfalen. Die Produktionsstätten der Ruhrgruppe – Bremen, Georgsmarienhütte, Peine-Salzgitter, Dortmund, Siegerland und Oberpfalz – lägen über fünf Bundesländer verstreut, was auch finanziell von Bedeutung sei, da die öffentlichen Hilfen zur Hälfte von den Ländern aufgebracht würden, die nur jeweils ihre Region förderten. Hoesch, Klöckner und Peine-Salzgitter zeigten zudem voneinander abweichende Erzeugungsschwerpunkte und Eigentümerstrukturen, was wohl schon in der Gründungsphase zu einer Zerreißprobe führen würde. Die konkurrierenden Massenstahlproduzenten würden alle Rationalisierungspotentiale nutzen, so dass am Ende die noch überlebenden Bereiche von Thyssen übernommen werden könnten: die Thyssen-Gesamtlösung.

Durch Rationalisierung und Stilllegung gingen vermutlich 40.000 Arbeitsplätze ver-

[52] Salzgitter-Zeitung, 11. Februar 1982, »P+S richtet sich nun auf den Alleingang ein«.

[53] IG Metall (Hrsg.), Zur Situation bei Eisen und Stahl, S. 101ff. Frankfurter Allgemeine Zeitung, 26. Januar 1983, »Zwei große Stahlgruppen vorgeschlagen«.

[54] Rudolf Judith, Stellungnahme der IG Metall zu den Vorschlägen der Stahlmoderatoren aus heutiger Sicht, 2. März 1983, BR-Archiv Salzgitter AG, unverzeichnet.

[55] Information an alle Betriebsräte, Inhalt: Bericht von der Betriebsräte-Vollkonferenz am 19.1.1983, 31. Januar 1983, BR-Archiv Salzgitter AG, unverzeichnet. Vertrauenskörperleitung P+S Werk I, Argumente zur beabsichtigten Neuordnung der Stahlindustrie, Februar 1983, BR-Archiv Salzgitter AG, unverzeichnet.

[56] »850 Vertrauensleute gegen Stahlvorschläge«, Salzgitter-Zeitung (Kopie des Artikels Archiv IG Metall Salzgitter, unverzeichnet).

loren, nehme man den an der Grundproduktion hängenden Bereich der Weiterverarbeitung und Dienstleistung hinzu, käme man schnell auf über 100.000 Arbeitsplätze. Allein bei P+S, einem finanziell gesunden Unternehmen, würden vermutlich 2.000 Arbeitsplätze vernichtet, weil eine Reihe von Anlagen stillgelegt werden sollte und die Verwaltung, da Salzgitter nicht das aufnehmende Unternehmen war, nach Dortmund als künftigem Mittelpunkt verlagert würde. Das alles musste weit reichende Auswirkungen auf die gesamte Region haben, vom kommunalen Steueraufkommen bis zum letzten »Tante Emma-Laden«. Schließlich, hieß es, sei eine alternative Form unternehmensübergreifender Zusammenarbeit überhaupt nicht in Erwägung gezogen worden. Die Herauslösung der Stahlwerke Peine-Salzgitter aus der Salzgitter AG führe aller Wahrscheinlichkeit nach zu einer Privatisierung des Unternehmens, aber der Versuch, *»Anteile anläßlich einer Einbringung von Salzgitter-Peine zu reprivatisieren, käme einer Kriegserklärung an die IG Metall gleich«.*[57] Die Ausgliederung von P+S führe zum Verlust der Montanmitbestimmung auf Konzernebene. Am Ende stellte das Stahlbüro kategorisch fest:

1. *»Nach Prüfung durch die IG Metall sind die Vorschläge der Moderatoren für eine arbeitnehmerorientierte Stahlpolitik untauglich,*
2. *deshalb ist das Moderatorenkonzept über die Neuordnung der Stahlindustrie abzulehnen.«*[58]

Während sich Klöckner und Thyssen, für die das Moderatorenkonzept deutliche Vorteile brachte, positiv äußerten, blieben Hoesch unter seinem Chef Detlev Rohwedder und Peine-Salzgitter eher zurückhaltend.[59] Der Vorstand der Salzgitter AG wie der PSAG waren nicht gegen das Konzept, wie Peter Adams Anfang Februar 1983 im Wirtschaftsausschuss erläuterte, da es ein optimales Rationalisierungspotenztial beinhaltete. Aber einige Probleme hatte man offensichtlich vergessen: notwendige Bilanzkorrekturen, die deutliche Benachteiligung der Ruhrgruppe, falsche Produktionszahlen für die Klöckner AG sowie die Verlagerung der Hauptverwaltung nach Dortmund. Auch Konzernchef Ernst Pieper kritisierte in diesem Zusammenhang die *»brutale Machtpolitik von der Ruhr«* und sah im Moderatorenkonzept ein *»Thyssen-Gutachten«.*[60] Alles in allem sahen die Vorstände der Salzgitter AG und von P+S vor dem Hintergrund der Überzeugung, dass Krupp und Thyssen fusionieren würden, noch immer drei Möglichkeiten:

1. den Alleingang (der entsprechende Aufsichtsratsbeschluss war noch immer gültig),
2. einen Verbund Hoesch und P+S,
3. die vorgeschlagene Ruhrgruppe.

[57] Forderungen der IG Metall zur Strukturpolitik in der Stahlindustrie, Frankfurt, 31. Januar 1983.
[58] Rudolf Judith, Stellungnahme der IG Metall zu den Vorschlägen der Stahlmoderatoren aus heutiger Sicht, 2. März 1983, BR-Archiv, Salzgitter AG, unverzeichnet. Vertrauenskörperleitung P+S Werk I, Februar 1983, Argumente zur beabsichtigten Neuordnung der Stahlindustrie, BR-Archiv Salzgitter AG, unverzeichnet.
[59] Handelsblatt, 8. Februar 1983, »Unklarheit vor allem über Hoesch und Salzgitter«.
[60] »metall«, Nr. 6, 18. März 1983, Lokalseite.
[61] Bericht aus der Wirtschaftsausschusssitzung am 2. Februar 1983, 3. Februar 1983, BR-Archiv Salzgitter AG, unverzeichnet.

Alle hatten offensichtlich Vor- und Nachteile und in jedem Fall wollte der Vorstand in Übereinstimmung mit dem Gesamtbetriebsrat in einem detaillierten Grundlagenvertrag, der nach Meinung der Arbeitnehmervertreter zwischen IG Metall und Unternehmen, wenn möglich unter Landesbeteiligung abzuschließen sei, die Modalitäten regeln. In der Privatisierung sah Peter Adams demgegenüber keinen Nachteil. Abgesehen davon, dass ein privater Anteilseigner im Gegensatz zum Staat irgendwann zahlungsunfähig sein könnte, lägen die Interessen bei ihm auch nicht anders.[61]

Eine Vertrauensleutekonferenz mit 1.000 Teilnehmern aus Salzgitter und Peine wandte sich Anfang Februar gegen eine Herauslösung der Hütte, des Kernbereiches, aus dem Konzern, da dies letztlich die Zerschlagung der Salzgitter AG zur Folge haben würde. Mit dieser Besorgnis richteten sich die Vertrauensleute sowohl an die Arbeitnehmervertreter im Aufsichtsrat von P+S und der Salzgitter AG wie an die Arbeitsdirektoren, verbunden mit der Ankündigung der Gegenwehr.[62]

An den Bundeskanzler und den Ministerpräsidenten sowie an die im Bundestag und im Landtag vertretenen Parteien verfassten sie einen offenen Brief, der sich zudem gegen alle Privatisierungsabsichten wandte und stattdessen der Erwartung Ausdruck gab, *»daß eine Neuordnung der deutschen Stahlindustrie im Sinne des bewährten ›Modells Salzgitter‹ gesucht«* wird.[63] An den Vorstand der IG Metall sowie an die Ortsverwaltungen bzw. Vertreterversammlungen in Peine und Salzgitter sandte die Konferenz eine Resolution und eine Entschließung, die dazu aufforderten, keine Entscheidung zu treffen, *»bevor nicht*

a) ein verbindlich abgestimmtes Konzept der IG Metall zur Lösung der Stahlkrise auf Bundesebene vorliegt und
b) durch Rahmenverträge der IG Metall mit Bund, Land und den betroffenen Unternehmen nachteilige Folgen für die Arbeitnehmer in der Eisen- und Stahlindustrie ausgeschlossen werden«.[64]

Der Vernichtungsstrategie der Kapitalseite sollte eine nationalstaatliche Lösung entgegengesetzt werden. Damit wurde erstmals in diesem Zusammenhang die Forderung nach einer Vergesellschaftung der Stahlindustrie erhoben. *»Nationalstaatliche Lösung heißt:*

1. die Überführung der Stahlindustrie in Gemeineigentum
2. Schaffung einer nationalen paritätisch mitbestimmten Stahl AG
3. Sicherung der regionalen Stahlstandorte und Sicherung einer größtmöglichen Anzahl von Arbeitsplätzen
4. Sicherung der Stahlstandorte durch eine demokratische Rahmenplanung
5. gezielte Investitions-, Sozial- und Innovationspolitik.«[65]

Ein Novum war auch, dass an dieser Konferenz die Vertrauenskörperleiter von Hoesch, Kloeckner und der Maxhütte teilnahmen und damit die erste offizielle Solidaritätsaktion zwischen den Vertrauenskörpern verschiedener Stahlbetriebe starteten. Der IG Metall-Vorstand blieb solchen gemeinsamen Aktionen gegenüber jedoch zunächst zurückhaltend. Die Aufforderung, bundesweite Treffen der Vertrauenskörperleiter zu organisieren, um ihnen einen Erfahrungsaustausch zu ermöglichen, lehnte er zunächst ab. Den »Sulzbacher Kreis«, der im November 1983 eine Erklärung zur Lage der Stahlindustrie veröffentlichte und deren Vergesellschaftung forderte, erkannte er nicht an.[66]

Am 26. Januar, nur einen Tag nachdem die Moderatoren ihre Pläne vorgestellt hatten, beschloss die P+S Vertrauenskörperleitung die Bildung eines Koordinationsgremiums, um die Maßnahmen und Aktionen der Entscheidungsträger Ortsverwaltung, Vertrauenskörperleitung und Betriebsräte untereinander abzustimmen.[67] Es folgten eine Reihe von Widerstandsaktionen, von der außerordentlichen Betriebsversammlung über die Verteilung von Flugblättern bis zur Vorbereitung des Streiks. Im Februar 1983 startete die IG Metall Salzgitter eine Unterschriftenaktion, deren Ergebnis – 15 000 Protestunterschriften – dem Treuhänder der Bundesregierung, Finanzminister Stoltenberg, von Walter Gruber und seinem Stellvertreter Walter Gerlach in Hamburg überreicht wurde. Gerhard Stoltenberg sagte eine Prüfung der Angelegenheit zu.[68]

Bei allen Aktionen fand die IG Metall Unterstützung bei Politikern aller Parteien und jeder Ebene. Der SPD-Kanzlerkandidat

[62] Schreiben der Funktionärskonferenz der Peine-Salzgitter AG, der Verkehrsbetriebe Peine-Salzgitter sowie der Maxhütte/Bandverzinkungsanlage an die Arbeitnehmervertreter im Aufsichtsrat sowie die Arbeitsdirektoren, 2. Februar 1983, BR-Archiv Salzgitter AG, unverzeichnet.

[63] Schreiben der Funktionärskonferenz der Peine-Salzgitter AG, der Verkehrsbetriebe Peine-Salzgitter sowie der Maxhütte/Bandverzinkungsanlage an den Bundeskanzler, den Ministerpräsidenten sowie die Fraktionsvorsitzenden der Parteien, 3. Februar 1983, BR-Archiv Salzgitter AG, unverzeichnet.

[64] Resolution, 3. Februar 1983, BR-Archiv Salzgitter AG, unverzeichnet.

[65] Entschließung, 3. Februar 1983, BR-Archiv Salzgitter AG, unverzeichnet. Vgl. Peiner Allgemeine Zeitung, 4. Februar 1983, »Geplante Neugliederung auf Thyssen zugeschnitten«.

[66] Sulzbacher Erklärung von IG Metall-Vertrauenskörperleitern und Betriebsräten der deutschen Stahlindustrie, 16. November 1983, abgedruckt in Gruber/Sörgel (Hrsg.), S. 176. Vgl. Wittek/Barcikowski, S. 141, 150.

[67] Schreiben Vertrauenskörperleitung der Stahlwerke Peine-Salzgitter AG Werk Salzgitter an den Gesamtbetriebratsvorsitzenden sowie die Verwaltungsstelle der IG Metall, 28. Januar 1983; Schreiben Gesamtbetriebsrat an die Vertrauenskörperleitung Stahlwerke Peine-Salzgitter AG im Werk Salzgitter, 8. Februar 1983, BR-Archiv Salzgitter AG, unverzeichnet.

[68] Flugblatt Stahlsplitter Sonderinformation, Februar 1983, BR-Archiv Salzgitter AG, unverzeichnet. Braunschweiger Zeitung, 24. Februar 1983, »Stoltenberg für gründliche Prüfung«.

8. März 1983: Zehntausende Salzgitteraner folgten dem Aufruf der IG Metall zum Protest gegen das Moderatorenkonzept.

Hans-Jochen Vogel lehnte bei einem Besuch in Salzgitter im Gespräch mit dem Salzgitteraner Bundestagsabgeordneten Hans-Jürgen Junghans, Vertretern der IG Metall sowie den Betriebsräten die Neuordnungspläne ab und wusste dabei seine Partei und ihre Bundestagsfraktion hinter sich.[69] Die SPD Salzgitter wandte sich mit einem offenen Brief an Bundes- und Landesregierung sowie an die im Bundes- und Landtag vertretenen Parteien, um mit dem Hinweis auf die große Unruhe in der Bürgerschaft die Unterstützung zum Erhalt der Arbeitsplätze und die Verhinderung der Privatisierung auch nur von Teilen der Salzgitter AG zu erlangen.[70] Hans-Jürgen Junghans lud Vertreter der Gewerkschaften und des Betriebsrates von P+S zu einem Gespräch über die gegenwärtige Situation der Eisen- und Stahlindustrie ein, um in einer geplanten Sitzung des Wirtschaftsausschusses des Bundestages Salzgitters Positionen besser vertreten zu können.[71] Stadtrat und Verwaltung der Stadt Salzgitter wandten sich gegen die Vorschläge der Moderatoren mit dem Hinweis, dass die Salzgitter AG schließlich die Grundlage der Stadt sei. Anfang März übergab eine Delegation der Stadt eine entsprechende Resolution des Rates an Ministerpräsident Albrecht sowie an Bundeskanzler Kohl, der versicherte, die Bundesregierung sei keineswegs auf das Konzept der Stahlmoderatoren fixiert.[72] Auch die Landesregierung signalisierte Unterstützung. Birgit Breuel, Niedersachsens Wirtschaftsministerin, lehnte das Moderatorenkonzept als einseitige Begünstigung Nordrhein-Westfalens kategorisch ab. Ministerpräsident Ernst Albrecht versicherte, Niedersachsen werde aus Gründen der Strukturschwäche des Zonenrandgebietes keiner Lösung zustimmen, welche die Hauptverwaltung von Salzgitter an die Ruhr verlege.[73]

Eine Strategie zur Behebung der Probleme der Stahlindustrie hatte die Landesregierung allerdings auch nicht, so dass wenig später die Teilnehmer der Stahlkonferenz der »Arbeitsgemeinschaft für Arbeitnehmerfragen« in der SPD, Mandatsträger und Mitglieder der Betriebsgruppen, unter anderem aus Salzgitter, offen klagten, die Landesregierung lasse sie im Stich.[74]

Unterdessen prüften zumindest zwei der drei potenztiellen Ruhrgruppenmitglieder die Möglichkeiten der Zusammenarbeit: Hoesch

[69] Salzgitter-Zeitung 26. Februar 1983, »Vorschläge nicht geeignet«.
[70] Salzgitter-Zeitung, 12. Februar 1983, »Schwierige Situation ist nicht zu verkennen«.
[71] Salzgitter-Zeitung, 17. Februar 1983, »Fusion wird abgelehnt«.
[72] Neue Presse, 11. Februar 1983, »Stadt Salzgitter: Hoesch darf Stahlwerke nicht schlucken!« Salzgitter-Zeitung, 3. März 1983, »Der Bundeskanzler betonte: ›Keine verlängerte Werkbank‹«.
[73] Hannoversche Allgemeine Zeitung, 26. Januar 1983, »Niedersachsen lehnt Vorschläge ab«. Süddeutsche Zeitung, 27. Januar 1983, »Niedersachsen lehnt Konzept der Stahlmoderatoren ab«. Frankfurter Allgemeine Zeitung, 26. Februar 1983, »Albrecht: Sorge um Salzgitter«, 10. März 1983, »Albrecht: Keine Scheu vor dem Wettbewerb«. Braunschweiger Zeitung, 1. März 1983, »Ratsappell: Salzgitter steht und fällt mit P+S«.

Vor dem Rathaus in Lebenstedt sprach unter anderem der 1. Bevollmächtigte der IG Metall Salzgitter, Hans Donay, zu den Demonstranten.

und P+S begannen intensive Gespräche, um der Bundesregierung möglichst schnell einen Plan der künftigen Unternehmensstruktur vorlegen zu können, während Klöckner außen vor blieb, obwohl zumindest Salzgitter sich auch die Prüfung einer möglichen Zusammenarbeit vorbehielt. Alles schien offen, nachdem auch der Wirtschaftsausschuss des Bundestages erklärt hatte, es gäbe auch andere Möglichkeiten als das Moderatorenkonzept; die Stahlunternehmen sollten doch selbst Vorschläge unterbreiten. Dass manches für ein Zusammengehen mit Hoesch spreche, musste auch Walter Gruber als Vertreter des Gesamtbetriebsrats auf einer Sitzung der SPD-Ratsfraktion und des SPD-Unterbezirksvorstands, zu der Betriebsrat und IG Metall als Gäste geladen waren, zugeben. Aber musste es gleich eine Fusion sein? Mit dieser Frage allerdings war er nicht allzu weit von der Position des Vorstands entfernt, denn auch Ernst Pieper betonte auf einer von der IG Metall Salzgitter organisierten Podiumsdiskussion am 8. März, dass man im Rahmen der Neuordnung ja nicht gleich fusionieren müsse, zumal dann die Verwaltung verloren ginge. Man werde stattdessen Vorschläge für eine niedersächsische Lösung machen. Eine mögliche Privatisierung sprach er nicht an, während eine Herauslösung und Privatisierung der Peine-Salzgitter AG für die Arbeitnehmervertreter keineswegs hinnehmbar war.[75]

Dem Vorstand hatte der Betriebsrat Ende Januar einen detaillierten Fragenkatalog zur Zukunft von P+S vorgelegt,[76] die Beantwortung fiel jedoch eher dürftig aus. P+S Chef Adams verunsicherte auf einer Belegschaftsversammlung am 17. Februar 6.000 Mitarbeiter mit der Äußerung, der Vorstand habe noch gar nicht begonnen, das Moderatorenkonzept zu prüfen, und dass er persönlich schon einen Verlust der Hauptverwaltung in Salzgitter hinnehmen würde, wenn es entsprechende Gegenleistungen gebe. In dieser Versammlung stimmte die Belegschaft einer von Vertrauenskörperleiter Rainer Barcikowski verlesenen Entschließung, mit der das Moderatorenkonzept abgelehnt wurde, ebenso einstimmig zu wie der Forderung an den Vorstand, jede Ausgliederungs- und Privatisierungsabsicht mit allen Mitteln zu verhindern. Nach mehrstündiger Debatte trotzte die aufgewühlte Belegschaft Peter Adams die Zu-

[74] Lingener Tagespost, 6. Juni 1983, »Landesregierung läßt Stahlarbeiter im Stich«.

[75] Frankfurter Allgemeine Zeitung, 11. Februar 1983, »Hoesch will mit Klöckner nicht verhandeln«. Salzgitter-Zeitung, 15. Februar 1983, »Kein Unternehmen kann Investitionen vornehmen«. Peiner Allgemeine Zeitung, 22. Februar 1983, »P+S will eigenes Konzept in etwa drei Wochen vorlegen«. Wolfenbütteler Zeitung, 8. März 1983, »Widerstand wie zur Zeit der Demontage«.

[76] Der Betriebsrat informiert, 17. Februar 1983, Archiv IG Metall Salzgitter, unverzeichnet.

Die Kollegen der städtischen Müllabfuhr bekundeten ihre Solidarität und begleiteten die Demonstranten...

sicherung ab, keiner Vereinbarung zuzustimmen, die für die Beschäftigten in der Region nachteilig sei. Dennoch kündigte der 1. Bevollmächtigte der IG Metall Verwaltungsstelle, Hans Donay, an, wenn gegen alle Vernunft eine politische Lösung gefunden werde, die P+S, den Konzern und die ganze Region in ein Chaos stürze, werde die IG Metall den Willen der Belegschaft, endlich Aktionen zu starten, nicht länger zurückhalten.[77] Bereits einige Tage zuvor hatte die Ortsverwaltung in einer außerordentlichen Sitzung einen Aktionsplan sowie Resolutionen an Politiker und Mandatsträger beschlossen, die nun von der Vertreterversammlung gebilligt wurden. Hier wandte sich Hans Donay erneut gegen alle Privatisierungsabsichten aus *»ideologischer Romantik«* und forderte die gesamte Bevölkerung auf, die IG Metall beim Kampf um den Erhalt der Arbeitsplätze zu unterstützen, da die Stilllegung ganzer Betriebe letztlich jeden in der Stadt betreffen werde.[78]

Am Dienstag den 8. März bekundete die IG Metall in Salzgitter und Peine ihren Willen zum Widerstand. In Salzgitter begleiteten die Kollegen der städtischen Müllabfuhr den Demonstrationszug zum Rathaus, wo unter dem Motto, das einstmals dem Kampf gegen die Demontage seine Richtung gewiesen hatte: *»Salzgitter muß leben«,* 20.000 Kolleginnen und Kollegen, Bürgerinnen und Bürger, unterstützt von kommunalen Politikern, für den Erhalt der Konzernstrukturen der Salzgitter AG zusammengekommen waren.[79]

Vertrauenskörperleiter Rainer Barcikowski fasste die Kritik und die Forderungen zusammen: *»Seit acht Jahren wird nun schon versucht, mit marktwirtschaftlichen Mitteln die Stahlkrise zu beseitigen. Die Arbeitnehmer haben für diese Versuche mit 60.000 verlorenen Arbeitsplätzen bezahlt. Allein in Salzgitter sind 4.000 Arbeitsplätze vernichtet worden. Das sind nicht nur trockene Zahlen, hinter diesen Zahlen stehen die Schicksale von 4.000 Menschen, stehen die Schicksale von 4.000 Familien, und das sind auch 4.000 vernichtete Zukunftschancen für unsere Kinder. Damit muß jetzt Schluß sein! Deshalb ist eine zentrale Forderung der organisierten Stahlarbeiter in fast allen Stahlunternehmen der Bundesrepublik die Vergesellschaftung der Stahlindustrie, d.h. ihre Über-*

77 Salzgitter-Zeitung, 25. Februar 1983, »›Höchste Alarmbereitschaft‹ bei der Belegschaft und Betriebsräten von P+S«.

78 Salzgitter-Zeitung, 24. Februar 1983, »Die IG Metall will alle Betriebe mobilisieren«.

79 Hannoversche Allgemeine Zeitung, 9. März 1983, »20.000 fordern Fortbestand der Stahlwerke«.

...auf ihrem Weg zum Rathaus.

führung in Gemeineigentum mit demokratischer Kontrolle.«[80]

Alternative: Vergesellschaftung

Obgleich § 2 der Satzung der IG Metall die *»Überführung von Schlüsselindustrien und anderen markt- und wirtschaftsbeherrschenden Unternehmungen in Gemeineigentum«* vorsieht und sich der Vorstand auch von Anfang an gegen die rein privatwirtschaftliche Lösung des Moderatorenkonzepts wandte, war er mit der Forderung nach Vergesellschaftung doch zunächst sehr zurückhaltend. Anders die Kolleginnen und Kollegen in Salzgitter. Am 17. Februar 1983 verabschiedete die Vertreterversammlung der IG Metall einstimmig eine Entschließung, in der es unter anderem hieß: *»Die Arbeitnehmer verstehen unter einer überzeugenden Lösungskonzeption*

1. *Die Überführung der Stahlindustrie in Gemeineigentum, wobei als Sofortmaßnahme die ... Finanzhilfen nicht als verlorene Zuschüsse oder zinslose Darlehen zu behandeln sind, sondern in Form direkter Kapitalbeteiligungen umgewandelt werden müssen.*
2. *Schaffung einer nationalen paritätisch mitbestimmten Stahl AG ...«*[81]

Am 24. Februar 1983 fand erstmals nach vier Jahren wieder eine Stahlkonferenz statt. Im Vorfeld hatte das Zweigbüro der IG Metall mit den (Gesamt-) Betriebsratsvorsitzenden am 1. Februar die Moderatorenvorschläge diskutiert.[82] Auf der Konferenz in Dortmund lehnte nun IG Metall Vorsitzender Eugen Loderer im Einverständnis aller das Moderatorenkonzept als arbeitnehmerfeindlich und am Branchenführer Thyssen orientiert ab. Jedoch auch der von vielen geforderten Vergesellschaftung der Stahlunternehmen erteilte der Kollege Loderer eine Absage, zum einen aus politischen Gründen, da mit einer CDU/CSU-FDP-Regierung dergleichen nicht zu machen sei, zum anderen, weil man in mehreren europäischen Ländern zumindest mit der Verstaatlichung keineswegs positive Erfahrungen gemacht habe, denn auch hier waren massiv Arbeitsplätze abgebaut worden.[83] Die mögliche Privatisierung der Stahlwerke Peine-Salzgitter jedoch deutete Eugen Loderer als »Kampfansage« an die IG Me-

[80] Zitiert nach Wittek/Barcikowski, S. 143.
[81] Entschließung der Vertreterversammlung der IG Metall Salzgitter, 17. Februar 1983, abgedruckt in: Die Grünen im Bundestag (Hrsg.), Vergesellschaftung der Stahlindustrie – eine Alternative zur Stahlkrise, Hannover 1983, S. 48.
[82] Schreiben IG Metall Zweigbüro an die Gesamtbetriebsratsvorsitzenden und Betriebsratsvorsitzenden sowie die Bezirksleitungen und Verwaltungsstellen der IG Metall, 26. Januar 1983, BR-Archiv Salzgitter AG, unverzeichnet.
[83] IG Metall (Hrsg.), Zur Situation bei Eisen und Stahl, S. 28f.

tall.[84] Auch Konzernbetriebsratsvorsitzender Walter Gruber verteidigte auf dieser Konferenz die Eigentumsform der Salzgitter AG: *»Dieses Unternehmen Peine-Salzgitter ... hat zehn Jahre lang eine positive Bilanz gegenüber seinem Konzern vorgelegt. Das Unternehmen schreibt bis heute noch schwarze Zahlen. Es hat also keine Mark an Steuergeldern gebraucht ... Das ist das, was wir meinen: Salzgitter ist der Modellfall für die These, daß es auch so geht – auch in einem kapitalistischen System, und daß man nicht erst zu warten braucht, bis irgendein anderes System installiert ist.«*[85]

Während der Vorstand noch zögerte, formulierten viele Verwaltungsstellen der IG Metall Anträge an den Gewerkschaftstag, die unter anderem auch die Vergesellschaftung verlangten. Zwar empfahl die Antragsberatungskommission deren Ablehnung, aber auf dem Gewerkschaftstag im Oktober 1983, wo die Eigentumsfrage einen breiten Raum einnahm, traten die meisten Redner für diese Forderung ein, und am Ende bekundeten 550 der 551 Delegierten ihre Zustimmung.[86] Nach dem Gewerkschaftstag 1983 fand die Forderung nach *»Vergesellschaftung der Stahlindustrie bei entscheidenden Einflußmöglichkeiten der Gewerkschaften«* Eingang in das stahlpolitische Programm der IG Metall, das im April 1985 aktualisiert wurde. Die Erläuterungen zu dieser Forderung machen deutlich, dass hier kein ideologischer Hintergrund zu finden ist, sondern die Überführung in Gemeineigentum soll *»die Sicherung der Beschäftigung und den sozialen Status der Arbeitnehmer in den Stahlrevieren sowie die Erhaltung der Stahlstandorte sicherstellen«.*[87] Doch bei dieser Forderung allein blieb es nicht. Die IG Metall machte Gegenvorschläge zur Lösung der Stahlkrise, die sowohl wirtschaftliche Einzelmaßnahmen, finanzielle Eingriffe wie strukturelle Veränderungen unter Einbeziehung der Arbeitnehmervertreter umfassten, Sofortmaßnahmen wie langfristige Konzepte und bei all dem sozial flankierende Maßnahmen berücksichtigten.[88]

Ein Konzept scheitert

Unterdessen zeichnete sich ab, dass Klöckner bei der Kooperation von Hoesch und Salzgitter nicht der Dritte im Bunde sein würde, womit das Ruhrstahlmodell gescheitert war. Da die Gespräche zwischen Klöckner und der Salzgitter AG über eine mögliche Kooperation oder Fusion jedoch weiterliefen, hoffte man in Bremen noch auf eine Zusammenarbeit mit der PSAG im Sinne einer Nordstahl AG, einem von Klöckner vorgeschlagenen Zusammenschluss von P+S, dem Stahlbereich der Klöckner Werke AG sowie der Hamburger Stahlwerke GmbH, wie er ähnlich schon früher im Gespräch war.[89] Dabei wäre P+S die aufnehmende Gesellschaft gewesen, der Firmensitz bliebe in Salzgitter und das Problem der Privatisierung wäre zumindest weniger brisant.[90]

Die Gespräche zwischen P+S und Hoesch liefen dagegen gut, wenngleich der Vorstand der Salzgitter AG in einem Brief an Bundesfinanzminister Stoltenberg bereits mitgeteilt hatte, es käme nur eine Kooperation, keine Fusion mit Hoesch infrage, da letztere von der Belegschaft und dem Land Niedersachsen abgelehnt werde.[91]

So kam es einigermaßen überraschend, dass Salzgitter-Chef Ernst Pieper dem Hoesch Konzern mitteilte, dass Aufsichtsrat und Vorstand der Salzgitter AG eine Zusammenarbeit mit Hoesch ablehnten. Als Ursachen gab er sowohl die geplante Verlagerung des Firmensitzes nach Dortmund an wie die ablehnende Haltung der niedersächsischen Landesregierung und den Widerstand der IG Metall gegen die Privatisierung der Peine-Salzgitter AG.[92] In einem Sonderdruck der IG Metall Zeitung wurde Bilanz gezogen: *»Der nahezu aus dem Stand heraus mobilisierte Kampf der Stahlarbeiter und die große Solidarität der Beschäftigten vieler Betriebe in Salzgitter, einschließlich der Bürgerschaft, hat sich gelohnt! ... Durch den organisierten Kampf und die solidarische Haltung ist sicher die Entscheidung des Konzern-Vorstandes maßgeblich beeinflußt worden... Trotzdem ... ist weiter Wachsamkeit geboten. Der Kampf um den Erhalt der Stahlindustrie ist mit dieser ›Zwischenlösung‹ nicht auf Dauer beendet.«*[93]

[84] Die Welt, 25. Februar 1983, »IG Metall lehnt Stahl-Konzept ab«; Peiner Allgemeine Zeitung, 25. Februar 1983, »IG Metall bekräftigt ablehnende Haltung«.
[85] IG Metall (Hrsg.), Zur Situation bei Eisen und Stahl, S. 70.
[86] Vgl. Wittek/Barcikowski, S. 149f.
[87] IG Metall (Hrsg.), Stahlpolitisches Programm der IG Metall, S. 9, 27.
[88] Forderungen der IG Metall zur Strukturpolitik in der Stahlindustrie, Frankfurt, 31. Januar 1983. Frankfurter Allgemeine Zeitung, 10. Februar 1983, »Gewerkschaft fordert Überlebensgarantie für Stahl«.
[89] Kontakte gab es früher schon wegen eines möglichen Zusammengehens der Hüttenwerke Salzgitter, Ilsede und Peine mit den Klöckner Werken, das aus wirtschaftlichen Gründen scheiterte, wobei aber auch der Einwand der Arbeitnehmervertreter aus Salzgitter eine Rolle spielte, die Unternehmensführung müsse vor Ort bleiben. Vgl. Birnbaum, S. 29, 60f.
[90] Die Welt, 15. März 1983, »Pieper: Zusammenarbeit mit Klöckner durchaus möglich«. Hannoversche Allgemeine Zeitung, 18. März 1983, »Keine Fusion von Peine-Salzgitter mit Hoesch«.
[91] Vgl. Wittek/Barcikowski, S. 141.
[92] Salzgitter-Zeitung, 15. März 1983, »Grobkonzept für die Hütte Peine-Salzgitter wird auch Alternativen enthalten«. Handelsblatt, 18. März 1983, »Keine Fusion mit Hoesch«; Hannoversche Allgemeine Zeitung, 18. März 1983, »Keine Fusion von Peine-Salzgitter mit Hoesch«.
[93] Sonderdruck der IG Metall Zeitung, Kopie, undatiert, »SAG-Vorstand entschied sich gegen eine Fusion«.

Zunächst allerdings gab es einen internen Streit zwischen Betriebsrat und P+S-Vorstand, da letzterer »vergessen« hatte, die Arbeitnehmervertreter von einem »Grobkonzept« über die Zukunft der Stahlwerke Peine-Salzgitter zu unterrichten, das als Voraussetzung für die Zahlung von Subventionen bis zum 31. März 1983 in Bonn abgegeben werden musste, was die Geschäftsführung ohne Unterrichtung der Betriebsräte getan hatte. *»Wir sehen in dieser Vorgehensweise einen groben Verstoß gegen die im Betriebsverfassungsgesetz zwingend vorgeschriebenen Verfahrensweisen«*, empörte sich der Gesamtbetriebsrat in einem Schreiben an den Vorstand der Peine-Salzgitter AG, zumal der Vorstandsvorsitzende in einer außerordentlichen Betriebsversammlung versichert hatte, vor Entscheidungen Beratungen mit der Belegschaft einzuleiten. Nach eingehenden Fragen zum Grobkonzept schloss der Betriebsrat sein Schreiben mit einer Warnung: *»Wir weisen Sie vorsorglich und in aller Höflichkeit darauf hin, daß die Belegschaft auf die bisher von Ihnen praktizierte ›Nichtunterrichtung‹ sehr ungehalten reagiert hat. Beträchtliche Störungen des Betriebsfriedens könnten mögliche Folgen sein.«*[94]

Die mangelnde Information durch den Vorstand machte eine Wirtschaftsausschusssitzung notwendig, auf der das Konzept erläutert wurde. Es ging weiterhin um eine mögliche Zusammenarbeit zwischen P+S und Hoesch im Sinne einer sehr weitgehenden Kooperation unter Federführung der Salzgitter AG.

Neben wirtschaftlichen Einzelmaßnahmen war unter anderem an eine unternehmensrechtliche Eigenständigkeit des Werkes in Peine gedacht. Der Betriebsrat stand diesem Konzept letztlich nicht abgeneigt gegenüber, da die Verwaltung in Salzgitter bleiben würde, die Stahlwerke nicht aus der Salzgitter AG herausgelöst würden und ihre Privatisierung nicht geplant war. Die entsprechenden Rahmenvereinbarungen zwischen der Hoesch Werke AG und der Stahlwerke Peine-Salzgitter AG wurden am 24. März 1983 unterzeichnet und stellten nach Einschätzung des Betriebsrates eine vorläufige Absichtserklärung dar. Das Verhalten gegenüber Wettbewerbern sowie das allgemeine Marktverhalten sollten abgesprochen, Investitionen abgestimmt und die Zusammenarbeit institutionalisiert werden – unter Beibehaltung der unternehmerischen Selbständigkeit beider Unternehmen. Weitergehende Verträge sollten folgen.[95] Da bis zum 31. März bei der EG-Kommission in Brüssel die Anträge für Investitionshilfen gestellt werden mussten und zu diesem Zweck die Pläne der künftigen Zusammenarbeit vorzuliegen hatten, versicherten Hoesch und Salzgitter, in den kommenden Tagen einen Kooperationsvertrag unterschreiben zu wollen, in dem evtl. eine Öffnungsklausel für bestimmte Klöckner-Betriebe enthalten sein könnte.[96]

Gleichwohl kam weder dieser Kooperationsvertrag zwischen P+S und Hoesch noch die Fusion von Thyssen und Krupp zu diesem Zeitpunkt zustande; das Moderatorenkonzept war auf der ganzen Linie geschei-

[94] Schreiben Gesamtbetriebsrat an den Vorstand der Stahlwerke Peine-Salzgitter AG, 21. März 1983, BR-Archiv, Salzgitter AG, unverzeichnet.

[95] Der Gesamtbetriebsrat informiert, undatiert, BR-Archiv Salzgitter AG, unverzeichnet. Rahmenvereinbarung, 24. März 1983, BR-Archiv Salzgitter AG, unverzeichnet.

[96] Salzgitter-Zeitung, 25. März 1983, »P+S und Hoesch zur Kooperation bereit«; Handelsblatt, 25. März 1983, Hoesch und Peine-Salzgitter wollen jetzt einen Kooperationsvertrag unterschreiben«.

Metaller halten zusammen: VW-Mitarbeiter unterstützten den Widerstand ihrer Kolleginnen und Kollegen aus der Hütte.

tert. Allerdings machten die intensiven Gespräche, die auch in der Folgezeit fortgeführt wurden, deutlich, dass alle Beteiligten entschlossen waren, eine Lösung für die anstehenden Probleme auf dem Wege der Kooperation, wenn nicht Fusion, zu finden. Für Salzgitter bedeutete das, weiterhin wachsam zu sein und den Status eines Unternehmens der Öffentlichen Hand verteidigen zu müssen, zumal Bundeskanzler Kohl in seiner Regierungserklärung am 4. Mai 1983 angekündigt hatte: *»Wir führen den Staat auf den Kern seiner Aufgaben zurück«,*[97] und Industriebeteiligungen gehörten gemäß seiner Weltanschauung nicht dazu.

Annäherung an Krupp

Konkret drohte erneut eine Zerschlagung und Privatisierung des Salzgitter-Konzerns auf einem weiteren Höhepunkt der Stahlkrise 1987, die in Westeuropa Stilllegungen von Werksanlagen, Massenentlassungen sowie weitere Zusammenschlüsse von Stahlkonzernen im Gefolge hatte. Im Januar 1987 informierten die Verwaltungsstellen der IG Metall in Salzgitter und Peine ihre Mitglieder über die Krise und die Haltung, die P+S Chef Kurt Stähler in diesem Zusammenhang einnahm. Der hatte in einer Betriebsrätekonferenz des Salzgitter-Konzerns am 26. November 1986 deutlich werden lassen, dass er mit dem Zusammenschluss noch selbständiger Unternehmen rechne und auch die Aufgabe von Stahlstandorten nicht ausschließe. In den entsprechenden Verhandlungen müsse dabei jedes Unternehmen bereit sein zu geben.[98]

Dem drohenden Abbau von Arbeitsplätzen wie der erneut bekannt gewordenen Absicht der Bundesregierung, die Salzgitter AG zu privatisieren, begegneten die Metaller im Juni dieses Jahres mit Arbeitsniederlegungen in Peine und Salzgitter sowie einer Großkundgebung vor der Hauptverwaltung der Salzgitter AG, im Vorfeld von Gesprächen zwischen der IG Metall und Bundeskanzler Kohl am 15. Juni, deren mögliches Scheitern die IG Metall mit Kampfmaßnahmen beantworten wollte. Vor 8.000 Demonstrationsteilnehmern von P+S, verstärkt durch Delegationen von VW, LHB und MAN, warnte Oberbürgermeister Struck, wenn nach dem Verlust des Erzbergbaus auch noch die Stahlarbeitsplätze verlorengingen, sei Salzgitter gestorben.[99]

Auch die Wiederbelebung der Stahlkonjunktur 1988 brachte Salzgitter im Hinblick auf Privatisierungsabsichten von Landes- und Bundespolitikern keine neuen Hoffnungen.

97 Zitiert nach Horst Klaus, Rede Salzgitter-Kundgebung, 9. November 1989.

98 Flugblatt IG Metall Verwaltungsstelle Salzgitter und Peine an alle Mitglieder im Bereich der Eisen- und Stahlindustrie, Januar 1987, Archiv IG Metall Salzgitter, unverzeichnet.

99 Salzgitter-Zeitung, 15. Juni 1987, »Proteste in Salzgitter und Peine«.

Am 15. Juni 1987 bekundeten 8.000 Kolleginnen und Kollegen im Rahmen einer Großkundgebung vor der Hauptverwaltung der Salzgitter AG ihren Widerstand gegen den Abbau von Arbeitsplätzen und die drohende Privatisierung.

Mehr denn je sprachen Politiker wie der niedersächsische Wirtschaftsminister Hirche von der Privatisierung des Konzerns, entweder als Gesamtkonzern oder in mehreren Schritten von der Teil- zur Vollprivatisierung. Bundesfinanzminister Stoltenberg machte jedoch auch deutlich, dass weder das eine noch das andere in der laufenden Legislaturperiode geschehen werde.

Zunächst ging es den Politikern vielmehr darum, den Salzgitter-Konzern als ganzes »privatisierungsreif« zu machen, das heißt den Konzern wirtschaftlich zu stärken, da er in den Jahren, in denen Stahl als Krisenbranche galt, für Privatinteressenten wenig attraktiv war. Angesichts des einsetzenden Stahlbooms befand sich Salzgitter nun jedoch auf der Gewinnerstraße. Unterstützt wurden die Politiker in ihren Vorhaben vom Konzernvorstand unter Ernst Pieper, der den Verkauf von Konzerngesellschaften zwar ablehnte, es aber durchaus für möglich hielt, zunächst nur einen Teil des Konzerns zu privatisieren.[100]

Als erster brachte am 10. Juni 1989 der Radiosender ffn die Nachricht, am 12. Juni folgte der »Spiegel« mit einem ausführlichen Bericht darüber, dass zwischen der wirtschaftlich stark angeschlagenen Krupp AG und Salzgitter seit fünf Wochen über Fusionsmodelle verhandelt werde, da die Bundesregierung deutlich gemacht hatte, dass sie nun mit der Absicht, die Salzgitter AG nach dem Vorbild anderer ehemaliger Bundesunternehmen privatisieren zu wollen, Ernst machen würde. Immerhin hatte der Konzern das vergangene Geschäftsjahr mit einem Überschuss von 90 Millionen DM abgeschlossen. Auch Hoesch wurde noch immer ein Interesse an Salzgitter nachgesagt, aber im Falle einer Fusion mit dem in seiner Programmstruktur differenzierteren Krupp-Konzern versprach sich der Konzernvorstand die größeren Synergieeffekte. Beide Unternehmen hatten bis vor kurzem noch als Übernahmekandidaten gegolten. Sollte die Fusion zustande kommen, entstünde Europas größter Stahlhersteller, an dem Krupp mit 60% und Salzgitter mit 40% beteiligt wären.

In dem neuen Konzern würde Krupp-Chef Cromme Vorstandsvorsitzender werden, für Ernst Pieper war der Vorsitz im Aufsichtsrat reserviert. Sitz der neuen Firma: die Villa Hügel in Essen.[101] Dies war für Salzgitter offenbar der härteste Brocken. Bundestagsabgeordneter Wilhelm Schmidt, dem gegenüber Ernst Pieper noch kurz zuvor alle Pläne über eine Zusammenarbeit mit anderen Stahlkonzernen dementiert hatte, zeigte sich besorgt und bat die Konzernleitung, den eigenständigen Weg fortzusetzen. Auch für die SPD

[100] Braunschweiger Zeitung, 18. März 1989, »Salzgitter weiter im Aufwärtstrend«.

[101] Der Spiegel, Nr. 24, 12. Juni 1989, »Krupp – Salzgitter: Neuer Riese in Europa«. Handelsblatt, 10./11. Juni 1989, »Krupp und Salzgitter wollen zusammengehen«, 12. Juni 1989, »Der Aufstand der beiden Kleinen«. Salzgitter-Zeitung, 12. Juni 1989, »Fusion Krupps mit Peine-Salzgitter?«.

Beim »Forum Mitbestimmung« des Salzgitter-Konzerns war im Juli 1989 die drohende Privatisierung eines der wichtigsten Themen.

im Rat der Stadt Salzgitter wie für den gesamten Stadtrat schien dies die beste Lösung, verbunden mit dem Verbleib der Entscheidungszentrale in Salzgitter und einer Garantie für den Standort des Hüttenwerkes. Braunschweigs Oberbürgermeister Gerhard Glogowski forderte Ministerpräsident Ernst Albrecht auf, sich sofort in die Verhandlungen einzuschalten und im Interesse der Region den Verlust der Entscheidungszentrale sowie die Privatisierung zu verhindern.[102]

Unterdessen spielte der Konzernvorstand die ganze Angelegenheit herunter und behauptete, die Gespräche mit Krupp befänden sich noch im Anfangsstadium. Die Betriebsräte von P+S sowie der IG Metall-Vorstand ließen sich davon jedoch nicht beirren und verlangten sofort nach Erscheinen des »Spiegel«-Artikels Informationen, zumal selbst die Arbeitnehmervertreter und Mitglieder im Präsidium des Aufsichtsrates, Walter Gruber und Horst Klaus, erst nach den Veröffentlichungen informiert worden waren. Auf einer Betriebsräte-Vollkonferenz am 14. Juni beschwichtigte der Vorstand noch. Am 19. Juni startete die IG Metall vor allen Werkstoren des Salzgitter-Konzerns eine Flugblattaktion, um die Belegschaft zu informieren. Am 20. Juni verabschiedete eine Vertrauensleute-Vollversammlung eine Resolution an Konzernchef Pieper und den Vorsitzenden des Aufsichtsrates, Günther Saßmannshausen, bei der folgenden Aufsichtsratssitzung am 23. Juni mit den Arbeitnehmervertretern für den Alleingang der Salzgitter AG zu stimmen. *»Anstatt neue Großkonzerne zu schmieden, sollten Eigentümer und Vorstand der Salzgitter AG nach sinnvollen Ergänzungen der Konzernaktivitäten Ausschau halten und auf diese Weise in unternehmerischer Verantwortung für die Arbeitnehmer handeln ... Das bundeseigene Unternehmen Salzgitter AG hat in den vergangenen Jahrzehnten wesentliche regionalpolitische Funktionen in strukturschwachen Gebieten übernommen und damit Lasten getragen, die von Unternehmen, die nach reinen profitwirtschaftlichen Gesichtspunkten operieren, nicht getragen worden wären.«*[103] Eine Abordnung mit 70 Betriebsräten und Vertrauensleuten überreichte den Adressaten in Anwesenheit des gesamten Aufsichtsrates auf der Freitreppe des Schlößchens Richmond in Braunschweig unmittelbar vor der Sitzung die Resolution.

[102] Salzgitter-Zeitung, 13. Juni 1989, »Schmidt für Unabhängigkeit«, 15. Juni 1989, »Gröttrup: Salzgitter AG darf nicht zur Disposition stehen«, 29. Juni 1989, »Alleingangskonzept soll vom Konzern beibehalten werden«, 30. Juni 1989, »Gegen Privatisierung der Salzgitter AG«.

[103] Resolution der Vertrauensleute der Betriebe des Salzgitter-Konzerns in der Region Peine-Salzgitter, Bestand Jürgen D. Haase, unverzeichnet. Zu den Aktionen bis Mitte Juli: der Konzernbetriebsrat informiert, 18. Juli 1989, Archiv IG Metall Salzgitter, unverzeichnet und Info Vertrauenskörper VPS Werk 1, Bestand Jürgen D. Haase, unverzeichnet.

In der Sitzung aber lehnten dennoch nur die Arbeitnehmervertreter die Fusion ab.

Gewerkschaft, Betriebsräte und örtliche Politiker waren entschlossen, den Krupp-Plänen des Vorstands Widerstand entgegenzusetzen. Es folgten Gespräche mit dem Fraktionsvorsitzenden der SPD im Bundestag, Hans-Jochen Vogel, mit DGB-Vertretern, mit den Betriebsräten von Krupp, mit dem niedersächsischen Ministerpräsidenten Ernst Albrecht und seinem Wirtschaftsminister Walter Hirche.

Erneut wurde auf Initiative des Konzernbetriebsrates ein zentraler Aktionsausschuss und fünf örtliche Ausschüsse an den wichtigsten Standorten der Betriebe der Salzgitter AG gebildet.

Auch das dritte Konzernforum Mitbestimmung der Salzgitter AG, das am 25. Juli 1989 in Salzgitter stattfand, und an dem sich Arbeitsdirektoren, Arbeitnehmervertreter in Aufsichtsräten und Beiräten, Betriebsräte, Vertrauensleute, Jugendvertreter und Gewerkschaften beteiligten, beschäftigte sich mit dem Thema der Privatisierung des Konzerns. Horst Klaus, geschäftsführendes Vorstandsmitglied der IG Metall, erläuterte hier in seinem Referat den Zusammenhang zwischen der beabsichtigten Privatisierung der Salzgitter AG und der allgemeinen politischen Lage. *»Ende der siebziger, Anfang der achtziger Jahre kam es in den wichtigsten westlichen Industrieländern zu einer neokonservativen Gegenreform«*, die der Kollege Klaus mit den Namen Reagan, Thatcher und Kohl verband.

An dieser Politik ausgerichtet konnte Finanzminister Stoltenberg im Bundestag im Hinblick auf die Verringerung oder Veräußerung von Bundesbeteiligungen sagen: *»Dafür sind ordnungspolitische Gründe maßgebend, nicht fiskalpolitische.«* Es stand also durchaus ein bestimmtes Politikverständnis dahinter, das sich auch in Zahlen ausdrücken ließ: Von 1983 bis 1988 waren die Beteiligungen des Bundes von 808 auf 239 zurückgegangen. Während der sozialliberalen Koalition waren sie von 596 auf 808 gestiegen.[104] Horst Klaus setzte dem die Auffassung der Gewerkschaften entgegen: *»Die Gewerkschaften lehnen Privatisierungen ab, weil sie den Ausstieg des Staates aus seiner wirtschafts- und gesellschaftspolitischen Verantwortung bedeuten.«*[105]

Walter Gruber, langjähriger Betriebs- und Konzern-Betriebsratsvorsitzender, während einer Mahnwache gegen Arbeitsplatzvernichtung im Stahlbereich.

Noch im selben Monat wurden die Gespräche zwischen Krupp und der Salzgitter AG abgebrochen, da letztere zu viele wirtschaftliche und politische Unwägbarkeiten in der Kooperation entdeckte und sich keinen Gewinn versprach. Eine reine Stahlehe schien nicht erstrebenswert. Die Privatisierung aber war damit nur zurückgestellt, nicht aufgehoben, die Gerüchte kochten weiter, auch unter dem neuen Finanzminister Theo Waigel, und Ernst Pieper blieb nach eigenem Bekunden auf der Suche nach einem möglichen Partner für den Konzern.

104 Walter Gruber, Referat für Betriebsversammlungen, Privatisierung der Salzgitter AG im Oktober 1989, nach Angaben der Süddeutschen Zeitung vom 20. Dezember 1988, Archiv IG Metall Salzgitter, unverzeichnet.

105 Horst Klaus, Gegen Privatisierungspolitik und Großfusion – für eine beschäftigungsorientierte Konzernpolitik, 25. Juli 1989, Bestand Jürgen D. Haase, unverzeichnet.

Überraschungssieger Preussag

Im September 1989 teilte die Preussag AG in Hannover mit, dass sie mit der Salzgitter AG mit Zustimmung des Finanzministers Theo Waigel Gespräche über eine Fusion aufgenommen habe.[106] Obwohl die Gespräche wohl schon seit einiger Zeit liefen, versetzte diese Nachricht die interessierte Öffentlichkeit in Erstaunen. »Die Zeit« sah in der Preussag im Wettlauf um die Salzgitter AG zu recht den Überraschungssieger.[107] Bis vor kurzem hatte die Preussag selbst noch als Übernahmekandidat gegolten; es hieß, die West/LB wolle sich von ihren 40% Anteilen an dem Unternehmen trennen.

Insider waren über diese Verhandlungen allerdings weniger erstaunt, sondern sahen darin das Endergebnis eines strategisch angesetzten Plans. Im Mittelpunkt dieser Überlegungen stand als Schlüsselfigur Günther Saßmannshausen, von 1972 bis 1988 Vorstandsvorsitzender der Preussag, bevor er den Aufsichtsratsvorsitz übernahm und Erwin Möller den Vorstandsposten überließ. Konnte es ein Zufall sein, dass man ihn 1983 zum Aufsichtsratsvorsitzenden der Salzgitter AG gemacht hatte?

Eine Fusion mit der Preussag wäre mit ziemlicher Sicherheit gleichbedeutend mit Privatisierung. Die 1923 unter dem Namen »Preußische Bergwerks- und Hütten-Aktiengesellschaft« vom Staat gegründete Preussag war 1959 das erste große Unternehmen, das durch die Ausgabe von Volksaktien privatisiert wurde. Und nun war Salzgitter nach Aussagen seines Vorstandsvorsitzenden privatisierungsreif. Seit 1983 hatte der ehemals marode Konzern hohe Investitionen getätigt, die Produktpalette ausgeweitet und die Zusammenarbeit mit der DDR-Stahlindustrie ausgebaut.

Die Belegschaft hatte sich Ende 1989 um 750 auf 38.800 Mitarbeiter erhöht. Alle Konzerngesellschaften außer LHB schrieben schwarze Zahlen. Im Geschäftsjahr 1987/88 betrug der Konzernüberschuss 90 Millionen DM, im Jahr zuvor schon waren es 65 Millionen DM gewesen, das gerade zu Ende gehende Geschäftsjahr fiel noch besser aus. Allein der Jahresüberschuss bei P+S betrug 1988/89 schließlich 120 Millionen DM. Der Eigentümer Bund würde, nachdem zuletzt 1959/60 eine Dividende von 7% gezahlt worden war, nun eine wohl zweistellige Dividende kassieren. Und weil man im Stahlbereich so gut verdient hatte, sollten auch die 10.000 Beschäftigten der PSAG eine Sonderzahlung erhalten.[108] Ein Einbruch der Stahlkonjunktur war bis auf weiteres nicht zu befürchten. *»Wieder einmal sollen Gewinne privatisiert werde, nachdem zuvor jahrelang Verluste sozialisiert worden sind«,* hieß es in einer Stellungnahme des DGB.[109] »Die Zeit« kommentierte: *»Der Gewinn ist geradezu explodiert. Die begehrlichen Blicke in- und ausländischer Konzerne auf Salzgitter haben schon ihre Berechtigung. Da liegt die Frage nahe, warum denn nicht Salzgitter als das derzeit ungleich besser verdienende Unternehmen die Preussag kauft. Die Antwort: Das würde überhaupt nicht in das Konzept der Bundesregierung passen, die Staatsunternehmen privatisieren und nicht einen privatisierten Konzern wie die Preussag wieder verstaatlichen will.«* Nebenbei wies »Die Zeit« darauf hin, dass es ausgerechnet zwei Sozialdemokraten waren, Friedel Neuber, Chef der West/LB, und Ernst Pieper, die das letzte große Industrieunternehmen im Bundesbesitz privatisierten.[110]

Was für die Preussag sprach war, dass sie als echter Dienstleistungs- und Rohstoffe-Mischkonzern mit Beteiligungen in Bergbau, Handel, Transport und Verkehr, Erdöl, Chemie, Kohle, Metallen (außer Stahl) und im Anlagenbau, die Salzgitter AG, die vor allem im Bereich Stahl und Schiffbau (70%), daneben im Anlagen- und Maschinenbau, Waggonbau, Schrottverhüttung und Montage tätig war, ergänzen würde, ohne dass sich größere Bereiche überschnitten. Allerdings würde bei einem Zusammenschluss beider Konzerne der Dienstleistungsbereich mit 61% überwiegen.[111]

Salzgitter pflegte traditionell Beziehungen in den Osten, die Preussag in den Westen. Gemeinsam hätte der neue Konzern 70.000 Mitarbeiter und würde auf Platz zwölf der größten Unternehmen der Bundesrepublik stehen, in Niedersachsen auf Platz zwei nach VW. Im Hinblick auf die Konzernstrukturen, deren endgültige Gestaltung noch offen war, sollte die Preussag AG zu einer Holding

[106] Salzgitter-Zeitung, 30. September 1989, »Gespräche über Fusion Salzgitter-Preussag«.
[107] Die Zeit, 6. Oktober 1989, »Pakt der Unscheinbaren«.
[108] Hamburger Abendblatt, 2. Oktober 1989, »Salzgitter AG: Seit längerem auf Partnersuche«. Salzgitter-Zeitung, 22. September 1989, »Salzgitter: das bisher beste Jahr«. Salzgitter-Zeitung, 22. September 1989, »Erstmals wieder eine Salzgitter-Dividende«. Die Salzgitter-Gruppe 4/1989.
[109] Salzgitter-Zeitung, 11. Oktober 1989, »DGB kritisiert Salzgitter-Privatisierung«.
[110] Die Zeit, 6. Oktober 1989, »Pakt der Unscheinbaren«.
[111] Info Vertrauensleuteversammlung, 16. Oktober 1989, Archiv IG Metall Salzgitter, unverzeichnet.

umgebaut werden, und Salzgitter bliebe als Preussag Tochter selbständig, mit eigenem Vorstand und Verwaltung in Salzgitter. Der Landesregierung war diese niedersächsische Lösung aus genau diesem Grund, der von ihrem Standpunkt aus ein strukturpolitischer Glücksfall war, besonders lieb. Dass die endgültige Struktur des Konzerns noch offen blieb und alle weiteren Aktivitäten erst getätigt würden, nachdem Land und Bund ihren Einfluss eingebüßt hatten, trat in den Hintergrund, obgleich Preussag-Chef Erwin Möller der Meinung war, das sei alles auf sehr lange Sicht angelegt, das Zusammenwachsen der Konzerne erfordere Zeit und tragfähige Konzepte brauchten sicher drei bis fünf Jahre. Erst dann beginne die eigentliche Arbeit.[112]

Darüber hinaus erhoffte die Landesregierung sich wohl auch einen wirtschaftlichen Aufschwung, denn in der Landtagsdebatte zum Thema Salzgitter wies Wirtschaftsminister Hirche darauf hin, dass die Salzgitter AG hin und wieder schon mit dem negativen Image eines »Staatsunternehmens« zu kämpfen habe, was die Handlungsfähigkeit des Konzerns auch im Rahmen der Diversifizierung beschnitten habe.[113] Die Bundesregierung sah im Verkauf des Unternehmens eher die Chance, das Risiko Salzgitter endlich los zu werden und einen Schlusspunkt unter ihre Privatisierungspolitik setzen zu können.

Gegenargumente

Sobald Ernst Pieper den Konzern privatisierungsreif erklärt hatte, reagierte die Vertrauenskörperleitung unter Karl Maßberg mit einem Schreiben an den Vorstandsvorsitzenden, in dem sie zunächst die gute Bilanzentwicklung begrüßte, nicht jedoch die Privatisierungsabsichten. *»Das Unternehmen Salzgitter AG hat in der Vergangenheit regionalpolitische Verantwortung bewiesen, was wir anerkennen. Ein solches Unternehmen darf nicht privatisiert werden, weil es als Instrument einer Struktur- und Infrastrukturpolitik beschäftigungssichernd eingesetzt werden*

9. November 1989: Großkundgebung der Metaller vor der Hauptverwaltung der Salzgitter AG gegen den Verkauf des Konzerns an die Preussag.

[112] Frankfurter Allgemeine Zeitung, 16. Oktober 1989, »Zusammenschluß mit Salzgitter wird uns sehr lange beschäftigen«.

[113] Niedersächsischer Landtag, Vorläufiges Protokoll der Debatte am 27. Oktober 1989, BR-Archiv Salzgitter AG, unverzeichnet.

Mit zahlreichen Transparenten aus allen Werksbereichen machten die Kollegen ihrem Unmut gegen die Privatisierung Luft.

kann, weil die Politik eines staatlichen Unternehmens die arbeitsmarktpolitische Finanzpolitik des Staates unterstützen und beschäftigungspolitisch, unter anderem auch im Umweltschutz, Anstöße geben kann.« Tatsächlich hatte das Bundesunternehmen in den vergangenen Jahrzehnten strukturelle Krisen entschärft. Büssing wurde in den 1960er Jahren gerettet, die Ilseder Hütte in den 1970ern. Die Ansiedlung von VW wurde massiv unterstützt und die SMAG mit Konzerngeldern saniert, die Firma Noell in Würzburg übernommen und damit gerettet, ebenso die HDW, die nun gerade ihrerseits die Aktienmehrheit bei der in Konkurs gegangenen Neuen Flensburger Schiffbaugesellschaft übernahm und damit Arbeitsplätze rettete.

Der Konzern unterstützte die Neuansiedlung anderer Firmen und stellte hochqualifizierte Ausbildungsplätze zur Verfügung. Mit all dem übernahm er regionalpolitische Aufgaben.[114] Ernst Piepers Antwort machte deutlich, dass der Vorstand andere Maßstäbe anlegte. *»Ihr Schreiben vom 28. September verdeutlicht die unterschiedlichen Positionen über die Verwirklichung von Unternehmenszielen. Wir möchten hervorheben, dass wir unabhängig von bisherigen Eigentumsverhältnissen immer schon darauf zu achten hatten, dass der Konzern primär nicht nach politischen Vorstellungen, sondern nach wirtschaftlichen Grundsätzen geführt wurde. Nur so konnten und können wir im europäischen und weltweiten Wettbewerb zum Nutzen aller Beteiligten bestehen. Dabei haben wir allen personellen und sozialen Belangen Rechnung getragen. An diesen Grundpositionen werden wir auch in Zukunft festhalten.«*[115]

Sorgen wegen des Verkaufs machte sich auch die Stadt Salzgitter. Im Unterschied zum ähnlich gelagerten Fall Wolfsburg hatte sie weder bei ihrer Gründung noch nach 1945 wegen der Rechtslage im damaligen Land Braunschweig Grund und Boden aus Reichsbesitz erhalten.

So gehörten noch immer 16.064 der insgesamt 47.436 Wohnungen im Stadtgebiet, verwaltet von der Wohnungs AG, sowie Grundstücke und Waldbesitz zum Konzern und sollten nun mit verkauft werden, was gewissermaßen eine Teilprivatisierung Salzgitters bedeutete. Die Wasserwerke in Börßum, Altwallmoden und Baddeckenstedt ge-

[114] Horst Klaus, Referat Salzgitter Kundgebung, 9. November 1989, Archiv IG Metall Salzgitter, unverzeichnet. Salzgitter-Zeitung, 11. Oktober 1989, »38.000 Arbeitnehmer sollen Meinung sagen«.

[115] Schreiben Vertrauenskörperleitung Stahlwerke Peine-Salzgitter AG Werk Salzgitter an den Vorstandsvorsitzenden der Salzgitter AG Ernst Pieper, 28. September 1989, Antwort Ernst Pieper an die Vertrauenskörperleitung, 23. Oktober 1989, BR-Archiv Salzgitter AG, unverzeichnet.

Geschlossen demonstrierte die Belegschaft gegen die Privatisierung.

hörten ebenso zum Konzern wie die Fernwärmeversorgung von 8.000 Wohnungen und zusätzlich Gebäuden wie Hertie, der Post, C&A usw. Von den 12.051 Hektar landwirtschaftlich genutzter Fläche gehörten 12.000 Hektar dem Konzern, von den 3.524 Hektar Forstwirtschaft 2.000 Hektar und 37 gehörten der Stadt. Von den 757 Hektar Gewerbefläche gehörten 615 Hektar dem Konzern, und 124 Hektar der Stadt.[116] Seit seiner Gründung hatte der Konzern damit auch kommunale Aufgaben übernommen. *»Der Bund zöge sich mit dem Verkauf also nicht nur als Eigentümer zurück, er entledigte sich zugleich seiner geschichtlichen Verantwortung für eine Stadt, deren Existenz nur auf den politischen Willen zur Werksgründung zurückgeht«*, formulierte der Rat der Stadt in einer Resolution.[117]

Während der Vorstand mit Sonderausgaben der Werkszeitschrift »Die Salzgittergruppe« für die Fusion warb, planten in Salzgitter und Peine die Verwaltungsstellen der IG Metall in Zusammenarbeit mit den Vertrauensleuten und Betriebsräten Widerstandsaktionen. In geheimer Abstimmung sollten die 38.000 Konzernmitarbeiter in 55 Gesellschaften sich ab dem 23. Oktober zwischen Privatisierung und dem Verbleib beim Bund entscheiden. Mit Sitzungen in den Ortsnebenstellen, zu denen Referenten eingeladen wurden, Sitzungen des DGB-Kreisvorstandes, Gesprächsrunden mit Vertretern der Stadt und der Kirchen, Presseerklärungen und Plakaten, Flugblattaktionen in den Betrieben und Stadtteilen, Infoständen und Großplakaten in der Stadt, um die Bevölkerung einzubinden, Anzeigen und Leserbriefen, Funktionärskonferenzen, Informationen an den Rat der Stadt, die Bezirksleitung, den DGB-Braunschweig sowie den Vorstand in Frankfurt rollte die örtliche IG Metall ihr Repertoire an Widerstandsmöglichkeiten ab. Zudem war eine von der Bevölkerung unterschriebene Petition an den Bundestag geplant. *»Wir erwarten zwar, dass die Bundesregierung den Verkauf des Konzerns durchziehen will, doch Bonn soll wissen, dass das nur gegen den Widerstand der betroffenen Arbeitnehmer und der Bevölkerung unserer Region geschehen kann. Wir sollten die Hoffnung, dass die Bundesregierung zu besserer Einsicht kommt, nicht aufgeben«*, kommentierte der 1. Bevollmächtigte der IG Metall

[116] Nach Salzgitter-Zeitung, 28. Oktober 1989, »Verflechtung zwischen Stadt und dem Konzern«. Dazu:14.Oktober 1989, »Einmalig: Außer Konzern wird Teil von Salzgitter privatisiert«.

[117] Resolution des Rates der Stadt Salzgitter zum beabsichtigten Verkauf der Salzgitter AG an die Preussag, 26. Oktober 1989, BR-Archiv Salzgitter AG, unverzeichnet.

Salzgitter, Bernd Henn, die Aktionen der Kolleginnen und Kollegen.[118]

Auch der Konzernbetriebsratsvorsitzender Walter Gruber sah die einzige Möglichkeit, den Verkauf noch zu verhindern, im politischen Bereich. In seinem Referat auf einer Betriebsversammlung am 16. Oktober wandte er sich eindeutig gegen alle Privatisierungsabsichten, allerdings schon in dem Bewusstsein, und das sagte er auch, dass der Verkauf an die Preussag stattfinden werde. Man hatte sich geirrt: Die bevorstehenden Landtags- und Bundestagswahlen waren kein Hindernis für diesen Schritt. Die Hoffnung auf eine sozialdemokratische Regierung im kommenden Jahr – Hans-Jochen Vogel hatte am 1. Mai in Salzgitter angekündigt, seine Partei an der Regierung werde die Privatisierung ad acta legen – war umsonst gewesen.

Erneut war der zentrale Aktionsausschuss, der im Zuge der Fusionsabsichten zwischen Salzgitter und Krupp gebildet worden war, aktiv geworden und hatte die Situation analysiert. Weder die Landes- noch die Bundesregierung stand in diesem Fall hinter den Arbeitnehmern. Allein der DGB, die SPD im Land und im Bund und die IG Metall, vor allem die örtliche Verwaltungsstelle, unterstützten den Kampf der Belegschaft. Der Alleingang war auch nach Aussagen des Vorstands möglich, aber man hatte sich anders entschieden. Der Widerstand der Kolleginnen und Kollegen würde die Fusion nicht mehr verhindern. *»Wir hoffen aber, dass die Menschen es nicht vergessen werden, dass sie mit ihren politischen Möglichkeiten ihren Widerstand auch dauerhaft fortsetzen können, nämlich gegen die, die vorgeben, die Interessen des Volkes zu vertreten, die vorgeben, Volksparteien zu sein, die aber im Grunde genommen nur die Interessen des Kapitals verkörpern.«*[119]

Im Rahmen der Arbeitnehmerbefragung, an der 71,3% teilnahmen, sprachen sich 93,2% der Kolleginnen und Kollegen gegen eine Privatisierung der Salzgitter AG aus. Zwei Wochen lang wurden zudem in den Fußgängerzonen von Lebenstedt und Salzgitter-Bad Unterschriften für die Petition an den Deutschen Bundestag gesammelt. Die 27.500 Unterschriften der Bürgerinnen und Bürger wurden der Bundestagspräsidentin Rita Süßmuth am 7. November überreicht.[120]

Zu Recht forderten Gewerkschaft und Betriebsrat die Verantwortlichen auf, dieses Votum nicht außer Acht zu lassen, um *»der Glaubwürdigkeit der demokratisch-politischen Kultur dieses Landes einen guten Dienst«* zu erweisen.[121]

Am 9. November, einen Tag vor der Aufsichtsratssitzung, in der über die Fusion abgestimmt werden sollte, versammelten sich vor der Hauptverwaltung der Salzgitter AG 8.000 Kolleginnen und Kollegen zu einer vierstündigen Kundgebung gegen die Privatisierungsabsichten des Vorstands. Unterstützt von Kommunal-, Landes- und Bundespolitikern wie Oberbürgermeister Hermann Struck, dem SPD-Bundestagsabgeordneten Wilhelm Schmidt und der Fraktionsvorsitzenden der GRÜNEN im niedersächsischen Landtag, Thea Dückert, Kirchenvertretern und Delegationen aus anderen Betrieben, unter anderem von Saarstahl Völklingen, Klöckner Bremen, der Maxhütte, von Thyssen Hamborn, Mannesmann, Krupp Rheinhausen und Noell in Würzburg.

Viele Grußadressen hatten die Kolleginnen und Kollegen erreicht. Mehrere Redner griffen die Privatisierungsabsichten des Konzerns an. Das Hauptreferat hielt Horst Klaus, Vorstandsmitglied der IG Metall. Erneut stellte er die positive Wirkung des Staatsunternehmens als Sanierer von Unternehmen und Retter von Arbeitsplätzen in den Vordergrund. Hier hatten der Konzern und seine Eigentümerin soziale Verantwortung bewiesen, aus der der Bund sich jetzt herausstehlen wolle. Als Ernst Pieper, der vom 1. Bevollmächtigten der IG Metall, Bernd Henn, zu der Kundgebung eingeladen worden war, die Privatisierung mit dem Argument verteidigte, der Konzern sei zu abhängig von Stahl und Schiffbau, und diese Schwäche sei durch die Preussag zu beseitigen, wurde er ausgepfiffen.[122]

Alles in allem jedoch mussten auch die Arbeitnehmervertreter zugeben, dass angesichts des tiefen Misstrauens Salzgitters gegenüber den Ruhrkonzernen, das Zusammengehen mit der Preussag eindeutig das kleinere Übel war. Gleichwohl galt es einige Dinge zu sichern, wie Bernd Henn in einem

[118] Salzgitter-Zeitung, 11. Oktober 1989, »38.000 Arbeitnehmer sollen Meinung sagen«. IG Metall Verwaltungsstelle Salzgitter, Aktionsplan gegen Privatisierung, 12. Oktober 1989, Bestand Jürgen D. Haase, unverzeichnet. Peiner Allgemeine Zeitung, 14. Oktober 1989, »Geheime Abstimmung über Verkauf des Konzerns«.

[119] Walter Gruber, Referat für Betriebsversammlungen Privatisierung Salzgitter AG im Oktober 1989, Archiv IG Metall Salzgitter, unverzeichnet.

[120] Konzernbetriebsrat Salzgitter AG, Pressemitteilung, 7. November 1989, BR-Archiv Salzgitter AG, unverzeichnet. Salzgitter-Zeitung, 8. November 1989, » Industrieanlagen zum Nulltarif«. UZ, 8. November 1989, »27.000 Unterschriften gegen Privatisierung«.

[121] Konzernbetriebsrat Salzgitter AG, Presseerklärung, 16. November 1989, BR-Archiv Salzgitter AG, unverzeichnet.

[122] Horst Klaus, Referat Salzgitter Kundgebung, 9. November 1989, Archiv IG Metall Salzgitter, unverzeichnet. Salzgitter-Zeitung, 10. November 1989, »Welle der Solidarität«. Salzgitter Woche am Sonntag, 12. November 1989, »Es geht um unser aller Zukunft«.

Interview erläuterte: *»Die Sperrminorität am Aktienkapital, eine vertragliche Absicherung gegen den Weiterverkauf einzelner Konzernteile (zum Beispiel Hütte oder Linke-Hofmann-Busch), der Erhalt der Montanmitbestimmung, die Sicherung der Standorte und insbesondere der Hauptverwaltung in Salzgitter sowie die Übertragung von Grundstücken und Wohnungen an die Stadt Salzgitter.«*[123] Nachdrücklich gefordert wurden diese Dinge jedoch nicht; stattdessen konzentrierten sich die Arbeitnehmervertreter auf die Bekämpfung der Privatisierung.

Preisvorstellungen

Welchen Preis die Preussag für die Salzgitter AG zahlen sollte und wollte, wurde lange Zeit nicht bekannt gegeben. Als erster sprach der »Spiegel« von einem Kaufpreis von weit über zwei Milliarden DM und wusste zu berichten, dass die West/LB sich an dem neuen Konzern auf Dauer einen Anteil von mindestens 25% sichern wolle und sich gleichzeitig die Abwicklung der Bankgeschäfte vorbehalten habe.[124]

Tatsächlich mischte die West/LB mit ihrem Vorstandsvorsitzenden Friedel Neuber, zugleich Aufsichtsratsvorsitzender der Preussag, bei der Transaktion kräftig mit, und die Hoffnung des Konzernbetriebsrats, mit einem Schreiben an den Ministerpräsidenten des Landes Nordrhein-Westfalen in seiner Eigenschaft als Vorsitzender des Verwaltungsrates der West/LB eine Ablehnung des Kaufs der Salzgitter AG zu erreichen, musste vergebens sein.[125]

Es tauchte immer wieder die Befürchtung auf, die Preussag sei für Teile des Salzgitterkonzerns nur eine Zwischenstation und einzelne Unternehmen würden nach einer Weile weiter verkauft. Insbesondere die Stahlwerke Peine-Salzgitter AG schienen in einer gefährdeten Position.[126] Die Wirtschaftszeitung »Capital« vermutete, Interessenten für Preussag-Salzgitter stünden schon vor der Tür, darunter Arbed, RWE und British Steel. Für diesen Fall jedoch hatte die SPD-Niedersachsen Widerstand angekündigt und dafür plädiert, dass dann die Nord/LB für Friedel Neubers West/LB einspringen sollte.

Tatsächlich machte sich auch die Landesregierung, schon kurz nachdem die Fusion

Vorstandsvorsitzender Ernst Pieper, Bildmitte, war vom 1. Bevollmächtigten der IG Metall Salzgitter, Bernd Henn, zu der Kundgebung eingeladen worden. Links daneben Konzernbetriebsratsvorsitzender Walter Gruber.

[123] Salzgitter-Zeitung, 2. November 1989, »Gewerkschaft ruft zur Großkundgebung auf«.

[124] Der Spiegel, Nr. 40, 2. Oktober 1989, »Neuer Milliarden-Transfer«.

[125] Schreiben Konzernbetriebsrat an Ministerpräsident Dr. Rau, 2. November 1989, BR-Archiv Salzgitter AG, unverzeichnet.

[126] Vgl. zum Beispiel Salzgitter-Zeitung, 20. Oktober 1989, »Betriebsrat und Gewerkschaft: Preussag nur Zwischenstation«.

beschlossen worden war, Gedanken darüber, dass man nur ungern internationales Kapital an Stelle der Beteiligung der West/LB sehen würde, und plante stattdessen, niedersächsische Banken einzuspannen, die schrittweise einen Anteil am Preussag-Kapital zusammenkaufen sollten. Es wurden bereits Gespräche mit der Norddeutschen Genossenschaftsbank, der Nord/LB sowie der Dresdner Bank geführt. Gemeinsam mit der West/LB waren sie dann im Januar 1990 als Mitglieder der Niedersächsischen Holding GmbH als Interessenvertreter Niedersachsens mit 15% an den Aktien der Preussag beteiligt. Das Land garantierte den vier Banken eine Rendite von 6,8%, wofür diese sich verpflichten mussten, für ein Verbleiben der Konzernzentrale in Niedersachsen einzutreten.[127]

Da es sich bei der Salzgitter AG um Bundesvermögen handelte, das hier verkauft werden sollte, also haushaltsrechtliche Bestimmungen zum Tragen kamen und der Bundesrechnungshof ein Auge darauf hatte, wurde die Wirtschaftsprüfungsgesellschaft Treuarbeit AG damit beauftragt, eine Bewertung des Unternehmens vorzunehmen. Den Auftrag erteilte die Salzgitter AG, nicht die Bundesregierung, und die Auftragsbeschreibung beinhaltete bereits die geplante Fusion.[128] Die Treuarbeit errechnete einen Unternehmenswert von 2,5 Milliarden DM.[129]

Tatsächlich sollte der Kaufpreis am Ende 2,42 Milliarden DM betragen und damit bekam die Preussag den Salzgitter Konzern quasi geschenkt, denn es handelte sich ziemlich genau um die Summe, die als Barvermögen in der Kasse der Salzgitter AG zu finden war. Dabei wurde allein der Wert der Wohnungen und Grundstücke der Wohnungs AG auf 1,3 Milliarden DM beziffert, Ernst Pieper nannte sogar einmal einen Versicherungswert von 10 Milliarden DM. Sie wurden im Kaufpreis jedoch nur mit 454 Millionen berücksichtigt, mit der Begründung, sie unterlägen der Sozialbindung und sollten aus sozialen und regionalen Gründen nicht verkauft werden, hätten also einen niedrigen Ertragswert.[130]

In der Landtagsdebatte zum Verkauf der Salzgitter AG stellte der SPD-Abgeordnete Peter-Jürgen Schneider aus Salzgitter die Zahlen richtig. Seinen Angaben zufolge gingen seriöse Schätzungen von einem Wert von vier bis fünf Milliarden DM für den Gesamtkonzern aus, der »Platow-Brief« (ein niedersächsischer Wirtschaftsinformationsdienst) spreche gar von einem Substanzwert von sieben bis acht Milliarden DM. Sollte die Preussag also später einmal Konzernteile verkaufen, würde sie dabei ein hervorragendes Geschäft machen.[131]

Im Oktober kamen Meldungen, wonach die Bundesregierung mit dem Verkaufserlös eine Bundesumweltstiftung gründen wolle, die sich voraussichtlich mit der Erforschung und Entwicklung umwelt- und gesundheitsfreundlicher Produkte und Verfahren beschäftigen sollte. Als Sitz schlug Niedersachsens Wirtschaftsminister Hirche zunächst Salzgitter vor.[132] Angesiedelt wurde sie dann jedoch in Osnabrück.

Die Fusion

Relativ schnell einigten sich Ernst Pieper und Erwin Möller, Friedel Neuber und der Staatssekretär Hans Tietmeyer auf die Fusion für das Jahr 1990. Am 25. Oktober stimmte der Aufsichtsrat der Preussag der Fusion zu, am 10. November der Aufsichtsrat der Salzgitter AG. Die Zustimmung des Bundeskabinetts war schon vorher erfolgt.[133] Am 17. November billigte der Haushaltsausschuss des Bundestages den Verkauf der Salzgitter AG. In der vorhergehenden Anhörung hatte Oberstadtdirektor Göttrup, der als Sachverständiger geladen war, dazu aufgefordert, die Wohnungs AG vom Verkauf auszunehmen, wofür sich sowohl SPD wie CDU in Salzgitter eingesetzt hatten, und sie an die Stadt zu übertragen. Dieser Bitte wurde jedoch ebensowenig entsprochen wie allen anderen Forderungen von Arbeitnehmervertretern. Der Haushaltsausschuss stimmte dem Verkauf als Gesamtpaket zu und forderte lediglich die Preussag AG auch in den Verkaufsverträgen auf, im Hinblick auf die soziale Verantwortung keine Veränderung vorzunehmen.[134]

Am 29. November debattierte der Bundestag in seiner zweiten Lesung des Haushalts auch über Salzgitter. Wilhelm Schmidt

[127] Capital 11/1989, »Preussag/Salzgitter: Friedel Neubers Drahtseilakt«. Braunschweiger Zeitung, 23. Dezember 1989, »Preussag-Beteiligung durch niedersächsische Banken?«
[128] Handelsblatt, 21. November 1989, »SPD: Privatisierung nicht um jeden Preis durchziehen«.
[129] Börsen-Zeitung, 4. Oktober 1989, »Wie Salzgitter bewertet wird«.
[130] Salzgitter-Zeitung, 14. Oktober 1989, »Einmalig: Außer Konzern wird Teil von Salzgitter privatisiert«. Frankfurter Allgemeine Zeitung, 19. Februar 1998, »Warum die Preussag wertvolle Immobilien ihrer früheren Stahlgesellschaft behält«.
[131] Niedersächsischer Landtag, Vorläufiges Protokoll der Debatte am 27. Oktober 1989, BR-Archiv Salzgitter AG, unverzeichnet.
[132] Salzgitter-Zeitung, 25. Oktober 1989, »Hirche für Salzgitter als Standort der Umweltstiftung«.
[133] Süddeutsche Zeitung, 25. Oktober 1989, »Kabinett billigt Salzgitter-Privatisierung«.
[134] Salzgitter-Zeitung, 18. November 1989, »Haushaltsausschuß stimmt Verkauf von Salzgitter zu«, »Sauer: ›Das war eine Farce‹«, »Verkauf zugestimmt«. 2. Dezember 1989, »Sorge um Wohnungsbestand«, 7. Dezember 1989, »Schneider vor SPD-Innenstadt: Wohnungs AG nicht verkaufen«.

legte in einer kämpferischen Rede noch einmal alle Argumente gegen die Privatisierung dar. Am Ende jedoch billigte der Bundestag mit den Stimmen der CDU/CSU-FDP-Mehrheit den Verkauf, gegen die Stimmen der SPD, der GRÜNEN und des Salzgitteraner CDU-Abgeordneten Helmut Sauer.[135]

Die einzige Möglichkeit, den Verkauf jetzt noch zu verhindern, wäre eine Ablehnung durch das Land Niedersachsen im Bundesrat gewesen, der am 21. Dezember der Fusion zustimmen musste. Die SPD-Landtagsfraktion brachte eine entsprechende Entschließung im Landtag ein,[136] angesichts der verkaufsfreundlichen Haltung der Landesregierung allerdings ein hoffnungsloses Unterfangen, das gleichwohl von der Bundestagsfraktion wiederholt wurde, die die Bundesregierung aufforderte, den Verkauf nicht vorzunehmen und noch einmal die wichtigsten Gegenargumente aufzählte. Auch die Fraktion der GRÜNEN wandte sich mit einem Antrag gegen den Verkauf.[137]

Aufzuhalten war die Fusion nicht mehr. Aus steuerlichen Gründen wurde sie rückwirkend zum 1. Oktober 1989 vollzogen. Der neue Konzern sollte Preussag-Salzgitter AG heißen und für eine Übergangszeit in zwei selbständige Konzerne gegliedert geführt werden, um bald eine Holding zu gründen. Am 1. Januar 1990 sollte es nur noch einen Vorstand, gebildet aus den beiden ehemaligen Vorständen der Konzerne, geben; Vorstandsvorsitzender wurde Ernst Pieper, Erwin Möller sein Stellvertreter, der aber schon im folgenden Jahr ausschied. Nach der Fusion beider Unternehmen blieb die Montanmitbestimmung nur bei der Stahlwerke Peine-Salzgitter AG erhalten, auf Konzernebene galt das Mitbestimmungsgesetz von 1976. Im September 1991 fand mit der Umbenennung der Peine-Salzgitter AG in Preussag Stahl AG die Fusion einen formalen Abschluss, wobei die Entscheidungsgewalt über die Hütte in Salzgitter bzw. Hannover verblieb.

Unter Preussags Herrschaft

Zu diesem Zeitpunkt hatte sich die Preussag bereits von der ersten Konzerntochter, der SMAG, getrennt, und Ernst Pieper schloss nicht aus, dass die eine oder andere weitere Firma verkauft werde.[138] 1994 traf es Linke-Hofmann-Busch: Das Unternehmen ging an den britisch-französischen GEC-Alsthom Konzern. Statt regionaler Verantwortung stand nun offensichtlich die Gewinnorientierung im Mittelpunkt.

Auch aus dem mit der Salzgitter AG übernommenen Immobilienbesitz schlug die Preussag Kapital. Für ein notwendiges Deponiegelände musste die Stadt sechs Millionen DM bezahlen, für die Ansiedlung von Cargill und Ikea gab sie hohe Differenzbeträge aus, da der von der Preussag geforderte Quadratmeterpreis viel zu hoch angesetzt war.

1998 wurde bekannt, dass die Preussag AG mit dem unzulässigen Verkauf von Immobilien aus der Wohnungs AG Gewinne gemacht hatte.

Im Kaufvertrag von 1989 war zwar aufgrund der Weigerung des Käufers keine absolute Obergrenze festgelegt worden, aber es hieß in § 5, der im Bewertungsgutachten der Treuarbeit als möglich genannte Verkauf von 2.500 Wohnungen innerhalb von zehn Jahren *»wird nur überschritten werden, wenn dies im Einklang mit der sozialen Verantwortung des Konzerns aufgrund veränderter Verhältnisse wirtschaftlich geboten ist«.*

Die Preussag hatte insgesamt 8.054 Wohnungen verkauft.[139] Die Europäische Kommission forderte von der Bundesregierung daraufhin eine Stellungnahme, da der Verdacht aufkam, die Preussag sei auf diesem Wege unerlaubt subventioniert worden. In Bonn wurde geprüft, ob eine Vertragsverletzung vorliege, die gegebenenfalls rechtliche Schritte nach sich ziehen würde.

Ortsverwaltung und Vertreterversammlung der IG Metall Salzgitter forderten in einer Resolution im Mai 1998 von der Bundesregierung:

1. *»Wenn die erhobenen Vorwürfe sich bestätigen, muss eine Rückabwicklung des Wohnungs- und Grundstücksbesitzes erfolgen.*

[135] Salzgitter-Zeitung, 30. November 1989, »Bundestag stimmte Privatisierung der Salzgitter AG zu«, »Privatisierung ist nun beschlossene Sache«.

[136] Salzgitter-Zeitung 19. Oktober 1989, »SPD: Privatisierung ist quasi ein Ausverkauf«, 15. Dezember 1989, »Besorgnis herrscht vor«.

[137] Salzgitter-Zeitung, 1. November 1989, »SPD-Abgeordnete stellen Antrag gegen Privatisierung im Bundestag«; Die SPD im Deutschen Bundestag, Verkauf der Salzgitter AG an die Preussag nicht gestatten, 9. November 1989, BR-Archiv Salzgitter AG, unverzeichnet. Antrag der Abgeordneten Stratmann, Lippelt und der Fraktion Die Grünen, Keine Privatisierung der Salzgitter AG. Keine Großfusion Preussag-Salzgitter, 2. November 1989, BR-Archiv Salzgitter AG, unverzeichnet.

[138] Braunschweiger Zeitung, 24. September 1991, »Hütte Peine-Salzgitter wird zu Preussag-Stahl«.

[139] Salzgitter-Zeitung, 17. August 1998, »Stadt Salzgitter will gegebenenfalls klagen«. Salzgitter Woche am Sonntag, 23. August 1998, »›Arabischer Basar‹ beim Verkauf von Bundesvermögen?«

Die IG Metall Salzgitter protestiert am 24.11.1997 auf einer Funktionärskonferenz gegen den Verkauf der »Hütte«. Teilnehmer der Konferenz u.a. Ministerpräsident Gerhard Schröder und Innenminister Gerhard Glogowski.

2. *Aus Sicht der IG Metall Salzgitter könnte dies wie bei der Privatisierung der VW AG an die zuständige Kommune erfolgen. Ebenfalls denkbar wäre eine Übertragung an eine Stiftung des Bundes. Durch diesen Schritt würde eine teilweise Wiedergutmachung für die Fehlentscheidung erfolgen, den Privatisierungserlös der früheren Salzgitter AG an eine Bundesstiftung mit Sitz in Osnabrück fließen zu lassen.*
3. *In jedem Fall muss eine öffentliche Kontrolle gewährleistet werden.«*[140]

Das Bundesfinanzministerium sah in dem ganzen Vorgang schließlich jedoch keine Vertragsverletzung, da die Kaufverträge einen gewissen Interpretationsspielraum zuließen, und lehnte eine Änderung im Rechtsverhältnis des Immobilienbesitzes der Preussag ab.[141]

Der Konzern hatte mit dem Kauf der Salzgitter AG nicht nur Gewinne gemacht, er hatte sich saniert, um nun sein eigentliches Ziel in Angriff nehmen zu können: die Umgestaltung zu einem Dienstleistungs- und Touristikkonzern, die Michael Frenzel, seit 1994 Vorstandsvorsitzender der Preussag AG und ein Vertrauter Friedel Neubers, dessen West/LB schon lange stark im Touristik-Geschäft vertreten war, nun in Angriff nahm. Im Zuge dieser Neuordnung trat 1997 ein, was lange befürchtet worden war: die Hütte stand zur Debatte.

Die neue Salzgitter AG

Im November 1997 kamen die ersten Gerüchte auf, dass die Preussag AG sich von ihrer Stahltochter trennen und sie an British Steel veräußern wolle, Anfang 1998 kam als weitere Interessentin die österreichische Voest Alpine ins Gespräch. Nicht nur IG Metall und Betriebsräte waren alarmiert, auch die niedersächsische Landesregierung unter Gerhard Schröder, für die am 1. März 1998 die nächsten Landtagswahlen anstanden,

[140] Antrag der Ortsverwaltung vom 25. Mai 1998, Archiv IG Metall Salzgitter, unverzeichnet.
[141] Salzgitter-Zeitung, 11. Mai 1998, »Schmidt: ›Von der Preussag rechtlich nichts zu holen‹«. Vgl. auch Frankfurter Allgemeine Zeitung, 19. Februar 1999, »Warum die Preussag wertvolle Immobilien ihrer früheren Stahlgesellschaft behält«.

Die Kolleginnen und Kollegen im Gewerkschaftshaus bleiben skeptisch, 24.11.1997.

wandte sich sofort gegen die Gefahr, dass ausländische Interessenten in Salzgitter Fuß fassen könnten und damit Entscheidungskompetenzen völlig verloren gingen. Auf einer sofort einberufenen Funktionärskonferenz am 24. November im Lebenstedter Gewerkschaftshaus formierte sich der massive Widerstand gegen die Preussag-Pläne. IG Metall, Vertrauensleute, Betriebsräte, der Arbeitsdirektor Günter Geisler sowie der anwesende Ministerpräsident Gerhard Schröder wandten sich vehement gegen ein erneutes Versilbern der Hütte.

Der Ministerpräsident versprach Hilfe zur Rettung der Arbeitsplätze und hielt Wort. Im Zuge einer sofort gestarteten Aktion übernahmen laut vertraglicher Vereinbarung vom Februar 1998 quasi im Rahmen einer vorübergehenden Verstaatlichung für einen befristeten Zeitraum das Land Niedersachsen und die Nord/LB 51% der Aktien der Preussag Stahl AG für eine Gegenleistung von rund 1,3 Milliarden DM.

Der neue Name des nun wieder selbständigen Unternehmens war das Ergebnis eines Belegschaftswettbewerbs. Die außerordentliche Hauptversammlung am 23. April 1998 beschloss die Umfirmierung der Preussag Stahl AG zur Salzgitter AG Stahl und Technologie. Am 2. Juni 1998 ging das Unternehmen an die Börse. Zu diesem Zeitpunkt hielt das Land Niedersachsen 25,5% der Aktien, eine Sperrminorität, die das Land für fünf bis sieben Jahre halten will, für die Mitarbeiter des Unternehmens wurden 14,3% reserviert und 60,2% gab man als Streubesitz aus.

Die Salzgitter AG ist ein gesundes Unternehmen mit sechs Milliarden DM Umsatz und 11.500 Mitarbeitern. In Zeiten europaweiter Fusionen der Stahlkonzerne sofort als Übernahmekandidat gehandelt, hat sie sich bis heute erfolgreich gegen alle derartigen Versuche gewehrt. Auf der Basis modernster Technologie setzt sie vielmehr als spezialisierter Anbieter hochwertiger Premium Stähle, der in Zusammenarbeit mit Universitäten und Forschungsinstituten neue Techniken und Verfahren entwickelt, auf den Alleingang.

50
Jahre
Salzgitter
9. Salzgitter-
Forum
Zukunft der Gewerkschaften
15. und 16. Februar 2002

Mit aller Macht
Gegen den Schacht

»Investitionen in eine andere Zukunft«

Zur Bildungsarbeit der IG Metall Salzgitter

Seit die deutsche Arbeiterbewegung Mitte des 19. Jahrhunderts erste Aktivitäten entfaltete, gehörte es zu ihren zentralen Anliegen, das bürgerliche Bildungsmonopol zu durchbrechen, wohl wissend, dass dies eine der Voraussetzungen für den erfolgreichen Befreiungskampf der Arbeiterklasse sein musste: *»Wissen ist Macht«* und *»Bildung macht frei«* sind die Schlagworte, die dieses Bewusstsein widerspiegeln. Die überall im Reich entstandenen Arbeiterbildungsvereine waren jedoch am Anfang noch stark beeinflusst von den bürgerlich-liberalen Ideen einer allgemeinen Volksbildung und wurden häufig auch von Vertretern des Bürgertums geleitet, die hofften, die Arbeiter auf diesem Weg in das bestehende Gesellschaftssystem integrieren zu können.

Je stärker aber die Arbeiterschaft selbst politisch aktiv wurde und – oft aus den Arbeiterbildungsvereinen – die ersten Gewerkschaften und Parteien entstanden, um so stärker distanzierte sie sich vom bürgerlichen Bildungsideal. Arbeiterbildung, das hieß seit den 60er Jahren des 19. Jahrhunderts berufliche, vor allem aber auch politische Schulung. Letztere nahm sowohl in der Analyse der bestehenden als auch in den Vorstellungen einer künftigen, gerechteren Gesellschaftsordnung sozialistische Position auf.

Vor dem Hintergrund der Auseinandersetzungen über die politische Ausrichtung der Gewerkschaften wurde – wenn es um eine eigenständige Arbeiterbildung ging – von Beginn auch immer darüber gestritten, ob die allgemeine berufsfördernde Bildung (bzw. für Gewerkschaftsfunktionäre die fachliche Qualifizierung zur Ausübung ihrer Funktion) im Mittelpunkt stehen sollte, oder die politische, bewusstseinsbildende und auf diesem Weg gesellschaftsverändernde.[1] Sollte gewerkschaftliche Bildungsarbeit Fach- oder Zweckbildung sein?

Vor allem die sozialistisch orientierten, politisch aktiven Gewerkschaften, die der täglichen Praxis ihrer Mitglieder nahebleiben, versuchten stets, beides miteinander zu verbinden, geleitet von der Überzeugung, dass auch der gewerkschaftliche Fachmann eine politische Grundlage braucht.[2] Der 1891 gegründete Deutsche Metallarbeiterverband (DMV) entwickelte eine besonders umfangreiche und aktive Bildungsarbeit gemäß § 1 seiner Statuten, der die Förderung der geistigen Interessen und die Hebung der Allgemeinbildung als vornehmste Aufgabe ansah. Seit der Verband ein Vertrauensleutesystem aufgebaut hatte und das Betriebsrätegesetz von 1920 die Einrichtung einer Arbeitnehmervertretung vorschrieb, stand die entsprechende Qualifizierung der Funktionäre im Mittelpunkt. Die 1926 eröffnete Wirtschaftsschule des DMV in Bad Dürrenberg bei Leipzig, wo in Drei-Wochen-Kursen Funktionsträger in Volkswirtschaftslehre, kaufmännischer und technischer Betriebslehre, Gewerkschafts- und Verbandsgeschichte sowie in Sozialpolitik und Arbeitsschutz unterrichtet wurden, wurde zum Modell für andere Schulen. Diese vielversprechenden Ansätze fanden 1933 ein vorläufiges, abruptes Ende.

Gewerkschaftliche Bildungsarbeit steht »ganz oben«.

Organisationsaufgabe Nr. 1

Der Wiederaufbau der Gewerkschaften nach 1945 ging von verschiedenen Ebenen aus: fand spontan in einzelnen Betrieben und Orten statt, wurde sehr bald aber auch zentral angeleitet, zunächst auf Bezirks-, dann auf Landes- und Zonen-, schließlich auf Bundesebene. Doch so wenig man vor Ort auf zentrale Anweisungen für die tägliche Arbeit wartete, sondern ein hohes Maß an Selbständigkeit an den Tag legte, so wenig war man bereit, den zentralen Aufbau der Bildungs-

[1] Vgl. Wulf, S. 16ff.
[2] Vgl. Gespräch mit Hans Preiss am 27. November 1998.

arbeit abzuwarten, ließ sich in jenen Zeiten doch durchaus eine Art »Bildungsnotstand« unter den Funktionären konstatieren. Dies gilt auch und vielleicht im Besonderen für Salzgitter, wo es keine traditionelle Arbeiterbewegung gegeben hatte, und die meisten Gewerkschaftsmitglieder zum ersten Mal einer solchen Organisation angehörten, über deren Aufgaben, Möglichkeiten und Ziele sie nur unzureichend informiert waren. Anfang der 1950er Jahre waren von den organisierten IG Metall-Mitgliedern 70% vor 1933 in keiner Gewerkschaft gewesen.[3]

Der sowohl für den Betriebsrat wie für die Gewerkschaften in Salzgitter in den frühen Jahren maßgebliche Erich Söchtig, Vorsitzender des Hauptbetriebsrates der Hütte, 2. Bevollmächtigter der örtlichen IG Metall und Vorsitzender des FDGB-, später des DGB-Kreisausschusses, legte von Anfang an den größten Wert auf die Bildungsarbeit und begann entsprechend früh, sie in Salzgitter zu etablieren.

Über die Schulung von Betriebsräten wurde erstmals auf einer Betriebsrätesitzung am 15. März 1946 gesprochen und der Beschluss gefasst, zunächst alle Betriebsratsvorsitzenden einzubeziehen. Mit der Schulungsarbeit wurde im September 1946 unter Leitung des Kollegen Helmrich aus Braunschweig begonnen.[4] Das Ziel musste zunächst sein, die tägliche Arbeit in den Betrieben zu verbessern. So galt die Schulung von Funktionären nicht nur in Salzgitter als vorrangig. Alois Wöhrle, bis 1962 im Vorstand der IG Metall für die Bildungsarbeit zuständig, bezeichnete die Schulung als Organisationsaufgabe Nr. 1. *»Sie muß Nr. 1 sein, denn wenn eine gute Tarif-, Lohn- und Gehaltspolitik gemacht werden soll ..., muß sich die Organisation auf einen guten, zahlreichen Funktionärsstamm stützen können.«*[5]

In Abstimmung mit dem DGB gestaltete die IG Metall ihre Bildungsarbeit dabei von Anfang an selbst, bemüht, das hohe Niveau, das der DMV auf diesem Gebiet erreicht hatte, wiederzuerlangen. Daher war auch die Auswahl der Teilnehmer für die zentralen Bildungskurse immer ein wichtiges Thema. Aktivität, Disziplin und Treue zur Organisation nannte Alois Wöhrle als notwendige Eigenschaften.[6] Was man nicht haben wollte, waren *»Kursus-Hyänen«* oder *»Lehrgangstiger«*.[7]

Mit der Betonung der Funktionärsschulung waren die anfänglich hohen Erwartungen, die Gewerkschaften könnten in der von den Besatzungsmächten verordneten allgemeinen »Reeducation« eine wesentliche Rolle spielen, aufgegeben worden. Sobald die Gewerkschaften ihre allgemeine wirtschaftliche und soziale Zielsetzung deutlicher vor Augen hatten, klärte sich auch die Zielsetzung ihrer Bildungsarbeit, die nun wieder an die Zeit vor 1933 anknüpfte.[8] Der Bildungsausschuss des DGB für die britische Besatzungszone sah Sinn und Ziel der gewerkschaftlichen Bildungsarbeit darin, *»unseren Mitgliedern und Mitarbeitern und besonders der Jugend Sinn und Arbeit der Gewerkschaften in Vergangenheit und Gegenwart nahezubringen, sie mit dem Ablauf und den Problemen des wirtschaftlichen Lebens vertraut zu machen, die Stellung des arbeitenden Menschen im Produktionsprozess und in der Gesellschaft zu klären, die Ursachen der wirtschaftlichen und sozialen Kämpfe klarzulegen, die Notwendigkeiten und Möglichkeiten der Wahrung der Interessen der Arbeitnehmer ... aufzuzeigen und dem Gewerkschafter dadurch die Mittel in die Hand zu geben, diesen Kampf um die Sicherung seiner Rechte ... richtig zu führen.«*[9] Die Schulung von Funktionären und Betriebsräten war für die jungen Organisationen eine Überlebensfrage. Die für die Bildung verlorenen Kriegsjahre mussten so gut wie möglich nachgeholt und die »Ver-Bildungen« des Nationalsozialismus korrigiert werden. So standen auf den Stundenplänen des DGB der britischen Besatzungszone am Anfang auch Deutsch, Erdkunde und Geschichte neben Informationen über Staat, Gesellschaft, Recht, (Volks-)Wirtschaft,- und Wirtschafts- und Sozialpolitik.[10]

Schulen

Parallel zum DGB organisierten auch die Einzelverbände eine systematische zentrale Bildungsarbeit zunächst auf Bezirks-, dann auf Zonenebene, die seit dem Sommer 1947 auch in Niedersachsen stattfand. Bereits am

[3] Vgl. IG Metall (Hrsg.), 25 Jahre Bildungsarbeit, S. 10f., 41.
[4] Vgl. Gundula Müller, S. 34.
[5] Zitiert nach IG Metall (Hrsg.), 25 Jahre Bildungsarbeit, S. 11.
[6] IG Metall (Hrsg.), 25 Jahre Bildungsarbeit, S. 43.
[7] Rundschreiben DGB-Kreisausschuß Salzgitter, 27. August 1953, STA Salzgitter N23/VIc Betriebsräte; IG Metall (Hrsg.), Protokoll über den 3. ordentlichen Gewerkschaftstag der IG Metall, S. 88.
[8] Vgl. Geschäftsbericht des Deutschen Gewerkschaftsbundes (britische Besatzungszone) 1947-1949, S. 358.
[9] Zitiert ebd., S. 367.
[10] Vgl. Geschäftsbericht des Deutschen Gewerkschaftsbundes (britische Besatzungszone) 1947-1949, S. 370ff.

1. Juli 1947 hatte die IG Metall für die britische Besatzungszone eine Schule in Rummenohl in der Nähe von Hagen/Westfalen eröffnet, wo zwei- und dreiwöchige Kurse für Betriebsräte, Jugend- und Angestelltenfunktionäre, Ortsverwaltungsmitglieder und hauptamtliche Gewerkschaftssekretäre abgehalten wurden. 1951 eröffnete die IG Metall für die Bundesrepublik Deutschland die Schule Heidehof in Dortmund-Lücklenberg und eine weitere in Lohr am Main und nahm damit die traditionelle gewerkschaftseigene Internatsschulung wieder auf.

Zu diesem Zeitpunkt gab es jedoch bereits eine Zusammenarbeit mit den neu entstandenen Heimvolkshochschulen, die gewerkschaftsbezogene Bildungsangebote in ihr Programm aufnahmen – vom Einführungsseminar für Betriebsräte und Vertrauensleute, über Jugendleiterlehrgänge und Seminare für gewerkschaftliche Funktionäre bis zur Mitarbeiterfortbildung. Während die Volkshochschulen sich eher an das Bürgertum wandten, sahen die Heimvolkshochschulen ihre Zielgruppe ausdrücklich in der Arbeiterschaft und stellten dem gemäß die politische, soziale und demokratische Bildung in den Vordergrund. Damit knüpften sie an die Weimarer Tradition der Heimvolkshochschulen an, insbesondere an die in dem seinerzeit weithin bekannten Volkshochschulheim »Dreißigacker« bei Weimar praktizierte.

Drei der nach 1945 entstandenen Heimvolkshochschulen in Niedersachsen zeigten sich von Anfang an besonders gewerkschaftsnah. Die erste, das Jagdschloß Göhrde im Landkreis Lüchow-Dannenberg, bereits 1946 gegründet, entwickelte sich zu einer Mustereinrichtung in der britischen Zone. Im Oktober 1948 folgte die Heimvolkshochschule Hustedt, 1950 Springe. Alle drei werden bis heute in Form eines Vereins von Einzelgewerkschaften, Unternehmen, Einzelpersonen und gewerkschaftsnahen Organisationen getragen. Eine gemeinsame politische Grundorientierung und zahlreiche persönliche Kontakte haben im Lauf von fünf Jahrzehnten eine intensive Zusammenarbeit begründet, von der sowohl die Theoriediskussion als auch die Entwicklung didaktisch-methodischer Konzepte für die Seminare profitiert haben.

Erich Söchtig, Mitbegründer der IG Metall und des DGB in Salzgitter. Er war einer der ersten und konsequenter Verfechter der gewerkschaftlichen Bildungsarbeit.

Insbesondere die Heimvolkshochschule Hustedt, heute eine der größten Einrichtungen dieser Art in der Bundesrepublik, ist für Salzgitter ein wichtiger Partner geworden. Politische Allgemeinbildung umfasste hier anfangs auch die musisch-ästhetische Bildung, vom gemeinsamen Singen bis zur Möbel-Stilkunde, sowie Strategien um das Lernen zu Erlernen. Zudem konnte hier eine längerfristig angelegte Bildungsarbeit verwirklicht werden.

Ab 1949 bot Hustedt den Sechs-Wochen-Grundkurs an, der bis heute, stark überarbeitet, existiert. Inhaltlich ging und geht es um die Stellung der Arbeitnehmer in Betrieb und Gesellschaft aus politischem, wirtschaftlichem, historischem und psychologischem Blickwinkel, ergänzt durch die Vermittlung allgemeiner Arbeitstechniken. Daran hat sich bis heute nichts geändert.

Dazu gesellte sich bald der Sechs-Monate-Aufbaukurs, der erst 1996 mangels Teilnehmern eingestellt wurde. Er war bis dahin für manchen die Vorbereitung auf ein Studium an der Akademie der Arbeit in Frankfurt am Main, der Sozialakademie in Dortmund oder der Akademie für Gemeinwirtschaft in Hamburg, aus der später die Hochschule für Wirtschaft und Politik hervorging.[11]

Leitlinie: Kapital und Arbeit

Im Hinblick auf die Inhalte der Bildungsarbeit wurden die Zeiten bald komplizierter. Es zeichnete sich immer deutlicher ab, dass die gesellschaftliche Entwicklung in eine Richtung lief, die den Vorstellungen vieler Gewerkschafter widersprach. Die Restauration herkömmlicher Besitz- und Machtverhältnisse musste sich auf die Bildungsarbeit ebenso auswirken, wie die Strukturen des Kalten Krieges. Besser gesagt, sie hätte sich auswirken sollen. Statt dessen pflegte man die politische Neutralität und vergaß, neben Faktenwissen politische und gesellschaftliche Zusammenhänge zu vermitteln. Diese Haltung prägte die Bildungsarbeit in den Wirtschaftswunderzeiten der 1950er Jahre, als sich gewerkschaftliche Forderungen relativ gut durchsetzen ließen und allgemeiner Optimismus vorherrschte.[12]

Für Salzgitter galt dies allerdings nicht. Die Bildungsarbeit vor Ort war ebenso wie die gewerkschaftliche und die Betriebsrätepolitik allgemein bis in die 1950er Jahre hinein geprägt von der »Arpo«[13] und dem Mann an ihrer Spitze, Erich Söchtig. Und dieser legte Wert darauf, dass neben das Kompetenz vermittelnde Faktenwissen die Orientierung gebende politische Bildung trat.

Für Erich Söchtig war es keine Frage, dass Funktionäre Karl Marx lesen mussten. *»Die haben uns getrietzt«,* erinnert sich Günther Nagel, später Konzernbetriebsratsvorsitzender der Salzgitter AG, an seine Anfangsjahre in der Gewerkschaft. *»Wollt ihr mitmachen?«* habe Erich Söchtig die jungen Leute gefragt. *»Und dann hat er gesagt: Du hältst nächste Woche über diesen Bereich einen Vortrag. Wir waren ja noch jung, wir wollten nicht nur arbeiten. Und dann haben wir uns etwas zurecht gestottert«,* was Erich Söchtig außerordentlich missfiel. Er sagte seinen jungen Kollegen deutlich die Meinung, in einer Art und Weise, *»dass wir uns nicht wiedererkannt haben«.*[14]

Mit dem Gewicht, das Erich Söchtig der örtlichen Bildungsarbeit verlieh, sorgte er dafür, dass diese in Salzgitter von Anfang an einen hohen Stellenwert erhielt, der es ihr ermöglichte, qualitativ stets auf der Höhe der Zeit zu bleiben. Mit der politischen Orientierung dieser Arbeit begründete er einen noch immer gültigen Grundsatz: Im Zentrum der Bildungsarbeit, wie sie der Auffassung der IG Metall in Salzgitter entspricht, steht der Interessengegensatz von Kapital und Arbeit. Diese konstante Leitlinie der Bildungsarbeit wiederum dürfte die über Jahrzehnte relativ deutliche politische Ausrichtung der Arbeit der örtlichen IG Metall sowie der Betriebsräte in den großen Werken mitbegründet haben.

Arbeit und Leben

Von Erich Söchtig ging auch die Initiative aus, die eine Organisation in Salzgitter Fuß fassen ließ, die landes- und bundesweit seit Ende der 1940er Jahre für Aufmerksamkeit sorgte: »Arbeit und Leben«, eine gemeinsame Bildungseinrichtung des DGB und der Volkshochschulen. Diese Zusammenarbeit war ungewöhnlich, da sie die traditionelle Spaltung zwischen der allgemeinen Volksbildung der Volkshochschulen, die vorwiegend bürgerliche Kulturinhalte zu vermitteln suchte, und der Arbeiterbildung zum Teil aufhob.[15] Dem DGB in der britischen Besatzungszone war bewusst, dass er die unbedingt notwendige Bildungsarbeit in den Wirren der Nachkriegszeit nicht allein leisten konnte. 1948 beschloss man die Einrichtung gewerkschaftlicher Abendschulen, mit deren Gründung Adolf Heidorn, Leiter der Bildungsabteilung der Allgemeinen Gewerkschaft Hannover, später Bildungssekretär des Landesbezirkes des DGB, beauftragt wurde. Aus diesem Anlass gründeten der Landesverband der Volkshochschulen und der DGB Bezirk Niedersachsen am 30. November 1948 in Celle als Sonderabteilung der Volkshoch-

[11] Vgl. Sund, S. 55, S. 78.
[12] Vgl. IG Metall (Hrsg.), 25 Jahre Bildungsarbeit, S. 11ff.
[13] Zur »Arpo« vgl. das Kapitel 2 dieses Buches.
[14] Gespräch mit Günther Nagel am 24. März 1999.
[15] Zur Geschichte von Arbeit und Leben vgl. Wulf und Wollenberg.

Der 1. Bevollmächtigte der IG Metall Hans Donay (links) und der erste Betriebsratsvorsitzende des VW-Werkes Salzgitter, Rudi Anklam (Mitte), während eines Seminars in Springe.

schulen die »Bildungsvereinigung Arbeit und Leben«.[16] Bereits im folgenden Jahr gab es 48 örtliche Arbeitsgemeinschaften in Niedersachsen, bis 1951 waren es 102 und 27 Nebenstellen. Nach niedersächsischem Vorbild gründeten auch andere Bundesländer diese Bildungsvereinigung, schließlich auch der Bund, wenngleich Niedersachsen inhaltlich, methodisch und organisatorisch führend blieb. Die Zusammenarbeit mit »Arbeit und Leben« wie mit den Heimvolkshochschulen sicherte dem Bezirk Hannover einen Vorsprung in der Bildungsarbeit. Hier wurden früh Hilfsmittel wie die Schriften »Arbeit und Betrieb« oder »Der Tarifvertrag« und Methoden entwickelt, von denen später die zentralen Bildungsstätten der IG Metall profitierten.[17]

In Salzgitter existierte »Arbeit und Leben« seit 1962 als eine Abteilung im Rahmen der örtlichen Volkshochschule.[18] Es waren in erster Linie finanzielle Probleme, die aus der lockeren Arbeitsgemeinschaft, wesentlich auf Betreiben Erich Söchtigs, der auch Vorsitzender des Bildungsausschusses des DGB Kreisbezirk war, einen Verein werden ließen. Im Rahmen einer offiziellen Gründungsfeier wurde am 15. September 1965 »Arbeit und Leben-Arbeitsgemeinschaft für politische und soziale Bildung Salzgitter e.V.« als Einrichtung neben der Volkshochschule ins Leben gerufen. Erster Vorsitzender im paritätisch mit Gewerkschafts- und Volkshochschulvertretern besetzten Vorstand wurde der DGB-Kreisvorsitzende Gerhard Werner, neben Erich Söchtig und Franz Busch von der IG Metall, Willi Wegener von der IG Bergbau und Energie sowie Jürgen Mund von der ÖTV. Die ehrenamtliche Geschäftsführung übernahm die Fachsekretärin der IG Metall Hilde Döhling, die neben ihrer eigentlichen Tätigkeit die Verwaltungsarbeit erledigte, für die es erst ab 1970 eine bezahlte Kraft gab. Gründungsmitglied war außerdem Hans Donay, später 1. Bevollmächtigter der IG Metall Salzgitter.

Der Beginn von »Arbeit und Leben« in Salzgitter fiel in eine Zeit des formalen und inhaltlichen Umbruchs dieser Arbeitsgemeinschaft in Niedersachsen. Da das geplante Erwachsenenbildungsgesetz eigenständige Organisationen auf Landesebene fördern wollte, wurde die lockere Arbeitsgemeinschaft im September 1965 zunächst in einen eingetragenen Verein mit der Bezeichnung »Bildungsvereinigung Arbeit und Leben Niedersachsen e.V. – Studieneinrichtung DGB/VHS« umgewandelt. »Arbeit und Leben« Salzgitter bildete eine Unterabteilung.

Zur gleichen Zeit zeichnete sich jedoch ein inhaltlicher Wandel im Sinne einer Ver-

[16] Vgl. auch Referat des Kollegen Heidorn über Bildungsarbeit am 30. Dezember 1948. Archiv IG Metall Salzgitter, unverzeichnet.

[17] Gespräch mit Hans Preiss am 27. November 1999.

[18] Zur Geschichte von Arbeit und Leben in Salzgitter, vgl. Bildungsvereinigung Arbeit und Leben Salzgitter e. V., Festschrift.

selbständigung gegenüber der bürgerlichen Bildung der Volkshochschulen ab. Diese zielte nicht auf eine Veränderung der Gesellschaft, was für die Gewerkschaften nur tragbar sein konnte, solange, ihre eigene Bildungsarbeit weitgehend entpolitisiert war. Dies änderte sich seit Mitte der 1960er Jahre und führte 1968 zunächst zu einem stärkeren Einfluss der Gewerkschaftsseite bei Arbeit und Leben. Durch Satzungsänderung konnten nun auch Einzelgewerkschaften des DGB-Landesbezirkes sowie dem DGB nahestehende Organisationen wie das Berufsfortbildungswerk des DGB oder die Heimvolkshochschulen Hustedt und Springe mit je einem Vertreter Mitglied bei »Arbeit und Leben« werden. Örtliche und Kreisarbeitsgemeinschaften folgten bald mit analogen Regelungen.

1979 schließlich einigten sich der DGB Niedersachsen und der Landesverband der Volkshochschulen darauf, dass es mangels einer gemeinsamen Zieldefinition künftig nur noch um eine »Koordination der bildungspolitischen Bemühungen« gehen könne. 1980 brachte eine erneute Satzungsänderung die formale Trennung von der Volkshochschule und die Selbständigkeit für »Arbeit und Leben«, das sich nun »Bildungseinrichtung Arbeit und Leben Niedersachsen e.V. – Studieneinrichtung des Deutschen Gewerkschaftsbundes, Landesbezirk Niedersachsen« nannte und sich damit zu einer rein gewerkschaftlichen Organisation gewandelt hatte. In Salzgitter erhielt sie den Namen »Bildungsvereinigung Arbeit und Leben Salzgitter e.V.«.

Wie auch immer die Einrichtung organisiert war, ihre Seminare waren unverzichtbarer Bestandteil gewerkschaftlicher Bildungsarbeit. Sie konnten und wollten jedoch nie die Funktionärsschulung ersetzen, sondern richteten sich an alle Mitglieder und stehen auch heute noch prinzipiell jedermann offen. Dabei arbeitet die Bildungsgemeinschaft bei der inhaltlichen Gestaltung der Seminare und der Arbeitsmaterialien, bei der Entwicklung neuer Lehrgangstypen und in der Weiterbildung der Dozenten auch mit den Heimvolkshochschulen zusammen. Insbesondere in dieser Kooperation hat Arbeit und Leben immer wieder neue, fortschrittliche Aspekte in der Bildungsarbeit aufgegriffen und geholfen, diese weiterzuentwickeln. Das gilt vor allem für Zeiten des Umbruchs.

Die 1960er Jahre

Die 1960er Jahre brachten gesellschaftliche Veränderungen, die natürlich Rückwirkungen auf die gewerkschaftliche Bildungsarbeit hatten. Dass Bildung für alle, unabhängig von Stand und Einkommen der Eltern ein Bürgerrecht ist, rückte vor dem Hintergrund einer hervorragenden Konjunkturentwicklung und eines massiven Arbeitskräftemangels ebenso ins Bewusstsein wie die Tatsache, dass auf diesem Gebiet in der Bundesrepublik einiges im Argen lag. Die allgemeine Reformeuphorie ergriff auch die IG Metall.

Von 1962 bis 1972 war Heinz Dürrbeck als geschäftsführendes Vorstandsmitglied für den Bildungsbereich verantwortlich.[19] Unter seiner Leitung entstand der Reformansatz der betriebsnahen Bildungsarbeit. Im Hintergrund standen die Konzepte einer betriebsnahen Tarifpolitik und der Mitbestimmung am Arbeitsplatz, die unbedingt eine Stärkung der Position der Vertrauensleute in den Betrieben erforderten. Das Ziel war, die Gegenmachtfunktion der Gewerkschaft zu untermauern.

Eine Rolle spielte aber auch die Einsicht, dass die Seminarteilnehmer nicht nur theoretische Erkenntnisse anstrebten, sondern Lösungen für ihre alltäglichen Probleme suchten. Es galt, betriebliche Erfahrungen in die Seminararbeit einzubringen und die Bildungsarbeit in die Betriebe. Bereits 1961 hatte der Vorstand der IG Metall beschlossen, in jeder Verwaltungsstelle einen ehren- oder hauptamtlichen Bildungssachbearbeiter aus der Mitte der Ortsverwaltung wählen zu lassen und zusätzlich mindestens in allen Betrieben mit mehr als 100 Beschäftigten Bildungsobleute aus dem Kreis der Vertrauensleute. Sie sollten, speziell ausgebildet, als Organisatoren, Diskussionsleiter und Referenten tätig werden. In Zusammenarbeit mit der Vertrauenskörperleitung, dem Betriebsrat und der Ortsverwaltung würde es ihre Aufgabe sein, ein betriebliches Bildungsprogramm zu erstellen und durchzuführen. Ein

[19] Zu dieser Zeit, wie zur Bedeutung Heinz Dürrbecks für die Bildungsarbeit der IG Metall, siehe die verschiedenen Beiträge in Grosspietsch/Benz (Hrsg.).

Eröffnungsveranstaltung von »Arbeit und Leben«, 1965.

eventuell ins Leben zu rufender örtlicher Bildungsausschuss, den es in einigen Verwaltungsstellen, bestätigt durch die Ortsverwaltung, bereits gab, sollte diese in Bildungsfragen beraten, Vorschläge machen, Bildungsprogramme erstellen sowie Arbeitskreise und Bildungsgruppen zu gründen.[20]

Konzeptarbeit

In der Seminargestaltung setzte sich in dieser Zeit das »Teamer-Prinzip« durch. Zwar gab es schon immer neben dem Vortrag auch die Arbeitsgruppe in den Lehrgängen, da sie dem gewerkschaftlichen Geist am ehesten entsprach, wie ein früher Geschäftsbericht bemerkt.[21] Aber im Wesentlichen waren es bis dahin nur hauptamtliche Lehrer und qualifizierte Referenten, die wechselnd und im Frontalunterricht inhaltlich hervorragende Sachvorträge hielten, bei denen die Teilnehmer aber nicht selten schnell abschalteten. Die Einzelreferenten wurden nun durch ein Team ersetzt, das das ganze Seminar gestaltete. Die Forderung, das Team solle idealerweise aus einem hauptamtlichen und einem ehrenamtlichen Funktionär sowie einem Studenten zusammengesetzt sein, konnte allerdings nur zum Teil verwirklicht werden.

Methodisch erlangte in der gewerkschaftlichen Bildungsarbeit dieser Jahre ein theoretischer Ansatz großen Einfluss, den der Soziologe Oskar Negt, der die Gewerkschaften damals in Bildungsfragen beriet, 1968 in einer kleinen Schrift darlegte: »Soziologische Phantasie und exemplarisches Lernen. Zur Theorie der Arbeiterbildung.«[22] Das Buch war das Ergebnis eines gemeinsamen Projektes der IG Metall mit »Arbeit und Leben« Niedersachsen. Zusammen mit Hans Matthöfer hatte Oskar Negt schon zu Beginn des Jahrzehnts, unterstützt von vielen Mitarbeitern auch aus dem gewerkschaftlichen Bereich, die ersten Versuche mit dem »Erfahrungsansatz« zunächst in der Jugendarbeit gestartet. Ausgehend von der Erkenntnis, dass eine von außen an die Teilnehmer herangetragene Theorie nicht den erwünschten Bildungseffekt haben kann, sollte er die alten Lehrmethoden ablösen. Stattdessen waren die von den Teilnehmern vorgetragenen typischen Konfliktfälle innerhalb des Betriebes Ausgangspunkt für das »exemplarische Lernen«, die Erwartungshaltung der Teilnehmer wurde weitaus stärker berücksichtigt und

[20] Vgl. IG Metall (Hrsg.), Unsere Schulung 1961.
[21] Geschäftsbericht des Deutschen Gewerkschaftsbundes (britische Besatzungszone) 1947 bis 1949, S. 378.
[22] Vgl. dazu Bildungsvereinigung Arbeit und Leben Niedersachsen e.V. (Hrsg.), Bildung kommt von Bild, S. 14.

politische Bewertungen und praktische Handlungsmöglichkeiten Teil der Seminararbeit. Gleichwohl sollten die oft widersprüchlichen und isolierten Alltagserfahrungen theoretisch aufgearbeitet und im soziologischen Gefüge interpretiert werden, um strukturelle Zusammenhänge erkennbar werden zu lassen. Dass in den persönlichen Erfahrungen des Einzelnen die objektiven gesellschaftlichen Bedingungen erkennbar sind und Bildung an diese Erfahrungen anknüpfen muss, war keine völlig neue Erkenntnis, aber Oskar Negt hatte sie neu ins Bewusstsein gehoben.

Damit wurden die Teilnehmer in ganz neuer Art und Weise einbezogen, die Bildungsarbeit ein Stück weit demokratisiert. Ziel war die Fähigkeit, auch außerhalb des Seminars eigene Erfahrungen aufzuarbeiten, komplexe Zusammenhänge eigenständig zu erschließen und politische Urteilskraft auszubilden. Wichtigste Aufgabe der nun unbedingt didaktisch und methodisch geschulten Referenten war es, bei der diskursiven Entfaltung von Erfahrungswissen Hilfestellungen zu geben, Strukturen und notwendige Materialien anzubieten, aber auch Positionen in die Diskussion einzubringen.

Da es den ehrenamtlichen Referenten zeitlich unmöglich war, Arbeitsunterlagen selbst zusammenzustellen, wurden von nun an Referentenleitfäden und weitere Bildungsmedien erstellt. Der Leitfaden ist bis heute ein Gerüst, ein Geländer, das Halt gibt, das aber, wenn nötig und möglich, auch verlassen werden kann und soll. Diese Orientierung wurde von der Verwaltungsstelle Salzgitter im Einklang mit dem Vorstand stets offensiv vertreten, so dass die an anderen Orten aufgebrochene Kontroverse »Leitfadenkonzept contra Erfahrungsansatz« hier nie größere Bedeutung erlangte.

Oskar Negts Ansatz hatte Kritiker in den Gewerkschaften; diese vertraten einen Lernansatz, der an der herkömmlichen Praxis der Vermittlung objektiver Kenntnisse in den Seminaren festhalten wollte; sie hielten die Reduzierung der Stofffülle für falsch, beargwohnten in erster Linie aber wohl den Abbau von Autorität sowie die Befreiung von Lernzwängen. Die teilweise Organisation des Lernens durch die Lerngruppen selbst war verdächtig. Allerdings führten grobe Vereinfachungen des exemplarischen Lernens tatsächlich nicht selten zu einer Verkürzung und Verfälschung dieses Ansatzes, was es den zahlreichen Kritikern nur allzu leicht machte.[23]

Oskar Negt nannte das Konzept später einen »politischen Traum«,[24] der – wohl auch vor dem Hintergrund einer beginnenden Konjunkturkrise – ein Stück weit zurückgenommen wurde. Man band die Bildungsarbeit wieder fester an die Belange der Organisation und betonte die Funktionärsbildung wieder stärker.

Alles in allem hatte der Reformansatz der 1960er Jahre jedoch sowohl zu einer qualitativen als auch zu einer quantitativen Verbesserung der Bildungsarbeit geführt. Kamen 1962 auf 1.000 Mitglieder 1,6 Seminarteilnehmer, so waren es zehn Jahre später 7,2.[25] Deshalb blieb manches, was in den 1960er Jahren begonnen wurde, bis heute erhalten.

17 Thesen

Grundlage und Ausdruck der Bildungsarbeit der IG Metall der folgenden zwei Jahrzehnte und zum Teil darüber hinaus waren 17 Thesen, die 1972 im Anschluss an eine Klausurtagung des Vorstandes als politischer Kompromiss formuliert wurden.[26] Maßgeblich daran beteiligt war Hans Preiss, als Nachfolger Heinz Dürrbecks von 1972 bis 1989 als geschäftsführendes Vorstandsmitglied für die Bildungsarbeit zuständig, die er in dieser Zeit und auch später maßgeblich geprägt hat. Die Bildungsarbeit in Salzgitter begleitete er kontinuierlich mit großem Interesse und zahlreichen Anregungen und ist hier bis heute ein gern und oft gesehener Gast.

Die 17 Thesen stellen zunächst klar, dass gewerkschaftliche Bildung Zweckbildung ist, dazu bestimmt, die Organisation zu stärken und ihre Interessen zu verwirklichen. Die Lehrinhalte richten sich daher nach der Satzung der IG Metall, dem Grundsatz- und dem Aktionsprogramm des DGB, nach den Beschlüssen der Organe der IG Metall sowie nach den internationalen Verpflichtungen der Gewerkschaftsbewegung. Ihr oberstes Ziel hat das praktische Handeln vor Augen und

[23] Sund, S. 80.
[24] Bei der 25-Jahr Feier der Gründung Sprockhövels, nach Ostertag/Mathes, S. 217.
[25] Ostertag/Mathes, S. 215.
[26] Erstmals veröffentlicht in »Der Gewerkschafter«, 11/1972, S. 425.

richtet sich darauf, *»die Teilnehmer zum gesellschaftspolitischen Engagement zu befähigen«*. So global dieses Ziel hier formuliert ist, macht es doch schon deutlich, dass Bildung nicht nur die reine Wissensvermittlung meint, sondern den ganzen Menschen betrifft, seine Einstellungen, Eigenschaften, Verhaltensweisen. In den 17 Thesen wird der Bildungsarbeit aufgetragen, den Interessenkonflikt zwischen abhängig Beschäftigten und Arbeitgebern deutlich zu machen, sie schreiben so den Gegensatz von Kapital und Arbeit als Grundlage der Schulung und Bildung der Funktionäre und Mitglieder fest. Auf dieser Basis wurden Ansätze fortentwickelt, die sich erneut unter dem Stichwort Betriebsnähe zusammenfassen lassen.

Betriebsnähe

Das gilt zunächst für das Prinzip der Teilnehmerorientierung, das Hans Preiss 1980 so begründete: *»Dabei gehen wir davon aus, dass unsere Teilnehmer erwachsene Menschen sind, die nicht erst während des Seminars beginnen, sich Gedanken über ihre Umwelt zu machen. Sie haben ein Bewußtsein von ihrer Arbeit und ihrer Lage. Sie haben bereits Kenntnisse und Fähigkeiten erworben. Dies alles müssen wir sehr ernst nehmen. Die Teilnehmer als bewußte und erfahrene Teilnehmer ernst zu nehmen heißt aber mehr, als ein Seminar mit der unverbindlichen Diskussion von Erfahrungen auszufüllen. Wer ernst macht mit dem Ansatz bei den Erfahrungen der Teilnehmer, der muß sehr genau wissen, mit welchen Voraussetzungen die Teilnehmer zu uns kommen und wie man darauf Lernprozesse aufbaut.«*[27]

Dass die Praxis das Bewusstsein stärker prägt als alle theoretischen Seminar-Diskussionen, wie praxisnah sie auch immer sein mögen, hat Hans Preiss stets betont. *»Jeder Warnstreik, jeder Lohnstreik, jede Aktion gegen arbeitnehmerfeindliche Politik, gegen einschränkende Gesetzesbestimmungen wirken bewußtseinsbildend. Jede Aktion ist dazu angetan, im Bündnis mit den Erfahrungen aus der Geschichte, das Bewußtsein zu verändern bzw. zu stärken«*, formulierte er in seinem Referat auf dem Salzgitter-Forum

Betriebsnahe Bildungsarbeit, das »Steckenpferd« des Kollegen Hans Preiss, fand in der Ortsverwaltung Salzgitter große Zustimmung.

1998[28] und ergänzt im Gespräch, dass ein Streik eben auch eine emotionale Komponente habe. Die Kolleginnen und Kollegen spüren dabei, dass sie nicht allein sind. So plädiert Hans Preiss dafür, den Bildungsbegriff möglichst weit zu fassen. Sind nicht schließlich auch die Diskussionen in der Vertreterversammlung und den Ortsverwaltungssitzungen sowie kommunale Aktivitäten eine Form von Bildungsarbeit? Allerdings gehört es ebenso zu seinen Überzeugungen, dass die theoretische Aufarbeitung in Form politischer Bildung unbedingt hinzukommen muss, wobei auch hier wiederum zu berücksichtigen ist, dass die Kolleginnen und Kollegen Antworten auf Fragen der Praxis haben wollen. Den Umfang der Theorievermittlung in den Seminaren schätzt Hans Preiss auf 30% und erläutert, dass man früher einfach mehr Zeit für die Theorie und für Gespräche hatte, da in den Betrieben alles ruhiger ablief.[29]

Methodisch sollten sich die Arbeitsformen und -techniken in den Seminaren an der betrieblichen Praxis orientieren. Sie reichten von der Plenumsarbeit über die Gruppen- zur Partnerarbeit, und sie vermittelten Techniken wie das Anfertigen von Notizen, das Durch-

[27] Zitiert nach Hoffmann, S. 5.
[28] Preiss, Lernen aus der Geschichte?, S. 25; vgl. auch Preiss, Von der Volksbildung..., S. 29.
[29] Gespräch am 27. November 1998.

arbeiten von Texten und deren Anfertigung sowie den Umgang mit Materialien wie Tafel, Wandzeitung, Folie und Bild.[30] Die Methoden sollten aber auch helfen, die Praxis dort zu verändern, wo sie sich im Widerspruch zur Politik der Organisation, gleich welcher Ebene befand.

Dabei blieb das Teamer-Prinzip erhalten – sowohl bei den hauptamtlichen Lehrkräften in den zentralen Bildungsstätten als auch bei den ehrenamtlichen Referenten. Letztere garantieren Betriebsnähe, da alle örtlichen und regionalen, aber auch einige bezirkliche Seminare ausschließlich von ehrenamtlichen Referenten, also Kolleginnen und Kollegen aus dem Betrieb durchgeführt werden, die in Referentenseminaren inhaltlich und methodisch von Fachleuten dafür ausgebildet wurden und ständig fortgebildet werden.

Wie alle gewerkschaftlichen Angelegenheiten im Betrieb obliegt auch die Bildungsarbeit der Vertrauenskörperleitung, die gemäß den Richtlinien der Vertrauensleutearbeit für eine zielgerichtete Bildungsplanung verantwortlich ist. Sie beauftragt zu diesem Zweck Bildungsobleute mit der Aufgabe, zum einen die Seminarangebote im Betrieb bekannt zu machen, zum anderen den Bildungsbedarf zu ermitteln und die Vergabe von Seminarplätzen zu organisieren, was Kenntnisse über Ziele und Inhalte der Seminare voraussetzt. Zum Zweck der Planung richtete die Verwaltungsstelle Salzgitter, wie vom Vorstand empfohlen, Anfang der 1970er Jahre einen Bildungsausschuss ein, an dem Absolventen der Lehrgänge »Referenten/ Bildungsobleute« teilnahmen und der von der Ortsverwaltung »von Zeit zu Zeit zu einem Erfahrungsaustausch geladen« wurde. 1979 und 1980 beschloss die Ortsverwaltung, Bildungsausschüsse sowohl auf Verwaltungsstellenebene als auch in allen Großbetrieben einzurichten. In ihnen wurden die Bildungsobleute des Betriebes zusammengefasst, um betriebsbezogene Bildungsmaßnahmen zu planen. Der überbetriebliche Bildungsausschuss, in dem die Bildungsbeauftragten der einzelnen Vertrauenskörperleitungen zusammengefasst wurden, erarbeitete nun das Bildungsprogramm der Verwaltungsstelle, das anschließend von der Ortsverwaltung beraten und verabschiedet wurde.[31]

Ab Oktober 1979 beschritt die IG Metall Salzgitter einen neuen Weg in der Bildungsarbeit und richtete in den großen Betrieben Salzgitters bei P+S, VW, LHB, MAN, Blaupunkt, der SMAG, den VPS und Stoll insgesamt 23 gewerkschaftspolitische Arbeitskreise ein, die zum Teil bis Ende der 1980er Jahre bestanden. Sie richteten sich prinzipiell an alle Kolleginnen und Kollegen, denen sie – unter Leitung betrieblicher Funktionäre aus der Vertrauenskörperleitung, der Vertreterversammlung, einem Teil der Ortsverwaltung und der Betriebsräte – eine Weiterbildung zu innerbetrieblichen wie allgemeinen betriebsübergreifenden Themen bieten wollte. Ausgehend von aktuellen Beispielen aus der täglichen Praxis wurden Fragen zu den Themen Kündigung, Arbeitsrecht, Aufbau und Aufgaben der IG Metall, Lohn und Gehalt, Mitbestimmung, Arbeitszeitverkürzung, die Neuordnung der Metallberufe, die Zukunft des Salzgitter-Konzerns, Folgen der EDV-Einführung und vieles mehr besprochen, zum Teil unter Hinzuziehung von hauptamtlichen IG Metall-Funktionären der Verwaltungsstelle oder von Betriebsratsvorsitzenden als Referenten. Betriebsbesichtigungen innerhalb von Salzgitter und gelegentliche Wochenendseminare ergänzten das Programm.[32]

Schwerpunkt politische Bildung

Die Bildungsreformen der 1970er Jahre zielten zunächst, wegen in- und ausländischer Konkurrenzsituationen, auf die berufliche Weiterbildung. Gleichzeitig aber bekam die politische Bildung ein neues Schwergewicht, denn »mehr Demokratie wagen«, wie Willy Brandt in seiner Regierungserklärung gefordert hatte, setzte Informiertheit und Urteilsfähigkeit voraus. Auch die Gewerkschaften betonten daher auch die politischen Inhalte, um den gesellschaftlichen Emanzipationsprozess durch qualifizierte Jugendvertreter, Vertrauensleute und Betriebsräte voranzutreiben. Die Analyse und Bewertung gesellschaftlicher Zustände und Diskussionen über die Rolle der IG Metall in diesem Zusammenhang fanden stärkeren Eingang in die Seminare.

[30] Vgl. Hoffmann, S. 34ff.

[31] Vgl. Geschäftsbericht 1972 bis 1974, S. 80; Geschäftsbericht 1978 bis 1980, S. 110f. u. S.127.

[32] Vgl. Geschäftsbericht 1978 bis 1980, S. 110f., »metall« Nr. 18, 12. September 1979, Lokalseite.

Klausurtagung der Ortsverwaltung 1991 auf Langeoog.

In dem Bewusstsein, dass gewerkschaftliche Arbeit in erster Linie vor Ort, in der Verwaltungsstelle und im Betrieb stattfindet, beschloss der 11. Gewerkschaftstag 1974 eine weitere Stärkung der dezentralen Bildungsarbeit in Betrieb, Ort und Region. Als Zusammenschluss mehrerer Verwaltungsstellen entstanden Bildungsregionen. Salzgitter arbeitete von nun an intensiver mit der Verwaltungsstelle in Peine zusammen und beide wiederum mit den Heimvolkshochschulen in Hustedt und Springe.[33]

Insgesamt verstärkte sich die Kooperation zwischen zentralen und regionalen Angeboten, und es entwickelte sich eine gute Zusammenarbeit, die bis heute besteht. Zentrale Bildungsstätten mit hauptamtlichen Lehrkräften führen Kooperationsseminare mit Betrieben, Verwaltungsstellen und Bezirken durch und unterstützen die regionale Schulung mit didaktisch und methodisch aufbereitetem Material, Seminarkonzepten und Bildungsbausteinen, die im Rahmen der Entwicklung von Modellseminaren entstehen.

Die auf diesem Weg herausgegebenen Leitfäden für Referenten und Leiter politischer Arbeitskreise sowie die Arbeitshefte zu verschiedenen wirtschaftlichen Themen, galten lange Zeit als sehr fortschrittlich und waren Vorbild für andere Organisationen.

Zunehmende Bedeutung erhielt in diesem Zusammenhang das Bildungszentrum der IG Metall in Sprockhövel. Seit Anfang der 1960er Jahre waren Forderungen nach einer weiteren zentralen Schule laut geworden und der Vorstand entschied sich nach langen Diskussionen für einen Neubau in Sprockhövel, dessen Konzeption Heinz Dürrbeck erarbeitet hatte. Am 3. September 1971 eröffnet, verband Sprockhövel von Anfang an Theorie und Praxis, Wissenschaft und ihre Umsetzung in der Bildungsarbeit. So bestehen enge Kontakte zur Ruhr-Universität in Bochum, aus denen dort 1980 das Forschungsinstitut für Arbeiterbildung hervorging. Wesentlichen Anteil hatte Sprockhövel auch seit Beginn an der Referentenaus- und -weiterbildung.

Verstärkte Anforderungen im Rahmen der politischen Bildung machten eine intensivere Aus- und Weiterbildung der ehrenamtlichen Referenten notwendig, die in Referentenseminaren durch »Arbeit und Leben«, die Heimvolkshochschulen, die Bezirksleitung und eben das Bildungszentrum Sprockhövel erfolgte. Um den Referenten ein gewisses Maß an theoretischem Wissen zu vermitteln, richtete die IG Metall Verwaltungsstelle in Salzgitter als einzige in der Bundesrepublik in den 1980er Jahren den dreistufigen sozialwissenschaftlichen Grundkurs ein, durchge-

[33] Vgl. Geschäftsbericht 1975 bis 1977, S. 103.

führt von Jörg Miehe von der Universität Göttingen. Der Kurs hatte in der ursprünglichen Form bis Mitte der 1990er Jahre Bestand und soll in naher Zukunft in neuer Form in der Heimvolkshochschule Hustedt wiederaufleben. Zur Qualifizierung und als Voraussetzung für die Referententätigkeit (letzteres ist ebenfalls einmalig in der Bundesrepublik) nehmen in der Regel außerdem fünf bis sechs Funktionäre pro Jahr am Sechs-Wochen-Grundkurs in Hustedt teil, wo neben Wirtschaft, Politik und Geschichte auch Soziologie und Psychologie auf dem Stundenplan stehen.

Die außerdem regelmäßig im Jahr stattfindenden Referentenklausurtagungen der Verwaltungsstelle beschäftigen sich zum einen mit der Erstellung der Leitfäden für die betrieblichen Wochenseminare zum anderen mit inhaltlichen Problemen der Referentenfortbildung. Eine wichtige Einrichtung für die Referenten sind zudem die Referentenarbeitskreise auf Verwaltungsstellenebene und in den Großbetrieben, weil sie die geringe Praxis der Referenten, die meist nicht mehr als zwei Seminare im Jahr durchführen, durch die Möglichkeit des Erfahrungsaustausches zum Teil auffangen. In den Referentenarbeitskreisen findet die eigentliche Bildungsplanung statt, werden Konzepte für die betriebliche Arbeit wie für die Arbeit auf Verwaltungsstellenebene erstellt. Seit 1994 tagt der Referentenarbeitskreis der Verwaltungsstelle nicht mehr monatlich, sondern themen- und zielgruppenorientiert als Tages- und Wochenendveranstaltung.[34]

Da die ehrenamtlichen Referenten in der Regel zu den aktivsten Funktionären gehören und über ein fundiertes theoretisches Wissen verfügen, sind die Referentenarbeitskreise auch im Hinblick auf die Ausrichtung der politischen Arbeit und in diesem Zusammenhang stattfindende Auseinandersetzungen in der Verwaltungsstelle und im Betrieb eine nicht zu unterschätzende Einrichtung.

Gesetze

Neben der gewachsenen gesellschaftlichen Bedeutung der politischen Bildung, wurde die IG Metall in den 1970er Jahren auch aus einem anderen Grund zu einer Erweiterung ihrer Bildungsarbeit veranlasst: Es gab einige reformierte bzw. neue Gesetze, die neue Herausforderungen für die gewerkschaftliche Bildungsarbeit mit sich brachten. Da war zunächst die Neufassung des Betriebsverfassungsgesetzes 1972. Während die alte Regelung aus dem Jahr 1952 keine Arbeitsbefreiung für Betriebsräte zur weiteren Qualifizierung vorsah, gewährte das neue Gesetz mit dem § 37 Absatz 6 und 7 jedem Betriebsratsmitglied einen Anspruch auf drei Wochen bezahlte Freistellung *»für die Teilnahme an Schulungs- und Bildungsveranstaltungen, soweit diese Kenntnisse vermitteln, die für die Arbeit des Betriebsrats erforderlich«* und als geeignet anerkannt sind.[35] Termine und Teilnahme regelt der Betriebsrat unter Berücksichtigung der betrieblichen Situation. Der Arbeitgeber muss die Teilnehmer freistellen und die Seminarkosten übernehmen.

Die Arbeitgeber versuchten in den ersten Jahren sich ihren Verpflichtungen, die sich aus diesem Gesetz ergaben, zu entziehen; die meisten der daraufhin geführten Gerichtsverfahren gewann jedoch die IG Metall und die Zahl der Seminarteilnehmer stieg rasch. Gleichzeitig aber traten Gewerkschaften und Arbeitgeberverbände in Konkurrenz um die Schulung der Arbeitnehmervertreter.

Um die gesetzlichen Möglichkeit für Betriebsräte und alle anderen Funktionäre möglichst systematisch zu nutzen, bietet die IG Metall seit 1975 Seminare in einem stufenweisen Aufbau an:[36] Den F(unktionsträger) I-Kurs, ein regionales Einführungsseminar, das Grundkenntnisse sozialer und ökonomischer Zusammenhänge in Betrieb und Wirtschaft sowie die Aufgaben der Interessenvertreter im Betrieb vermittelt, das zentral durchgeführte Grundseminar F II und schließlich das zentrale Aufbauseminar F III (heute A I, II und II) bzw. alternativ die Jugendfunktionärsseminare I, II und III. Diese Kurse, durchgeführt von Referententeams auf der Basis eines immer wieder überarbeiteten Leitfadens, entsprechen der klassischen Grundlagenbildung für Funktionsträger der IG Metall. Erst im Anschluss daran sollen Aufbaukurse besucht werden, die Kenntnisse auf Spezialgebieten wie Rationalisierungsfragen, Arbeitsschutz oder Lohn und Gehalt

[34] Vgl. Geschäftsbericht 1993 bis 1995, S. 60.

[35] Die Anerkennung erfolgt durch die zuständige oberste Arbeitsbehörde des Landes, in Absprache mit den Spitzenorganisationen der Gewerkschaften und der Arbeitgeberverbände.

[36] Vgl. Geschäftsbericht 1975 bis 1977, S. 104. Zum F 1-Kurs vgl. Hoffmann, S. 18ff.

vermitteln. Seminare zu jeweils aktuellen gewerkschaftlichen und betrieblichen Themen von der Arbeitszeitverkürzung über Rationalisierungen bis zur Ökologie ergänzen die Kurse.

Eine verbesserte Situation, auch für alle Gewerkschaftsmitglieder, ergab sich zunächst 1970 mit dem niedersächsischen Erwachsenenbildungsgesetz,[37] das, in dem Bewusstsein, dass die Demokratie urteils- und kritikfähige Bürger braucht, die politische Bildung finanziell unterstützte, und stärker noch mit dem Niedersächsischen Bildungsurlaubsgesetz, das am 1. Januar 1975 in Kraft trat und Niedersachsen zum ersten Flächenland machte, in dem nach intensiven Diskussionen endlich der Bildungsurlaub für Arbeitnehmer eingeführt wurde. Die Forderung nach Freistellung zwecks Fortbildung war zunächst von »Arbeit und Leben« für die Bundesrepublik Deutschland erhoben worden und ging 1963 in das Grundsatzprogramm des DGB ein, der sich in den folgenden Jahren verstärkt in die Bildungspolitik einschaltete. 1973 übernahmen ausdrücklich auch der DGB-Niedersachsen und Arbeit und Leben Niedersachsen die Forderung.

Mit dem Bildungsurlaubsgesetz wurde erstmals eine Fortbildung für Arbeitnehmer während der Arbeitszeit anerkannt. Innerhalb von zwei Kalenderjahren standen nun jedem zehn Tage Freistellung zur beruflichen, allgemeinen und politischen Weiterbildung ohne Minderung des Arbeitsentgeltes zur Verfügung. Ausdrücklich ausgeschlossen wurden Lehrgänge, die nur betrieblichen oder dienstlichen Zwecken dienten. Im Geschäftsbericht der IG Metall Salzgitter hieß es damals zur Einführung des Gesetzes: *»Die Arbeitnehmer haben es jetzt in der Hand, unabhängig von den Zufälligkeiten der sozialen Bedingungen ihres Lebens, die Chance zur Selbstentfaltung, zu bewußter Verarbeitung der Vorgänge in ihrer Umwelt und zur abgewogenen Vertretung ihrer eigenen Vorstellungen und Bedürfnisse zu erhöhen.«*[38]

Ganz so einfach war die Inanspruchnahme des Gesetzes dann allerdings nicht. Zunächst fehlten einfach die Kapazitäten. Wie schon das neue Betriebsverfassungsgesetz stellte auch das Bildungsurlaubsgesetz die gewerkschaftliche Bildungsarbeit vor eine neue Situation, da die zentralen Schulen auf eine massive Erhöhung der Teilnehmerzahlen der Seminare nicht vorbereitet waren. Hierin lag eine Ursache für die Erweiterung der regionalen Bildungsarbeit und der verstärkten Ausbildung ehrenamtlicher Referenten.

Dabei spielte insbesondere »Arbeit und Leben«, bis heute der größte Anbieter von Bildungsurlaub in Niedersachsen überhaupt, eine bedeutende Rolle. Außerdem mussten neue Seminarmodelle erprobt werden; so gab es in Hustedt 1975 erste Familienseminare. Gravierender war der Widerstand der Arbeitgeber, insbesondere der Wirtschaftsverbände. Sie befürworteten zwar eine berufliche Weiterbildung ihrer Beschäftigten, aber nicht auf ihre Kosten; die Notwendigkeit politischer Bildung bestritten sie. Die Schwierigkeiten, die durch die ablehnende Haltung der Arbeitgeber entstanden, führten von Anfang an zu einer relativ geringen Inanspruchnahme der Bildungsurlaubsmöglichkeiten, was die Unternehmer wiederum so auslegten, als würde kein Bedarf bestehen.

Tatsächlich nahmen in den ersten Jahren in Salzgitter jedoch immerhin 10% der Arbeitnehmer dieses Recht in Anspruch,[39] eine Zahl, die heute bei weitem nicht mehr erreicht wird, denn der Widerstand der Arbeitgeberverbände und einzelner Unternehmen wuchs noch im Lauf der Jahre. Die »metall« berichtete 1983, dass die IG Metall allein bei MAN in Salzgitter in 46 Fällen auf Fortzahlung von Lohn und Gehalt klagen musste.[40] Die niedersächsische CDU-Landesregierung gab schließlich 1984 dem Druck der Arbeitgeber nach und setzte eine Verschlechterung der Arbeitnehmerrechte im Bildungsbereich durch, die erst von der rot-grünen Nachfolgeregierung weitgehend wieder zurückgenommen wurde.[41] Da sich die Veranstalter in Niedersachsen selbst verpflichtet haben, bestimmte Themenbereiche und Rahmenbedingungen einzuhalten, gibt es hier weitaus weniger Klagen der Arbeitgeber gegen Seminarteilnehmer als im übrigen Bundesgebiet.[42]

[37] Ein neues Erwachsenenbildungsgesetz ist derzeit in Niedersachsen in Planung.

[38] Geschäftsbericht 1972 bis 1974, S. 80.

[39] Geschäftsbericht 1975 bis 1977, S. 109.

[40] »metall«, Nr. 14, Juli 1983, Lokalseite.

[41] 1984 wurde die Anzahl der Freistellungstage von zehn auf acht reduziert, die Auswahl der Seminarthemen eingeschränkt, Studienfahrten ins Ausland nicht mehr anerkannt und die Bestätigung der Seminare als Bildungsurlaubsmöglichkeit insgesamt erschwert. Der Negativkatalog zur Anerkennung der Seminare blieb allerdings bis heute erhalten, um einen Missbrauch des Bildungsurlaubs zu vermeiden.

[42] Bildungsvereinigung Arbeit und Leben Niedersachsen e.V. – (Hrsg.), 20 Jahre, S. 9.

Wochenend-Seminar der Kollegen des Renault-Motorenwerkes Celon und des VW-Motorenwerkes Salzgitter in der Lüneburger-Heide.

Informationsfahrten

Die Bildungsarbeit der IG Metall Salzgitter spielte sich von Anfang an nicht nur im Rahmen von Seminaren ab, sondern war sehr viel weiter gefasst. Da sind zunächst die Kontakte von Betrieb zu Betrieb im Sinne eines Erfahrungsaustauschs mit Kolleginnen und Kollegen aus anderen Orten und Regionen. Dem Kennenlernen anderer Bedingungen dienen bis heute auch die Informationsfahrten für Betriebsräte und Vertrauensleute.

Im Sommer 1960 fuhren auf Initiative des Betriebsrates insgesamt 580 Vertrauensleute der Hütte nach Berlin, um sich Tochterfirmen des Salzgitter-Konzerns wie die Borsig AG und die deutsche Industriewerke AG anzusehen, aber auch, um die Probleme der Stadt hautnah erfahren zu können. *»Wir sind aber auch der Meinung«,* erklärte der Betriebsrat der Hütte, *»daß diese Informationsfahrten nicht zuletzt dazu beigetragen haben, die Verbundenheit mit Westberlin und seiner Bevölkerung zu bekunden und unseren Kollegen Einblick in die zweigeteilte Stadt zu vermitteln«.* Das war politische Bildung vor Ort, die noch aufgewertet wurde durch ein persönliches Schreiben des damaligen regierenden Bürgermeisters Willy Brandt, der sich für das Engagement der Metaller bedankte.[43] Weitere Informationsfahrten führten Betriebsräte und Vertrauensleute zum Beispiel in den 1970er Jahren unter anderem nach München, Lübeck, Hamburg, Bonn und Berlin, aber auch nach Holland, Dänemark, Jugoslawien und in die UdSSR, später nach Italien und Polen.[44]

»metall«

Bildung durch Information vermittelt auch die Mitgliederzeitung »metall«, die größte Gewerkschaftszeitung überhaupt.[45] Als Verbandsorgan steht sie in der Tradition der am 15. September 1883 erstmals erschienenen »Deutschen Metallarbeiter-Zeitung« und setzt sich wie diese das Ziel, Positionen des Vorstands unverfälscht der verbandsinternen Öffentlichkeit zu vermitteln und damit die Kommunikation zwischen den verschiedenen Organisationsebenen, zwischen Mitgliedern und Führungsgremien aufrechtzuerhalten und anzuregen. Zwar ist die »metall« kein

[43] Braunschweiger Presse, Nr. 259, 4. November (?) 1960, »Brandt dankte Hüttenbetriebsrat«.
[44] Geschäftsbericht 1972 bis 1974, S. 30.
[45] Zu Aufgaben und Wirkung der »metall« siehe die Untersuchung von Kniesburger.

Diskussionsmedium, sondern vermittelt hauptsächlich die Positionen des Vorstandes.[46] Dennoch muss sie als Teil der verbandsinternen Demokratie gesehen werden, zu deren Grundbedingungen Willensbildungs- und Entscheidungsprozesse, Informationen, Aufklärung und Bewusstseinsbildung sie durchaus beiträgt.

Da die Zeitung eine strukturell nach Geschichte, Alter, Nationalität und Qualifikation sehr vielschichtige Zielgruppe anspricht und im gesamten Bundesgebiet erscheint, ist ihr immer nur eine exemplarische Berichterstattung möglich. Um dieses Manko ein Stück weit aufzufangen, wurde in der »metall« 1979 eine lokale Wechselseite eingeführt, die aus der Region berichtet. Nicht alle Verwaltungsstellen beteiligen sich daran und viele tun es nicht konstant. Salzgitter hat seit 1979 mit wenigen Ausnahmen allmonatlich eine Lokalseite gestaltet. Noch näher an den Kolleginnen und Kollegen sind die in den Betrieben entstehenden gewerkschaftlichen Betriebszeitungen, zu deren Gestaltung regelmäßig im Rahmen der Bildungsarbeit Seminare stattfinden.

Geschichtsbewusstsein

Das Interesse am eigenen Umfeld machte sich auch die 1976 gestartete IG Metall-Kampagne »Aus der Geschichte lernen« zunutze. Sie hatte sich zum Ziel gesetzt, das Geschichtsbewusstsein sowohl der Mitglieder als auch der Funktionäre zu erweitern, um der emanzipatorischen Tradition der Arbeiterbewegung neue Durchsetzungskraft zu verleihen. Der 15. ordentliche Gewerkschaftstag der IG Metall formulierte es 1986 so: *»Das Studium der Arbeiterbewegung soll deutlich machen, daß die Angriffe auf die sozialen und politischen Rechte keine vorübergehende Erscheinung sind, sondern zum Wesen kapitalorientierter Politik von Anfang an gehören. Zugleich soll das Lernen aus der Geschichte die Traditionen des Widerstands gegen Unternehmerwillkür vermitteln. Im Bewußtsein des Erreichten muß das Lernen aus der Geschichte die Gewißheit schaffen, daß wir handelnd in den Gang der Geschichte eingreifen können und müssen. Von großer Bedeutung ist die Dokumentation der regionalen und lokalen Geschichte der Arbeiterbewegung.«*[47]

Auch der DGB veranstaltete um 1980 eine Reihe von Konferenzen zum Thema »Aus der Geschichte lernen – Die Zukunft gestalten«. Dass die Gegner dieser Initiativen, unterstützt von konservativer Presse und Öffentlichkeit, in diesem Zusammenhang von »kommunistischer Unterwanderung« der Organisation sprachen, konnte den Erfolg nicht mindern. Neben Aktivitäten wie der Erstellung von Bildtafeln zu bestimmten Themen (zum Beispiel »100 Jahre Sozialistengesetz«) erschienen ab 1982 innerhalb von sechs Jahren 36 Bücher zur regionalen und lokalen Geschichte der IG Metall. 160.000 Dokumente waren gesichtet worden und zwar von Kolleginnen und Kollegen von der Basis, die sich für die Geschichte ihrer Gewerkschaft vor Ort interessierten. Historische Bildung, so Hans Preiss, müsste gerade heute auch von den Gewerkschaften vermittelt werden, denn *»wir verlieren an historischer Kompetenz«*, wenn die Zeitgenossen erst nicht mehr da sind.[48]

Die Verwaltungsstelle Salzgitter hat die Forderung, aus der Geschichte zu lernen, zum einen mit der Entwicklung und Durchführung von Geschichtsseminaren, zu denen Zeitzeugen eingeladen wurden, umgesetzt. Zum anderen hat sie eine Reihe von Publikationen unterstützt bzw. selbst herausgegeben – zur Aufklärung über lokale Ereignisse, wie etwa die Bücher von Walter Gruber und Peter Sörgel »Stahl ohne Zukunft«, Rainer Barcikowskis »Jeder kocht seinen eigenen Stahl«, »Erkämpft aber nicht gesichert« von Walter Kieser und Kurt Thomas Schmitz, Ralf Bergmanns »Stahl oder Rüben« zur Geschichte der IG Metall in Salzgitter sowie die Arbeiten von Gerd Wysocki über die Hermann Göring-Werke: »Zwangsarbeit im Stahlkonzern« und »Arbeit für den Krieg«.[49] Zur Aufarbeitung der nationalsozialistischen Vergangenheit von Stadt und Werk trug die Verwaltungsstelle zudem durch ihre Unterstützung der Initiative des Betriebsrates der Hütte bei, auf dem Werksgelände eine Gedenkstätte und ein Dokumentationszentrum einzurichten, die bis heute von der IG Metall gefördert werden.[50]

[46] Vgl. Kniesburger, S. 116ff, 266ff.
[47] Zitiert nach Preiss, Kämpfe und Kampagnen, S. 197f.
[48] Vgl. ebd., S. 197f, 201f. sowie das Gespräch mit Hans Preiss am 27. November 1998.
[49] Nach Preiss, Lernen aus der Geschichte?, S. 13.
[50] Vgl. dazu Kapitel 3 dieses Buches.

Heinrich Heine-Lesung mit Rolf Becker im November 1997 im Gewerkschaftshaus.

Kultur

Seit Gründung der IG Metall wurde auch über kulturelle Veranstaltungen der Kontakt zwischen Organisation und Mitgliedschaft hergestellt, um letztere zur aktiven Teilnahme an gewerkschaftlicher Arbeit zu bewegen. Der Geschäftsbericht 1959 bis 1960 zählt zu den kulturellen Veranstaltungen: Jubilarehrungen, Weihnachtsfeiern, bunte Abende, Modenschauen, Jugendrevuen und ein Jazzkonzert, aber auch Kabarett und Filmveranstaltungen, die nicht nur von Mitgliedern und deren Angehörigen besucht wurden. Hier bot man zum einen Unterhaltung, zum anderen war die politische Bildung wieder zum Greifen nah, wenn etwa im Rahmen der Kampagne »Kampf dem Atomtod« der Film »Hiroshima« gezeigt wurde.[51]

Wenig Erfolg war dem Versuch beschieden, mit »Arbeit und Leben« als Veranstalter die »Woche der Ruhrfestspiele«, die bereits an vielen Orten stattfand, auch nach Salzgitter zu holen. 1975 fanden die vier Aufführungen der gesellschaftskritischen Komödie »Moral« noch 3.079 Besucher und die dreiwöchige Ausstellung »Naive Kunst« 4.000. Doch schon 1978 betitelte die Salzgitter-Zeitung einen ihrer Berichte zur Woche der Ruhrfestspiele mit: »Keine Kultur-Konjunktur«. Die Vorführungen der Musik- und Theatergruppen und der Artisten waren ebenso schlecht besucht wie die Lesungen verschiedener Autoren, darunter immerhin der Lyriker Erich Fried.[52] Der Ruhrfestspiele-Versuch wurde daher bald wieder aufgegeben.

Mehr Erfolg brachten zunächst die eigenen Aktivitäten der Kolleginnen und Kolle-

Kultursonntage der IG Metall. Hannes Wader im Mai 1996 im Gewerkschaftshaus.

[51] Geschäftsbericht 1959 bis 1960, S. 21. Vgl. auch Geschäftsbericht 1955 bis 1956, S. 22, Geschäftsbericht 1957 bis 1958, S. 21.

[52] Vgl. Geschäftsbericht 1975 bis 1977, S. 27. Salzgitter-Zeitung, 30. Oktober 1978, »Wollen weiter nach Salzgitter kommen«, »Keine Kultur-Konjunktur«.

Kurdische Folklore-Gruppe am 1. Mai 1998.

gen, wie zum Beispiel in Form der jahrelang existierenden, 1980 aus Anlass des Internationalen Frauentags gegründeten Songgruppe der IG Metall, aber auch bei Veranstaltungen im Gewerkschaftshaus und direkt in den Betrieben.

Ob regelmäßig zum Frauentag am 8. März Kultur auf dem Programm stand, ob der Journalist Günther Wallraff von seinen Erfahrungen bei der Hannoverschen Redaktion der Bild-Zeitung berichtete,[53] Hannes Wader Arbeiterlieder vortrug oder Rolf Becker Brecht-Texte rezitierte, die Kolleginnen und Kollegen zeigten stets großes Interesse. Vor allem der Schauspieler Rolf Becker, selbst politisch und gewerkschaftlich aktiv und Salzgitter durch persönliche Kontakte eng verbunden ist, bereichert durch sein Engagement, seine Erfahrungsberichte und Rezitationen noch immer zahlreiche Veranstaltungen in Salzgitter, auch die der IG Metall.

In den 1990er Jahren wurden diese kulturellen Angebote in die feste Einrichtung der Kultursonntage im Gewerkschaftshaus überführt, die regelmäßig fünf mal im Jahr stattfinden. Comedy und Kabarett, Liedermacher und Irish Folk bieten eine gelungene Mischung, die Bildung und Unterhaltung in unterschiedlicher Gewichtung miteinander verknüpft und nach wie vor IG Metall-Mitglieder und ihre Familien ins Gewerkschaftshaus lockt. In Zeiten, in denen kritikloses Konsumverhalten auch den Kultur- und Unterhaltungssektor erreicht hat, sind diese Veranstaltungen zweifellos ein Beitrag zur Bildungsarbeit.

Zusammenarbeit mit der Hochschule für Bildende Künste

Offen für Neues zeigte sich Salzgitter bei aller traditionellen Verbundenheit mit gewerkschaftlichen Grundpositionen immer. Daher konnten Kontakte zum Kultursektor in den 1980er Jahren nachhaltigen Einfluss auf die Bildungsarbeit der IG Metall vor Ort gewinnen. An der Hochschule für Bildende Künste (HBK) in Braunschweig hatte Professor Georg Kiefer, der dort seit 1975 tätig ist, in Zusammenarbeit mit freien Gruppen, Kommunen, Jugendverbänden sowie »Arbeit und Leben« Niedersachsen bis 1983 unter dem Titel »Experimentelle Umweltgestaltung« und ab 1983 im Aufbaustudiengang »Kulturarbeit und Erwachsenenbildung« erfahrungsorientierte Konzepte zur Arbeiterbildung unter anderem im gewerkschaftlichen

[53] Vgl. »metall« Nr. 6, 17. März 1982, Lokalseite.

Bereich entworfen.[54] Basis war das im Kunstpädagogikbereich angesiedelte Reformfach »Arbeitslehre«, das der niedersächsische Kultusminister Peter von Oertzen (SPD) als Unterrichtsfach an den Schulen eingerichtet hatte, wo es das Fach »Werken« ersetzte. Im entsprechenden Studienfach, in dem politisch orientiert gearbeitet wurde, war es verpflichtend, sich fünf Semester lang mit politischer Ökonomie, Industriegeschichte oder der Entwicklung der Produktionskräfte zu beschäftigen – das Handwerkszeug aller IG Metall-Referenten –, womit auch eine andere Klientel von Kunstpädagogikstudenten an die Hochschule kam.[55]

Die Ergebnisse der Zusammenarbeit der HBK mit den verschiedenen Institutionen wurden in einer Reihe von Diplomarbeiten ausgewertet. So beschäftigten sich Klaus Dera und Ute Block mit der »Vermittlungsproblematik« in der Arbeiterbildung am Beispiel des Seminartyps »Humanisierung der Arbeit« und griffen dabei unter anderem auf Oskar Negts Erfahrungsansatz zurück. Dieser wurde dem damals verbreiteten Deutungsmusteransatz gegenübergestellt, der von der Überzeugung ausging, dass im Erfahrungswissen der Teilnehmer keineswegs Grundkenntnisse über gesellschaftliche Zusammenhänge enthalten seien. Vielmehr müsse Bildungsarbeit die Deutungsmuster, welche die Teilnehmer mitbringen, ihren Erfahrungshorizont, theoretisch widerlegen.

Der pädagogische Prozess bestand somit in der Ablösung der Deutungsmuster der Teilnehmer durch die theoretischen Erklärungen des Referenten, womit für diesen ein handfestes theoretisches Handwerkszeug zur Grundlage seiner Arbeit wurde. In der Praxis hatte der große theoretische Aufwand jedoch wenig Erfolg, die Teilnehmer hielten an ihren Deutungsmustern fest.[56] Somit sprach sich die Diplomarbeit ausdrücklich für den Erfahrungsansatz aus, thematisierte aber auch das bei Oskar Negt im Prinzip nicht gelöste Problem der Vermittlung theoretischer Inhalte und griff als Antwort auf Experimente mit visualisierenden Methoden zurück, auf Zeichnungen, Collagen, Rollenspiele, die gemeinsam im Seminar produziert werden sollten. Darin bestand der neue Ansatz. Georg Kiefer und seine Studenten und Mitarbeiter nutzten die Sprache der Bilder, statt die der Worte, um Zusammenhänge und Gedanken sichtbar zu machen, zu visualisieren. Dabei ging es keineswegs um die freie künstlerische Produktion, sondern um die Beschäftigung mit vorgegebenen Seminarinhalten, die sich die Teilnehmer auf diese Weise selbst erarbeiteten, weit entfernt von der passiven Rezeption fertiger Gedankenkonstrukte.[57]

Allerdings hatten die Kunstpädagogikstudenten wenig Erfahrung im Bereich der Arbeitnehmerorganisationen und suchten kompetente Berater. Bei einer Reise durch die Bundesrepublik Mitte der 1980er Jahre musste Georg Kiefer feststellen, dass es in keinem Gewerkschaftshaus Kontakte zu Kunsthochschulen gab. Die HBK sollte das ändern. Man holte Gewerkschafter an die Hochschule, die aus dem Arbeitsleben berichteten. Rainer Barcikowski, Vertrauenskörperleiter der Hütte, später Kassierer der IG Metall Verwaltungsstelle sowie Gerd Bruder, pädagogischer Mitarbeiter bei Arbeit und Leben in Braunschweig, hatten zeitweise Lehraufträge an der HBK. Umgekehrt beteiligten sich Studenten als Teamer an Bildungsurlaubsseminaren, um diese weiterzuentwickeln. Darüber hinaus entstanden eigenständige Modellseminare.

Durch die Verbindung zur HBK half die IG Metall Salzgitter einen neuen Ansatz in die Praxis gewerkschaftlicher Bildungsarbeit einzubringen und ging damit einen ungewöhnlichen Weg, auf dem Kunst in ihrer Eigenschaft als Kommunikationsmittel von der gewerkschaftlichen Bildungs- und Öffentlichkeitsarbeit genutzt wurde.

Die Zusammenarbeit startete 1983/84 mit einer Kampagne zur Arbeitszeitverkürzung.[58] Reiner Peters-Ackermann, Absolvent der HBK und damals aktiv beteiligt, erinnert sich,[59] dass aus den Belegschaften heraus Arbeitskreise gebildet wurden, die mit Betreuung von Angehörigen der Kunsthochschule, umfangreiche öffentliche Aktionen in Gang setzten. Vor allem an Wochenenden wurden Theater- und Straßentheaterstücke konzipiert, Wandgestaltungen geplant und ausgeführt, Foto-, Film- und Siebdrucktechniken entwickelt. Es entstanden Großbilder am Gewerkschaftshaus, eine Plakatwand vor

[54] Vgl. auch zum Folgenden: Bildungsvereinigung Arbeit und Leben Niedersachsen (Hrsg.), Bildung kommt von Bild, S. 22ff; sowie Kiefer.

[55] Gespräch mit Rainer Peters-Ackermann am 12. Mai 1999.

[56] Vgl. auch Gespräch mit Klaus Dera am 12. Mai 1999.

[57] Zu Inhalten, theoretischer Begründung und Praxis dieses Ansatzes vgl. Bildungsvereinigung Arbeit und Leben Niedersachsen e. V. – (Hrsg.), Bildung kommt von Bild.

[58] Vgl. Bildungsvereinigung Arbeit und Leben Niedersachsen e.V.(Hrsg.), Bildung kommt von Bild, S. 178.

[59] Die Darstellung der Zusammenarbeit mit der HBK folgt soweit nicht anders angegeben den Erläuterungen von Reiner Peters-Ackermann, Gespräch am 12. Mai 1999.

einem großen Metallbetrieb, Flugblätter, Buttons und Aufkleber. Zeitweise war das ganze Gewerkschaftshaus am Wochenende von Arbeitsgruppen besetzt. Im Erdgeschoss standen zu dieser Zeit die ehemaligen Räume der Bank für Gemeinwirtschaft leer. Sämtliche Schaufensterflächen wurden hier künstlerisch gestaltet – eine neue Form der Öffentlichkeitsarbeit.

Die positiven Erfahrungen im Rahmen der Kampagne zur 35-Stunden-Woche führten dazu, dass im Anschluss daran die Kontakte zur HBK intensiviert und die Zusammenarbeit ausgebaut wurde. Die neuen methodischen Ansätze wurden in die normale Bildungsarbeit integriert und als ein Mittel der Vermittlung von Inhalten weiterentwickelt. Kolleginnen und Kollegen wurden qualifiziert für eine betriebliche/betriebsnahe Kulturarbeit, um ihnen *»Mittel und Möglichkeiten anhand zu geben, mit deren Hilfe kollektive Arbeitsformen zur Herstellung von Gegenöffentlichkeit entwickelbar werden«*, wie es in der Dokumentation der Kooperationsprojekte heißt.[60] Nach weiteren Wochenendaktionen entstand ein fester »Kulturarbeitskreis des DGB«, jedoch maßgeblich getragen von der IG Metall und Kolleginnen und Kollegen aus den Metallbetrieben.

Jede Aktion der IG Metall und jeder 1. Mai fand nun seine intensive Vorbereitung in Wochenendseminaren. Hier wurden nicht nur Transparente gemalt, sondern es entstanden beispielsweise auch Geschichtsprojekte. So bauten VW-Kollegen einen Käfer aus Pappmaché, auf dem sie die Geschichte des Volkswagenwerks bis zur Gegenwart dokumentierten.

Auf Wunsch der Teilnehmer mündete diese Zusammenarbeit bei VW in einem ständigen Vertrauensleute-Arbeitskreis, den Reiner Peters-Ackermann und Udo Schmode, ebenfalls Absolvent der HBK, mehrere Jahre lang betreuten. Schichtbezogen traf man sich einmal in der Woche, so dass jeder Kollege alle 14 Tage dabei war.

Dieser Arbeitskreis organisierte über den künstlerischen Ansatz hinaus auch eine Vortragsreihe zur »Zukunft der automobilen Gesellschaft«. Der VW-Arbeitskreis wurde integriert in den Referentenarbeitskreis der Verwaltungsstelle, wo bald der Entschluss reifte, die Bildungsarbeit insgesamt inhaltlich und methodisch zu überarbeiten. Das erste Konzept, das vor diesem Hintergrund erstellt wurde, war ein Seminar zur Regional- und Strukturpolitik. Ein umfangreicher Qualifizierungsprozess setzte auch für die Referenten selbst ein. War zuvor immer nur eine inhaltliche Weiterqualifizierung gefordert, so wurden seit 1988/89 auch die Methoden der Vermittlung zunehmend hinterfragt. Ein Ergebnis dieser Infragestellung war die methodische Überarbeitung des sozialwissenschaftlichen Grundkurses durch Reiner Peters-Ackermann und den Kursleiter Jörg Miehe, da die reine Theorievermittlung für die Teilnehmer nicht mehr zumutbar schien. Daneben war auch Jost Geisler, ebenfalls HBK-Absolvent, entscheidend beteiligt.

Die HBK-Aktivitäten reichten jedoch weit über Salzgitter hinaus. Im Rahmen des IG Metall-Projektes »Humanisierung der Arbeitswelt« führte man gemeinsam mit der

Prof. Dr. Kiefer, ein verlässlicher Partner der Gewerkschaftsbewegung und Initiator vieler Aktivitäten.

[60] Zitiert in Bildungsvereinigung Arbeit und Leben Niedersachsen e.V. (Hrsg.), Bildung kommt von Bild, S. 178.

In der Traditon der Fach-Foren enstand 1993 das Salzgitter-Forum. Hier: Im Februar 2000 mit Jochen Klezin, Hans Modrow und Egon Bahr.

Gewerkschaft, Sozialwissenschaftlern und Architekten unter Anwendung visualisierender Methoden in Rheinhausen eine Untersuchung zu Arbeits- und Lebensbedingungen von Kontischichtarbeitern in der Stahlindustrie durch, deren Ergebnis unter anderem eine Wanderausstellung war, die an allen wichtigen Stahlstandorten, also auch in Salzgitter, Station machte.[61]

Zur gleichen Zeit hatte der Vorstand der IG Metall das Forschungsprojekt »Neue Technologien« ins Leben gerufen, für das unter anderem das neue Bosch-Werk in Salzgitter Untersuchungsfeld wurde. Udo Klitzke von der HBK, zu diesem Zeitpunkt Mitarbeiter im Projekt »Humanisierung der Arbeitswelt« beim Vorstand der IG Metall, war beteiligt. In Seminaren mit Kolleginnen und Kollegen des Betriebsrates wurde unter anderem nach der Methode der »Visualisierung von Lernprozessen« gearbeitet, die den Betriebsratsmitgliedern eigenständige Betriebsanalysen und Öffentlichkeitskampagnen ermöglichen sollte.[62]

Auf Initiative des damaligen 1. Bevollmächtigten Bernd Henn, selbst Absolvent der Pädagogischen Hochschule in Göttingen und mehrere Jahre hauptamtlicher Referent an der Heimvolkshochschule Springe, wurde in der Verwaltungsstelle Salzgitter eine Stelle für Kultur- und Öffentlichkeitsarbeit geschaffen, zur Unterstützung und Vorbereitung gewerkschaftlicher Aktionen, der Erstellung der Betriebszeitungen und der Bildungsarbeit allgemein, die ein Jahr lang Jost Geissler innehatte. Darüber hinaus betätigten sich Reiner Peters-Ackermann, Karsten Meier und Udo Schmode als »Medienwarte« oder »Medienberater«.[63]

Es gab jedoch auf gewerkschaftlicher Seite auch Vorbehalte gegen den Neuansatz, begründet in der Befürchtung, mit den neuen kreativen Formen in der Bildungsarbeit würden traditionelle Inhalte, allen voran der Interessengegensatz von Kapital und Arbeit, über Bord geworfen, wie es in anderem Zusammenhang andernorts tatsächlich schon geschehen war. Viele Kolleginnen und Kollegen aus den Betrieben mussten erst selbst die Erfahrung machen, dass hier keineswegs Inhalte ausgeklammert, sondern mit den kreativen Formen gekoppelt wurden, die eine methodische Bereicherung der Bildungsarbeit bedeuteten.

Durch die Zusammenarbeit mit der HBK ging unter anderem von Salzgitter ein innovativer Anstoß aus, der sich in den ganzen Bezirk hinein erweiterte. Der neue Bildungssekretär der Bezirksleitung, Hartmut Tölle, registrierte die Arbeit, die hier geleistet wurde und griff die positiven Erfahrungen, die man hier mit dem Neuansatz gemacht hatte,

[61] Vgl. auch Kiefer.
[62] Vgl. ebd.
[63] Vgl. Kiefer.

Werner Kubitza, einer der maßgeblichen »Gründungsväter« des Salzgitter-Forums.

auf, um die Bildungsarbeit bezirksweit zu erneuern. Reiner Peters-Ackermann arbeitete zunächst im Rahmen dieses Auftrages für die Bezirksleitung in der Heimvolkshochschule Springe und seit 1994 bei »Arbeit und Leben« in Hannover.

Die Kooperation mit der HBK war möglich geworden, weil sich die IG Metall in Salzgitter für neue Formen in der Bildungsarbeit geöffnet hatte. Leider schlief die Zusammenarbeit mit der Hochschule bald ein. Zum einen, weil sie stark an bestimmte Personen geknüpft war und der Weggang Rainer Barcikowskis und Bernd Henns aus der Verwaltungsstelle die Verbindungen kappte. Es gibt allerdings noch immer Kontakte zu Georg Kiefer, der bis heute der Vertreter gewerkschaftlicher Kulturarbeit an der HBK ist. Zum anderen, weil an der Hochschule selbst ein Wandel stattfand. Das Fach Arbeitslehre existiert in seiner damaligen Form nicht mehr, da der Kultusminister Werner Remmers (CDU) das Fach »Gestaltendes Werken« wieder einführte. Auch den Studiengang Kulturarbeit und Erwachsenenbildung gab es lediglich vier Jahre lang. Hinzu kommt, dass heute die Studierenden politisch weniger engagiert sind.

Salzgitter-Forum

Neben Verbindungen zum kulturellen Bereich legte die IG Metall Salzgitter immer Wert auf eine Bereicherung ihres Diskussionspotenzials durch Argumente aus dem Bereich der Wissenschaft. Um den haupt- und ehrenamtlichen Funktionären die Möglichkeit zum internen Gedankenaustausch mit Experten zu geben, wurde 1993 – anknüpfend an die Tradition gewerkschaftlicher Fachforen – das »Salzgitter-Forum – Zukunft der Gewerkschaften« ins Leben gerufen, das seitdem einmal im Jahr stattfindet. *»Mit Hilfe des Zukunftsforums soll ein intensiver und offener Dialog mit Wissenschaftlern, die in, mit und für die Gewerkschaften arbeiten, geführt werden«,* schrieb der 1. Bevollmächtigte Werner Kubitza anlässlich des ersten Forums.

»Wir erhoffen uns hierdurch Handlungshilfen und -orientierungen für die Bewältigung der gegenwärtigen und zukünftigen gewerkschaftlichen Aufgaben. In diesem Zusammenhang haben wir uns das Ziel gesetzt, die bundesweit geführte Diskussion über die Organisationsreform aktiv mitzugestalten, zumal eine Bestätigung, Ergänzung oder Neubestimmung von gewerkschaftlichen Grundpositionen für die Existenz der IG Metall von grundlegender Bedeutung ist«.

Die Liste der Referenten, Wissenschaftler und gewerkschaftliche Spitzenfunktionäre, die seitdem in Salzgitter zu Gast waren, spricht für sich: Christian Götz, Prof. Frank Deppe, Prof. Oskar Negt, Dr. Rudolf Kuda, Prof. Elmar Altvater, Prof. Dieter Klein, Detlef Hensche, Helga Schwitzer, Hartmut Meine, Gisbert Schlemmer, Prof. Peter von Oertzen, Prof. Herbert Schui, Werner Pfennig, Dr. Eberhard Dähne, Prof. Helga Grebing, Prof. Reinhard Kühnl, Hans Preiss, Jochen Kletzin, Hans Modrow, Egon Bahr, Udo Achten, Knut Becker und Bernd Köhler haben dazu beigetragen, dass das Salzgitter-Forum schon nach wenigen Jahren über die Region hinaus zu einer anerkannten Institution geworden ist.

Neue Zeiten

Seit den 1980er Jahren ist es für jeden offensichtlich, dass sich die Gesellschaft national wie international in einer Umbruchsituation befindet, die ihre Auswirkungen auf allen Gebieten zeigt und auch die gewerkschaftliche Bildungsarbeit nicht unbeeinflusst lässt, nicht unbeeinflusst lassen darf, ist sie für die Organisation doch *»auch ein Ort der kritischen Reflexion, des Überprüfens, der Suche nach neuen Wegen und Alternativen, des produktiven Zweifelns und Weiterdenkens, der politischen Orientierung in dieser Zeit... Die Bildungsarbeit kann nicht nur Umsetzungsinstrument für die Organisation sein. Von ihr müssen auch Ideen, Vorschläge, Analysen und Projekte für die Gestaltung der gewerkschaftlichen Arbeit und des gesellschaftlichen Lebens in Gegenwart und Zukunft entwickelt werden«*, wie Siegfried Bleicher, bis 1999 als geschäftsführendes Vorstandsmitglied für die Bildungsarbeit zuständig, es formulierte.[64]

Was Sozialwissenschaftler als »Risikogesellschaft« bezeichnen, steckt tagtäglich voller Konflikte und Verunsicherungen. Im Zeichen eines vorerst siegreichen Kapitalismus bestimmt der Weltmarkt zunehmend auch das nationale Wirtschaftsgeschehen, das sein Gesicht in dem einzelnen Betrieb verändert. Traditionelle Strukturen der Industriearbeit lösen sich auf; das bringt neue Anforderungen mit sich, aber auch die Aufweichung alter Hierarchien. Damit steigen zum einen die Erwartungen, die in die individuelle Leistungsfähigkeit des Einzelnen gesetzt werden, zum anderen spielt gleichzeitig die Persönlichkeit am vollautomatisierten Arbeitsplatz keine Rolle mehr. Wenn der Einzelne jedoch austauschbar wird, kann der Arbeitsplatz nicht mehr als identitätsstiftend empfunden werden. Freizeit rückt in den Mittelpunkt. Diese Entwicklungen spielen sich innerhalb einer Gesellschaft ab, die voller Widersprüche steckt. Alte Weltbilder lösen sich auf und die Medien liefern neue, aufbereitet für ein Massenpublikum – Masse, aber nicht Gemeinschaft. Stattdessen bestimmen Individualisierung und Differenzierung der Lebensstile das Bild. Hier wirkt auch das Kollektiv nicht mehr identitätsstiftend, hier lösen sich soziale Verbindungen zunehmend auf, und mit ihnen verschwinden die entsprechenden Wertorientierungen.

Für die Gewerkschaft, die in der Solidarität ihren höchsten Wert erkennt, eine alarmierende Entwicklung. Zudem haben *»Individualisierung und sozialer Wandel ... einen neuen ›Arbeitnehmertyp‹ hervorgebracht, der oft eher das Heil in der Anpassung an scheinbare Sachzwänge als im geschlossenen Widerstand sucht«*, formulierte die IG Metall Region Süd-Ost-Niedersachsen in einer gemeinsamen Erklärung.[65] Anpassung statt Emanzipation – Hans Preiss hatte schon 1975 davor gewarnt, dass die Krise den Nährboden für reaktionäres Gedankengut bildet und zur Übernahme von Argumenten führt, selbst wenn diese gegen die eigenen Interessen gerichtet sind.[66]

Gerade in diesen Zeiten wäre eine politische Bildung besonders notwendig, doch seit Mitte der 1980er Jahre steht für Arbeitnehmerinnen und Arbeitnehmer die berufliche Fortbildung im Mittelpunkt, die mittlerweile auch über zahlreiche private Bildungsinstitutionen zu erwerben ist. Die Teilnehmer solcher Seminare sind in der Regel leistungs- und konkurrenzorientiert und wollen leicht verwertbare, beruflich und finanziell unmittelbar auszunutzende Kenntnisse erwerben. Die politische Bildung – darüber klagen nicht nur die Gewerkschaften – findet zunehmend weniger Interesse. Gewerkschaftliche Semi-

[64] Bleicher, Zur Reform, S. 106.
[65] IG Metall Region Süd-Ost-Niedersachsen, Bezirk Hannover, Eckpunkte zur gewerkschaftlichen Bildungsarbeit, Sprockhövel/Hustedt 1997.
[66] Bei der Eröffnungsveranstaltung Arbeit und Leben, vgl. Preiss, Politische Bildungsarbeit.

nare haben folglich sinkende Teilnehmerzahlen zu beklagen, wenngleich Salzgitter in diesem Punkt noch relativ gut dasteht. In Nordrhein-Westfalen nehmen nur 0,7% aller Anspruchsberechtigten ihr Recht auf Bildungsurlaub wahr; in Niedersachsen sind es 2%,[67] wobei Salzgitter nach Wolfsburg und Hannover im Hinblick auf die Inanspruchnahme von Bildungsurlaub an dritter Stelle steht.[68]

Die geringere Anzahl an Seminarbesuchern scheint jedoch nur auf den ersten Blick ein sinkendes Interesse zu belegen, denn diejenigen, die kommen, zeigen sich in der Regel hochinteressiert. Die sinkenden Zahlen haben ihre Ursache dagegen in ganz unterschiedlichen Phänomenen. Die Arbeitslosigkeit erhöht den Druck auf den Einzelnen so sehr, dass es schon Mut kostet, eine Woche Bildungsurlaub zu beantragen. Die pure Existenzangst hält viele von der Seminarteilnahme ab, zumal politische Kurse dem Einzelnen im Gegensatz zur beruflichen Weiterqualifizierung keinen unmittelbaren Nutzen bringen, es sei denn er ist Funktionsträger der IG Metall und stabilisiert auf diesem Weg seine Position.[69]

Diskussionen

Bereits in den 1980er Jahren gab es in der Bildungsarbeit der IG Metall erste Reaktionen auf die neuen Voraussetzungen. 1993 startete die Organisation unter dem Motto »Bildungsarbeit der IG Metall – Investitionen in eine andere Zukunft« eine umfassende Kampagne mit systematischen Untersuchungen, Diskussionen und Experimenten auf allen Ebenen, deren Ergebnisse im Info-Blatt »Debatte« bekannt gemacht wurden. Dabei hat der Vorstand auch auf wissenschaftliche Beratung zurückgegriffen. Das langfristig angelegte Forschungsprojekt »Bi-Metall – Probleme und Perspektiven der gewerkschaftlichen Bildungsarbeit in zentralen Einrichtungen der IG Metall«, angesiedelt am Institut für Soziologie der Universität Münster, untersuchte in Zusammenarbeit mit der Hans-Böckler-Stiftung und in Kooperation mit den Lehrerinnen und Lehrern zwischen 1991 und 1994 die Seminarpraxis der zentralen Bildungsstätten.[70]

So entwickelte sich organisationsweit eine zeitweise sehr heftig geführte Debatte um die Zukunft und mögliche Neugestaltung der Bildungsarbeit, in der sowohl deren Ziele als auch ihre Inhalte und Formen zur Diskussion standen. Im August 1994 gingen die Emotionen besonders hoch, als die Abteilung Grund-

Seminar der Ortsverwaltung mit Mitgliedern der »Memorandum-Gruppe« in Hustedt.

[67] Arbeit und Leben (Hrsg.), 20 Jahre, S. 8.
[68] Arbeit und Leben (Hrsg.), Festschrift, S. 12.
[69] Gespräch mit Klaus Dera am 12. Mai 1999.
[70] Vgl. Debatte, Info 2, S. 58ff.

satzfragen des Vorstands ohne Kenntnis oder Mitarbeit der Abteilung Bildung ein Papier zur »Reform und Erneuerung der gewerkschaftlichen Bildungsarbeit in der IG Metall« veröffentlichte«,[71] das eine grundsätzliche Neuorientierung in Bezug auf Ziele und Inhalte forderte. Ausgehend von der Diagnose, die Bildungsarbeit der IG Metall stecke in der tiefsten Krise ihrer Geschichte, übte man heftige Kritik an ihrer bisherigen Ausrichtung, die als Kaderpolitik gebrandmarkt wurde. In den Referenten-Arbeitskreisen und den Grundlagenseminaren werde ein politisches Bewusstseinstraining veranstaltet, statt Handwerkszeug zu vermitteln. Der Bildungsbereich führe im Rahmen der Organisation ein Eigenleben mit dem Ziel der Erringung politischer Macht, seien doch die Lehrerkollegien an den Bildungsstätten ein Pool für die Rekrutierung des Personals in den Verwaltungsstellen, im Bezirk und beim Vorstand. Im Anschluss wurden einige Ansätze zur Reform der Bildungsarbeit vorgestellt, mit denen die Thesen von 1972 überarbeitet und zum Teil ersetzt werden sollten.

Vorgeschlagen wurde unter anderem eine Reduzierung der Grundlagenseminare sowie eine Überarbeitung der Leitfäden. Man sprach sich generell gegen Modellseminare und für flexible, tagespolitische Seminare aus, die »verschlankt« und damit effizienter werden müssten. Im Zentrum des Neuansatzes aber stand die Forderung, die inhaltliche Grundaussage bisheriger Bildungsarbeit aufzugeben: den Interessengegensatz von Kapital und Arbeit. Damit war klar, dass es sich hier keineswegs nur um eine Bildungsdebatte handelte, sondern dass die politische Ausrichtung der IG Metall zur Diskussion stand, also eine alte Kontroverse wiederaufgenommen wurde, für die die Bildungsarbeit schon oft die Kampfarena gebildet hatte: kooperative Gewerkschaftspolitik oder Betonung der Gegenmacht.

Das Papier löste heftige Diskussionen aus. Wenn Gewerkschaft nicht mehr Gegenmacht, sondern Ordnungsmacht sein soll, und einem Co-Management das Wort geredet wird, dann könnte man die gewerkschaftlichen Bildungseinrichtungen eigentlich schließen und gemeinsame Schulen mit den Unternehmern aufmachen, empört sich Hans Preiss noch heute. Auch die Kolleginnen und Kollegen an der Basis, die ehrenamtlichen Referenten, waren aufgebracht, mussten sie doch durch diese Veröffentlichung der Grundsatzabteilung ein Stück ihrer Identität bedroht sehen. Dies gilt insbesondere – angesichts klarer politischer Positionen in dieser Verwaltungsstelle – für Salzgitter. Die örtlichen und betrieblichen Funktionäre waren es schließlich, die das Papier zu Fall brachten und dafür sorgten , dass der damalige IG Metall-Vorsitzende Klaus Zwickel es offiziell zurücknahm.[72]

Unterstützung erhielten sie dabei auch durch die Frankfurter Bildungsabteilung. In einem kommentierenden Schreiben stellte Siegfried Bleicher richtig, dass die Bildungsarbeit der IG Metall keineswegs in Agonie liege und man sich bereits mitten in einem Diskussionsprozess über ihre Erneuerung befinde. Als einziger Bereich gewerkschaftlicher Arbeit unterziehe man sich sogar einer wissenschaftlichen Überprüfung, die bereits zahlreiche Hinweise für eine Verbesserung der praktischen Arbeit an den zentralen Bildungsstätten und für eine didaktisch-methodische Weiterentwicklung regionaler Bildungsarbeit geliefert habe.[73]

Die Diskussionen wurden auf der zentralen bildungspolitischen Konferenz der IG Metall vom 22. bis 24. September 1994 in Sprockhövel fortgesetzt. Sie war Höhepunkt, aber nicht Abschluss der Diskussionen. Im Anschluss daran fasste Siegfried Bleicher in sechs Eckpunkten die Übereinkünfte zusammen, auf deren Basis die Bildungsarbeit entwickelt werden sollte:

1. Die Sicherung und Weiterentwicklung gewerkschaftlicher Grundlagenbildung. Ausdrücklich verteidigte Bleicher die Position der IG Metall als Gegenmacht. *»Unsere Bildungsarbeit geht von der Realität des Interessengegensatzes zwischen Arbeit und Kapital, zwischen Arbeitnehmern und Arbeitgebern aus. Sie begreift diesen als zu verändernde wirtschaflich-politische Machtkonstellation«.* Gleichzeitig wies Bleicher indirekt den Vorwurf des Bewusstseinstrainings zurück und nahm dabei ein oft gebrauchtes Argument auf: es gehe darum, den Teilnehmerinnen und Teilnehmern *»aufzuzeigen, was man*

[71] IG Metall, Abteilung Grundsatzfragen, Reform und Erneuerung der gewerkschaftlichen Bildungsarbeit in der IG Metall, August 1994, Archiv IG Metall Salzgitter, unverzeichnet.

[72] Gespräch mit Hans Preiss am 27. November 1998.

[73] Schreiben Siegfried Bleichers an die für die Bildungsarbeit zuständigen Bezirkssekretäre der IG Metall, Sachbearbeiter/-in der Abteilung Bildungswesen/Bildungspolitik, Bildungsstätten der IG Metall, 23. August 1994, Archiv der IG Metall Salzgitter, unverzeichnet.

denken kann, nicht was sie denken müssen«.

2. Die stärkere Verzahnung der Bildungsarbeit mit den neuen Anforderungen gewerkschaftlicher Betriebspolitik.
3. Die stärkere Verzahnung der regionalen und zentralen Bildungsarbeit.
4. Die Vereinfachung der Verwaltungsabläufe.
5. Die besondere Unterstützung der Bildungsarbeit in den neuen Bundesländern.
6. Die verstärkte Unterstützung und der Ausbau der Jugendbildungsarbeit.[74]

Die Identität und Orientierung stiftende Grundlagenbildung blieb damit unverzichtbare Basis. Gleichwohl hatte man erkannt, dass Inhalte und Methoden den neuen Anforderungen angepasst werden mussten. Beides bestätigte der Gewerkschaftstag 1995. Um die Ergebnisse der Konferenz umzusetzen, wurden verschiedene Projekte auf Vorstandsebene eingerichtet.

Neues im Bezirk Hannover

Über Inhalte und Methoden wurde auf der Tagung in Sprockhövel wenig gesprochen. Jedoch hatte Siegfried Bleicher schon im Vorfeld darauf hingewiesen, dass es auch in diesen Punkten längst Neuerungen gäbe, vor allem auf regionaler Ebene: Workshops und Projekte, die Sommerschule in Sprockhövel, Zukunftswerkstätten und neue, offenere Seminarformen.[75]

Die Regionen zeigten ein neues Bewusstsein und vertraten den Anspruch auf eigene Gestaltung ihrer Seminare, unabhängig von zentralen Entwicklungen. Gleichzeitig erfolgte eine Rückbesinnung auf das Konzept der betriebsnahen Bildungsarbeit, das bis heute die Reformen trägt, wohl wissend, dass sich die Stärke der IG Metall in den Betrieben beweist und die Organisation gut ausgebildete Betriebsräte und Vertrauensleute braucht. Siegfried Bleicher begründete 1996 die betriebsnahe Bildungsarbeit: *»Für uns bedeutet das heute, dass wir neben einer breiten Grundlagenbildung stärker auf die Region zugehen, auf bestimmte Branchen und Zielgruppen, auf betriebliche Handlungskollektive. Wir wollen damit näher heran an die Handlungsprobleme vor Ort. Wir wollen bestehende Arbeitszusammenhänge unterstützen und neue entwickeln helfen. In gewisser Hinsicht schließen wir damit auch an Diskussionen an, die in den 60er Jahren in unserer Bildungsarbeit geführt wurden«.*[76]

Schon seit Mitte der 1980er Jahre war die örtliche und regionale Bildungsarbeit ausgebaut worden. Verschiedene Seminartypen und Modelle (z.B. die Zusammenarbeit Salzgitters mit der HBK) waren in diesem Zusammenhang entstanden. Vielerorts rief man regionale Bildungswerke und -kooperationen ins Leben. Im Bezirk Hannover, in dem Bildungsarbeit immer einen sehr hohen Stellenwert hatte, griff die IG Metall dagegen auf ihre seit Jahrzehnten bestehende Verbindung zu den drei gewerkschaftsnahen Heimvolkshochschulen zurück.[77]

Aufbauend auf dem Verbund von IG Metall, Heimvolkshochschulen und »Arbeit und Leben« existiert seit einigen Jahren das NETZWERK Bildung. Es ist ein Bündnis, das von unten, von den Verwaltungsstellen und Betrieben angeregt wurde, um auf Bezirksebene nicht nur organisatorisch, sondern auch inhaltlich gemeinsam zu arbeiten. Zu Beginn der 1990er Jahre wurde im Bezirk der »Arbeitskreis Bildung« zur Koordinierung der Arbeit aller im Gewerkschaftsbereich mit Bildung beschäftigten Institutionen ins Leben gerufen. So bringen Theoretiker und Praktiker, Referenten, Bildungsfachleute und Wissenschaftler ihr spezifisches Wissen in den Reformprozess ein.

Im Rahmen regelmäßiger Referententagungen und -schulungen werden Methoden und Inhalte auf Basis einer Analyse der gesellschaftlichen Verhältnisse diskutiert und unter dem Titel »Im Mittelpunkt des Interessengegensatzes steht der Mensch« in die Diskussionen um die Bildungsarbeit eingebracht und in die Praxis umgesetzt.[78] Das »IDEE«-Projekt – angesiedelt bei Arbeit und Leben in Hannover – führte Methoden-Werkstätten durch, aus Referentenarbeitskreisen kamen – ausgehend von Erfahrungen mit dem Grundseminar F 1: »Arbeitnehmer in Betrieb, Wirtschaft und Gesellschaft« – zahlreiche inhaltliche und methodische Anregungen. Aus dieser Zusammenarbeit ergab sich nach einer Erprobungsphase in Referenten-

[74] Vgl. Siegfried Bleicher, Kompetenz entwickeln, in: Der Gewerkschafter 10 (1994), S. 20f.

[75] Vgl. Bleicher, Reform ist angesagt.

[76] Anläßlich der 25-Jahr-Feier des Bildungszentrums Sprockhövel. Zitiert nach Ostertag/Mathes, S, 229.

[77] Vgl. Bleicher, Zur Reform, S. 109.

[78] Vgl. auch zum folgenden Peters.

und Modellseminaren schließlich als erstes Reformergebnis eine inhaltliche und methodische Neugestaltung des F 1, dessen Referentenleitfaden und Teilnehmermaterialien im Herbst 1996 vorlagen: »Wi(e)dersprechen lernen – Leben und Arbeiten in der Region«, nunmehr A 1 genannt.

Im Rahmen des alle Organisationsbereiche betreffenden IG Metall-Projektes zur Organisationsentwicklung (OE) kam es zu einem Unterprojekt Bildung und Mitte 1996 zu einer Kooperation der vier Verwaltungsstellen der »Region Süd-Ost-Niedersachsen (SON)« Salzgitter, Braunschweig, Wolfsburg und Peine, die zunächst auf ein Jahr befristet sein sollte. Das Ziel war, praktische Ansätze für die Kooperation im Bereich der Bildungsarbeit zu entwickeln und zu erproben. Zu diesem Zweck wurde eine Projektgruppe gebildet, der die Bildungssachbearbeiter der vier Verwaltungsstellen sowie Vertreter der ehrenamtlichen Referenten angehörten.

Aus Salzgitter arbeiteten hier die Fachsekretärin Jutta Ehlers, Wolfgang Bauer von der Hütte und Manfred Grahe von VW mit. Die Projektleitung übernahm Klaus Dera von der Heimvolkshochschule Hustedt, die auch Ort der regelmäßigen Tagungen war.[79] Ergebnis des Projekts war zunächst ein beachtenswerter Beitrag zur Bildungsdebatte in Form eines Seminarentwurfs. Die Teilnehmer hatten den Anspruch der IG Metall, Bildungsarbeit für alle Mitglieder anbieten zu wollen, ernst genommen und, nachdem alle Beteiligten sich von der Idee begeistert zeigten, ein Mitgliederseminar entwickelt: »Moderne Zeiten. Erholungspark oder Marionettentheater«, das A0-Seminar, in dem die an der HBK entwickelten Methoden praktisch umgesetzt werden.

Auf Grund des Erfolges und der positiven Erfahrungen wird die Zusammenarbeit der vier Verwaltungsstellen unter dem Namen »KOBRA SON – Kooperation Bildungs- und Referentenarbeit Süd-Ost-Niedersachsen«, in der Salzgitter federführend mitwirkt, bis heute fortgesetzt. Im Oktober 1997 legten die beteiligten Kolleginnen und Kollegen in Zusammenarbeit mit Sprockhövel und Hustedt zur Positionsbestimmung die »Eckpunkte zur gewerkschaftlichen Bildungsarbeit« vor,[80] die auf einem Kooperationsseminar der Referentenarbeitskreise mit über 50 ehrenamtlichen Referenten erarbeitet worden waren.

Auf der ersten bildungspolitischen Tagung, zu der KOBRA am 6. März 1998 nach Hustedt einlud, wurde zum einen das A0-Konzept zur bundesweiten Diskussion vorgestellt; zum anderen ging es darum, das Eckpunktepapier zu diskutieren und über die Referentenarbeitskreise auf bezirklicher Ebene zu verankern. Als »Positionspapier der IG Metall Bezirk Hannover« wurden die »Eckpunkte« vollständig vom Bezirk übernommen.

Arbeit an der Ideologie

»Die Bildungsarbeit der IG Metall ist Zweckbildung«, heißt es in den »Eckpunkten«. *»Sie kann sich deshalb nicht auf den Erwerb von Kenntnissen und Fähigkeiten beschränken oder beliebige Inhalte und Themen aufgreifen. Bildungsarbeit muß Hoffnungsträger sein und einen gewerkschaftlichen und gesellschaftspolitischen Orientierungsrahmen anbieten«*. Im Hinblick auf die Reformkonzepte aus dem Bezirk Hannover ist dabei eins schnell klar geworden: Eine Neuorientierung in der Bildungsarbeit kann für die IG Metall mit ihrer gesellschaftlichen Zielorientierung nicht bedeuten, auf politische Bildung zu verzichten. Für die Gewerkschaften bleibt sie ein zentrales Anliegen, zumal sich zwar die sozialen und politischen Rahmenbedingungen gegenüber den 1970er Jahren verändert haben, die Grundverhältnisse dieser Gesellschaft aber noch dieselben sind, sich vielmehr noch verschärft haben, denn betroffen sind heute alle, über soziale Standesunterschiede hinweg.[81]

Spätestens der massive Angriff auf den Sozialstaat in den 1990er Jahren hat gezeigt, dass das Verhältnis von Kapital und Arbeit noch immer zentrales Thema sein muss, wenngleich sich dieser Interessengegensatz heute anders darstellt. Statt mit Kapitalistenpersönlichkeiten hat man es nun mit ökonomischen Strukturen zu tun, die herkömmliche Feindbilder untauglich werden lassen. Diese werden daher von den Arbeitnehmern

[79] Vgl. Kooperationsprojekt »Bildung« Süd-Ost-Niedersachsen (SON), Wolfsburg-Salzgitter-Braunschweig-Peine, Abschlußbericht.
[80] IG Metall Region Süd-Ost-Niedersachsen Bezirk Hannover, Eckpunkte zur gewerkschaftlichen Bildungsarbeit (Entwurf), Sprockhövel/ Hustedt Oktober 1997, Archiv IG Metall Salzgitter, unverzeichnet.
[81] Vgl. Dera, Abschied, S. 125.

auch nicht mehr akzeptiert. Die Strukturen aber vermitteln den Schein von unveränderbarer Objektivität, der man sich anpassen muss, und begründen somit eine neue Ideologie.[82]

Gewerkschaftliche Bildungsarbeit muss daher *»Arbeit an der Ideologie«* sein. Sie will den Seminarteilnehmern nicht vorwerfen, dass sie bisher falsch gedacht haben, sondern deutlich machen, welche ideologischen Verdrehungen in dieser Gesellschaft zu solchen Ergebnissen in ihren Köpfen führen konnten. An ihren grundsätzlichen Zielen hält Bildungsarbeit damit fest und verfolgt nach wie vor die Utopie vernunftgelenkter gesellschaftlicher Produktion als Ziel gewerkschaftlicher Politik. Die Seminarteilnehmer müssen auf den Weg gebracht werden, sich stärker und qualifizierter als vorher mit ideologischen Zusammenhängen auseinandersetzen zu können. Dies impliziert mehr als bloße Kritikfähigkeit, die ja keine Richtung angibt, sondern strebt ausdrücklich eine zielorientierte Gesellschaftsanalyse an, wie sie in allen Grundlagenseminaren vermittelt wird.[83]

Vor diesem Hintergrund forderte auch Hans Preiss eine Repolitisierung der Bildungsarbeit, die deutlich machen muss, dass die freie Entfaltung des Einzelnen sich nur verwirklichen lässt, wenn die Gemeinschaft die Voraussetzungen dafür schafft.[84] Bildungsarbeit muss zum einen die heutige gesellschaftliche Vielfalt ansprechen, zum anderen muss sie die gemeinsamen Interessen herausfiltern und Gewerkschaftsmitgliedern eine Orientierungshilfe bieten. Sonst wird die von der Unternehmerseite entwickelte Vorstellung einer »Corporate identity«, die durch Produzentenstolz und Mit-Verantwortung genährte Identifikation mit den Kapitalinteressen, bei Arbeitnehmern auf fruchtbaren Boden fallen.[85]

Methodenwandel

Wenn gewerkschaftliche Bildungsarbeit somit an ihren traditionellen Zielen festhält, muss sie doch ihre Formen verändern, die Art und Weise in der sie Seminarteilnehmer anspricht, wovon die Inhalte nicht ganz unberührt bleiben können. Mancherorts hat diese Erkenntnis zu einer grenzenlosen »Methodeneuphorie« geführt, welche die Art und Weise der Erkenntnisvermittlung in den Vordergrund rückt und den Teilnehmern überlässt, was im Seminar inhaltlich behandelt wird. Dies kann nicht die Lösung der Probleme der Bildungsarbeit sein, denn damit verbindet sich ein Rückzug, zum Teil eine Aufgabe des Anspruchs gewerkschaftlicher Bildungsarbeit, Orientierung geben zu wollen und Positionen in die politisch-gesellschaftliche Diskussion einzubringen. Doch zeigt sich auch hier wieder der Zusammenhang zwischen allgemeiner Gewerkschaftspolitik und Bildungsarbeit, denn aufgrund der politischen Entwicklung in diesem Land tendieren auch die Gewerkschaften seit Jahren dazu, in erster Linie Abwehrkämpfe zu führen. Sie bevorzugen das sozialpartnerschaftliche Verhalten und vergessen den eigenen Gestaltungswillen.[86]

Demgegenüber halten die Kolleginnen und Kollegen im Bezirk Hannover bei ihren Neuansätzen ausdrücklich an bestimmten inhaltlichen Positionen fest. Das »Eckpunktepapier«, maßgeblich mitgestaltet von den Salzgitteranern, macht darüber hinaus deutlich, dass Ziele, Inhalte und Methoden der Bildungsarbeit eine untrennbare Einheit bilden und aufeinander bezogen bleiben, wobei sie wiederum abhängig sind von den allgemeinen politisch-sozialen und innergewerkschaftlichen Verhältnissen. Auch bewährte Methoden, wie das Teamerprinzip, Gruppenarbeit, Lehrgespräche und die möglichst selbständige Erarbeitung der Themen sind erhalten geblieben.

Desgleichen bilden noch immer Oskar Negts Erfahrungsansatz und sein exemplarisches Lernen einen methodischen Ansatzpunkt. Aber auch die zunächst an der HBK formulierte Kritik daran, dass auch er bei der Vermittlung theoretischen Wissens wiederum nur auf verbalsprachliche Mittel zurückgegriffen hatte, wurde berücksichtigt, und die Reformansätze greifen auf die an der HBK entwickelten visualisierenden Methoden zurück.[87] Nicht zufällig sind mit Klaus Dera, heute stellvertretender pädagogischer Leiter der Heimvolkshochschule Hustedt und für die IG Metall Experte für Methodenfragen,

[82] Vgl. Dera/Tölle.
[83] Gespräch mit Klaus Dera am 12. Mai 1999.
[84] Arbeit und Leben (Hrsg.), Festschrift, S. 24, 27.
[85] Vgl. Dera/Tölle.
[86] Gespräch mit Rainer Peters-Ackermann am 12. Mai 1999.
[87] Zur Entwicklung, dem theoretischen Hintergrund und Einzelelementen des Erfahrungsansatzes in Kombination mit visualisierenden Methoden vgl. Arbeit und Leben Niedersachsen (Hrsg.), Bildung kommt von Bild, S. 28ff.

und Reiner Peters-Ackermann als Mitarbeiter von Arbeit und Leben Hannover zwei HBK-Absolventen maßgeblich daran beteiligt.

Vor diesem Hintergrund wurden die Seminare A 0 und A 1 konzipiert. Während man in den 1970er Jahren versuchte, den Seminarteilnehmern auf der Grundlage politisch-ökonomischer Kategorien zu vermitteln, wie es in dieser Gesellschaft aussieht, ist heute die Erkenntnis, dass die Erfahrungen des Einzelnen gesellschaftlich vermittelt sind, bestimmt durch ganz konkrete Gegebenheiten. Es wird stärker ins Bewusstsein gerückt, dass alle Arbeitnehmer aufgrund ihrer gesellschaftlichen Lage vergleichbare Erfahrungen machen. Klaus Dera formuliert es im Gespräch so: Man weiß, dass *»die Teilnehmer Subjekte sind, die in dieser Gesellschaft groß wurden. Also sind die wesentlichen Elemente dieser Gesellschaft auch irgendwo in ihnen enthalten«.*[88]

Es galt nun, Methoden zu entwickeln, die diese Elemente nach außen bringen. »Erfahrungshebung« geschieht durch Kommunikation, wobei jedoch das Mittel der verbalen Sprache nicht jedem gleichermaßen zugänglich ist. Die Sprache der Bilder, der visuellen Symbole zu Politik, Kapital, Banken, Versicherungen, Betrieben usw. ist zunächst einfacher handhabbar. Die damit sichtbar gemachten Erfahrungen sind dann leichter in Sprache umzusetzen, so dass die visualisierenden Methoden nicht als Ersatz für die verbale Sprache, sondern als Vermittlungsinstanz zwischen praktischen Erfahrungen und deren theoretischer Aufarbeitung zu verstehen sind. Sie durchbrechen mit dem Mittel der Verfremdung das Alltagsverständnis, dessen Elemente dann neu geordnet werden müssen, und machen Alternativen deutlich. Das alles geschieht durch eigene Aktivitäten, einzeln und in Gruppenarbeit, da das selbst Erarbeitete immer weitaus stärker im Gedächtnis haften bleibt als das Vorgetragene.

Das Ergebnis ist keine politisch-ökonomische Analyse, die Teilnehmer arbeiten nicht mit wissenschaftlichen Kategorien, sondern beschreiben die kapitalistischen Verhältnisse dieser Gesellschaft mit ihren Worten. Aber immer werden Elemente deutlich, die auf politisch-ökonomische Zusammenhänge hindeuten, sie im Ansatz erfassen und Alternativen bieten. Der Stand der Teilnehmer reicht aus für eine kritische, zielorientierte Gesellschaftsanalyse und zur Entwicklung handfester politischer Positionen.

Dies ist das Ergebnis des Seminars, ohne dass die Referenten aus ihrer theoretischen Position heraus, sofern sie eine solche haben, eingreifen mussten. Gleichwohl sind sie keineswegs auf die Rolle von Materiallieferanten und Moderatoren beschränkt, wie in der Bildungsdebatte gelegentlich gefordert wird.[89] Nach wie vor haben sie eine Orientierungsfunktion und bleiben auch Wissensvermittler, allerdings in einem weitgehend »herrschaftsfreien Diskurs«.[90] Sie sind allerdings zum Teil von der Vermittlungsproblematik befreit, die durch die neuen Methoden in die Teilnehmer selbst verlagert wurde.

Für die Referenten bedeutet dies, dass sie lernen müssen, mit den neuen Methoden umzugehen und deren theoretische Hintergründe einzusehen, da sonst schnell der Eindruck entsteht, die Teilnehmer »schnippelten eine Woche lang nur Bilder zusammen«. Die Methoden sind nicht beliebig, vielmehr baut das Seminar präzise auf einzelnen Erkenntnisschritten auf. Darüber hinaus müssen die Referenten wissen, was die Zeichnungen der Teilnehmer enthalten, ohne dass dies ausdrücklich in Erscheinung tritt oder wörtlich geäußert wird. Das erfordert nicht nur theoretisches Wissen, sondern auch einiges an Übung.

Mit den dargestellten Methoden wurde zunächst lange im Bereich der Jugendarbeit experimentiert bevor der A 0- und der A 1-Kurs entsprechend konzipiert wurden. Mit beiden Seminaren hat man bereits zwei bis drei Jahre Praxiserfahrung gesammelt, und sie haben sich bei Referenten und Teilnehmern hervorragend bewährt. Letztere suchen nach dem Seminar häufiger das Gespräch mit Vertrauensleuten und Betriebsräten und zeigen sich insgesamt aktiver.

Die Methoden sind in den großen Verwaltungsstellen Salzgitter und Wolfsburg und in den kleinen, die hier mitarbeiten, verbreitet und etabliert. Nach dem langjährigen bezirklichen Diskussionsprozess geht die Debatte nun über Hannover hinaus und richtet sich

[88] Klaus Dera, Gespräch am 12. Mai 1999, auch zum Folgenden.

[89] So etwa von Franz Grubauer, der die Gewerkschaften heute in Bildungsfragen berät. Vgl. Frankfurter Rundschau, 29. September 1994, »Abschied von der ideologischen Bildung«.

[90] Vgl. Dera/Tölle, S. 23, sowie Dera, Abschied, S. 127.

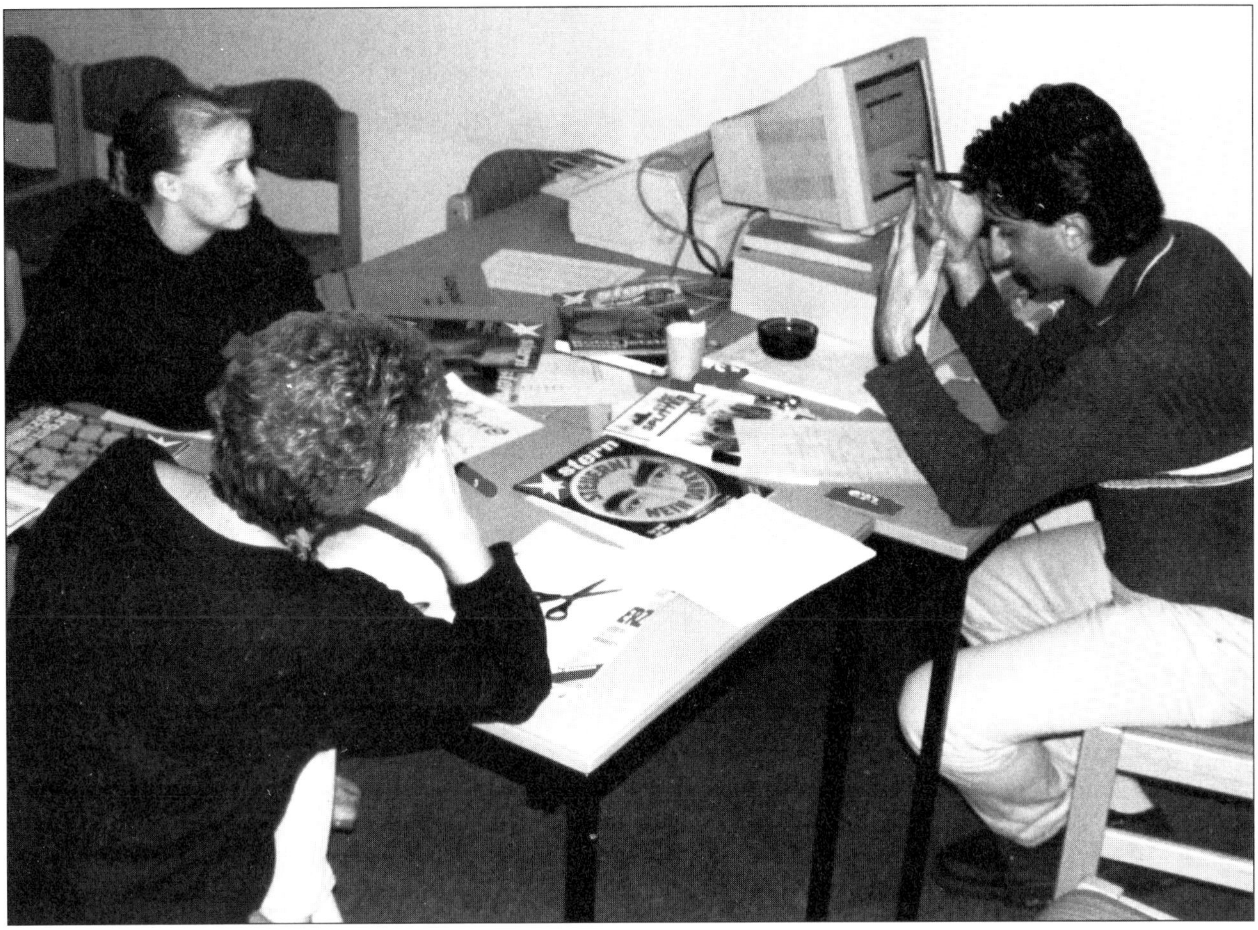

an den Vorstand in Frankfurt, wo die Ideen zum Teil aufgenommen, zum Teil aber auch kritisch beäugt werden, weil der damit zusammenhängende inhaltliche politisch-ökonomische Hintergrund offensiv vertreten wird. Wie weit sich der methodische Neuansatz hier durchsetzt, bleibt – da die Diskussionen auf Bundesebene erst beginnen – abzuwarten.

Ein Stück Demokratie

Zum Schluss sei die Frage gestellt, wo die Bildungsarbeit innerhalb der Organisation zu verorten ist, die bei allen demokratischen Ansprüchen immer wieder ihre stark zentralisierte Struktur offenbart. *»Bei einer immer stärkeren Zentralisierung der Großorganisation werden die Untergeordneten in immer stärkerem Maße zu Befehlsempfängern. Wenn ich aber niemanden habe, mit dem ich streiten kann um den rechten Weg, verlier ich meine Sprache, ich verliere meine Denkweise, ich verliere meine Artikulationsfähigkeit«*, monierte Hans Preiss und kritisierte, dass selbst die Delegierten der Vertreterversammlung zu Kopfnickern und Konsumenten von Vorgaben degenerieren, die oft mehr aus der Zeitung erfahren als durch ihre Verwaltungsstelle – ein schleichender Prozess der Entpolitisierung. Und das in einer Zeit, in der Arbeitnehmer in den Betrieben an immer mehr Stellen und immer häufiger nach ihrer Meinung gefragt werden.[91]

Der Ort innerhalb der Organisation, an dem die Diskussion als ein konstitutives Element erscheint, ist die Bildungsarbeit. Es ist nicht so, wie einige Referenten glauben, dass die Bildungsarbeit die Politik der IG Metall formt, aber diese spiegelt sich in der Bildungsarbeit wieder, die nur Ausdruck der politischen Linie der IG Metall als Organisation sein kann. Doch ist die Bildungsarbeit der Ort, an dem diese Linie zur Diskussion gestellt wird, nicht der Ort, um Positionen, die oben (demokratisch) zustande gekommen sind, nach unten durchzusetzen. Sie ist vielmehr der Ort, an dem diese sich noch einmal neu bewähren müssen. Insofern be-

Presse- und Medienseminar in Hustedt. »Zweckbildung« durch praktische Anleitung für die Herstellung von Betriebszeitungen.

[91] Gespräch am 27. November 1998.

Protest braucht Gegenwissen, Gegenwissen braucht politische Bildungarbeit.

sitzt die Bildungsarbeit eine ganz wesentliche *»Schnittstellenfunktion«* innerhalb der Organisation.[92]

Anders gesagt, sie ist der wichtigste Ort organisationsinterner Öffentlichkeit. Und wenn die IG Metall, wie im OE-Projekt beschlossen ehrenamtlicher werden soll, muss diese Funktion stabilisiert und ausgebaut werden. Dass die in den Seminaren erworbene Kritikfähigkeit auch auf die eigene Organisation angewandt werden kann und wird, sehen manche Gewerkschaftsfunktionäre auf der Führungsebene durchaus als Gefahr an. Doch ist dies eine Fehleinschätzung, denn es werden lediglich Auswüchse kritisiert, und das kann die Gewerkschaft nur stärken, nicht gefährden. Im Gegensatz zu den 1970er Jahren besitzen die selbständiger gewordenen Seminarteilnehmer heute den Mut, Kritik und Zweifel an der Organisation zu äußern. Dass dies zugelassen wird, bewerten alle Beteiligten positiv. Insofern wird, wie Siegfried Bleicher – das Forschungsprojekt BiMetall zitierend – formuliert hat, in jedem Seminar die Gewerkschaft ein Stück weit neu gegründet.[93]

Gewerkschaftliche Bildungsarbeit bleibt Zweckbildung. Sie dient den Zielen der Organisation, und da diese eben kein Dienstleistungsunternehmen ist, bleibt die zielgerichtete politische Bildung unverzichtbarer Bestandteil. Allerdings sind die Ziele der Gewerkschaft nur durch einen gemeinsamen, demokratischen Willensbildungsprozess ihrer Mitglieder zu bestimmen, für den die Bildungsarbeit ein angemessener Ort ist. *»Ihr Zweck besteht darin, die kollektiven gesellschaftlichen Interessen der Organisation mit den jeweiligen individuellen Interessen der Teilnehmenden abzustimmen und gemeinsame Handlungskonsequenzen zu erarbeiten. Wenn ihr das nicht gelingt, hat sie ihren Zweck verfehlt«.*[94]

[92] Gespräch mit Klaus Dera am 12. Mai 1999.
[93] So in seinem Referat auf der Bildungstagung der IG Metall vom 22. bis 24. Januar in Sprockhövel. Zitiert nach Forum Bildung, Nr. 3, April 1999, S. 8.
[94] Dera, Gewerkschaftliche Bildungsarbeit, S. 348, Vgl. S. 348ff.

Quellen- und Literaturverzeichnis

1. Archive

Archiv des Arbeitskreises Stadtgeschichte Salzgitter e.V.
Archiv des Betriebsrats der Salzgitter AG, Werk Salzgitter (BR-Archiv SZ AG)
Archiv IG Metall Salzgitter
Bundesarchiv Koblenz (BA Koblenz)
IG Metall Zentralarchiv Frankfurt a. M.
Niedersächsisches Staatsarchiv Wolfenbüttel
Privatarchiv Herbert Jentsch; Edmund Nolle, Jürgen D. Haase
Stadtarchiv Salzgitter (StA Salzgitter)

2. Interviews

Rainer Barcikowski
Dr. Klaus Dera
Prof. Dr. Günter Geisler
Walter Gruber
Herbert Jentsch
Lore Köhne
Peter Kurbjuweit
Günter Nagel
Edmund Nolle
Mehmet Özden
Reiner Peters-Ackermann
Hans George Schuray
Klaus-Dieter Werner

3. Quellen

Arbeiterpolitik 1. Jg. 1/1948 bis 3. Jg. 12/1950. Hrsg. v. Gruppe Arbeiterpolitik.
Braunschweiger Zeitung, Ausg. Watenstedt-Salzgitter, Jg. 1946ff.
Der Gewerkschafter
Frankfurter Rundschau
Gewerkschaftliche Monatshefte
Hannoversche Allgemeine Zeitung
Hannoversche Volksstimme
IG Metall (Hrsg.): Protokolle Gewerkschaftstage.
IG Metall (Hrsg.): Protokolle Jugendkonferenzen.
IG Metall Salzgitter (Hrsg.): Geschäftsberichte der Ortsverwaltung Salzgitter 1955ff.
Metall. Zeitung der IG Metall für die Bundesrepublik Deutschland.
Salzgitter-Kurier
Salzgitter Woche am Sonntag
Salzgitter-Zeitung

4. Literatur

Achten, Udo: »...denn was uns fehlt ist Zeit«: Geschichte des arbeitsfreien Wochenendes. Köln 1988.

Apel, Heinz: Recht auf Ausbildung konkret. In: IG Metall Salzgitter (Hrsg.): Von außen gesehen. Salzgitter 1998, S. 27-30.

Apitzsch, Wolfgang: Anmerkungen zur Frage der Rechtmäßigkeit von Protestaktionen gegen die Neufassung des § 116 AFG. In: Apitzsch, W. u.a. (Hrsg.): § 116 AFG. Kampf um das Streikrecht. Hamburg 1986, S. 97-107.

Arbeitsamt Salzgitter (Hrsg.): Die Wirtschaftsstruktur im Bereich des Arbeitsamtes Salzgitter. Salzgitter 1959.

Arbeitsgruppe des Komitees »Dokumentationsstätte KZ Drütte« (Hrsg.): Konzeption für eine Gedenk- und Dokumentationsstätte im ehemaligen KZ Drütte. Salzgitter 1989.

Arbeitskreis Stadtgeschichte e. V. (Hrsg.): Die Opfer sind immer die anderen – zur Notwendigkeit einer Gedenk- und Dokumentationsstätte KZ Drütte (Salzgitter). Salzgitter 1984.

Arbeitskreis Stadtgeschichte e. V. (Hrsg.): Pressespiegel und Dokumentation – zur Forderung einer Gedenk- und Dokumentationsstätte KZ Drütte. Salzgitter 1986.

Arbeitskreis Stadtgeschichte e. V. (Hrsg.): Gedenk- und Dokumentationsstätte KZ Drütte. 2. Aufl. Salzgitter 1997.

Archiv der Stadt Salzgitter (Hrsg.): 100 Jahre SPD in Salzgitter. 1890-1990. Salzgitter 1990.

Barcikowski, Rainer: FIPS: »Absterbende Überbleibsel« oder »stabile Keimzelle«? Die Friedensinitiative Peine + Salzgitter. In: Bäcker, G. u.a. (Hrsg.): Friedensarbeit im Betrieb. Handbuch für gewerkschaftliche Friedenspolitik. Hamburg 1985, S. 104-115.

Barwig, Klaus: Saathoff, Günter; Weyde, Nicole: Entschädigung für NS-Zwangsarbeit: Rechtliche, historische und politische Aspekte. Baden-Baden 1998.

Bergmann, Ralf: Stahl oder Rüben. Die Entwicklung der Industriegewerkschaft Metall in Salzgitter nach dem Zweiten Weltkrieg. 2. Aufl. Marburg 1991.

Bildungsvereinigung Arbeit und Leben Niedersachsen e. V. (Hrsg.): Arbeiterbildung nach 1945. Das Beispiel Arbeit und Leben Niedersachsen. Hannover 1989.

Bildungsvereinigung Arbeit und Leben Niedersachsen e. V. (Hrsg.): »Bildung kommt von Bild...«. Mittel und Methoden der Visualisierung in der politisch-kulturellen Bildung. Hannover 1990.

Bildungsvereinigung Arbeit und Leben Niedersachsen e. V. (Hrsg.): 20 Jahre Niedersächsisches Bildungsurlaubsgesetz. Hannover 1994.

Bildungsvereinigung Arbeit und Leben Salzgitter e. V. (Hrsg): 30 Jahre Bildungsvereinigung Arbeit und Leben Salzgitter e. V. 1965-1995. Festschrift. Salzgitter 1996.

Birnbaum, Hans: Stahljahre. Unternehmer in unruhiger Zeit. Düsseldorf-Wien 1980.

Bleicher, Siegfried: Reform ist angesagt. In: Der Gewerkschafter 9/1994, S. 12f.

Bleicher, Siegfried: Kompetenz entwickeln. In: Der Gewerkschafter 10/1994, S. 20f.

Bleicher, Siegfried: Gewerkschaftliche Bildungsarbeit heute. In: Grosspietsch, E.; Benz, G. (Hrsg.): Wissen, um zu handeln. Göttingen 1998, S. 353-367.

Bleicher, Siegfried: Zur Reform der gewerkschaftlichen Bildungsarbeit der IG Metall. In: Heimvolkshochschule Hustedt (Hrsg.): Politische Bildung im Wandel. Fulda 1998, S. 103-112.

Blöcker, Antje: Die Neuordnung der Fertigungsstandorte der Robert Bosch GmbH in Süd- und Südostniedersachsen. Braunschweig ohne Jahr. Manuskript.

Brackmann, Paul: Die Maikundgebungen in Osnabrück nach 1945. In: IG Metall Osnabrück (Hrsg.): Vom Deutschen Metallarbeiterverband zur Industriegewerkschaft Metall. Texte und Dokumente aus der Geschichte der Metallarbeiter in Osnabrück. Bramsche 1990, S. 136-146.

Bundesvorstand des Deutschen Gewerkschaftsbundes (brit. Besatzungszone) (Hrsg.): Die Gewerkschaftsbewegung in der britischen Besatzungszone. Geschäftsbericht des Deutschen Gewerkschafts-Bundes (britische Besatzungszone 1947-1949). Köln 1950.

Däubler, Wolfgang: Die Fernwirkung von Arbeitskämpfen. Risikoverteilung nach geltendem Recht. In: Apitzsch, W. u.a. (Hrsg.): § 116 AFG. Hamburg 1986, S. 49-65.

Deppe, Frank; von Freyberg, Jutta; Kievenheim, Christof; Meyer, Regine; Werkmeister, Frank: Kritik der Mitbestimmung. Partnerschaft oder Klassenkampf? 4. Aufl. Frankfurt a. M. 1973.

Dera, Klaus; Tölle, Hartmut: Im Mittelpunkt des Interessengegensatzes steht der Mensch. In: Gewerkschaftliche Bildungspolitik 1/1995, S. 18-25.

Dera, Klaus: Abschied von der Arbeiterbildung? Politische Bildung im Bildungsurlaub. In: Heimvolkshochschule Hustedt (Hrsg.): Politische Bildung im Wandel. Fulda 1998, S. 123-128.

Dera, Klaus: Gewerkschaftliche Bildungsarbeit zwischen Zweckbildung und Teilnehmerorientierung. In: Grosspietsch, E; Benz, G. (Hrsg.): Wissen, um zu handeln. Göttingen 1998, S. 341-351.

DGB (Hrsg.): Stop Jugendarbeitslosigkeit. Argumente statt Parolen. Düsseldorf 1977.

DGB-Bildungswerk Thüringen e. V. (Hrsg.): Baustein zur nichtrassistischen Bildungsarbeit. Erfurt 1998.

Drechsler, Hanno; Hilligen, Wolfgang; Neumann, Franz: Gesellschaft und Staat. Lexikon der Politik. 6. Aufl. Baden-Baden 1984.

Ehrenberg, Herbert: Raus aus der Krise mit wirksamen Konzepten für mehr Arbeit und soziale Gerechtigkeit. Vortrag auf der Vertreterversammlung der IG Metall Verwaltungsstelle Salzgitter am 20. September 1999. Manuskript.

Erhardt, Andreas: »Wie lästige Ausländer...«. Flüchtlinge und Vertriebene in Salzgitter 1945-1953. Salzgitter 1991.

Fiereder, Helmut: Demontagen in Deutschland nach 1945 unter besonderer Berücksichtigung der Montanindustrie. In: Archiv der Stadt Salzgitter (Hrsg.): Die Demontage der Reichswerke (1945-1951). Salzgitter 1990, S. 24-48.

Försterling, Reinhard: Neubeginn politischen Lebens nach 1945. Parteigründungen und Wahlen. In: Benz, W. (Hrsg.): Salzgitter. Geschichte und Gegenwart einer deutschen Stadt 1942-1992. München 1992, S. 335-357.

Friedrich Ebert Stiftung (Hrsg.): Projekt »Mitbestimmung in der Praxis«. Bericht für die Projektbeiratsitzung am 21. Oktober 1982 in Ilsede. Bonn 1982.

Fröbe, Rainer: KZ-Häftlinge als Reserve qualifizierter Arbeitskraft. Eine späte Entdeckung der deutschen Industrie und ihre Folgen. In: Herbert, U. u.a. (Hrsg.): Die nationalsozialistischen Konzentrationslager. Entwicklung und Struktur, Bd. II. Göttingen 1998.

Garbe, Claus; Odenwald, Stephanie: Das Lehrlings-Rollen-Buch. Ein Arbeitsbuch zur Jugendarbeitslosigkeit und Reform der beruflichen Bildung. Berlin 1975.

Grebing, Helga: Geschichte der deutschen Arbeiterbewegung. Ein Überblick. München 1966.

Grebing, Helga: Die deutsche Arbeiterbewegung zwischen Revolution, Reform und Etatismus. Mannheim 1993.

Grebing, Helga: Die Realisierung sozialer Ideen als gewerkschaftliche Zukunftsaufgabe. Vortrag Salzgitter Forum am 28. November 1998. Manuskript.

Grosspietsch, Edith; Benz, Georg (Hrsg.): Wissen, um zu handeln. Ein Buch der Solidarität mit Heinz Dürrbeck. Göttingen 1998.

Grubauer, Franz: Abschied von der ideologischen Bildung. In: Frankfurter Rundschau, 29. September 1994.

Gruber, Walter: Ende der Stahlzeit? In: Gruber, W.; Sörgel, P. (Hrsg.): Stahl ohne Zukunft? Hamburg 1984, S. 161-177.

Gruber, Walter: Rede zur 50-Jahr-Feier der IG Metall Salzgitter am 25. April 1998. Salzgitter 1998. Manuskript.

Hahn, Reinhard; Horn, Hans-Werner: Eine neue rechte Jugend? Aspekte aus einer Studie zu politischen Orientierungen von Arbeitnehmerjugendlichen. 2. Aufl. Weinheim 1997.

Harrer, Jürgen: Gewerkschaftlicher Widerstand gegen das »Dritte Reich«. In: Deppe, F. u.a. (Hrsg.): Geschichte der deutschen Gewerkschaftsbewegung. 2. Aufl. Köln 1978.

Hartmann, Franz: Entstehung und Entwicklung der Gewerkschaftsbewegung in Niedersachsen nach dem Zweiten Weltkrieg. Dissertation, Göttingen 1977.

Hassel, Anke; Kluge, Norbert: Die qualitative Entwicklung der Mitbestimmung in Deutschland. In: Gewerkschaftliche Monatshefte 3/99, S. 167-176.

Haus, Rainer: Das Salzgitter-Erz in der Rohstoffpolitik der deutschen Montanindustrie zwischen Versailler Vertrag und Gründung der Reichswerke. In: Benz, W. (Hrsg.): Salzgitter. München 1992, S. 28-40.

Heimvolkshochschule Jägerei Hustedt e. V. (Hrsg.): Lernen – Mitbestimmen – Verantworten. 40 Jahre Heimvolkshochschule Jägerei Hustedt 1948-1988. Hustedt 1988.

Heimvolkshochschule Jägerei Hustedt e. V. (Hrsg.): Politische Bildung im Wandel. 50 Jahre Heimvolkshochschule Jägerei Hustedt 1948-1998. Fulda 1998.

Held, Josef; Horn, Hans-Werner; Marvakis, Athanasios: Gespaltene Jugend. Politische Orientierungen jugendlicher ArbeitnehmerInnen. Opladen 1996.

Herbert, Ulrich: Fremdarbeiter. Politik und Praxis des Ausländereinsatzes in der Kriegswirtschaft des Dritten Reiches. Berlin/ Bonn 1985.

Herlemann, Beatrix: Verweigerung, Opposition, Widerstand unter den Arbeitern der Reichswerke. In: Benz, W. (Hrsg.): Salzgitter. München 1992, S. 131-148.

Hoffmann, Thomas: Arbeiterbewußtsein und gewerkschaftliche Bildungsarbeit. Marburg 1983.

Hugo, Maybritt: Das Wahlverhalten in Salzgitter und Wolfsburg – Überlegungen zu einem Aspekt des politischen Bewußtseins. In: Geschichtsverein Salzgitter e. V. (Hrsg.): Salzgitter Jahrbuch 1988, Bd. 10, Salzgitter 1989, S. 167-190.

Huster, Ernst Ulrich u. a.: Determinanten der westdeutschen Restauration 1945-1949. 2. Aufl. Frankfurt a. M. 1973.

IG Metall (Hrsg.): Bildungsarbeit der IG Metall – Investitionen in eine andere Zukunft. Debatte Info 2. Frankfurt a. M. ohne Jahr.

IG Metall (Hrsg.): Die Arbeit der Vertrauensleute. Schriftenreihe der IG Metall, 41. Frankfurt a. M. ohne Jahr.

IG Metall (Hrsg.): Kampf der IG Metall. Zur Situation bei Eisen und Stahl – zur Neuordnung der Stahlindustrie in der BRD. 24. Februar 1983. Dortmund. Referate, Diskussionsbeiträge, Dokumente, Statistiken. Frankfurt a. M. ohne Jahr.

IG Metall (Hrsg.): Reform der beruflichen Bildung. Zwischenbilanz und Dokumentation. Frankfurt a. M. ohne Jahr.

IG Metall (Hrsg.): Geschäftsbericht 1950 bis 1952 des Vorstandes der Industriegewerkschaft Metall für die Bundesrepublik

Deutschland. Frankfurt a. M. 1952.
IG Metall (Hrsg.): Unsere Schulung 1961. Frankfurt a. M. 1961.
IG Metall (Hrsg.): Fünfundsiebzig Jahre Industriegewerkschaft 1891 bis 1966. Vom Deutschen Metallarbeiter-Verband zur Industriegewerkschaft Metall. Frankfurt a. M. 1966.
IG Metall (Hrsg.): Gewerkschaftliche Jugendbildung – Rahmenkonzeption. Frankfurt a. M. 1973.
IG Metall (Hrsg.): 25 Jahre Bildungsarbeit der IG Metall 1951-1976. Frankfurt a. M. 1976.
IG Metall (Hrsg.): ...denn 35 ist das Ziel. Der Kampf um kürzere Arbeitszeit in der Metallindustrie 1983/84. Frankfurt a. M. 1985.
IG Metall (Hrsg.): Qualifizierte Ausbildung für alle. Neuordnung der industriellen Metall- und Elektroberufe. Frankfurt a. M. 1985.
IG Metall (Hrsg.): Stahlpolitisches Programm der IG Metall. Frankfurt a. M. 1985.
IG Metall (Hrsg.): ... denn wir geben nicht auf. Der Kampf um den Streikpapagraphen 116. Frankfurt a. M. 1986.
IG Metall (Hrsg.): Buenos dias, compañero. IG Metall Solidarität mit Nicaragua. Frankfurt a. M. 1989.
IG Metall (Hrsg.): »100 Jahre Industriegewerkschaft 1891 bis 1991«. Vom Deutschen Metallarbeiter-Verband zur Industriegewerkschaft Metall. Ein Bericht in Wort und Bild. Köln 1991.
IG Metall Bezirksleitung Hannover (Hg): Die Zeit müssen wir uns nehmen. Beschäftigungssicherung bei VW. Hannover 1995.
IG Metall Bezirksleitung Hannover (Hrsg.): Altersteilzeit. Das Modell der IG Metall bei Volkswagen. Hannover 1997.
IG Metall für die britische Zone und das Land Bremen (Hrsg.): Geschäftsbericht der Industriegewerkschaft Metall für die Britische Zone und das Land Bremen 1947/1948. Mülheim (Ruhr) 1948.
IG Metall Peine (Hrsg.): 100 Jahre IG Metall Peine, 100 Jahre Organisationsgeschichte der Industriegewerkschaft Metall. Peine 1991.
IG Metall Peine und Salzgitter (Hrsg.): Erfolgreicher Kampf gegen die Vernichtung von Ausbildungsplätzen – dargestellt am Beispiel Peine + Salzgitter AG. Göttingen 1982.
Jungbluth, Adolf: Arbeitsdirektor und Betrieb. Erfahrungsbericht aus einem Hüttenwerk. München ohne Jahr.
Kiefer, Georg: Gewerkschaften und Kunsthochschulen. In: IG Metall Salzgitter (Hrsg.): Von außen gesehen. Salzgitter 1998, S. 95-97.
Kieser, Walther; Schmitz, Kurt T.(Bearb.): Erkämpft – aber nicht gesichert. Schwerpunkt im Kampf um Arbeitsplätze und Mitbestimmung: Das Beispiel Salzgitter. Köln 1983.
Kißler, Leo: Die Mitbestimmung in der Bundesrepublik Deutschland. Modell und Wirklichkeit. Marburg 1992.
Kistler, Helmut: Die Bundesrepublik Deutschland. Vorgeschichte und Geschichte 1945-1983. Stuttgart 1985.
Kittner, Michael: Berufliche Qualifikation in der Rechtsordnung. Frankfurt a. M. 1982.
Klebe, Thomas; Roth, Siegfried: Die Verursacher in der Rolle des Opfers. Produktionsverpflechtungen und Arbeitskampf. In: Apitzsch u.a. (Hrsg.): § 116 AFG, S. 27-36.
Kniesburger, Maria: Die Funktion der Gewerkschaftspresse im Rahmen innergewerkschaftlicher Diskussion und Willensbildung – Am Beispiel der IG Metall-Mitgliederzeitung Metall. Dissertation. Göttingen 1984.
Knopf, Manfred u. a.: Das Jugendheim Pichelsee. In: Grosspietsch, E.; Benz, G. (Hrsg.): Wissen, um zu handeln. Göttingen 1998, S. 123-134.
Kolb, Johannes: Metallgewerkschaften in der Nachkriegszeit. Der Organisationsaufbau der Metallgewerkschaften in den westlichen Besatzungszonen Deutschlands. Frankfurt a. M. 1972.
Koopmann, Klaus: Vertrauensleute. Arbeitervertretung im Betrieb. Hamburg 1981.
Kotthoff, Hermann: Betriebsräte und betriebliche Herrschaft. Eine Typologie von Partizipationsmustern im Industriebetrieb. Frankfurt a. M./New York 1981.
Kotzur, Dirk: Die Betriebsarbeit im Hüttenwerk der Reichswerke in Salzgitter von 1945 bis 195. Magisterarbeit im Fachbereich Sozial- und Wirtschaftsgeschichte der Universität Hamburg, 1999
Lang, Klaus: Volksthema – Streikrecht. Gewerkschaftliche Mobilisierung gegen die Änderung des § 116 AFG. In: Apitzsch, W. u.a. (Hrsg.): § 116 AFG, S. 76-96.
Lehr, Astrid; Markus, Martina; Vögel, Bernhild; Wysocki, Gerd: Fünfzig Jahre Arbeitskraft für den Salzgitter-Konzern. Hrsg. v. Arbeitskreis Stadtgeschichte e.V. Salzgitter 1987.
Leiss, Manfred: Das Umfeld der IG Metall. In: Grosspietsch, E.; Benz, G. (Hrsg.): Wissen, um zu handeln. Göttingen 1998, S. 101-113.
Leuschner, Jörg; Fiereder, Helmut: Die Demontage der Reichswerke in Watenstedt-Salzgitter. In: Archiv der Stadt Salzgitter (Hrsg.): Die Demontage der Reichswerke (1945-1951). Salzgitter 1990, S. 49-157.
Leuschner, Jörg: Das Ende der Demontage- und Entmilitarisierungsmaßnahmen in den Reichswerken. In: Archiv der Stadt Salzgitter (Hrsg.): Die Demontage der Reichswerke (1945-1951). Salzgitter 1990, S. 204-223.
Leuschner, Jörg: Stadtgründung und Anfänge der Kommunalpolitik. In: Benz, W. (Hrsg.): Salzgitter. München 1992, S. 390-416.
Limmer, Hans: Die deutsche Gewerkschaftsbewegung. 12. Aufl. München 1988.
Longerich, Peter: Deutschland 1918-1933. Die Weimarer Republik. Handbuch zur Geschichte. Hannover 1995.
Lucy, Herbert: Minimax, kalte Aussperrung und § 116 AFG. Betriebliche Erfahrungen. In: Apitzsch, W. u.a. (Hrsg.): § 116 AFG, S. 19-26.
Ludewig, Horst: Kalte Aussperrung in den MAN-Werken Salzgitter/Braunschweig. In: Apitzsch, W. u.a. (Hrsg.): § 116 AFG, S. 43-48.
Mayr, Hans: Der Grundkonsens ist erschüttert. Zur Auseinandersetzung um § 116 AFG. In: Apitzsch, W. (Hrsg.): § 116 AFG, S. 121-124.
Mielke, Siegfried: Die Neugründung der Gewerkschaften in den westlichen Besatzungszonen -1945 bis 1949. In: Hemmer, H.-O.; Schmitz, K. T. (Hrsg.); Geschichte der Gewerkschaften in der Bundesrepublik Deutschland. Von den Anfängen bis heute. Köln 1990, S. 19-84.
Mignon, Ulrich: Aus der Geschichte lernen. In: IG Metall Salzgitter (Hrsg.): Von außen gesehen. Salzgitter 1998, S. 133-142.Mitbestimmung im Unternehmen. Bericht der Sachverständigenkommission zur Auswertung der bisherigen Erfahrungen bei der Mitbestimmung. Deutscher Bundestag – 6. Wahlperiode, Drucksache VI/334. Bochum 1970.
Müller, Gloria: Mitbestimmung in der Nachkriegszeit. Britische Besatzungsmacht – Unternehmer – Gewerkschaften. Düsseldorf 1987.

Müller, Gloria: Strukturwandel und Arbeitnehmerrechte. Die wirtschaftliche Mitbestimmung in der Eisen- und Stahlindustrie 1945-1975. Essen 1991.

Müller, Gundula: Die Neuanfänge der Gewerkschafts- und Betriebsrätearbeit in Salzgitter und die Politik des Betriebsrates der ehemaligen »Reichswerke AG für Erzbergbau und Eisenhütten« und der örtlichen Gewerkschaft bei der Auseinandersetzung um die Demontage. Schriftliche Hausarbeit. Göttingen 1974.

Nagel, Bernhard: Mitbestimmung im Montankonzern und Grundgesetz. Baden-Baden 1992.

Negt, Oskar: Wider das Einmauern von bewährten Traditionsbeständen. In: Frankfurter Rundschau, 29. September 1994.

Neumann, Ernst: Qualifizierte Ausbildung für alle. In: IG Metall Salzgitter (Hrsg.): Von außen gesehen. Salzgitter 1998, S. 143-155.

Niedersächsisches Kultusministerium: Spurensuche – Erinnerung wachhalten, überarb. 3. Aufl. 1995.

Opel, Fritz: Der deutsche Metallarbeiter-Verband während des ersten Weltkrieges und der Revolution. 4. Aufl. Frankfurt a. M. 1980.

Ostertag, Adi (Hrsg.): Arbeitsdirektoren berichten aus der Praxis. Köln 1981.

Ostertag, Adi; Mathes, Horst: Heinz Dürrbeck: das Bildungszentrum Sprockhövel und Perspektiven der Bildungsarbeit heute. In: Grosspietsch E.; Benz, G. (Hg): Wissen, um zu handeln. Göttingen 1998, S. 207-232.

Peters, Jürgen (Hrsg.): Modellwechsel. Die IG Metall und die Viertagewoche bei VW. Göttingen 1994.

Peters, Jürgen: Bildung im »NETZWERK«. In: Grosspietsch, E.; Benz, G. (Hrsg.): Wissen, um zu handeln. Göttingen 1998, S. 309-339.

Pirker, Theo: Die blinde Macht. Die Gewerkschaftsbewegung in Westdeutschland 1945-1955, 2 Bände. München 1960.

Pischke, Gudrun: »Europa arbeitet bei den Reichswerken«. Das nationalsozialistische Lagersystem in Salzgitter. Salzgitter 1995.

Potthoff, Erich: Der Kampf um die Montan-Mitbestimmung. Köln 1957.

Preiss, Hans: Politische Bildungsarbeit. Voraussetzung konsequenter Interessenvertretung. Referat auf der Eröffnungsveranstaltung der Bildungsvereinigung Arbeit und Leben Salzgitter e. V. am 13. Oktober 1975.

Preiss, Hans: Von der Volksbildung zur Weiterbildung – die Idee des Volksbildungsgedankens im Wandel der Zeit. In: Glaser, H./Preiss, H. (Hrsg.): Qualifizieren statt entlassen. Volksbildung statt Eliteförderung. Hamburg 1986, S. 9-31.

Preiss, Hans: Lernen aus der Geschichte? Zur Bedeutung der betrieblichen/örtlichen und regionalen Geschichte für die Gesamtorganisation. Referat VI. Salzgitter-Forum, 27./28. November 1998. Manuskript.

Preiss, Hans: Kämpfe und Kampagnen 1972 bis 1989. In: Grosspietsch, E.; Benz, G. (Hrsg.): Wissen, um zu handeln. Göttingen 1998, S. 185-204.

Prinz, Detlef: Die Anfänge der gewerkschaftlichen Jugendarbeit. In: Prinz, D.; Rexin, M. (Hrsg.): Gewerkschaftsjugend im Weimarer Staat. Eine Dokumentation über die Arbeit der Gewerkschaftsjugend des ADGB in Berlin. Köln 1983, S. 11-22.

Rauft, Norbert: Vom Objekt zum Subjekt. Montanmitbestimmung, Sozialklima und Strukturwandel im Bergbau seit 1945. Köln 1988.

Recker, Marie-Luise: Das Leben in der neuen Stadt. Zwischen sozialpolitischem Anspruch und sozialer Realität. In: Benz, W. (Hrsg.): Salzgitter. München 1992, S. 149-163.

Riedel, Hannspeter: Der Rätegedanke in den Anfängen der Weimarer Republik und seine Ausprägung im Art. 165 WRV. Frankfurt a. M. 1991.

Riedel, Matthias: Gründung und Entwicklung der Reichswerke »Hermann Göring« und deren Position in der Wirtschaftspolitik des Dritten Reiches 1935-1945. In: Benz, W. (Hrsg.): Salzgitter. München 1992, S. 41-77.

Riedel, Matthias: Vorgeschichte, Entstehung und Demontage der Reichswerke im Salzgittergebiet. Dissertation, Hannover 1966.

Roßmann, Witich: Zwischen APO und Ministerwürden. Gewerkschaften in den 60er Jahren. In: Heiss und Kalt. Die Jahre 1945-69. 2. Aufl. Berlin 1986, S. 497-501.

Sabais, Heinz W. (Hrsg.): Auf dem Wege zu einer gesellschaftlichen Kultur. 25 Jahre Ruhrfestspiele 1946 bis 1971. Hgg. im Auftrag der Freunde der Ruhrfestspiele von Heinz Winfried Sabais. Frankfurt a. M. 1971.

Scharf, Günter: Geschichte der Arbeitszeitverkürzung. Der Kampf der deutschen Gewerkschaften um die Verkürzung der täglichen und wöchentlichen Arbeitszeit. Frankfurt a. M. 1987.

Scheibe, Herbert: Ziele und Inhalte betrieblicher und gewerkschaftlicher Interessenvertretung der Braunschweiger Metallarbeiter nach dem Zweiten Weltkrieg (1945-1948). Eine sozialwissenschaftliche Untersuchung der Braunschweiger Metallarbeiter unter Berücksichtigung ihrer Erfahrungen am Ende der Weimarer Republik und während der Zeit des Nationalsozialismus. Dissertation. Göttingen 1983.

Schmidt, Eberhard: Die verhinderte Neuordnung 1945-1952. Zur Auseinandersetzung um die Demokratisierung der Wirtschaft in den westlichen Besatzungszonen und in der Bundesrepublik Deutschland. Frankfurt a. M. Ausgaben 1971 und 1977.

Schneider, Axel; Schobeß, Rainer: Salzgitter und die Angst vor der eigenen Geschichte. In: Volkskunde in Niedersachsen 7:2, S. 62-76.

Schneider, Christian: Stadtgründung im Dritten Reich. Wolfsburg und Salzgitter. Ideologie, Ressortpolitik, Repräsentation. München 1979.

Schneider, Christian: Stadt-Bau Salzgitter 1937-1990. In: Benz, W. (Hrsg.): Salzgitter. München 1992, S. 166-212.

Schneider, Michael: Kleine Geschichte der Gewerkschaften. Ihre Entwicklung in Deutschland von den Anfängen bis heute. Bonn 1989.

Schulz, Peter: Nicht die Zeit, um auszuruhen. Dokumente und Bilder zur Geschichte der Hannoverschen Arbeiterbewegung 1814-1949. Hrsg. v. IG Metall Hannover. Hannover 1990.

Schulze, Rainer: Salzgitter aus britischer Sicht. Besatzungszeit und Besatzungspolitik 1945-1950/51. In: Benz, W. (Hrsg.): Salzgitter. München 1992, S. 149-163.

Schumann, Manfred: Kritik des Gesetzentwurfs. In: Apitzsch, W. u. a. (Hrsg.): § 116 AFG, S. 66-75.

Sewald, Erich: Die Mitbestimmung hat sich bewährt. In: Werden. Jahrbuch für die deutschen Gewerkschaften 1976, S. 120ff.

Stadt Salzgitter (Hrsg.): Verwaltungsbericht 1945-1953. Salzgitter 1954.

Steininger, Rolf: Deutsche Geschichte 1945-1961. Darstellung und Dokumente in zwei Bänden. Frankfurt a. M. 1983.

Sund, Olaf: Gewerkschaftliche Bildungsarbeit als Aufgabe der Heimvolkshochschule Jägerei Hustedt. In: Heimvolkshochschule Hustedt (Hrsg.): Politische Bildung im Wandel. Fulda 1998, S. 75-88.

Thum, Horst: Mitbestimmung in der Montanindustrie. Der Mythos vom Sieg der Gewerkschaften. Stuttgart 1982.

Thum, Horst: Wirtschaftsdemokratie und Mitbestimmung. Von den Anfängen 1916 bis zum Mitbestimmungsgesetz 1976. Köln 1991.

Thum, Horst: Betriebsräte und Gewerkschaften 1945-1952. In: Benz, W. (Hrsg.): Salzgitter. München 1992, S. 358-387.

Tribian, Henning: Das Salzgittergebiet. Eine Untersuchung der Entfaltung funktionaler Beziehungen und sozioökonomischer Strukturen im Gefolge von Industrialisierung und Stadtentwicklung. Dissertation, Göttingen 1976.

Trittel, Günter J.: Hunger und Politik. Die Ernährungskrise in der Bizone (1945-1949). Frankfurt a. M./New York 1990.

Trus, Armin: »Wer nicht kämpft, hat schon verloren«. Dokumente zur Geschichte der Arbeiterbewegung in Gießen 1945-1990. Gießen 1994.

Verwaltungsstelle der IG Metall Hattingen (Hrsg.): Aus der Geschichte lernen: »Die Einheit hüten – Auf die eigene Kraft vertrauen!« Zum 40. Jahrestag der Neugründung der Gewerkschaften in Hattingen und Umgebung. Bearb. v. Margit Wiegold, Hartmut Schulz. Düsseldorf 1985.

Vögel, Bernhild: Entwurzelt. Displaced Persons im Salzgittergebiet. Unter Mitarbeit von Andreas Ehrhardt. Hrsg. v. Arbeitskreis für Stadtgeschichte e. V. Salzgitter 1994.

Voß, Astrid; Döhling, Hilde; Lemke, Berta u. a.: Die Arbeiterschaft der Reichswerke im Kampf gegen die Demontage von 1945-1950: In: Archiv der Stadt Salzgitter (Hrsg.): Die Demontage der Reichswerke (1945-1951). Salzgitter 1990, S. 158-203.

Weiss, Manfred: Gewerkschaftliche Vertrauensleute. Tarifvertragliche Verbesserungen ihrer Arbeit im Betrieb. Köln 1978.

Wetzel, Juliane: Die Barackenstadt. Arbeit und Leben im Lageralltag. In: Benz, W. (Hrsg.) Salzgitter. München 1992, S. 282-311.

Wichert, Udo: Gewerkschaften und Jugend in der Weimarer Republik. In: Prinz, D.; Rexin, M. (Hrsg.): Gewerkschaftsjugend im Weimarer Staat. Köln 1983, S. 23-44.

Wittek, Herbert; Barcikowski, Rainer: Mobilisierung zur Gegenwehr. In: Gruber, W.; Sörgel, P. (Hrsg.): Stahl ohne Zukunft. Hamburg 1984, S. 139-150.

Wittemann, Klaus Peter: Kommunistische Politik in Westdeutschland nach 1945. Der Ansatz der Gruppe Arbeiterpolitik. Darstellung ihrer grundlegenden politischen Auffassungen und ihrer Entwicklung zwischen 1945 und 1952. Hannover 1977.

Wolff, Ursula: Kommunalpolitik nach Kriegsende. In: Benz, W. (Hrsg.): Salzgitter. München 1992, S. 417-438.

Wollenberg, Jörg: Theoretische Positionen der Arbeiterbildung und die Bildungsvereinigung Arbeit und Leben Niedersachsen. In: Arbeit und Leben Niedersachsen (Hrsg.): Arbeiterbildung nach 1945. Hannover 1989, S. 131-217.

Wulf, Wolfgang: Das Verständnis von Arbeiterbildung bei Arbeit und Leben Niedersachsen zu Beginn der 50er Jahre. In: Arbeit und Leben Niedersachsen (Hrsg.): Arbeiterbildung nach 1945. Hannover 1989, S. 83-129.

Wysocki, Gerd: Zwangsarbeit im Stahlkonzern. Salzgitter und die Reichswerke »Hermann Göring« 1937-1945. Braunschweig 1982.

Wysocki, Gerd: Arbeit für den Krieg. Herrschaftsmechanismen in der Rüstungsindustrie des »Dritten Reiches«. Arbeitseinsatz, Sozialpolitik und staatspolizeiliche Repression bei den Reichswerken »Hermann Göring« im Salzgitter-Gebiet 1937/38 bis 1945. Dissertation. Braunschweig 1992.

Young, James E.: Formen des Erinnerns. Gedenkstätten des Holocaust. Wien 1997.

VSA: Wege der IG Metall

256 Seiten, zahlreiche Fotos; € 15.30
ISBN 3-89965-026-3
In diesem Buch geht es um die Interessenvertretung und die Meilensteine der Arbeitspolitik des VW-Werkes Salzgitter 1970 bis 2000. Die Autorin hat für ihre Untersuchung mehr als 30 ZeitzeugInnen befragt, deren Antworten die Entwicklung des Werkes und der Betriebsratsarbeit veranschaulichen.

Udo Klitzke/Heinrich Betz/
Mathias Möreke (Hrsg.)
Vom Klassenkampf zum Co-Management?
Perspektiven gewerkschaftlicher Betriebspolitik
304 Seiten; € 15.30
ISBN 3-87975-790-9
Wie kann im Shareholder Value-Kapitalismus die Rolle der Interessenvertretung und die Mitbestimmung wirksam gestaltet werden?

Prospekte anfordern!

VSA-Verlag
St. Georgs Kirchhof 6
20099 Hamburg
Tel. 040/28 05 05 67
Fax 040/28 05 05 68
mail: info@vsa-verlag.de

Eine arbeitspolitische Bilanz gegenwärtiger betrieblicher Umbrüche und gewerkschaftlicher Humanisierungsinitiativen.
280 Seiten; € 16.80
ISBN 3-89965-025-5

Joachim Beerhorst/
Jens-Jean Berger (Hrsg.)
Die IG Metall auf dem Weg in die Mitte?
Mit Beiträgen von Jörg Hofmann, Berthold Huber, Klaus Lang, Helga Schwitzer, Hans-Jürgen Urban, Michael Vester, Bodo Zeuner und Klaus Zwickel
176 Seiten; € 12.80
ISBN 3-89965-050-6
Auseinandersetzung um die zukünftige politisch-programmatische Positionierung der IG Metall:
– Wie soll die Zukunft der sozialen Sicherungssysteme und ihre Finanzierung aussehen?
– Was sind die Anforderungen an eine moderne Tarifpolitik? Wieviel Differenzierung, wieviel Unterscheidung benötigt oder verträgt der Flächentarifvertrag? Wieviel Rücksichtnahme auf betriebliche Belange gefährdet oder ermöglicht Solidarität?

Die AutorInnen untersuchen die weitreichenden Veränderungen in der Tarifpolitik und ihre Folgen.
160 Seiten; € 14.80
ISBN 3-89965-007-7

Richard Detje/Christoph Ehlscheid/
Hermann Unterhinninghofen
Perspektiven des Streiks
Arbeitskampfkonzepte der IG Metall
Hrsg. von WISSENTransfer
192 Seiten; € 14.80
ISBN 3-87975-881-6

Jürgen Peters (Hrsg.)
Zeit(gut)haben
Wer bestimmt den Rhythmus der Zeit?
160 Seiten; € 14.80
ISBN 3-89965-006-9
Die Arbeitszeit gibt den Rhythmus vor, nach dem die Gesellschaft funktioniert. Dieser Rhythmus hat sich verändert – und mit ihm das gesellschaftliche Leben.

Karl-Heinz Mihr
Solidarität gegen Globalisierung
Erfahrungen eines Betriebsratsvorsitzenden
Mit einem Vorwort von Klaus Zwickel
176 Seiten; € 10.20
ISBN 3-87975-839-5

www.vsa-verlag.de